KB266582

# 지켜야 할 민주주의 길러야 할 시민역량

다섯 키워드로 쉽게 배우는 한국 정치

지켜야 할
민주주의
길러야 할
시민역량

초판 1쇄 인쇄  2026년 4월 3일
초판 1쇄 발행  2026년 4월 19일

지은이  김동춘, 김형철, 서복경, 손우정, 장은주, 조철민
엮은곳  좋은세상연구소
펴낸이  김승희
펴낸곳  도서출판 살림터

기획  정광일
편집  송승호·이희연·조현주
북디자인  꼬리별

인쇄·제본  (주)신화프린팅
종이  (주)명동지류

주소  서울시 양천구 목동동로 293, 2215-1호
전화  02-3141-6553
팩스  02-3141-6555
출판등록  2008년 3월 18일 제313-1990-12호
이메일  gwang80@hanmail.net
블로그  http://blog.naver.com/dkffk1020
한국교육연구네트워크  www.kednetwork.or.kr

ISBN  979-11-5930-363-0  03340



• 본 교재 개발은 (재)공공상생연대기금의 교육연구 지원사업의 지원을 받아 진행되었습니다.

재단법인
공공상생연대기금

# 지켜야 할 민주주의 길러야 할 시민역량

## 다섯 키워드로 쉽게 배우는 한국 정치


김동춘

장은주

서복경

김형철

손우정

조철민

좋은세상연구소 엮음


살림터

정치는 삶의 모든 문제와 강한 연관이 있지만, 한국 사회에서 학교나 여러 평생교육기관, 그리고 각종 노동단체가 주관하는 교육 과정에서 기성 제도권 정치의 성격 및 시민정치의 내용과 방향에 대한 교육은 매우 미흡합니다. 특히 특정 정당이나 정치인에 관한 '팬덤'이나 '어떻게 상대를 이길 수 있는가' 하는 정치공학적 지식을 넘어 시민이 왜 정치를 알아야 하고, 어떻게 정치활동에 참여해야 하고, 또 참여할 수 있는지를 깨닫게 해 주는 시민 정치교육은 거의 없는 실정입니다.

그동안 좋은세상연구소는 여러 시민교육, 교사연수, 청년 교육, 회원 학습 공동체 활성화를 통해 시민사회의 자력화, 시민정치 활성화를 위해 노력해 왔습니다. 이제 이런 활동을 더욱 체제화하며 확산하기 위해 시민정치 교육 관련 교재를 만들 필요가 생겼습니다. 그러던 차에 공공상생연대의 시민교육 교재 지원 사업에 선정되어 이 작업을 추진하게 되었습니다. 관련 전문가들의 논평과 제언, 그리고 두 번의 시범강의를 거쳐 최종원고를 마무리하게 되었습니다.

우리는 여러 사회단체나 학교에서 행하는 시민정치교육 사업에 이 책이 잘 활용될 수 있도록 비교적 쉽게 서술했습니다. 특히, 정치에 관심을 가지고 참여할 동기는 있지만 정치에 대한 부정적 통념이나 인식 때문에 정치와 자신의 삶이 별개라고 생각하는 많은 시민이 이 책을 통해 정치 참여의 필요성을 느낄 수 있도록 구성, 집필했습니다. 그래서 정치 관련 기존 개념을 설명하거나 통상적인 이슈를 교과서적으로 나열하기보다는 시민들이 궁금해하는 여러 쟁점에 대한 질문에 답하는 방식으로 서술했습니다. 이를 통해 우리는 보통 시민들과 정치의 관계, 그리고 실제 정치적 의사결정 과정 등에 초점을 둠으로써 시민정치가 나아갈 길과 시민참여의 공간 등을 제시하려 합니다.

이 책은 장은주, 서복경, 김형철, 손우정, 조철민 5명의 철학자·정치학자와 사회학자가 각 장을 집필했고, 연구 책임자인 김동춘이 서론을 추가했습니다. 연구 기획과 발표회 진행, 수강자들의 의견 피드백 등 모든 실무는 김원석 교원대학교 교수가 담당했습니다. 이 책이 나올 수 있도록 지원해 준 공공상생연대(노광표 이사장)에 거듭 감사드립니다.

김동춘(좋은세상연구소 대표)

차례

# 민주화, 민주주의와 시민정치

김동춘

# 1. 시민의 일상과 정치

오늘날 사람들에게 생존을 위한 경제활동과 선거 등 정치 참여 활동은 분리되어 있습니다. 정치는 정당, 국회, 대통령의 몫이고, 시민들은 주기적으로 돌아오는 선거에 유권자로 투표행위를 합니다. 극히 일부 시민 중에서 지방자치 의원이나 국회의원으로 출마하는 경우도 있으나, 그런 사람들도 보통 시민이라기보다는 중앙과 지역사회에 널리 알려진 인물, 공직에 있었거나 경제력이 있거나 변호사 등으로 활동한 경력이 있는 엘리트들입니다. 그러니 보통 시민들은 경제활동, 소비활동, 여가나 취미활동 등에 모든 시간을 보내며, 정치는 관찰자, 의견 제시자 정도로 거리를 두고서 봅니다. 물론 시민도 누가 국회의원이나 대통령이 되는 것이 자신의 삶에 중요한 영향을 미친다는 것을 알고 있기 때문에, 유튜브나 팟캐스트를 열심히 듣거나 보고, 좋아하는 정치가 후원도 하고, 인터넷 미디어에 댓글을 달거나, 더 큰 불만이 있으면 집회나 시위에 참여하기도 합니다. 그러나 사람들이 당장의 이익과 관련되지 않는 정치 상황에 대한 불만과 요구를 행동으로 표출하는 것은 극히 예외적입니다.

한국 사람들은 정치와 정치가들에 대한 관심도 크지만, 자신이 정치의 주체라고 생각하는 사람은 많지 않습니다. 정치가 자신의 삶에 미치는 영향보다는 자신의 경제활동 즉 임금이나 물가, 각종 소득, 그리고 주식투자 등을 통한 재산 증가가 훨씬 중요하다고 보기 때문입니다. 소득이나 재산이 '누가 국회의원이 되고 대통령이 되거나 어떤 경제정책이 시행되는가' 혹은 환율 변동 등에 더욱 결정적으로 좌우되는 집단인 기업가, 투자자, 대규모 자영업자들에게는 정치가 실질적으로 중요하고, 승진과 출세에 사활을 건 공직자, 판검사 같은 사람들에게도 정치는 자신의 운명과 직결되기 때문에 언제나 강한 관심을 갖습니다. 반대로 아직 노동시장에 진출하지 않은 청년이나 대학생, 실업자나 임시직 시간제 노동에 종사하는 사람, 주부, 은퇴하여 경제활동을 하지 않는 고령층에게는 누가 국회의원, 대통령이 되는가가 그리 큰 관심거리가 아닐 수 있습니다.

그래서 선거 참여율도 계층, 직업, 세대, 성 등에 따라 차이가 큽니다. 정치가 자신의 삶에 결정적인 영향을 준다고 생각하는 사람들은 선거에 매우 적극적으로 참여합니다. 특정 후보를 찍으라고 가족, 친구, 지인들에게 열심히 전화하거나 카톡을 날리기도 합니다. 하지만 정치가 자기 삶과 무관하다고 생각하는 사람은 투표 당일 여행 갈 계획을 짜기도 합니다. 그런데 투표율이 아무리 낮더라도, 선거에서는 최다 득표자가 당선되고, 당선자는 자기 지역 혹은 국가를 대표하는 존재가 되어, 예산 편성과 집행, 그리고 각종 행정적인 인·허가, 조례나 법의 제정, 인사권 행사에 결정권을 갖습니다. 그래서 한국에서는 대통령 선거에서 전체 유권자 중 35% 정도의 지지를 얻은 사람이 대통령이 되어 거의 100%의 권력을 행사합니다. 애초에 그를 지지하지 않았던 사람은 그가 내린 결정에 대해 불평을 하거나 무관심하게 될 것이고, 그를 지지한 사람들도 당선 후 공약을 바꾸거나 지지자들의 의사와 반대되는 결정을 내릴 경우 그에게 등을 돌립니다.

그런데 당선된 정치가들은 대체로 정당의 후보로 공천되고 당선되었으므로 대체로 그 정당의 입장에 따라 정책을 폅니다. 물론 각종 인사권과 결정권은 자기 판단과 가치관에 따라 집행하기도 합니다. 정책적 소신이 계속 실현되기를 원해서 그렇기도 하겠지만, 대개는 권력의 자리가 좋기 때문에 한번 선출된 사람은 다음번 선거에도 또다시 당선되기를 원합니다. 그러므로 지역 주민, 여론의 풍향계에 늘 민감하게 반응합니다. 그런데 여론은 주로 교육과 언론에 의해 형성된 것이므로, 국가가 관장하는 교육 내용 역시 일정한 정치 편향성을 지닐뿐더러 기성 언론은 광고주의 이해에 좌우되는 경향이 있기 때문에 정작 국가의 미래에 매우 중대한 사안이 제기되어도 제대로 된 여론이 형성되지 않을 수도 있습니다.

특히 선출된 의원이나 대통령의 정치적 의지는 행정을 통해 집행되는 것이고, 행정은 주로 법의 테두리, 예산 동원 여부, 그리고 관료들의 의지와 협조 없이는 불가능합니다. 그래서 예산이 뒷받침되지 않거나, 관료들이 국민보다 사회·경제적 강자의 이해에 민감하게 반응하면, 선출된 정치가가 아무리 특정 정책을 추진하려 해도 한계에 부딪칠 수밖에 없습니다. 특히 지방자치 단체에서는 단체장이나 지방의회 의원들이 건설업자를 비롯한 지역의 재력가 등 특정 이해 집단을 대변하면서 주민 다수의 이익을 무시하는 경우도 많습니다. 그래서 선출된 의원이나 대통령의 공약을 지키지 못하고, 정치적 의지나 소신이 변질되면 지지자들도 등을 돌립니다. 그래서 선거는 반복되어도 실제 변화는 일어나지 않습니다.

선거 국면에서 후보나 그가 속한 정당의 정책에 잠시 관심을 가졌던 주민들은 선거가 끝나면 다시 자신의 생계를 위한 경제활동에만 몰두합니다. 그래서 당선된 정치가들의 활동을 언론을 통해서만 접하고, 사적으로 찬반 의견을 표시하기도 하지만, 경제적 손익이나 재산 변동 등과 관련된 사안이 아닐 경우 지지나 항의 행동을 하는 경우는 거의 없습니다.

과거에 비해 오늘날 정치가들에 대한 검증과 비판은 더 촘촘해졌고, 선거법 위반자에 대한 처벌도 엄격해졌으며, 행정도 많이 투명해졌습니다. 그러나 여전히 지자체 선거를 앞두고 공천 헌금이 오가고 있고, 그래서 공익에 전혀 관심 없는 사람들이 지자체장, 국회의원, 심지어 대통령까지 되어 국가와 사회의 장래에 심각한 해악을 끼치는 일이 반복됩니다.

지난 한 세대 동안 한국의 경제나 국제적 위상은 높아졌고, K 문화의 세계화 현상도 주목할 만하지만, 대중의 삶에 영향을 미치는 수도권 집중, 저출산 고령화, 심각한 사교육 부담, 청년실업 등 긴급한 국가 사회적 의제는 거의 해결되지 않은 채 악화되어 왔습니다. 이 모든 문제를 정치가 해결해주지 않고, 정치적 민주주의로 우리 삶이 획기적으로 개선되지는 않지만, 세계 여러 곳에서 발생하는 전쟁, 학살 같은 참극이 한국에서 발생하지 않아야 한다는 데는 누구도 부인하지 않을 것입니다.

12·3 계엄선포와 내란 사태를 맞고서 우리는 민주주의와 시민의 정치 참여에 대해 다시 생각하지 않을 수 없었습니다. 대체로 우리는 국민주권, 삼권분립, 대의제, 경쟁적 정당정치, 주기적인 선거와 정권교체의 가능성을 자유민주주의 기본 특징이라고 보지만, 이러한 자유민주주의의 본국인 미국과 서유럽 각국 정치의 퇴행과 남미·아시아 각국의 상황을 보면, 우리는 민주주의에 대해 새롭게 고민해야 할 상황에 놓인 것 같습니다. 한국 역시 검찰과 사법부 등 선출되지 않은 권력의 지배, 금융자본의 지배, 온갖 상업 미디어의

영향력 확대 속에서 시민이 실질적인 국가나 지역사회의 주권자가 되어 정치·사회 과정, 그리고 자신의 경제적 삶에도 개입해서 주인의 역할을 할 수 있는 민주주의의 실질화 혹은 민주주의의 심화가 필요한 시점에 온 것 같습니다.

## 2. 세계 각국에서의 민주주의의 위기

우리는 살면서 내 한 몸 건사하기도 힘들고, 가족과 친척 주변 사람들과의 관계로부터 행불행을 심각하게 느낍니다. 그러니 국가나 정치는 우리에게서 더욱 멀리 있고, 세계의 여러 문제는 더욱 내가 건드릴 수 없는 영역이라 생각하게 됩니다. 그럼에도 지금 우리 각자가 처한 문제는 국가, 그리고 그것을 넘어서는 세계 정치경제의 영향권에 있습니다. 특히 북한과 적대관계에 있는 분단국가이자, 수출의존도가 매우 높고, 국토 규모가 작은 나라에 살고 있는 우리의 안전, 일자리, 복지, 민주주의 문제는 지구적 패권 국가나 이웃 국가와의 관계, 세계 경제질서로부터 심대한 영향을 받습니다.

전쟁, 경제, 기후위기 등의 현상은 이제 한 나라의 정치세력이 해결할 수 있는 문제가 아니라는 것은 누구나 알고 있습니다. 특히 전쟁은 모든 형태의 민주주의를 중단시킵니다. 전쟁 중의 모든 국가에서는 '적과 우리'라는 이분법적인 논리가 작동합니다. 그리고 적과 싸워 이기거나 내부의 적을 없애자는 계엄, 국가보안법 등 각종 비상 입법과 명령이 선포됩니다. 대통령 혹은 행정부의 결정이 입법부나 사법부를 압도하며 모든 사회갈등의 법적·정치적 해결이 어려워집니다. 물론 민주화 이전의 한국이나 대만, 그리고 트럼프 하의 미국처럼 대통령이 반정부 시위대를 거의 적처럼 취급하면서 공권력의 폭력을 사용하는 경우도 있지만, 그래도 전쟁이란 예외적인 현상이기 때문에 오늘날에는 세계 경제 질서가 각국의 주권 행사, 정치가들의 결정과 민주적 절차를 위협한다고 봐야 할 것입니다.

세계화 국면에 접어든 후 특히 두드러졌지만, 이미 지난 세기 내내 한국인들의 삶은 제국주의, 냉전, 일본과의 국교 정상화, 산업화와 근대화, 국제 경제질서, 탈냉전, 그리고 중국의 경제적 부상과 연동되어 있었습니다. 최근 30여 년 동안 지구를 휘젓는 금융자본은 한 나라의 국가 주권, 대통령이나 집권 정치세력의 책임 영역 위에 군림했습니다. 특히 자유무역, 환율과 미국 연준의 금리, 외채 규모 등은 한 나라의 국가 경제에 직접 영향을 줍니다. 초국적 금융자본과 대자본의 이해가 맞물려 개별 국가의 주권, 특히 재정, 조세, 복지, 노동 정책을 크게 좌우하게 되면, 국가와 국가 내 정당이나 정치세력의 정책적 개입 능력이 크게 저하될 수밖에 없습니다. 특히 공기업 민영화, 노동시장 유연화, 재정 축소와 복지 삭감 등을 내용으로 하는 신자유주의 경제개혁이 빈부 격차를 심화시킵니다.

그런데 신자유주의 세계화의 끝물인 최근 세계 자본주의 참모부인 미국이 심각한 재정적자, 불평등과 고용불안, 제조업 공동화, 중국 경제의 도전으로 심각한 위기를 맞았습니다. 특히 트럼프 치하의 미국은 UN 산하 각종 국제기구 탈퇴, 국내에서 탈법적인 이민자 단속 등으로 노골적인 제국주의적 행보를 보입니다. 이는 사회주의 붕괴 이후 세계 경제를 움직여온 미국식 시장 자본주의, 지난 30여 년 동안 지속된 신자유주의 세계화가 한계에 이른 것으로 볼 수 있습니다. 금융자본 BIG TEC 기업들이 전 지구적 생산 활동을 재배치하고, 플랫폼 기업이 노동자의 임금과 고용조건을 좌우하고, 최근에는 AI 도입으로 일자리가 사라지고, 각 나라의 생산 대중은 일자리 상실과 복지 삭감으로 고통받게 되었습니다.

신자유주의 하에서 경제는 늘 불안한 상태이고, 기업 구조조정이나 이주 노동자가 대거 유입되어 고용불안이 만연하면 정치적 민주주의는 심각하게 퇴행합니다. 불평등은 미국과 서유럽의 민주주의를 위기에 빠트리는 가장 중요한 요인입니다. 불평등이 확대되면 다수자는 상층에 비해 훨씬 제한된 선택지에서 열악한 교육과 복지를 감내할 수밖에 없고, 그런 여건에서 다수자인 빈곤층은 기존 정치가 자신에게 아무런 도움도 주지 못한다고 생각하여 정치에 관심을 끊어버리고, 선거에 불참하거나 기성 정치 엘리트 모두에게 적대적인 태도를 지닐 가능성이 큽니다. 상상을 초월하는 부를 얻게 된 부유층은 기득권을 유지하고 빈자들의 분노와 적대를 막기 위해 극우 폭력 행사를 용인하게 됩니다.

우리가 이상이라고 생각해온 자유민주주의는 자본주의 시장경제와 모순적으로 공존해 왔는데, 지금 세계에서 벌어지는 일은 '1인 1표'의 선거 민주주의가 '1원 1표'의 자본주의 원리와 충돌한 것으로 해석할 수도 있습니다. 오래전부터 미국과 선진 각국의 기성 정당과 관료집단, 언론, 법률가들은 금융자본에 포획되었다는 비판이 제기되었는데, 각국 유권자들은 부패하고 특권화된 정치가들에게 분노하지만, 정치가들은 언제나 투자 유치와 조세 징수, 고용 창출을 위해 기업의 결정을 가장 중요하게 의식합니다. 그래서 애초부터 지구 차원의 거대 금융자본, 신자유주의 이후의 주주자본주의 논리는 한 나라 내의 정치적 민주주의를 무력화할 가능성이 있었습니다. 세계화된 질서하에 한 국가 내 정치 집단은 '자본파업'의 위협과 자본 이탈에 맞서기 어려운 점이 있었기 때문입니다.

미국은 원래 금권정치가 지배하는 나라였지만 특히 최근에는 공화당은 물론 민주당, 언론과 법원도 트럼프의 노골적 패권주의 행보에 무기력한 모습을 보이고 있어서. 민주주의가 심각하게 퇴행하고 있습니다. 2020년 대선에 패배한 트럼프는 지지자들을 의회에 난입하도록 선동했음에도 재선에 성공했고, 2000년대 이후 브라질의 보우소나루, 인도의 모디, 나치 후예를 자처하는 오스트리아의 헤르베르트 키클, 헝가리의 빅토르 오르반 등 극우파도 집권에 성공했습니다. 프랑스 극우파 국민전선은 2024년 1차 투표에서 제1당이 되기도 했고, 독일 극우파 독일의 대안은 2025년 2월 총선에서 사민당을 제치고 제2당으로 올라섰습니다. 그야말로 지구적 우익 포퓰리즘 혹은 파시즘의 시대가 도래한 듯합니다.

과거 노동운동의 정치세력화, 환경 여성 운동, 그리고 정치세력 간 이념적 균열을 바탕으로 구축된 서유럽의 여러 정당 역시 신자유주의 질서가 강화된 이후 정체성이 흔들리게 되었습니다. 특히 사민당 혹은 노동자 정당의 중도화 경향과 정치적 소외층의 이탈, 정당의 대표성 약화 현상이 계속되고 있습니다. 기성 중도우파, 중도좌파 거대정당 중심 구도에서 좌우 양측의 세력이 떨어져 나가, 극우·극좌 정당이 약진하는 양상도 나타났습니다.

신자유주의 질서 아래 대중의 파편화, 만연한 불평등과 기성 제도권 정당의 정치적 무능력은 포퓰리즘을 확대합니다. 오늘 미국, 유럽 서방 자유민주주의 국가에서 극우 포퓰리즘 세력의 집권이나 약진은 이주 노동자 문제 등 여러 가지 원인이 되고 있지만, 무엇보다도 이런 자본주의 하에서 생산계층의 인권과 생존권이 제한되면서 시민의 탈정치화 현상이 두드러지고, 정당의 사회 대표기능도 약화되었기 때문입니다. 각국에서는 개혁을 표방하는 위선적 엘리트들을 공격하는 선동 정치가들이 득세합니다. 물론 미국의 클린턴, 오바마, 바이든 등 민주당 대통령들처럼 개혁을 표방했으나 경제정책에서는 기성 보수 정당과 차별성을 보여주지 못한 점도 서민 대중의 우경화를 부추긴 중요한 요인입니다.

각종 SNS와 새로운 미디어가 대중의 의식에 결정적인 영향을 미치는 오늘날 정치도 마케팅의 일종이 되었습니다. 각종 도시 개발, 도시재생, GTX 개통, 신공항 건설 등의 개발 이슈로 집값 상승을 기대할 수 있다는 등 대중을 혹하게 하는 달콤한 약속, 그리고 과도하게 상대방을 적대시하여 대중의 불만을 부추기는 것이 대표적입니다. 이 신자유주의 경쟁 만능, 투자 만능 시대에 시민은 점점 더 소비자나 주주 정체성을 갖게 됩니다. 특히 노동자의 경영 참여, 시민들에 대한 미디어의 영향은 더 강화되어 대중은 주로 뉴스나 SNS에 넘쳐나는 정보의 소비자가 되었습니다. "소비가 시민을 누르고 승리했다"는 말도 여기서 나온 것입니다. SNS 등을 통한 넷 상의 소통 강화로 기존 정당 정체성 대신 새로운 네트워크가 급속히 구축되거나 넷 우익/좌익 세력이 형성됩니다. 공론의 장이 왜곡되거나, 팬덤 정치 양상이 나타나는 것도 대체로 신자유주의 소비사회의 특징의 하나입니다.

과거 미국의 티 파티Tea Party 운동, 일본의 재특회在特會(재일특권을 허용하지 않는 시민모임)나 극우 정치세력의 의회 진출, 한국의 일베 현상과 태극기 부대, 윤석열 탄핵 이후 윤어게인 세력 등이 표방하는 이주자, 소수자 여성 및 중국 혐오 현상은 인종주의, 애국주의, 남성 중심주의 등 극우화의 중요한 정치·문화적 현상이고, 그들은 '정치적 올바름', 여성이나 소수자 우대 인권 보장 등을 추진하는 개혁 세력을 비웃습니다. 한국에서도 청년 정치가 이준석처럼 '공정한 경쟁'의 담론으로 능력주의, 남녀 갈라치기, 약육강식 논리를 부추기기도 합니다. 이들을 지지하는 세력은 이주자나 여성을 공격하는 정치가들을 용감한 정치가로 착각합니다. 그리고 사회복지 확충, 낙오자 배려 등과 같은 개혁적인 복지 정책은 능력주의라는 시장 질서와 배치된다고 간주합니다.

대체로 직업 정치가들은 대중의 삶의 개선보다는 자신의 지위 보존에 치중하며, 더 높은 자리로 올라가려는 경력 지상주의자들인 경우가 많습니다. 고시 출신 엘리트 관료들도 그러합니다. 치열한 입시 경쟁의 승리자인 이들은 대체로 출세 지향적인데, 12·3 내란을 지지한 한국 최고 관료들, 법관과 검찰들의 행동에서 우리가 목격했듯이 이들 엘리트들은 자신의 지위를 유지하기 위해 독재 그리고 극우세력을 지지하거나 그 하수인 역할을 해 왔습니다. 사실 우익 포퓰리즘과 파시즘은 언제나 능력에 의한 지위의 위계 서열을 찬양합니다. 엘리트주의는 능력주의를 신앙처럼 숭배하는데, 현대 능력주의는 세습주의나 귀족주의를 비판하는 점에서 개혁적인 요소가 있지만, 오늘날 자본주의 사회의 능력주의는 평등성, 반사회주의, 그리고 우생학이나 적자생존의 논리와 친화성을 갖습니다.

이런 여건에서 봉건시대의 왕당파나 귀족주의 성향의 정치 엘리트, 근본주의 기독교 신앙을 갖는 종교인, 권위주의적 태도인 군 경찰 출신이 극우 폭력의 선봉장이 되고, 권위주의의 종교적 맹신, 남성우월주의에 빠진 대중이 이들의 돌격대가 됩니다. 미국에서는 보수 근본주의와 강한 반공주의 정치문화가 이들 확신에 찬 극우 파시스트를 육성하는 사회적 기반이었습니다. 한국도 미국과 흡사합니다. 친미/반북의 기울어진 이데올로기 지형 위에 반중 혐오 담론이 창궐하고, 젊은 남성들의 여성 혐오와 기독교 근본주의가 활개를 칩니다.

한국에서도 이러한 청년들과 기독교인 등 일부 대중의 극우화 현상은 김대중 정부 등장 이후 두드러졌습니다. 심각한 경쟁과 청년 고용불안, 불평등이 구조적인 원인일 것입니다. 특히 12·3 계엄 이후 서부지법 사태에서 그 위험은 전면에 떠올랐습니다. 정당의 사회적 대표성이 약하고, 학교나 언론, 지역사회에서의 보수적인 정치문화의 영향력이 강력하고, 지역에서 자치와 주민참여의 기반이 취약한 한국에서는 재벌기업 오너 가족이나 최고 경영자 등 선출되지 않은 권력의 힘이 강화되고, 대중은 소비 혹은 투자 주체로 호명되었습니다. 특히 능력주의는 10대~30대 청년들의 정신세계를 지배하고 있습니다.

2024년 12월 3일 밤에 국회로 달려간 시민과 일부 청년 군인들의 저항으로 12·3 내란은 일차 진압되었지만, 신자유주의의 세계화가 가져온 이러한 제반 현상은 한국 민주주의를 후퇴시킬 수 있는 뇌관으로 남아 있습니다. 무엇보다도 트럼프 대통령이 요구하는 높은 관세, 대중對中 반도체 수출규제, 국방비 지출 부담을 그대로 지고서 한국 정치와 경제가 온전히 작동할 수 있을지 심히 우려됩니다.

## 3. '민주화'에서 민주주의로 가는 험난한 길

한국은 세계에서 민주화와 경제발전을 동시에 이룬 나라로 거론됩니다. 한국은 1987년 이후 여러 번의 대통령 선거를 통한 평화적인 정권교체, 그리고 여러 가지 절차적 민주주의를 제도화하여 동아시아권에서는 물론 세계에서도 매우 빠른 기간에 민주화를 성취한 나라가 되었습니다. 그래서 세계 여러 기관에서 발표한 민주주의 지표에서도 이웃 일본을 앞서는 등, 유럽 선진 민주주의 국가에 근접하게 되었습니다.

한국은 1987년 6월 항쟁으로 국민이 대통령이나 최고 권력자를 선출할 수 있는 조건을 확보하고, 언론 자유와 사법부 독립 등의 개혁 조치를 했습니다. 한국의 민주화는 6월 항쟁의 성과, 거슬러 올라가면 1960년 4·19 혁명 이후 오랜 투쟁의 결과입니다. 전두환-노태우 두 군부 지도자는 6·29 선언에서 대통령 직선제를 수용한다고 발표했고, 그것은 1987년 헌법에 반영되었습니다. 당시 군부 세력과 야당 대표자들이 협의하여 통과한 제6공화국 헌법에서 대통령 직선제, 국정감사 부활, 헌법재판소 설치, 사법부 독립, 언론자유 실현 등 자유민주주의의 제도적 장치가 어느 정도 복원되고 제도화되었습니다.

그런데 광주 5·18 항쟁 이후 1980년대 내내 학생, 지식인들이 목숨 바쳐 독재 타도를 외쳤지만, 결국 6·29 선언이라는 군부 정권 자체의 위로부터의 타협안을 운동권 세력이 수동적으로 수용함으로써 '민주화'가 성취되었습니다. 이것은 '타협적 민주화'로 볼 수 있습니다. 이 경우 민주화는 대통령 직접 선거라는 극히 제한된 범위까지만 허용되고, 군부 재집권은 막을 장치를 마련했지만 국가권력 기관 즉 공안 기관, 검찰과 사법부 등 군사정권의 기둥이던 핵심 기관은 그대로 남겼습니다. 당시 한국은 '민주화'라는 개념을 선거를 통한 5년 단임제 대통령 '교체 가능성'으로 제한했고, 그것은 '민주주의의 공고화'를 보장해주지는 않았습니다.

그런데 남북한의 이념적·군사적 적대, 그리고 남한 내의 냉전 반공주의 세력의 위세는 사상적 자유, 정당 활동의 자유, 시민의 정치 참여를 제약하는 요인이 남아 있었습니다. 1989년 소련 동구 사회주의 붕괴 이후 전 세계에 불어 닥친 탈냉전 기류에도 불구하고 한반도 내의 냉전은 그대로 남았습니다. 그리고 중국의 시장경제 도입 이후 동아시아의 교차승인, 즉 북한과 미국의 관계 정상화 없이 한국과 중국의 국교 정상화로만 비대칭적으로 전개되었고, 북한의 핵 개발 위기에 맞물려 남북한의 긴장은 지속되었으며, 냉전 보수 세력은 '북풍 공작' 등의 방식으로 민주주의의 발걸음을 계속 제약했습니다.

　민주화란 그동안 제도 정치에서 배제되었던 사람들이 정치과정에 참여할 기회를 얻는 것입니다. 정부의 투명성, 선거의 공정성, 정당 설립의 자유, 언론의 자유, 대중의 자발적 조직화가 그 중요한 통로입니다. 인구 대다수가 임금 노동자가 되어 그들은 노동자로서의 안전, 임금, 그리고 권리 보장을 주창하여, 노사갈등이 크게 폭증했습니다. 그런데 민주화 이전에 구축된 법, 정치, 정부 운영은 구 독재 체제가 무너져도 그대로 남고, 개방화·자유화에 따라 정치적 갈등은 사회·경제적 영역에서의 갈등으로 옮겨갔으며, 고소, 고발, 소송 등 사법 절차가 분쟁 처리에 더 많이 개입합니다. 민주적 원리, 대중의 인권은 신장되었으나 사회 구성원이 함께 겪는 문제를 숙의해서 답을 찾자는 '공화'의 정신은 형성되지 않았습니다.

　한국 제도권 정치는 보수우익으로 크게 기울어져 있었기 때문에 군사정권이 물러가도 정치의 장에서 경쟁할 수 있는 링에는 보수 세력만 올라갈 수 있었습니다. 반공 보수주의 구도에서 재벌 대기업을 일방적으로 옹호하는 정치가나 언론, 지식인은 활동할 수 있어도, 증세와 복지, 노동자 권리를 설파하는 사람은 빨갱이라는 낙인을 받을 각오를 해야 했습니다. 이러한 왜곡된 정치 구도에서 선거 때 정치적 담론은 이념과 정책보다 지역주의가 가장 효과적인 동원수단이 되었습니다. 민주화는 곧 지역주의의 문을 열었습니다.

　1987년 대선과 1988년 총선을 시작으로 민주화 직후 모든 선거에서 영호남 주민들은 이념과 정책보다 지역주의에 기반해서 투표했습니다. 1990년 3당 합당과 호남 고립 정치 구도 개편이 가장 큰 사건이었습니다. 민주화 운동의 한 주역이던 김영삼이 군부 보수 주류를 대표한 민정당의 품에 들어가서 반 김대중 보수연합을 추진했고, 그래서 대통령이 될 수 있었습니다. 이처럼 민주화 이후 정치지도자 간의 일방적 연합에 의한 정치 구도 재편, 국가정보원(국정원) 등 공안기관의 선거 개입, 계급정치 대신 지역주의에 사로잡힌 대중의 투표행태, 대통령제에서 측근이나 가족의 정치 개입, 국회나 사법부의 행정부 견제 기능 상실, 정치적 갈등의 사법화 등의 이유로 정당은 사회적 대표성을 갖지 못하고, 지역 기반을 둔 정치, 불성실한 국회 활동 등의 반민주적인 정치 행태가 이어졌습니다.

민주화는 정당 간 경쟁의 공간을 열었지만, 그 공간에서 다양한 시민의 이익과 요구를 대변할 수 있는 여러 스펙트럼의 진보 정당 진입은 좌절되었고, 대통령제가 의연히 존속했기 때문에 대통령 선거를 준비하는 거대 양당의 정치 독점은 강화되었습니다. 민자당으로 명칭을 바꾼 과거 군부 보수세력은 정치적 위기에 부딪힐 때마다 계속 당명을 바꾸면서 살아남았습니다. 이는 대만에서 국민당이 민주화 이후에도 집권까지 한 것이나, 필리핀 독재자 마르코스 일파가 살아남은 것과 유사합니다. 이 정당들은 모두 군사정권 시기에 성장한 대기업과 관료 등 주류 보수세력을 대변합니다.

사회주의 붕괴 이후 미국의 단일패권 강화 등 보수적인 국제정치 분위기 속에 신자유주의적인 세계화가 경제정책 나아가 모든 사회 정책을 압도하게 되자 시장에서의 생존과 경쟁의 압박은 사회를 지배했고, 이런 여건은 민주주의의 길에 걸림돌이 되었습니다. 특히 한국처럼 1980년대 말 민주화 직후 곧바로 신자유주의 세계화에 휩쓸려 들어선 국가들에게 자유화와 민주화의 충돌 현상은 매우 심각한 것이었습니다. 한국은 김영삼 정부 이후 기업 논리가 사회를 지배하기 시작했고, 모든 사회 구성원은 자영업자나 주식 투자자, 소비자 주체가 주역이 되는 '기업사회', '기업국가'가 되었습니다. 1980년대 미국 레이건이 표방한 '소유자 사회' 현상은 모든 경제주체를 "부자 되세요"라는 선전의 포로로 만들었습니다.

김대중-노무현 정부의 여러 개혁 정책이 그동안 배재되었던 세력의 정치 참여의 제도화, 언론의 자유, 사법 독립을 통해 민주주의 확대에 기여한 점이 큽니다. 그러나 그것이 민중의 정치 참여 가능성이 한층 더 확보된 것을 의미하지는 않았습니다. 노동자나 하층 자영업자들이 선거 외에 정치에 참여할 기회가 없고, 노동자의 정치 활동 기회가 여전히 제한되어 있으며, 시민 지도자가 정치 엘리트로 성장하는 데는 높은 장벽이 존재했습니다. 과거 민주화 운동 세력이 대거 정치권에 수혈되고, 진보 정당도 결성되기는 했으나 이들이 기성 정치구도를 흔들지는 못했습니다. 특히 민주화는 언론, 재벌, 검찰, 대법원, 헌재 등 선출되지 않은 권력의 힘을 증대시켰고, 민중은 정치적 주체가 되지 못했습니다.

물론 김영삼 정부, 그리고 외환위기 이후 민주주의로 한 걸음 나아가게 하는 각종 제도개혁, 사회개혁 의제가 본격적으로 거론되기도 했습니다. 금융실명제, 토지 공개념도 의제화되었습니다. 국정원이나 공안기관의 민간인 사찰이 폭로되면서 국가기관의 권력 남용도 비판되었고, 국정원 등 공안기관의 선거 개입이 폭로되면서 구 공안기관의 중립성도 진전되었습니다. 그러나 대통령제 하에서 행정부의 입법부 우위는 여전했고, 거대 양당은 정권 장악 즉 대통령 선거를 위한 조직 혹은 행정을 견제하는 조직에 머물렀으며, 국가의 거시적이고 장기적인 정책 수립을 위한 싱크탱크 하나 만들어내지 않았습니다. 특히 의원은 부자, 엘리트 전문가로 충원되고, 정당은 사회의 다양한 계층·계급을 대변하지 못했습니다.

행정부에 대한 시민의 감시와 통제, 언론의 자유, 사법부와 검찰의 독립성, 노동자의 시민권과 인권 보장, 학교에서 민주시민 교육은 민주주의 정착의 필요조건이지만 그런 조치는 제대로 진행되지 못하거나 아예 착수되지도 않았습니다. 특히 검찰, 국정원 등 수사기관의 인권침해나 범법에 대한 단죄도 제대로 이루어지지 않았기에,

야당이나 사회운동 인사들에 대한 공권력의 사찰과 감시, 정치공작은 계속되었습니다. 민주화가 민주주의로 정착되지 못하는 점을 매우 우려한 시민단체는 이런 선거민주주의로 협애화된 민주주의 지형에서 반민주 반인권 전력이 있는 정치세력의 등장을 저지하려 했습니다. 2000년 15대 총선 때의 낙선·낙천 운동 등과 같은 초유의 유권자 운동이 그것입니다.

2002년 촛불시위와 노무현 대통령 탄핵 사건을 계기로 노사모 등과 같은 새로운 정치 조직이 등장하여 '팬덤 정치' 현상이 나타났습니다. 노무현 대통령의 비극적 죽음 이후 애도의 공동체가 그 동력이 되었습니다. 이는 자유화와 문화적 개방, 개인주의와 소비주의 등의 현상과 맞물려 있습니다. 한국에서는 정당의 사회적 기반이 애초부터 약하고 전통적 인물정치 문화가 강했기에 이후 문재인 대통령 등장에서도 팬덤 세력이 기성 정당을 압도했습니다. 그러나 조직된 사회세력, 정당의 지역적·사회적 대표성이 이렇게 취약한 상태에서 팬덤은 정당을 대신하기는 어렵고, 민주당 정권은 점점 도시 고학력 중산층을 대변하는 정당으로 변했으며, 노동자나 빈곤층의 정치적 소외는 심화했습니다.

단순다수제, 승자독식의 지역구 중심 국회의원 선출제도 하에 정당의 사회적 대표성이 매우 취약한 점이 계속 비판받자 거대 양당은 여론에 밀려 연동형 비례대표제 도입을 시도했으나, 결국 거대 양당의 위성정당 설립만 허용되었고 애초의 취지를 살리지 못하는 누더기 제도가 되었습니다. '국민의 힘'은 위기에 처할 때마다 당명을 바꾸면서 살아남았습니다. 한편 민주당은 '국힘'의 실정失政에 대한 반사이익과 지역주의에 기대어 집권할 수 있기 때문에 사회개혁 작업에 매우 소극적인 태도를 보였습니다. 국민의 힘은 정치력과 도덕적 능력의 결핍을 극복하기 위해 이명박, 박근혜, 윤석열처럼 정당 외부의 유명인을 대통령으로 만들어내지만, 그렇게 영입된 정당 외곽의 대선 후보들은 임기를 제대로 마치지 못하거나 마치고 나서 감옥으로 갔습니다.

지방분권과 자치를 제도화한 지 30년이 지났지만, 분권은 자치와 결합되지 못했습니다. 호남과 영남을 비롯한 모든 비수도권 농촌 지역에는 중앙 거대정당의 지역지배가 고착화했습니다. 지역 시민들은 대통령의 일거수일투족만 주목하는, 중앙 정부의 식민지로 존재합니다. 한국 시민은 중앙의 행정, 사법, 입법 과정은 물론 지역정치에서도 여전히 배제되어 있습니다. 정당의 각 시·도 당에서 공천관리위원회를 구성하지만, 해당 지역 국회의원의 의견이 사실상 제일 많이 반영됩니다. 결국 지역 국회의원이 구·시·도 의원 공천권을 행사하여, 여기서 금전이 오가며 무자격자들이 지역 대표가 됩니다. 풀뿌리 민주주의가 아니라 중앙권력의 작동 방식이 전국화되어 전국적으로 부패가 만연합니다. 게다가 많은 농어촌이 지방 소멸 위기에 처하면서 지자체 존립마저 위태로운 상황을 맞고 있습니다.

한국에서 대통령이나 국회의원은 그래도 선거를 통해 심판받았지만, 경제 관료들은 정권교체와 무관하게 승승장구했고 정치적 책임에서 제외되었습니다. 윤석열 정부가 기용한 한덕수, 노무현 정부가 기용한 이헌재 등은 김앤장 등 대형 로펌과 정부를 회전문 드나들듯이 오가면서, 거의 모든 정부에서 사회·경제정책 결정의 최고위 자리에서 막강한 힘을 휘둘렀습니다. 이명박·박근혜 정부 이후 한국은 전직 경제 관료, 법조 엘리트들이 국가의 모든 결정을 배후에서 지휘했습니다.

민주화 이후 정치 문제의 사법적 해결의 일상화, 즉 '정치의 사법화'가 검찰과 법원 권력의 강화, '사법의 정치화'를 가져왔습니다. 정치 경험이 전혀 없는 검찰총장 윤석열이 검사 때도 지우지 않은 채

곧바로 대통령이 된 것도 이런 이유 때문입니다. 윤석열 정권 3년은 모든 국정이 검찰 방식으로 통제되고 운영된 '국정의 검찰 사법화'가 극단화된 시기였습니다. 윤석열 전 대통령이 연고가 있는 군 지휘관과 모의하여 야당을 적으로 몰면서 계엄을 선포한 것도 일방적 명령이 몸에 밴 검찰 방식의 행동입니다.

이 점에서 12·3 내란 사태는 1987년 민주화의 한계, 민주화가 민주주의로 진전되지 못하는 한국 정치의 한계를 가장 극명하게 보여준 것이지만, 대통령 탄핵으로 그것을 중단시킨 것은 한국 시민의 위대한 역량과 민주주의의 가능성을 보여준 사건입니다. 이제 이 힘을 바탕으로 한국의 정당, 검찰, 사법부, 언론, 영남 지역주의, 그리고 한국의 헌법과 대통령제, 이 모든 것을 수술하는 작업에 나서야 합니다. 책임정치를 구현하고, 시민의 정치 참여를 제도화할 수 있는 후속적인 입법·개혁 과제가 수행되어야 합니다.


## 4. 시민정치의 길


일상의 경제활동으로 지쳐있고, 기성 정치가 제반 문제를 해결하지 못한다고 생각하는 분노한 대중은 극단주의나 종교 지도자들의 선동에 더 끌리게 됩니다. 오늘 세계나 한국 정치와 사회의 가장 큰 위험은 바로 이런 극우 세력의 확대입니다. 사회적 박탈감과 소외감이 확대되지 않도록 형평과 보살핌이 확대되고 사회통합 정책이 실시되어야 합니다.

한국 시민은 12·3 계엄과 내란 사태를, 친위 쿠데타를 가장 단시간에 저지하는 힘을 발휘했습니다. 12·12, 5·18 신군부의 쿠데타, 5·18 과거 청산 기억이 없었다면 이러한 힘을 발휘할 수 없었을 것입니다. 그러나 이런 정치적 공간이 과거 여러 번 열렸어도 광장 세력은 민주주의 수립의 주체로 탄생하지 못했습니다. 한국 시민들은 독재, 권력 농단, 친위 쿠데타를 저지하는 데는 성공했지만, 새로운 권력과 정치질서를 창출하지는 못했습니다. 그래서 정치는 이제 일상의 것이 되어야 합니다.

그러기 위해서는 우선 시민의 다양한 요구를 대변할 수 있는 정치 집단이 나와야 합니다. 정당의 시민적 대표성을 강화하려면 선거제도 개편, 정당 설립 문턱을 낮추는 정당법 개혁이 필요합니다. 검찰과 경찰의 수사가 공정해야 하고, 법원이 정의로운 판결을 내려야 합니다. 즉 선출되지 않은 권력인 검찰과 사법부의 개혁은 한국 민주주의 심화를 위한 가장 시급한 과제가 된 지 오랩니다. 민주공화국의 가치, '인민의 지배'를 현실화할 수 있는 직접 민주주의 제도가 더 확대되어야 합니다. 주민의 구체적인 삶, 특히 일상의 경제적 문제를 공론의 장에 올리고, 주민이 결정권을 가질 수 있어야 합니다.

정치 지도자, 고위관료, 판·검사의 자격 검증, 그들의 임무 수행에 대한 국민적 감시나 직접 참여가 필요하고, 그들의 활동은 감시, 견제되어야 하며, 공익을 현저히 위반하거나 범죄를 저지른 사람은 처벌되어야 합니다. 권력층이 정보와 지식을 독점하고, 밀실에서 중요한 결정을 내리지 않도록 장치가 마련되어야 합니다. 노무현 대통령이 강조했듯이 조직된 시민들의 힘만이 그것을 추동할 수 있는 가장 중요한 동력입니다. 시민이 스스로 조직해서 행동하는 것이 최선이지만 그것이 어렵다면 시민을 대변할 수 있는 양심적인 사회단체나 언론, 지식인들이 정확한 정보에 기초해서 사회·정치적 영향력을 확대할 수 있도록 시민 스스로 이들을 지원해야 합니다.

민주주의는 시민정치의 주역, 특히 시민 지식인을 필요로 합니다. 어떤 사건의 발생과 구조적 원인, 인과관계가 매우 복잡한 현대사회의 여러 복합한 사안의 내용을 이해하고 해결책을 숙의하고 토론하며 탐구할 수 있는 최소한의 판단력과 지적 능력이 필요합니다. 복잡한 사안을 정치가나 전문가 등 엘리트에게 위임할 경우, 그들은 언제나 권력과 자본 편에 서서 시민들을 배반할 가능성이 큽니다. 원망하고 항의하기는 쉽지만, 제도와 구조를 알고 바로잡기 위한 운동은 쉽지 않습니다. "부자 만들어 주겠다"고 시민을 현혹하는 모든 언론, 정치가들의 모든 언설은 이 원인을 덮어버리거나 다른 데로 돌리는 일을 매일같이 반복하기 때문입니다. 시민은 지식 시민이 되어야 합니다.

시민주권은 유권자로서의 주권과 더불어 납세자, 소비자, 주주, 생활 주권을 포함해야 합니다. 이제 시민주권은 생활 영역, 일상의 영역에서 국가 내 자본과 국가에서 행사되어야 하지만, 온 세계를 다니면서 지구 환경위기를 고발하는 스웨덴 여성 그레타 툰베리처럼 국제적인 자본과 강대국의 강력정치에도 개입해야 합니다. 오늘날처럼 지구 금융자본과 빅테크 플랫폼 대기업이 시민의 소비, 노동자들의 노동조건 등 경제활동을 좌우하고, 거대 로펌이 로비를 통해 정치권을 움직이는 세상에서 우리는 국가의 정책과 더불어 초국가 정치·경제에도 관심을 갖고 초국가적 시민사회의 일원으로도 행동해야 합니다.

공동체에 대한 소속감이 있는 시민, 연대의식과 역사의식을 지닌 시민 주체가 형성되고 시민정치가 활성화되어야 민주주의는 진전될 수 있습니다. 시민의 인권 감수성과 민주적 참여의식도 필요하지만, 공공 사안을 함께 해결하려는 공화주의 정신도 필요합니다. 이웃에 대한 관심과 지원, 타인의 어려운 처지에 대한 공감은 함께 가야 합니다. 세상의 작동 원리에 대한 이해를 높이고, 이러한 감성을 깨우치는 일을 목표로 하는 시민정치 교육이 필요합니다. 선거 민주주의의 한계가 드러난 지금의 시점에서, 시민의 직접 정치 참여, 사법·입법 과정에서의 참여도 필요해졌고, 새로운 정치제도, 기성 정당을 넘어서는 정치 조직이 고안되어야 합니다. 시민의 일상과 경제활동이 정치와 결합되어야 할 것입니다.

# 1장

# 민주주의

장은주

12·3 계엄 이후 6개월 만에 이재명 정부가 들어서면서 마침내 '내란 사태'가 일단락되었습니다. 이 내란 사태로 인해 민주화 이후 안정적으로 발전하고 있다고 믿고 있던 우리 민주주의는 커다란 위기에 직면했지요. 시민들은 이 사태를 겪으면서 민주주의의 소중함을 새삼 깨닫게 되었고, 민주주의를 지키려면 정치인들은 물론 시민들의 깊은 관심과 헌신이 필요하다는 것도 확인했습니다. 그러면서 우리 헌법과 헌정 질서의 근본정신과 원리가 무엇인지에 대해 좀 더 깊이 알고 싶다는 요구들도 많았습니다.

- 윤석열의 계엄 선포는 왜 민주공화국 대한민국에 대한 '내란'인가? 우리 헌법이 규정하는 민주공화국은 어떤 나라인가?
- 윤석열은 '자유민주주의 수호'를 명분으로 계엄을 정당화했는데, 도대체 자유민주주의는 무엇인가?

우리는 윤석열 탄핵을 마무리하고 새 정부를 출범시키기까지 그야말로 격동과 혼돈의 시기를 보냈습니다. 그 과정에서 우리는 특히 사법부 및 사법 절차에 대해서도 본질적인 의문을 갖게 되었습니다.

중앙법원 지귀연 판사는 구속 기간을 규정한 형사법에 대한 기상천 외한 계산법을 만들어서 윤석열을 석방했습니다. 헌법재판소는 국회의 국무총리 및 장관 등에 대한 탄핵 의결을 전부 기각하는가 하면, 윤석열에 대한 탄핵 심판을 무려 석 달 가까이 지연시키며 시민들의 애간장을 태웠고요. 조희대 대법원장과 대법원은 고등법원에서 무죄가 난 이재명 대통령 후보 선거법 위반 사건에 유례없는 방식으로 개입하여 유죄 취지로 파기환송함으로써 그의 후보 자격을 박탈하려는 어처구니없는 시도도 했습니다. 민주주의 사회에서 이들 법조인이나 고위관료와 같이 민주적으로 선출되지도 않은 이들이 너무 많은 권한과 영향력을 행사하는데, 이런 일은 과연 정당한가 하는 의문이 제기되었지요. 그리고 이와 더불어 참된 '법치'란 무엇인가에 대한 의문도 제기되었습니다.

- 법조인 같은 엘리트들에 대한 민주적 통제는 불가능한가? 오늘날 '대의 민주주의'라는 조건에서 시민(국민)이 주권자라는 것은 무엇을 의미하는가?
- 민주주의에서 '법치'의 참된 의미는 무엇인가? 법치가 '법조인 지배'를 의미하는 것이 아니라면, 참된 민주적 법치는 어떤 것인가?

한편, 이번 내란 사태 와중에는 '1·19 서부지법 난입 폭동' 사태를 포함하여 이른바 '극우' 세력의 준동이 거셌습니다. 우리는 그 극우 세력이 소수의 이단 기독교와 노인 세대에만 한정된 것이 아니라 심지어 많은 청년도 그 세력에 속한다는 사실을 확인하며 아연실색 했습니다. 나아가 집권 보수 여당 전체가 그 극우 세력과 한 몸이 되어 극우화하는 모습에도 경악했지요. 이런 극우 세력의 준동과 확산은 세계적인 현상이기도 한데, 이를 보며 그 배경과 원인은 물론 오늘날 민주주의의 지속가능성에 대해서도 물어보지 않을 수 없게 되었습니다.

- 극우는 어떤 세력을 의미하고 어떤 배경에서 준동하고 있는가? 21세기에 또다시 파시즘이 부활하고 있는 것일까?
- 오늘날 자본주의 환경에서 과연 민주주의는 계속 살아남을 수 있을까? 민주주의의 위기에 맞서 우리는 무엇을 해야 하는가?

모두 쉽지 않은 물음들입니다. 그래도 이번 내란 사태를 거치면서 모두 절실하게 확인하고 싶어 했던 민주주의의 의미와 가치 및 원리와 관련된 물음들이에요. 필요한 만큼 좀더 깊이 있게 살펴보지요.

## Q.

윤석열의 계엄 선포는 왜 민주공화국 대한민국에 대한 '내란'인가? 우리 헌법이 규정하는 민주공화국은 어떤 나라인가?

### 민주주의와 민주공화국

윤석열 전 대통령이 일으킨 '12·3 계엄'은 '내란'으로 규정됩니다. 아직 확정판결이 나지 않았으니 그 계엄을 내란으로 규정할 수 없다고 주장하는 이들도 있지만, 그날 밤 온 국민은 국회로 군대가 출동하여 창문을 깨고 진입하여 국회의원들의 계엄 해제 의결을 방해하려 했던 행위들을 텔레비전 생중계로 목격했습니다. 계엄은 법적 요건에 맞지 않게 발동되었고, 군인들은 헌법과 법률이 보장하는 독립된 헌법기관인 국회와 선거관리위원회를 폭력적으로 침탈했습니다.

어떤 이가 칼로 다른 사람을 죽이려는 것을 많은 사람이 목격하여 그를 저지하고 체포했을 때, 그는 최종 확정판결 전에도 명백한 '살인미수범'입니다. '무죄 추정 원칙'은 이런 상황에 적용하지 않습니다. 마찬가지로 2024년 12월 3일은 명백한 '내란'의 밤입니다. 온 국민이 현장 생중계를 통해 그 내란 시도를 목격했습니다. 그는 확실한 '내란범'(내란 우두머리)입니다. 그는 아무런 법적 근거도 없이 우리 헌법이 '민주공화국'이라고 규정한 헌정 질서를 파괴하려 했지요.

이런 배경을 염두에 두고 도대체 민주공화국은 어떤 나라를 말하는지부터 살펴보죠. 사실, 민주공화국이라는 개념은 그 뜻이 명백하지 않습니다. 우리 헌법 규정이라고는 하지만, 많은 이들이 그 의미를 잘 모릅니다. 특히, 공화국 개념이 그렇습니다. 흔히 민주주의는 '정체'고 공화국은 '국체'라는 식으로 설명하지요. 그렇다면 정체는 무엇이고 국체는 무엇일까요? 더 어려워지는 것 같습니다. 어쨌든 민주공화국이라는 개념은 민주(주의)와 공화국이라는 두 개념이 합쳐져서 나온 것임은 분명한데, 이 개념들의 의미를 좀 더 깊이 따져보는 데서 시작해 보지요.

이런 일은 단순히 헌법 조항을 살펴보는 일은 아니에요. 이번 기회에 좀 더 근본적인 수준에서 민주공화국이라 규정된 대한민국의 헌법 정신 또는 헌법 원리부터 알아보죠. 민주공화국의 이상이 무엇인지를 밝히는 일이라고도 할 수 있어요. 이런 이상에 비추어 볼 때 우리는 윤석열의 내란이 왜 잘못되었고 내란 극복이 어떤 일이어야 하는지 좀 더 명확하게 알 수 있을 거예요.

우선, 지적해 둘 점은 우리가 민주주의라고 번역하는 그리스어 '데모크라티아democratia'는 '평범한 사람들/인민/대중/민중' 등을 뜻하는 'demos'와 '지배'나 '통치'를 뜻하는 'kratos'의 합성어로, '평범한 사람들(인민/민중)이 스스로 통치하는 정치체제'라는 뜻이 있어요. 그래서 실은 민주주의보다 '민주정' 또는 '민주제'라는 게 정확한 번역어예요. 민주주의가 정체를 가리키는 개념인 건 맞지요.

그런데 서구 전통에서 민주정은 왕 한 사람이 최고 권력자로서 지배하는 '왕정' 그리고 소수 엘리트 귀족들이 통치하는 '귀족정'과 대비되는 개념이었어요. '공화국(정)'은 이 세 정체가 섞여 있는 '혼합정the mixed constitution'을 의미했고요. 다시 말해 공화정은 왕정, 민주정, 귀족정 세 정체의 장점을 잘 섞어 놓은 정체라고 이해되었지요. 아리스토텔레스 이래 이런 혼합정인 공화정이 다른 정체들에 비해 우수한 최선의 정체라고 평가되었어요. 여하튼 공화정도 정체 개념이에요.

그렇다면 민주공화국(정)이라는 개념은 조금 이상한 개념인 것 같아요. 민주정에다 왕정 및 귀족정의 장점을 혼합해 놓은 게 공화정인데, 이걸 다시 민주적이라고 규정하니까요. 그래서 실제로 민주공화국 개념은 서구에서조차 흔히 쓰던 개념은 아니었어요. 우리나라는 상하이 임시정부가 마련한 임시헌장에서 민주공화국(제)이라는 개념을 썼는데, 이게 헌법적 문헌에 이 개념을 사용한 세계 최초의 예일 정도예요. 혹시 우리 '건국의 아버지들'이 이 개념의 정확한 뜻도 모르고 대한민국을 민주공화국이라고 규정했을까요? 그렇지는 않아요. 오스트리아나 이탈리아 같은 나라도 그 이후 민주공화국 개념을 헌법에 쓰기 시작했어요. 이 개념과 관련된 역사적 맥락을 좀 더 살펴보죠.

오늘날 관점에서 보면 잘 이해되지 않을 수도 있지만, 역사적으로 민주주의는 오랫동안 매우 나쁜 정체로 평가받아왔어요. 그러니까 민주주의란 어리석은 대중이 적절한 지혜나 통찰력도 없는 상태에서 좁은 이해관계나 맹목적 정념에 사로잡혀 다수의 힘으로 아무렇게나 국가를 통치하는 정치체제 정도로 인식되었던 거죠. 그래서 세계 최초의 민주공화국이라 할 수 있는 미국의 '건국의 아버지들'도 영국(의 왕)으로부터 독립한 새로운 국가를 민주주의가 아닌 공화국으로 이해했지요. 새로운 나라를 만들면서 모델로 삼은 것도 민주주의의 원조로 평가되는 그리스의 아테네가 아니라 고대 로마 공화국이었어요.

실제로 오늘날의 민주주의 체제와 가장 유사한 역사적 정체는 아테네의 민주정이 아니라 로마의 공화정이에요. 여기서는 평민, 곧 평범한 시민들을 대표하는 호민관과 3개(후기에는 4개)의 민회가 있었고, 귀족들로 구성된 원로원이 있었죠. 우리가 '상원'이라고 번역하는 미국의 '세닛senate'은 언어적으로도 로마의 원로원senatus에서 유래했어요. 로마에는 임기가 제한된 최고 권력자인 집정관도 있었는데, 오늘날의 대통령인 셈이죠. 이런 맥락에서 근대 이후 발전해 온 민주주의는 그 자체로 공화정이었다고 할 수 있어요.

그런데 로마의 공화정은 민주정의 요소가 있다고는 하나 귀족 출신들이 주를 이루는 원로원이 훨씬 많은 권력을 지닌, 사실상의 '과두정'이었어요. 평민들이 호민관 등을 통해 원로원의 결정과 입법을 견제하기는 했으나, 큰 틀에서 보면 소수 권력자와 귀족들이 정치를 주도했지요. 이런 의미에서 로마의 공화정은 '귀족적' 공화정이었다고 할 수 있지요. 하지만 근대 이후 미국을 비롯한 여러 나라의 공화정에서는 투표권의 점진적 확대와 함께 평범한 시민들의 정치적 영향력이 커졌고 이 시민들의 주권자로서의 지위가 확립되었지요. 바로 이런 공화정을, 귀족적 공화정에 대비해서 '민주적' 공화정(국)이라고 하는 것이지요. 그러니까 평범한 시민들이 주권자인 공화정(국)이 민주공화국인 것이죠.

## 공화국이란 무엇인가?

이제 공화국이라는 개념에 대해 좀 더 자세히 알아보죠. 흔히 '공화국'이라 하면 '군주국이 아닌 나라'라고 소극적으로만 이해하곤 해요. 그러나 공화국은 훨씬 많은 함의를 지닌 말이에요. 공화국이라는 말은 '공적인 일res publica'이라는 뜻의 라틴어에서 유래했어요. 한자어 번역어 '공화共和'는 '모두의 조화와 균형'이라는 정도의 뜻을 담고 있는데, 매우 훌륭하고 적절한 번역어 같아요. 실제로 공화국이라는 말은 '모두의 나라' 또는 '모두를 위한 나라'를 뜻하는데, 이 나라가 사회를 이루는 다양한 사람이나 세력의 균형과 조화, 권력 독점에 대한 거부, 사회를 구성하는 모든 사람이나 세력 모두의 이익을 추구한다는 걸 의미하지요. 이런 나라에서 절대권력을 휘두르는 왕이 없는 것은 당연하겠죠?

앞에서도 잠시 언급했지만, 서구 전통에서 공화국은 흔히 혼합정으로 이해되었어요. 이 혼합정은 일차적으로 민주정, 귀족정, 왕정을 섞어 놓았다는 의미가 있지만, 좀 더 일반화해서 보면 혼합정이란, 정치공동체를 이루는 여러 사회 세력이나 제도들이 견제와 균형의 관계를 맺게 해서 특정 이해관계가 지배적이지 않게 하고(이런 생각을 바탕으로 오늘날의 권력 분립 체제가 만들어졌어요), 구성원 모두의 이익, 곧 공동선the common good을 추구하려 했던 정체政體라고 할 수 있어요. 공화국은 시민 모두의 공동선을 추구하는 나라인 것이지요.

또 다른 초점도 있어요. 공화정은 애초 노예제에 기초하던 그리스 도시국가들이나 로마에서 시작되었어요. 여기서는 노예와 다른 자유 상태의 시민이 공화국의 중심 주체로 이해되었지요. 노예는 주인이 행사하는 자의적 간섭에 종속될 수밖에 없는 존재인데, 자유인인 시민은 바로 그런 노예 상태를 가장 싫어했어요. 그래서 그러한 노예가 아닌 지위에 있는 상태가 자유 상태로 이해되었는데, 이는 철학적으로 비-지배 자유freedom as non-domination라는 개념으로 발전되었어요. 그래서 공화국은 시민들의 비-지배 자유를 추구하는 나라라고도 할 수 있어요. (이런 비-지배 자유 개념에 기초한 정치철학을 '공화주의republicanism'라고 해요.)

이런 자유 개념은 나중에 좀 더 살펴볼 자유주의적 자유 개념과는 좀 달라요. 근대 이후 발전한 이 자유주의적 자유 개념은 외부, 곧 타인이나 공동체 등의 권력이 행사하는 간섭이 없는 상태, 곧 불간섭 자유freedom as non-interference를 가리키지요. 우리가 알고 있는 자유 개념이에요. 그러나 이런 예를 생각해 보세요. 어떤 노예는 선한 주인을 만나 별다른 간섭 없이 마음대로 살 수도 있지만, 그 노예도 주인이 마음만 바꾸면 언제든 그의 뜻에 복종할 수밖에 없어요. 그러니까 이 노예는 간섭이 없는 상태에 있더라도 온전히 자유롭지는 못한 것이지요.

그러나 로마의 공화정에서 발전되었던 공화주의적 비지배 자유 개념은 그런 노예 상태로부터 완전히 벗어나는 걸 추구했어요. 누군가가 그런 의미에서 자유롭게 살려면 자의적으로, 그러니까 제멋대로 그에게 폭력이나 위해를 가할 수 있는 권력을 지닌 사람이 없어야 해요. 그리고 누구도 그런 사람이 될 수 있는 지위에 있는 걸 허용하지 않는 사회나 나라가 곧 공화국인 게지요. 이런 비지배 자유는 민주공화국이 보호하고 실현해야 하는 '인간 존엄성' 개념의 핵심을 이룬다고 할 수 있어요.

어쨌든 바로 이런 이유로 공화주의자들은 '왕정'이나 '군주정'에 철저하게 반대하지요. 거기서는 왕처럼 권력을 제멋대로 행사할 수 있는 존재가 있으니까요. 지금 많은 미국인은 트럼프 대통령이 자의적 권력을 휘두르는 왕이 되려는 게 아닌지 의심하면서 '왕 반대No

Kings' 운동을 하고 있는데, 바로 이런 맥락이에요. 윤석열은 계엄을 통해 영구집권을 하면서 사실상 이런 왕이 되기를 바란 것 같아요. 북한, 곧 조선민주주의인민공화국에서는 김정은 같은 세습 절대 권력자를 인정하는데, 공화주의적 관점에서 보면 결코 공화국이라고 할 수 없지요.

그런 왕이 없는 나라인 공화국은 '사람'이 아니라 '법'이 다스리는 나라에요. 나중에 이 법치주의의 문제를 좀 더 깊이 살펴보겠지만, 여기서는 시민들이 진정한 자유를 누리는 공화국이 되려면 모든 시민에게 평등하게 적용되는 법이 지배해야 한다는 점을 일단 강조해 두지요. 어떤 예외도 허용되지 않는 법이 지배하는 나라, 법에 의해 통치되는 나라가 공화국이라는 것이지요. 단 한 사람이라도 법 위에 있으면 그 나라는 공화국이라고 할 수 없어요. 대통령 같은 최고 권력자라 해도 내란 같은 중대 범죄를 저질렀을 땐 감옥에 가야 공화국이라 할 수 있는데, 우리나라는 현직 대통령 윤석열을 체포해서 구속함으로써 그 공화국다움을 증명한 바 있지요. 지귀연 판사가 그를 곧 석방함으로써 오점을 남기긴 했지만요.

그런데 시민들이 이렇게 자의적으로 권력을 행사할 수 있는 특정 사람(들)에게 종속되지 않고 모두에게 평등하게 적용되는 법의 지배 아래 자유롭게 살기 위해 필요한 게 있어요. 그런 법치가 어떤 권력자가 시민들에게 강제한 것이라면, 자유를 보장한다고 할 수 있을까요? 그래서 중요한 게 시민들이 그 법을 스스로 만드는 자가 되는 것이지요. 바로 여기서 '인민주권popular sovereignty'('인민'이라는 개념을 잘 안 쓰는 우리나라에서는 그냥 '국민주권'이라고 하지요)의 이념이 나와요. 국민 모두가 주권자로서 최종적인 정치적 의사결정을 한다는 것이지요. 바로 민주주의의 이념인데, 이렇게 보면 공화국은 본성상 민주적일 수밖에 없다고 할 수 있어요.

잠깐 정리해보지요. 오늘날 민주주의는 민주공화국의 형식으로 실현된다고 할 수 있어요. 민주공화국은 시민들이 주권자인 나라일 뿐만 아니라, 모든 시민이 지배 없는 자유 또는 평등한 존엄성을 누리게끔 공동선 추구를 지향하는 법치국가라고 정리해 볼 수 있어요. 지금 대한민국이 이런 의미의 민주공화국일까요? 물론 현실은 저 이상과는 아주 다르다고 할 수밖에 없을 거예요. 하지만 저런 이상이 있기에 그 이상에 비추어 현실을 비판적으로 진단하고 이상적인 방향으로 개혁해 가는 것이겠지요? 그리고 이런 과정을 통해 우리나라는 점점 더 민주공화국다운 민주공화국이 되어가겠지요?

## Q.

윤석열은 '자유민주주의 수호'를 명분으로 계엄을 정당화했는데, 도대체 자유민주주의는 무엇인가?

### 한국 사회와 자유민주주의

이쯤 해서 '자유민주주의'라는 개념에 대해서도 조금 깊게 살펴보지요. 윤석열도 입만 열면 자유를 이야기하고 심지어 계엄을 선포하여 내란을 일으키면서도 자유민주주의를 수호하기 위해서라고 강변했지요. 자유민주주의에 대한 강조는 우리나라 보수 진영 일반의 상투적인 이념적 지표라고 할 수 있어요. 그들은 가령 역사 교과서 같은 데서 민주주의만 이야기하면 3대 세습을 하고 일당 지배체제인 북한식 '인민민주주의'도 포괄될 수 있는 만큼 그와 구분될 수 있게 유일하게 올바른 진짜 민주주의인 '자유'-민주주의 개념만 써야 한다고 고집을 부리죠. 조금 더 보겠지만, 이건 완전한 억지예요.

어쨌든 사정이 이렇다 보니 자유민주주의는 보수의 전유물이 되었고, 진보 진영에서는 이 개념을 꺼리게 되었어요. 진보 진영에서는 자유민주주의는 좁은 반공주의의 틀에 갇힌 개념으로 제헌헌법 이래 우리 헌법도 수용하는 '사회(복지)국가'의 이상이나 유럽식 '사회민주주의'의 이상을 포괄할 수 없다며 그냥 민주주의라고 해야 한다고 목소리를 높였지요. 더구나 이 자유민주주의가 내란의 명분이기까지 하다 보니 이제 우리 사회에서, 특히 진보 진영에서 자유민주주의는 완전히 폐기되어 버릴지도 모르겠다는 생각도 드네요. 그러나 이런 접근도 보수 진영의 자유민주주의 이해와 거울상처럼 닮았어요.

자유민주주의 개념의 본래 뜻을 알아보기 전에 우선, 왜 우리 사회에서는 자유민주주의 개념이 이처럼 뜨거운 이념적 갈등의 대상이 되었는지부터 살펴보는 게 필요할 것 같아요. 우리나라에서 이 (자유)민주주의 개념을 둘러싸고 온갖 소모적인 논란이 일고 있는 건 우리 헌법이 '자유민주적 기본질서'를 우리나라의 기본 이념으로 명시하고 있기 때문인 것 같아요. 제헌 헌법 이래 몇 차례 개정된 우리 헌법에 처음으로 이 문구가 새겨진 것은 독재 체제였던 유신 체제를 정당화한 1972년 개헌 때였어요. 이 개헌에서 자유민주적 기본질서는 박정희를 종신 대통령, 곧 사실상의 왕으로 규정한 유신 체제를 의미했겠지요? 그런데도 1987년 민주화 이후 개헌을 통해 탄생한 현행 민주 헌법에서도 이 문구는 존치되었어요. 이런 사정 때문에 이 개념을 둘러싸고 웃지 못할 일이 벌어진 것 같아요.

군부 독재 옹호 세력에 뿌리를 둔 보수 진영에서는 유신과 박정희 전 대통령에 대해 우호적인 견해를 보이는데, 그러다 보니 유신 헌법에서 처음 도입되어 강조된 자유민주적 기본질서라는 문구에 아주 큰 무게를 두는 것 같아요. 그리고 그 문구를 근거로 우리 헌법이 '자유민주주의'만을 올바른 정체로 인정하고 있다고 주장하지요. 반면 진보 진영은 바로 그 때문에 자유민주주의라는 개념은 결국 반공주의를 앞세웠던 유신 독재 체제와 연결된다고 의심의 눈초리를 보내는 것 같아요. 아니면 자유민주주의란 기껏해야 자유주의적 민주주의, 그러니까 경제 성장을 강조하고 사유재산 보호에 초점을 두는 시장 우선적 (신)자유주의에 기초한 민주주의 정도로 이해하고요. 사실 보수 진영에서도 유신 체제 같은 독재 체제에 대한 노골적 옹호는 정치적으로 부담스러워서 최근에는 이런 맥락에서 자유민주주의를 이야기하는 것 같아요.

그런데 이 자유민주적 기본질서라는 개념은 애초 독일 헌법(기본법)의 핵심 이념을 담은 "자유롭고 민주적인 기본질서freiheitliche und demokratische Grundordnung"라는 표현에 뿌리를 둔 것 같아요. 우리 헌법의 공식적인 영문 번역이 그 문구를 'liberal democracy'가 아니라 'basic free and democratic order'라고 옮긴 것만 보아도, 이 개념은 우리나라에서 흔히 이해하는 식의 반공주의적인 자유민주주의도 시장경제에 최고의 가치를 두는 자유주의적 민주주의도 아닌 게 분명해 보여요.

독일연방 헌법재판소는 1952년 나치 잔당인 '사회주의제국당Sozialistische Reichspatei: SRP' 금지 결정을 내리며, 자유롭고 민주적인 기본질서는 독일의 항구적이고 기본적인 정치적 토대와 원리를 나타낸다며 "기본법에서 구체화된 인권 존중, 특히 삶과 자유로운 계발에 대한 개인 권리의 존중, 인민주권, 권력분립, 정부 책임, 행정적법성, 사법부 독립, 다당제 그리고 헌법에 조응하는 교육 및 비판 활동의 권리를 지닌 모든 정당의 기회균등"과 같은 핵심원칙들을 강조했어요. 독일 기본법에 대한 일반적인 해석에 따르면, 결국 그 표현은 인간의 존엄성이라는 가치를 중심에 둔 독일의 기본적인 민주적 법치질서의 원리를 나타내는 것일 뿐이에요.

그렇다면 우리 헌법의 저 문구는 사실상 극단적인 반공주의에 기초한 독재적 유신 체제를 정면으로 부정하는 개념이라고 할 수 있겠지요? 그런데도 유신 헌법의 기초를 놓은 자들은 그 기본 정신을 정반대로 뒤집고 표현을 살짝 비틀어 그 질서가 박정희의 종신 집권을 보장한 독재 체제를 의미하도록 만든 거예요. 그리고 북한이나 내부의 적들에 맞서 이 질서를 지킨다는 명분으로 유신이라는 이름이 붙은 박정희의 친위 쿠데타를 헌법적으로 정당화한 것이지요. 이렇게 보면 윤석열이 '반국가세력' 운운하며 그에 맞서 자유민주주의를 지키겠다고 계엄을 선포한 건 박정희의 유신 쿠데타를 모방한 것 같지요? 박정희 시대 유신 교육을 받은 윤석열은 유신 독재 체제 같은 걸 자유민주주의라고 믿고 있었던 건지도 모르겠어요.

## 자유민주주의라는 정치체제

자, 그럼 이제 본래의 자유민주주의liberal democracy 개념을 알아보지요. 자유민주주의는 자유주의와 민주주의가 합쳐진 개념으로 이해됩니다. 앞서 서구 전통에서 민주주의가 그다지 좋은 평가를 받지 못하는 정체라고 했는데, 이런 한계를 극복하려면 민주주의의 약점 하나를 극복할 필요가 있었어요. 이 약점은 주로 '다수결'을 의미하는 민주적 의사결정과정이 정체성이나 의견이 다른 소수를 배제하고 억압하는 이른바 '다수의 전횡the tyranny of majority'에 빠질 우려가 크다는 데 있어요. 이걸 어떻게 막을 수 있을까요? 아무리 다수의 결정이라도 소수가 지닌 근본적인 이해관계나 자유만은 건드리지 못하도록 해야겠지요?

서구에서 근대 이후 발전한 자유주의 전통은 바로 그런 문제에 답을 제시해 주었어요. 이 전통에서는 사람이 나면서부터 누릴 수 있는 '자연권'의 이름으로 모든 개인이 누려야 하는 '권리'를 강조했어요. 이런 권리를 '천부인권'이라고 했어요. 국가의 목적은 그러한 개인의 자연권, 곧 천부인권을 최대한 보호하는 데 있는 것이었지요. 서구 민주주의 국가들은 그러한 개인 권리 보호에 대한 이념을 수용해서, 민주주의를 그런 개인의 권리를 '기본권'으로 규정한 헌법적 틀 안에서만 작동하게 했어요. 바로 이런 민주주의 체제가 자유민주주의 체제죠.

자유민주주의는 개인의 기본권을 우선적으로 보호하기 위한 헌법적 틀을 갖춘 민주주의, 곧 헌정화된 민주주의를 의미해요. 이 자유민주주의에서는 민주적 의사결정과정을 통해 수립된 법률이나 정치적 결정이라도 (미국 같은 데서는) 대법원이나 (독일이나 우리나라에서는) 헌법재판소가 그것이 헌법적 기준에 의해 적절한지를 심사받게 한 것이지요. 이를 '사법 심사judicial review'라고 해요. 이를 통해 민주적 다수결로 만든 법률이나 다수파 정부의 정책이 곧잘 '위헌' 판결을 받아 무효가 될 수 있어요.

이렇게 보면, 자유민주주의는 특정 정치 이념이라기보다는 기본적으로 하나의 정치체제 또는 질서라고 보아야겠지요? 통용되는 이해에 따르면, 자유민주주의란 그 핵심에서 개인의 권리와 자유를 인정하고 보장하며 법의 지배를 원리로 하는 민주적 정치체제를 가리키는 개념이에요. 여기서는 무엇보다도 사상과 양심의 자유, 언론의 자유, 인민(국민)주권, 다당제, 자유롭고 공정한 선거, 모든 국민의 기본권, 삼권분립 등이 보장되지요. 보수 진영이나 윤석열이 말하는 자유민주주의 개념과는 많이 다른 것 같지요? 윤석열은 우습고 엉뚱하게도 친위 쿠데타를 통해 이런 자유민주주의 체제를 허물려 했으면서도 자유민주주의를 옹호하려 했다고 억지를 부렸어요.

이 자유민주주의 체제, 그리고 우리 헌법이 규정한 '자유민주적 기본질서'는 특정 정치 이념을 표방하는 세력만이 배타적으로 옹호

한다고 주장할 수 없어요. 오히려 그런 식의 강한 이념 공세를 펴는 일은 그 자체로 이 체제의 근본 원리를 부정하게 될 우려가 높아요. 이 체제는 원리상 다양한 정치 이념을 포괄하며, 이 체제를 극복해야 한다고 주장하는 이념도 폭력을 행사하지 않는다면 원칙적으로 허용된다고 보아야 해요.

반면, 많은 이들이 자유민주주의와는 다르다고 이해하며 우리나라의 정체성을 그냥 민주주의라고 할 때 염두에 두는지도 모를 유럽의 '사회민주주의'나, 미국의 버니 샌더스나 최근 뉴욕 시장이 된 조란 맘다니 같은 정치인이 주창하는 '민주사회주의'도 이런 자유민주주의 체제의 하위 개념이거나 그 체제를 수용한 위에 특정한 정치적 이상을 추구하는 다양한 이념 중의 하나일 뿐이라고 할 수 있어요.

그러나 안타깝게도 우리나라에서 이 자유민주주의는 너무 많이 오염되고 왜곡된 개념이 된 것 같아요. 윤석열의 내란은 여기서도 큰 역할을 했어요. 자유민주적 헌정 질서를 허물려 하면서 자유민주주의를 지키기 위해서였다고 강변했는데도 그를 지지하고 따르는 국민이 30%를 넘나들고 있어요. 그래서 앞으로는 누군가 정치적 공론장에서 이 개념을 쓰면 큰 오해를 받을 것 같아요.

어쨌든 자유민주주의는 큰 틀에서 보아 민주공화국과 같은 뜻을 갖는 개념이라고 할 수 있어요. 다만, 자유민주주의라는 개념에서는 개인의 권리를 강조하는 자유주의적 관점이 좀 더 두드러진 반면, 민주공화국이라는 개념은 공동선에 대한 추구를 강조하는 공화주의적 관점을 좀 더 부각한다고 할 수 있을 것 같아요. 물론 초점의 차이가 의미가 없는 것은 아니에요. 자유민주주의에서는 특히 민주적 과정 밖에서 이를 통제하는 법의 역할을 우선시하는 '사법 엘리트'에게 과도한 권력을 부여한다는 비판이 있어요. 우리나라에서 보듯 검찰과 사법부 같은 선출되지 않은 권력이 민주 정치를 억누르는 일이 일어날 수 있다는 것이죠. 그래서 민주주의가 작동하는 헌정적 제도의 틀을 인정하되 시민들의 주권성이 주도적 역할을 할 수 있는 '민주적' 공화국을 우리가 추구해야 할 바람직한 방향이라고 보자는 의견이 제기되고 있어요.

## Q.

법조인 같은 엘리트들에 대한 민주적 통제는 불가능한가? 오늘날의 '대의 민주주의'라는 조건에서 우리 시민(국민)이 주권자라는 것은 무엇을 의미하는가?

### 대의(대표) 민주주의 또는 민주화된 귀족정

우리 헌정 질서를 민주공화국이라는 관점에서 보든 자유민주주의 체제라는 관점에서 보든, 민주주의는 '간접적으로만' 실현되고 있다고 할 수 있어요. 우리 민주주의는 '대의(대표)제 민주주의'에요. 국민 또는 시민이 주권자라고는 하지만, 이 주권성은 대표자를 뽑는 이런저런 선거에서만 제대로 표현되고 일상적인 정치과정에서는 그 대표자들이 중심에 있죠.

물론 그들은 늘 겉으로는 주권자들의 뜻을 대신 받든다고 표명하죠. 실제로 많은 정치인이 그러는 것처럼 보이기도 해요. 그러나 그보다 더 많은, 대부분 정치인은 자신들의 개인적 이해관계나 성향에 따라 제멋대로 권한을 행사하기 일쑤죠. 선출된 정치인들, 특히 국회의원들은 모종의 '독립 계급'이 되어버린 것 같아요. 자신들을 선출해 준 유권자 시민들과는 이해관계나 관점이 다를 뿐만 아니라 삶의 수준이나 방식도 완전히 다르지요. 그들은 말하자면 현대의

'귀족'이라고 할 수 있을지 몰라요. 이런 상황에서 시민들의 주권성은 어떻게 실현될 수 있을까요?

이런 상황은 오늘날 선거 민주주의 자체의 본성과 관련이 있어요. 많은 이들이 지적하듯, 대의민주주의 역시 어떤 면에서는 '민주화된 귀족정'이라 할 수 있어요. 이미 아리스토텔레스도 '선거'는 귀족정에 어울리고, 민주정에서는 '추첨'이라는 방법을 사용한다고 했지요. 선거 민주주의에서는 선출직 정치인들은 자신들의 우수함이나 탁월함을 내세워 겨루는 선거라는 경쟁을 통해 정치를 본업으로 삼지 않는 보통 시민들을 대표하는 사람들로 선택되지요. 사실 일반 유권자들도 자신들과 다름없는 어중이떠중이를 대표로 뽑는 걸 원하지 않을지도 몰라요. 자신들보다는 경력이나 전문성이 나은 사람에게 눈길을 주기 마련이죠.

선거는 뛰어난 엘리트를 뽑는 데 초점을 둬요. 그래서 슘페터는 민주주의란 기껏해야 경쟁적 선거를 통해 엘리트 지배자를 번갈아가며 선출하는 정치제도일 뿐이라고 했어요. 루소도 영국의 선거 민주주의를 보며 영국인들은 투표할 때만 자유인이 된다고 조롱했었지요. 아리스토텔레스의 통찰처럼, 보통 사람들이 스스로 지배하는 진짜 민주주의가 되려면 추첨 같은 방식을 통해 누구나 통치자나 대표자가 될 수 있어야 해요.

물론 선거 민주주의가 곧바로 귀족정이 되지 않는 이유는 시민들이 선거를 통해 지도자들을 자신들의 뜻과 이해관계에 비추어 민주적으로 통제할 수 있기 때문이지요. 그것은 선거가 그들에 대한 가장 탁월한 민주적 견제 장치로서 기능할 수 있기 때문이지요. 나아가 시민들은 선거 말고도 각종 공론장에서 자신들의 불만을 드러낼 수 있고, 어떤 때는 거리와 광장으로 나가 집회나 시위 등을 통해 정치인들의 결정에 항의하고 저항하기도 하지요. 시민들의 그와 같은 견제는 때로 큰 효과를 발휘하기도 하지요.

현대 민주주의의 일반적인 헌정적 형식이라 할 수 있는 민주공화국은 오랜 역사적 투쟁과 저항을 통해 평범한 보통 시민들이 정치의 중심에 서는 민주주의라는 기반 위에 선 혼합정이라고 할 수 있어요. 그러니까 어느 사회에나 존재할 수밖에 없으며 사회적이고 정치적인 역할의 중요성을 인정할 수밖에 없는 엘리트 계층의 정치적 지도성을 인정하되, 보통 시민들에게 그들을 선출할 수 있는 권리는 물론 다양한 차원의 정치적 참여와 견제의 가능성을 함께 보장한 게 민주공화국이라는 형식 속에서 실현되는 민주주의라는 거죠. 그런 만큼 우리가 불가피하게 정치인들의 주도성을 인정하더라도, 시민들이 정치적 의사결정과정 전반에 대한 감시와 견제를 통해 정치의 방향을 통제할 수 있어야 평범한 사람들(인민/민중)의 자기-지배라는 민주주의 이념이 실종되지 않을 수 있겠지요?

## 직접민주주의의 요구는 얼마나 실현될 수 있는가?

그리고 바로 이런 맥락에서 최근 우리 사회에서도 '직접민주주의'에 대한 요구가 커지는 것 같아요. 1987년 6·10 항쟁을 통해 '민주화'를 이루어낸 것은 물론, 부패한 박근혜 전 대통령의 탄핵을 이끌어낸 2016/7년의 '촛불혁명'과 이번 윤석열 내란을 막아내고 새로운 민주정부를 세운 '빛의 혁명'에 이르기까지 우리 시민들은 현대사의 중요한 고비마다 민주주의를 일구고 지켜내는 데서 결정적인 역할을 했어요. 그런데도 지금 우리 민주주의 체제에서는 시민들의 목소리와 의지를 무시한 정치인들이 밀실에서 중요한 정치적 의사결정과정을 주도하는 일이 반복되고 있어요. 그러다 보니 이제는 주권자인 시민들이 나서서 그 과정에 더 많은 목소리를 낼 수 있는 제도적 공간을 더 많이 열어야 한다는 요구가 여기저기서 분출하게 된 것이지요.

이재명 대통령은 특히 그런 요구에 귀 기울이는 편인데, 시민들의 중심적 역할을 인정해서 자신의 정부가 '국민주권정부'라고 불리기를 바란다고도 했어요. 이 대통령은 민주당 대표 시절 평당원(권리당원)의 의사를 정당의 의사결정에 더 효과적으로 반영해야 한다는 요구를 수용하여 공천 과정은 물론 국회의원 원내대표와 국회의장을 뽑는 선거에서도 권리당원들의 의사를 20% 반영하는 개혁을 이루어냈지요.

국민주권정부를 내세운다고 해서 대의민주주의를 직접민주주의로 완전히 대체하는 정부라는 의미는 아닐 것 같아요. 이것은 현실적이지도 않고 바람직하지도 않아요. 모든 정치적 사안을 국민투표 같은 절차로 결정할 수는 없겠지요? 중요한 정치적 사안에 대해 의회의 의결이 아니라 직접적인 '국민투표'로 결정하는 게 가장 민주적일 것 같지만, 반드시 그렇지는 않아요. 예를 들어 영국의 '브렉시트' 투표를 보면, 여기서는 결국 민족주의적 정서에 호소한 엘리트들의 선동에 휘둘린 대중이 유럽연합 탈퇴 결정을 내림으로써 경제적으로나 정치적으로 영국에 아주 부정적인 결과를 낳고 말았다고 평가되어요.

국민주권정부라는 말은 대의민주주의 자체를 부정한다기보다는 민주주의를 지켜내고 성숙시켜 온 시민들의 적극적 참여가 지닌 의미를 강조하는 정도의 의미를 담고 있다고 해야 하지 싶어요. 이런 의미의 국민주권을 '시민주권civic sovereignty'이라 부를 수 있을 것 같아요. 이런 의미로 보면 우리 국민은 국민주권정부에서 형식적이고 추상적인 수준에서 주권자로 호명되는 수준을 넘어 실질적으로 공동체의 사회적이고 정치적인 의사결정과정에 참여할 더 많은 기회를 기대할 수 있을 것 같아요.

그러니까 국민주권정부는 시민주권정부라고 할 수 있어요. 이런 정부는 적극적 시민참여를 통해 탄생했음을 공식적으로 인증할 뿐만 아니라, 국가의 중요한 의사결정과정에도 시민들의 참여가 최대한 보장되도록 노력하겠지요? 여기서 시민주권은 단순한 상징적 선언 이상의 것으로 실질화되겠지요. 우리나라는 대의민주주의와 직접민주주의를 섞은 일종의 혼합형 민주주의를 발전시키게 되는 셈이에요. 문제는 대의민주주의라는 기본 틀을 유지하면서도 어떻게 이 시민주권을 실현할 것인가예요. 시민주권을 실현하려면 어떤 제도나 절차가 필요할까요?

우선, 스위스나 미국 캘리포니아주에서 실시하는 직접민주주의 제도들을 들 수 있어요. 스위스와 캘리포니아주 시민들은 정부의 주요 법안이나 정책에 국(시)민투표를 통해 최종적인 수용 여부를 결정할 수 있으며, 일정 수의 시민들의 의사만 모을 수 있으면 법률과 헌법개정안도 발의할 수 있어요. 공직자가 마음에 들지 않으면 시민이 직접 소환하고 해임할 수도 있고요. 그러나 여기서 대의제의 틀은 굳건히 유지되고 있으며, 이런 직접민주주의 제도들은 보완적으로만 활용된다고 보아야 해요. 그래도 이런 제도들은 대의제를 더 건강하고 책임감 있으며 유능하게 만든다고 평가되지요.

시민주권은 사법절차에 시민들이 직접 참여하는 방식으로도 실현될 수 있어요. 우리가 잘 아는 미국의 배심원제도가 대표적이에요. 미국에서는 '대배심grand jury' 제도를 통해 검사의 기소 과정에도 시민참여의 가능성을 열어두지요. 독일에서는 '참심제參審制'라는 걸 운영하는데, 일정한 기준에 따라 선발된 평범한 시민이 직업 법관과 동등한 지위에서 재판을 진행한답니다. 일본에서도 최근 '재판원제도'를 도입했는데, 미국식 배심제와 독일식 참심제를 혼합하여 재판에서 주권자 시민들의 참여를 실질적으로 보장하고 있어요. 대만도 유사한 제도를 운영하고요. 이런 재판에서 판사들의 자의적 판결은 체계적으로 줄어들겠지요?

　최근 들어 시민주권을 잘 실현할 수 있다고 세계적으로 주목받는 제도는 '시민의회'에요. 시민주권이 제대로 실현되려면, 시민들의 직접적인 정치 참여의 기회는 늘리되, 결정을 내려야 할 사안들에 대해 깊이 성찰하고 토론하는 민주적 숙의deliberation의 이상이 잘 실현될 수 있는 제도를 모색해야 해요. 오늘날 간접적 대의제 민주주의의 문제는 소수 엘리트들이 지적 우월성이나 학력 및 전문성을 명분으로 정치적 의사결정과정 전체를 지배하는 데 있으니까요. 평범한 시민들은 다양한 정치적 사안들에 대한 전문성은 부족하더라도, 여러 선택지를 공동선의 관점에서 평가하고 엘리트들의 시선에 포착되지 않는 문제들을 확인할 수 있는 '집단 지성'을 발휘하기 위한 충분한 역량이 있어요. 이를 잘 살려야죠.

　이런 맥락에서 나온 제안이 인구학적 표본을 따라 무작위 추첨으로 선발된 시민대표로 구성된 '시민의회Citizen's Assembly'(또는 '시민배심원제')를 상설화 또는 헌정화하는 것이에요. 우리나라는 문재인 정부 때 신고리 원자력 발전소 5, 6호기와 관련하여 '공론화위원회'라는 이름으로 실험해 본 이래, 여러 문제의 해법을 찾기 위해 비슷한 위원회를 적용해 본 경험이 있어요. 이제 이를 바탕으로 아예 시민의회라는 이름으로, 특히 선거법이나 개헌같이 정치인들의 첨예한 이해관계 대립으로 적절한 해법을 찾지 못하는 문제에 대해 시민들의 집단지성을 활용할 수 있도록 제도화해 보자는 제안이 나오고 있어요. 이 상설화된 시민의회가 여러 중요한 정치적 사안들을 시민들이 직접 심의하고 평가할 수 있게 하고, 일정한 조건을 충족시키는 경우 거기서 나온 결정의 실행이 무조건 이루어지도록 법제화하면 어떨까요? 문제는 이런 법제화는 결국 국회에서 결정되어야 한다는 것인데, 우리 국회의원들이 흔쾌히 동의해 줄까요?

# Q.

민주주의에서 '법치'의 참된 의미는 무엇인가? 법치가 '법조인 지배'를 의미하는 것이 아니라면, 참된 민주적 법치는 어떤 것인가?

### '법치'란 무엇이고 왜 필요한가?

앞에서 잠시 미루어둔 법치 문제를 다루어 보죠. 자유민주주의 체제는 단지 대의 민주주의여서 시민의 주권성을 제한하는 건 아닌 것 같아요. 이 체제에서는 삼권분립의 명분 아래 사법부의 독립이 강력하게 옹호되고 있고, 앞서 설명한 대로 사법심사의 원리에 따라 민주적 의사결정조차도 사법부가 무효화할 가능성이 열려 있어요. 우리나라에서는 지금까지 검찰이 수사권과 기소권을 독점한 상태에서 무소불위의 권력을 휘두르기도 했는데, 이 또한 많은 경우 '법치'의 이름으로 정당화되곤 했어요. 사법부는 사법부대로 불합리한 판결을 많이 내렸고, 이에 대한 시민들의 불만도 팽배해 있어요. 이런 일을 정당하다고 할 수 있을까요? 법치는 판검사 같은 법률 전문가들에 의한 통치, 곧 '법조인 지배'를 의미하는 것은 아니어야 하지 않을까요? 참된 민주적 법치는 어떤 것일까요?

법치의 이념은 앞서 살펴본 공화국의 이념을 발전시킨 공화주의 전통에서 발전했어요. 이 전통에서는 왕이든 소수 엘리트 집단인 귀족이든 사람에 의한 자의적 지배를 막는 게 가장 중요한 정치적 과제라고 여겼어요. 앞서 이야기한 대로, 공화국의 이상을 좇았던 사람들이 왕정에 근본적으로 반대한 이유도 바로 여기에 있어요. 그래서 공화주의 전통에서는 시민들이 타인들의 자의적 지배에서 벗어나 진정한 자유를 누릴 수 있으려면 모든 시민에게 평등하게 적용되는 법이 지배할 수 있어야 한다고 보았어요. 이게 법치 또는 '법의 지배rule of law'라는 이념이에요. 이 법치의 반대 개념은 '인치' 또는 '사람의 지배rule of person'에요. 이는 누구든, 그러니까 대통령 같은 최고 권력자라도 법 위에 있어서는 안 된다는 말이지요.

이 법치 개념은 '법을 수단으로 한 지배' 또는 '법에 의한 지배rule by law'와는 완전히 다른 개념이에요. 윤석열 정부에서는 윤 대통령 본인부터 법조인 출신 고위관료 대부분이 법치를 이 법에 의한 지배로 오해하고 있었던 듯한데, 이것은 가령 총칼 같은 무력이나 물리적 억압이 아니라 법이라는 수단을 통해 인민들을 억압적으로 통치하는 것을 의미해요. 중국 고대에는 한비자韓非子나 상앙商鞅 같은 사람들이 발전시킨 '법가法家'라는 사상 사조가 있었는데, 여기서 강조한 게 이런 의미의 법치라고 할 수 있어요. 여기서 법은 총칼과 같은 폭력 수단이라고 할 수 있어요.

그동안 법적으로는 행정부의 하위 관청의 하나일 뿐인 우리나라 검찰은 전 세계에서 우리나라 검찰에게만 부여된 수사권과 기소권을 가지고 무소불위의 권력 기관으로 성장했지요? 검찰은 수사권을 가지고 검사들이 의심하는 모든 사안을 범죄로 만들어 기소하곤 했지요. 자신들의 인사권을 쥐고 있는 정권에 비판적인 사람들은 이른바 '기우제식 수사'로 기소할 만한 거리가 나올 때까지 철저하게 수사하고 온갖 억지 논리를 갖다 붙여 기소하곤 했지요. 반대로 자신들에게 이익이 되는 인사들의 경우에는 명백한 범죄 혐의도 덮어두거나 형식적으로만 기소하기도 했고요. 이런 게 바로 전형적인 법을 수단으로 한 지배의 모습이에요. 법을 특정한 목적을 위한 도구로 자의적으로 사용했으니까요.

사법부도 마찬가지예요. 많은 이들이 불평하듯, 우리나라에서는 어떤 재판을 어떤 판사에게 받는지에 따라 유무죄 판단이 엇갈리는 일이 너무 많아요. 윤석열 대통령을 제멋대로 풀어 준 지귀연 판사를 보세요. 조희대 대법원장은 고등법원에서 무죄 판결을 받은 이재명 대통령의 후보 시절 선거법 위반 사건에 대한 상고심에 이해하기 힘든 방식으로 개입하여 유죄 취지로 파기환송하여 민주적인 선거 과정을 뒤흔들려 했지요. 헌법재판소는 국회가 정당한 절차를 거쳐 국무총리나 장관 및 검사를 탄핵해도 죄다 기각해 버리는가 하면, 내란을 일으킨 윤석열 대통령에 대한 탄핵 심판도 몇 달을 끌며 판결을 지연시킴으로써 많은 시민을 걱정에 휩싸이게 했고 사회적 갈등을 증폭시켰지요?

이런 일들을 보면 우리나라의 법치는 제대로 된 법의 지배라기보다는 검사와 판사 같은 법조인들에 의한 지배, 곧 사람의 지배에 더 가깝다고 해야겠지요? 민주공화국은 이런 식의 지배를 용납해서는 안 되겠지요? 그렇다면 참된 민주적 법치는 어떤 모습이어야 할까요?


### 민주주의와 법치

앞에서 본 대로, 자유민주주의 체제는 민주적 과정에 대한 사법 심사를 허용함으로써 민주주의에 대한 법치의 우위를 얼마간 인정하는 체제예요. 소수자의 권리를 보호하는 민주주의는 결국 그 권리를 민주적 다수결보다 우선해서 보호하는 헌정적 틀을 지닐 수밖에 없어야 할 것이고, 그런 전제 위에서는 사법 엘리트들이 민주적 의사결정 과정에 개입해서 그것이 헌정적 틀에 맞는지를 따지는 사법 심사 과정을 허용할 수밖에 없어요. 그러니까 자유민주주의는 본래부터 '제한된 민주주의'라고 할 수 있어요.

물론 아무리 잘 만들어진 법치를 위한 법률도 종국에는 사람이 해석해서 적용해야 한다는 점에서 이 자의적 법 적용 문제가 전혀 없는 법치는 불가능할지도 몰라요. 그래서 어떤 민주적 법치국가에서도 법률가들을 모두 선거로 선출하거나 하지는 않아요. 일정한 전문성을 갖춘 사람만, 가령 변호사 시험을 통해 법률가로 선발하고, 그들에게 법을 해석하고 적용할 수 있는 권위를 부여하기는 해요. 그러나 이렇게 판사는 물론 검사나 고위 관료와 같이 민주적으로 선출되지도 않은 이들이 자신들의 권한과 영향력을 부당한 방식으로 행사할 가능성을 결코 배제할 수 없어요.

자유민주주의 체제가 잘못 운용되면 불가피하게 사법 심사를 담당한 엘리트 법관들이 자의적으로 문제를 판단함으로써 시민들의 민주적 주권성을 무시하거나 위협하는 일이 일어날 수밖에 없어요. 오랜 민주주의 역사를 자랑해 온 미국을 보더라도, 미국 헌법에서 사법심사의 권한을 갖는 연방대법원이 민주주의가 이룬 여러 진보적 성과들을 공격하는 일이 잦아요. 프랭클린 루즈벨트 대통령의 뉴딜 정책에 대해서도 많은 위헌 판결로 제동을 걸었고, 최근에는 대학 등에서 이루어지는 소수자 보호 정책인 '차별시정조치affirmative action'에 대해 위헌 판결을 내리고 여성의 낙태 권리도 인정하지 않는 판결을 내렸지요. 이런 양상을 '사법통치juristocracy'라고 해요. 한국의 경우에는 이런 사법통치 양상 말고 수사권과 기소권을 자의적으로 행사할 수 있는 검찰에 의한 '검찰통치prosecutocracy'가 더 기승을 부렸고요.

이런 문제를 해결하려면 사법 과정에 대한 민주적 통제가 가능하도록 해야 해요. 물론 이런 접근은 삼권분립 원칙에 따른 사법부의 독립성에 대한 침해 시비로 번질 수 있어요. 사법부를 행정 권력, 우리나라에서라면 대통령이 자기 편의에 따라 장악하는 방식으로 통제하려 든다면, 그런 건 명백한 사법부 독립성 침해가 되겠지요. 그러나 입법을 통해 사법적 판단이 소수 엘리트 법관들의 자의적 판단에만 의존하지 않게 하는 일은 얼마든지 가능하고 정당화될 수 있어요. 앞서 시민주권을 실현하는 제도를 이야기하며 살펴본 미국의 배심원제는 평범한 시민들이 피소된 범죄 혐의에 대한 평결을 내려요. 여기서 판사는 사회자 역할만 한다고 보아도 좋아요. 독일의 참심제나 일본의 재판원제도 역시 재판을 엘리트 판사에게만 맡길 수 없다는 차원에서 발전했어요. 우리나라도 이런 유사한 제도를 도입해야 해요.

정치적 수준에서 필요한 것은 사법심사의 필요를 완전히 부정하지는 않더라도 민주적 정치과정이 정치적 사안들을 결정하는 최종 절차가 되게 할 필요가 있어요. 이른바 '정치의 사법화', 곧 정치적으로 해결해야 할 문제를 법원에 제소하는 식으로 해서 스스로 정치의 권위를 낮추고 정치를 법원의 판단에 종속시키는 식의 일이 없어야 한다는 것이지요. 그러려면 민주적 정치과정이 지금보다 훨씬 공정하고 숙의적인 것으로 받아들여질 수 있도록 재정비될 필요가 있어요. 우리나라의 양당제는 시민들의 정치적 다양성을 제대로 대표하지 못하기도 하지만, 상호 적대적 진영 논리 때문에 정치의 사법화를 더 부추기는 것 같아요.

고위 공무원이나 대통령에 대한 국회의 탄핵 소추 결과를 9명의 헌법재판관들이 최종적으로 결정하도록 한 제도는 민주주의의 관점에서 정말 옳지 못한 것 같아요. 대통령 탄핵은 정당한 민주적 과정을 통해 선출된 국회의원의 3분의 2, 그 밖의 고위 공직자 탄핵은 과반수로 결정하죠? 그런데 이를 다시 9인의 엘리트 법관들이, 그것도 다시 다수결로 최종 승인 여부를 결정하게 하죠? 이런 절차는 소수 법관의 다수결이 민주적 다수보다 정의롭다는 식의 전제 위에 마련된 것인데, 민주공화국의 기본 정신과 원리에 충분히 부합한다고 보기 힘들어요. 대신 국민투표로 최종 결정하자는 제안도 있지만, 그보다는 우리도 미국처럼 양원제를 도입해서 상원에서 결정하게 하거나 아니면 시민의회 같은 데서 결정하게 하면 어떨까요?

왕이나 소수 귀족에 의한 자의적 지배를 피하고자 도입된 것이 법이 지배하는 사회, 곧 법치국가의 이상이지만, 이 역시 그 법을 전문적으로 다루는 사람들, 곧 법조인들에 의한 자의적 지배로 오도될 수 있는 게 역사적 경험이에요. 그러나 민주공화국에서는 사법 영역도 시민들의 민주적 통제에서 벗어난 '성역' 같은 게 될 수 없어요. 시민들은 사법 엘리트들에 대한 감시와 견제의 장치들을 아주 촘촘하게 마련해야 해요. 그리고 무엇보다도 민주적인 정치과정을 더욱 정당하고 합리적이게 해서 사법부에 대한 의존 없이 사회 구성원 전체가 기꺼이 수용할 수 있게 되어야 해요. 그러기 위해서는 권력 구조나 선거 제도가 시민들의 민주적 의사를 제대로 반영할 수 있도록 바뀌어야 해요. 이 문제는 다른 장에서 다룰 거예요.

## Q.

극우는 어떤 세력을 의미하고, 어떤 배경에서 준동하고 있는가? 21세기에 또다시 파시즘이 부활하는 것일까?

### 극우, 포퓰리즘, 파시즘

12·3 계엄은 그 자체로도 큰 충격이지만, 그 후 벌어진 여러 정치적 사건과 풍경도 많은 이들의 우려를 자아냈지요. 돌이켜볼까요? '친위 쿠데타' 실패 후 군부의 주동자들이 체포되고 국회에서 탄핵이 의결된 뒤에도 대통령은 체포, 구속되기까지 한 달 이상 관저에 머물며 법 집행에 저항하는 농성을 벌였지요. 그런데 이 과정에서 놀라운 일이 일어나기 시작했어요. 그는 집권 기간에는 매우 무능하면서도 권위주의적인 행태만 보여 야당과 시민들의 반발과 저항에

부딪혀 지지를 잃었어요. 그런 그가 불법적 친위 쿠데타로 탄핵당하고 처벌받을 위기에 몰리자 '극우 포퓰리스트'의 면모를 보이기 시작했어요. 극우 포퓰리즘이 무엇인지는 더 설명하겠지만, 부정선거 의혹을 확산하고 중국이 한국을 점령하려 한다는 음모론을 펼치면서 지지자들을 선동한 게 그 전형적인 모습이에요. 그러자 여당인 국민의힘도 그의 편을 들었지요. 그러자 갑자기 그의 계엄령을 지지하고 탄핵에 반대하는 여론이 늘어났고, 여당 지지율도 크게 올랐지요. 무슨 극우 포퓰리즘의 마력이라고 할 수 있을까요?

이런 와중에 2025년 1월 19일, 청년들을 중심으로 한 일단의 극우 시민들이 윤석열에 대한 구속 영장을 발부했다고 서부지법에 몰려가 폭동을 일으키기도 했지요. 이 폭동은 그동안 잘 드러나지 않았지만 우리 사회에서 청년들을 포함한 많은 시민이 극우화되어 있었다는 사실을 새삼 일깨워 주었지요. 이런 경향은 이후 윤석열 탄핵으로 치러진 조기 대선에서도 윤석열과의 완전한 단절을 거부하고 극우적 신념을 노골적으로 드러낸 김문수 후보와, 혐오와 갈라치기를 정치적 무기로 삼은 이준석 후보에 대한 만만치 않은 지지로 표현되었고요. 이런 극우의 준동은 경악할 만한 일이에요. 이재명 정부가 탄생하면서 12·3 내란이 정치적으로 극복되었다고 해서 결코 안심할 상황이 아닌 거죠.

'극우far right'를 어떻게 규정해야 하는지를 두고는 여러 의견이 있어요. '우익(파)'과 '좌익(파)' 개념은 프랑스 혁명 때 국왕 지지자들이 의회의 오른쪽에 앉고 반대자들은 왼쪽에 앉았던 데서 처음 나왔어요. 이로부터 출발해서 서구 정치사에서는 대개 불평등에 대한 태도에 따라 좌파와 우파가 나뉘어 왔지요. 우파는 불평등이 자연스럽고 불가피하다고 보면서 이에 대한 정부의 개입을 반대하는 반면, 좌파는 그 불평등이 정의롭지 못하다며 정부가 이를 교정할 수 있어야 한다고 보는 편이지요. 이는, 반드시 꼭 같지는 않지만, 보수-진보 개념과도 연결되고요. 극우는 우파 중에서도 극단적인 입장을 가리키는 사람들을 가리키는 개념이겠지요?

그런데 조금 다른 차원의 문제도 있어요. 대부분의 민주주의 국가에서 우파와 좌파는 민주주의 체제 안에서 각 진영의 정치적 이상을 추구한다고 할 수 있어요. 대부분의 좌·우파는 말하자면 민주주의적 좌파와 우파인 것이죠. 그런데 어떤 정치 세력들은 민주주의라는 틀을 벗어나 정치적 신념을 실현하려고 해요. 극좌와 극우 개념을 이런 맥락에서도 정의할 수 있어요. 윤석열은 자유민주주의 수호를 외치며 친위쿠데타를 시도했지만, 그는 바로 그 자유민주주의적 헌정질서를 허물려 했다는 점에서 이런 의미의 극우로 규정될 수밖에 없는 거지요.

그래서 카스 무데라는 학자는 이 극우를 '극단 우익extreme right'과 '급진 우익radical right'으로 나누자고 제안해요. 극단 우익은 '파시즘'같이 민주주의의 본질인 국민주권과 다수통치를 부정하는 데 반해, 급진 우익은 민주주의의 본질은 수용하지만 자유민주주의 체제의 기본 요소인 법치나 권력분립, 소수자 권리 등에는 반대하지요. 대표적인 예가 최근 전 세계를 휩쓸고 있는 '포퓰리즘populism'이지요. 우리나라에서는 계엄에는 반대했지만 여성이나 장애인에 대한 차별을 조장하는 데서 정치적 지지 기반을 찾는 개혁신당 이준석 대표 같은 이가 이런 의미의 극우를 대변한다고 할 수 있어요.

포퓰리즘 개념 역시 논란이 많아요. 학자들마다 이 개념을 다르게 이해해요. 통상 포퓰리즘은 시민들의 정치적 주권성을 강조한다는 점에서 민주주의 원리에 충실한 것처럼 보이지만, 사회가 선량하고 순수한 보통 사람들인 '우리'와 부패한 엘리트 및 그들이 지지하는 불순한 외부의 적으로 구성된 '그들'로 나뉜다고 주장하면서 '우리'와 '그들'의 대결을 부추기는 경향을 보인다고 이해되어요. 미국이나 유럽에서는 주로 이주민들과 난민들 및 그들을 나라 안으로 끌어들인 좌파 정치인들이 포퓰리스트 세력이 배척하려는 '그들'에 속하지요. 윤석열과 한국 극우들은 다름 아닌 '중국'의 위협을 강조하면서 이런 서구 포퓰리즘의 정치 행태를 모방하는 것 같아요. 이에 대해서는 나중에 좀 더 살펴보죠.

한편, 파시즘 개념은 훨씬 복잡하고 논란이 많은 개념이에요. 1930~1940년대 히틀러의 독일 나치즘이 파시즘의 전형적인 예인데, 나치즘은 극단적인 독일 민족 우월주의와 반유대주의, 개인의 자유와 권리에 대한 부정, 국가와 민족의 이익 우선시, 반민주적 독재, 최고 지도자 숭배, 반공주의 등의 경향을 보였지요. 그리고 '폭민暴民, mob'이라고 규정되는 대중이 자발적으로 지도자와 일체감을 느끼며 정치적 적으로 규정된 사람이나 세력에 대해 극단적인 증오와 혐오를 폭력적인 방식으로 분출하는 양상을 보였어요. 오늘날 특정 정치 세력이나 경향을 '파시즘'이라고 규정할 때, 이것은 그 세력이나 경향이 이런 역사적 파시즘의 모든 경향을 지닌다고 보기 때문이라기보다는 자유민주주의 체제 또는 민주적 헌정질서의 폭력적 전복을 시도한다는 부분에 초점을 맞춰요.

한국에서 보면, 오랫동안 우리 사회를 지배한 군부 독재를 파시즘이라 규정할 수 있을 것 같아요. 그러나 민주화 이후 이 군부 독재 세력은 민주주의의 틀 안에서 보수적 지향을 추구하는 '보수적 권위주의' 정도의 성향을 보여 왔다고 할 수 있어요. 그런데 12·3 내란 사태 이후 이 세력은 급격하게 '극우 포퓰리즘'에 기울었다고 할 수 있어요. 보수적 시민들을 친북 친중 반국가 세력에 맞서 싸우는 애국 세력으로 결집시켜 정치적 이익을 노렸거든요. 그러다가 12·3 계엄령이 정당하고 불가피했다고 강변하는 등 민주적 헌정질서를 폭력적으로 전복하려는 '극우 파시즘'의 경향도 보였고요. 그러니까 한국의 보수 우파 세력은 이 세 경향의 어느 하나에 고정되어 있다기보다는 때에 따라 유동적으로 그 세 경향의 경계를 넘나드는 양상을 보인다고 할 수 있어요.

## 극우 포퓰리즘은 왜 준동하는가?

우리 사회에서 이런 극우의 준동은 너무 갑작스럽긴 하지만, 전 세계적인 현상이라는 맥락에서 이해할 수도 있어요. 지금 전 세계적으로 극우 포퓰리즘이 득세하면서 민주주의 전반이 심각한 위기에 처해 있는데, 한국 상황도 이와 무관해 보이지 않다는 것이지요. 서구 선진국에서는 소수 엘리트가 경제적·정치적 권력을 독점하는 사실상의 '과두정' 체제가 확립되는 과정에서 배제되어 빈곤과 경제적 불안정 및 '사회적 무시' 때문에 고통받는 기층 인민들이 극우 포퓰리즘에 기울고 있다는 분석이 많아요. 이런 세계적 경향이 한국 사회에서도 얼마간 재현되는 것처럼 보인다는 것이지요.

『21세기 자본』의 저자 토마 피케티는 서구의 중도 좌파 정당들, 그러니까 영국 노동당, 프랑스 사회당, 미국 민주당이 기층 인민들보다는 고소득 및 고학력 중산층의 이해관계와 요구에만 반응하며 '브라만화'하는 문제를 지적한 적이 있어요(한국의 '강남좌파'에 대한 비판과 비슷한 맥락의 이야기에요). 이런 상황에서 소외된 노동자 계급 중심의 기층 인민은 자신들의 목소리에 귀 기울여 주며 세계화에 반대하고 자국 내 일자리 보호에 앞장서는 모습을 보이는 듯한 트럼프 같은 이가 주도하는 극우 정치 세력에 포섭되고 말았다는 것이지요. 문재인 대통령 시절 민주당 정부 역시 코로나 시기를 거치면서 발생한 집값 폭등 같은 민생 불안정, 자영업자들과 청년 세대의 고통을 방치하는 등의 문제를 드러내는 바람에 결국 윤석열을 불러들였다고 할 수 있지요.

물론 한국에는 미국이나 유럽처럼 이주민 문제가 심각하지는 않아요. 그러나 2008년 금융위기 이후 변화된 세계 경제 환경은 한국에서도 극우 포퓰리즘이 준동할 수 있는 사회·경제적 여건을 만들어냈다고 보는 게 맞아요. 불평등이 심화하고 불안정고용이 확대되었으며, 유동적인 금융 자본 시장의 영향력이 커졌거든요. 또 중국이 경제적으로 급부상하면서 많은 한국 기업이 경쟁력 하락을 경험하고 있어요. 이런 배경에서 여러 분야의 한국 기업들이 중국과의 경쟁에서 고전을 면치 못하거나 하는 상황은, 서구와는 다른 방식이지만, 외부로부터 침투하여 우리의 번영을 방해하는 중국이라는 정치적 적을 만들어내기에 충분한 배경이 될 수 있어요. 그리하여 '대한민국을 침략하려는 중국의 음모에서 시작된 부정선거와 그에 결탁한 좌파 세력' 같은 극우 담론이 형성되어 대중을 선동하기에 이른 것이지요.

이런 배경에서 낙오되거나 지위 하락을 경험한 많은 대중이 한국 극우 운동의 중심인 일부 개신교 교회 등에 의해 포섭될 수 있는 위험에 노출된 것 같아요. 이 운동은 전통적인 '반공주의'를 '반중' 노선으로 연결시키며 세를 키우고 있지요. 게다가 여성의 사회적 지위가 향상되고 페미니즘의 목소리가 높아지는 데 대한 청년 남성들의 백래쉬 현상은 한국에서도 뚜렷하게 확인되고 있어요. 그리고 세계 여느 곳에서처럼 유튜브와 각종 SNS는 극우주의자들의 억지 주장과 '가짜 뉴스'를 확산시키는 기폭제 역할을 하고 있는데, 많은 시민이 이에 대해 비판적 거리두기를 하지 못하는 것 같아요.

여기에 더해 극단적으로 양극화된 한국 정치는 극우 포퓰리즘의 정치적 승리를 위해 더없이 좋은 발판이 되는 것 같아요. 결선투표제 없는 한국의 이른바 '제왕적' 대통령제와 5분의 4 이상을 단순다수결 원칙에 따라 선출하는 국회의원 선거제도는, 정책적으로 별 차이가 없지만 대통령 권력 획득을 위해서는 극단적으로 대립하는 두 거대정당 중심의 정치체제를 만들어냈어요. 이런 상황에서 국민의힘은 불법적인 계엄 선포로 탄핵당한 대통령과 거리를 두기보다 오히려 그의 편을 들면서 탄핵에 반대하는 극우 포퓰리즘 세력과 일체가 되어 버렸어요. 주류 보수 정치세력이 극우화되어 버린 거예요. 대선 패배 이후 이 당의 진로는 여러모로 유동적이기는 하지만, 어쨌든 이는 미국에서 애초 공화당 안에서도 이단에 가까웠던 트럼프가 공화당의 주류가 되고 재집권에 이르게 된 과정을 떠올리게 합니다. 거대 양당 중심의 대통령제 국가인 한국에서도 비슷한 일이 전개될 수 있는 거지요.

한국의 승자독식형 단순다수결 선거 제도에 따른 의회 구성과 이른바 '제왕적' 대통령제가 낳은 극심한 정치적 양극화는 12·3 내란의 가장 결정적인 배경이라고 할 수 있어요. 학자들은 이런 양극화를 궁극적으로 민주주의 자체를 위협하는 '치명적 양극화'라고 규정하기도 해요. 일상화된 적대주의 정치는 정치적 상대를 절멸시켜야 할 적으로만 여기게 하는 정치적·문화적 태도와 경향을 심화시켰고, 그 배경에서 윤석열은 감당할 수 없는 여소야대 국면에 직면하자 모든 문제를 '일거에 척결하는' 방향의 해결책을 찾은 거지요. 윤석열과 국민의힘을 지지했던 대중은 바로 그런 적대주의에 영향을 받아 정치적 적을 제거할 수만 있다면 민주주의 자체마저 폭력적으로 파괴하는 것을 용인하는 파시즘적 경향마저 보인 거예요.

# Q.

오늘날 자본주의라는 조건에서 과연 민주주의는 계
속 살아남을 수 있을까? 민주주의의 위기에 맞서 우
리는 무엇을 해야 하는가?

## 자본주의와 민주주의의 모순

그런데 세계적인 수준에서 보면 민주주의 위기 현상은 오늘날 자
본주의가 처한 위기 상황과 깊은 연관이 있는 것 같아요. 우리나라
의 문제도 이와 무관하지 않고요. 그래서 자본주의와 민주주의의
관계 문제를 살펴볼 필요가 있어요. 우리나라 극우 담론에서 '혐중'
담론이 중심에 선 데는 중국의 경제적 부상과 이에 따른 한국 기업
들의 경쟁력이 약화하는 상황이 배경에 있는 것 같아요. 우리나라
대자본 및 기업들은 세계적인 경쟁이 심화하는 상황에서 노조의 요
구나 기후 위기에 따른 환경 규제 같은 게 무척 부담스럽기에 이에
대한 강경 대응을 요구하는 식으로 극우적 지향을 드러내는 것 같
아요. 문재인 정부 이래 금융화된 부동산 가격이 폭등함으로써 심
각한 불평등을 양산했고, 이 과정에서 소외된 청년 세대를 중심으
로 극우화 경향이 나타나고 있어요. 모두 오늘날 자본주의가 전개되
는 방식이 민주주의를 위협하는 양상이라고 할 수 있어요.

우리가 잊지 말아야 할 점은, 자본주의와 민주주의는 본성상 서
로 다른 논리 또는 문법에 기반한다는 거예요. 쉽게 이야기해서, 민
주주의가 '1인 1표'의 원리에 기반한다면 자본주의는 '1원 1표'의 논
리를 따른다는 거죠. 민주주의에서 주권자 시민은 경제적 수준과
무관하게 누구나 평등한 시민권을 갖지요? 삼성 이재용 회장이나
서울역의 노숙자나 모두 선거에서 1표만 행사할 수 있는 평등한 시
민이죠? 그렇지만 실제로는 이재용 회장은 막대한 부를 기반으로

우리나라의 정치적 의사결정과정에 비교할 수 없을 정도로 큰 영향을 미치지 않겠어요? 민주주의와 자본주의는 본성상 서로 평행하면서 긴장하고 갈등할 수밖에 없는 거예요.

민주주의에서는 개인의 이익추구보다는 공동선에 대한 협력적 모색이 중요하지요. 이를 위해서는 평등한 시민들 사이의 토론을 통한 숙의가 이루어져야 하고, 그런 숙의를 통해서도 결론이 나오지 않을 때는 다수결이라는 수단을 사용해요. 그러나 자본주의는 시민들 사이의 불평등을 불가피하다고 용인할 뿐만 아니라 바람직하고 정당한 것으로 보기까지 하죠? 그리고 자본주의는 기본적으로 이윤추구라는 원리에 의해 작동되는 제도에요. 여기서는 민주적 숙의 과정을 통한 의사결정보다는 투자자나 자본가를 중심으로 한 위계적 의사결정이 일반적이에요. 한 마디로, 민주주의는 평등의 원리에 기반하지만 자본주의는 불평등을 동력으로 삼는다고 할 수 있어요. '모순'이라고 해도 지나치지 않을 것 같아요.

그러다 보니 사회가 먹고사는 문제가 제일 중요하다면서 자본주의적 이윤추구 논리를 앞세우면, 시장 중심의 자본주의 경제 과정에 대한 국가 개입을 최소한의 수준에 묶어두기를 바라는 정치적 지향을 발전시키게 될 수밖에 없어요. 민주적으로 통제되는 국가는 시민들의 생존과 경제적 안정에 큰 무게를 두어야 하고 이를 위해서는 다양한 복지 정책을 펼 수밖에 없는데, 이를 위해서는 조세가 불가피하죠. 자본주의는 이런 조세를 달가워하지 않겠지요? 오늘날 자본주의의 주된 경향이라 할 수 있는 신자유주의가 감세, 탈규제, 민영화 등을 요구하는 건 바로 이런 맥락이지요.

오늘날의 금융 자본주의 시대에는 민주주의에 대한 자본주의의 일반적인 적대적 경향이 극대화되고 있어요. 무엇보다도 시민들 사이의 소득 불평등이 엄청나게 커지고 있어요. 우리나라에서 보면,

금융화된 부동산 가격이 급등하면서 집 없는 많은 시민이 졸지에 '벼락 거지'로 전락하는 식으로 이런 불평등이 커지고 일반화되고 있어요. 금융 자본주의는 한 마디로 투기 자본주의지요. 문제는 이런 소득 불평등이 정치적 불평등으로 전이될 수 있다는 거예요. 다시 말해 부유한 엘리트들만 주로 정치적 의사결정과정을 장악하면서 하위계층은 정치적으로 배제될 수밖에 없는 거죠. 하위계층은 자신을 대변할 정치 세력을 제대로 갖지 못할 가능성이 커지고, 그 결과 대부분의 정치적 의제들은 상층 계급의 관심사에만 집중되는 것이죠.

게다가 금융 자본주의는 그야말로 글로벌한 수준에서 작동해요. 한국 정부가 주식 투자를 과도하게 규제한다 싶으면 외국인 투자자들은 순식간에 투자금을 회수해서 다른 나라로 옮겨 가겠죠? 그러면 한국에서는 환율부터 요동치고, 그에 따른 심각한 경제 위기가 일어날 수 있겠죠? 그러다 보니 아무리 친복지적인 정책을 지향하는 정당이 집권하고 있어도 이런 자본 유출 위협 때문에 좀 더 강한 재분배 정책 같은 걸 쓸 수 없게 되는 거예요. 이런 상황에서는 전반적으로 의회의 정치적 권능은 약화될 수밖에 없고, 민주주의는 형식만 남게 되는 것이지요. 그 결과 정치적으로 배제된 많은 하층 시민들은 이런 상황에 대한 극단적 해법을 주장하는 포퓰리스트들에게 기우는 일도 일어나는 거예요.

## 민주주의를 지키려면?

물론 모든 자본주의가 민주주의에 위협이 되는 건 아니에요. 서구에서는 역사적으로 제2차 세계대전 이후 복지국가를 발전시키면서 적절한 수준에서 자본주의를 통제하면서 성숙한 민주주의가 잘 작동했던 경험이 있어요. 이런 시기가 역사적으로 예외였을 뿐이라는 비관적 진단도 있지만, 민주적 역량을 제대로 결집하여 오늘날 가능한 새로운 자본주의 길들이기 전략을 발전시킬 수 있다면 문제를 비관적으로만 볼 일은 아니에요. 우리 모두의 과제죠. 물론 이런 차원의 새로운 모색을 넘어, 민주주의 자체를 지키기 위한 적극적인 노력이 절실해요.

무엇보다도 극우 세력, 특히 극우 파시즘 세력에 대한 경계를 늦추지 말아야 해요. 그러려면 극우 세력이 권력의 중심에 다가가지 못하게 막아야 하고, 일시적으로 권력을 잡더라도 민주적 헌정질서가 빠르게 다시 제자리를 잡을 수 있게끔 헌정질서를 재정비해야 해요. 학자들은 이런 걸 민주적 회복탄력성democratic resilience이라고 해요. 여기서 자세히 이야기할 수는 없지만, 너무 많은 권력이 대통령에게 집중된 권력구조를 손봐야 하고, 앞서 말한 치명적 양극화가 생기지 않을 수 있는 다원적 정치체제가 가능하도록 선거법을 손봐야 해요.

이와 별개로, 극우 세력에 맞서기 위한 정치권과 시민사회의 적극적인 노력도 필요해요. 바이마르 공화국이 나치에 의해 무너지는 것을 지켜보며 미국으로 망명했던 유대인 출신 독일 법학자 뢰벤슈타인Löwenstein은 민주주의 수호에 초점을 둔 특별한 민주주의 개념을 제안했어요. 핵심은 민주주의가 자신의 적으로부터 스스로를 지키기 위해서는 민주주의를 파괴하려는 극우 파시스트 같은 적들에 대해서는 민주주의의 원리 적용을 유보할 수 있어야 한다는 데 있어요. 그는 이런 민주주의를 '전투적 민주주의militant democracy'라고 불렀는데, '방어적 민주주의'라고도 해요.

민주주의의 적들을 물리치기 위해 그들에게 민주주의의 원리 적용을 제한하는 건 어떻게 가능할까요? 뢰벤슈타인의 제안은 많은 논란을 일으켰지만, 전후 독일에서는 새로운 연방공화국을 만들면서 그의 제안을 받아들여 다른 민주주의 국가들에 없는 특별한 제도적 장치들을 만들었어요. 대표적인 게 바로 '위헌정당 해산' 제도예요. 곧 민주주의를 부정하고 위협하는 정당에 대해서는 헌법재판소가 해산을 명령할 수 있는 거죠. 실제로 독일 헌법재판소는 나치의 후예를 자처하는 정당과 독일공산당 등을 해산한 사례가 있어요. 많은 비판을 받고 있지만, 우리나라도 이런 독일 제도를 받아들여 몇 년 전 통합진보당이 내란을 선동한 적이 있다는 이유로 헌법재판소가 해산 판결을 내린 적이 있어요. 또 독일은 '헌법수호청'이라는 기관을 만들어서 극우 단체나 정당의 활동을 감시하기도 해요. 이 기관은 이런 감시를 통해 어떤 단체나 정당의 활동이 민주주의 체제에 위협이 되는 수준에 이르렀다고 판단하면 헌법재판소에 제소하여 해산을 명하거나 활동을 제한하게 할 수 있어요.

물론 이 전투적 민주주의 개념에 대해서는 강력한 비판이 제기되기도 해요. 민주적인 정치과정을 통해 자연스럽게 극우 정당이나 단체의 활동을 위축시킬 수도 있을 텐데, 자의적일 수도 있는 판단에 따라 법적 강제를 행사하는 게 정당화될 수 있느냐는 거죠. 또 극우 세력이 발호하는 사회·경제적 토양은 그대로 둔 채 정치적 수준에서만 이들을 경계하는 게 효과적인지도 의문이라는 거죠. 지금 독일에서는 '독일을 위한 대안AFD'이라는 극우 정당이 정치적으로 큰 성공을 거두고 있어요. 독일이 이 정당의 약진에 어떤 식으로 대응하여 그 도전을 극복하는지 지켜볼 필요가 있어요.

그렇지만 우리는, 군대를 동원해 민주적 헌정 체제를 무너뜨리려 했던 윤석열의 내란을 경험한 지금, 이 전투적 민주주의 개념을 신중하게 재해석하고 우리 맥락에 맞게 새롭게 발전시킬 필요가 있어요. 그러니까 특정 정치 세력의 민주적 권리를 근본적으로 제한하지는 않더라도 민주주의를 위협하는 극우 세력에 대해서는 적극적인 조치를 할 수 있게 하자는 거죠.

예를 들어 극우 유튜브에 대한 감시와 통제, 의도적 '가짜 뉴스'에 대한 처벌, 극우 인사들의 공적 혐오 발언 등에 대한 감시 및 폭로와 비판 같은 일을 할 수 있는 공적 기관을 만들거나 그런 일을 자발적으로 행하는 시민사회의 노력에 대해 공적 지원을 하는 일을 생각해 볼 수 있어요. 물론 이런 조치들은 표현의 자유를 제약한다는 시비에 노출될 수 있기에, 민주적 헌정질서 수호에 대한 높은 수준의 사회적 합의를 통해 절제되고 합리적인 접근이 필요해요. 그 밖에 자라나는 세대와 시민들에 대한 민주시민교육 강화와 제도화도 이런 맥락에서 유용해요. 어쨌든 민주주의를 지키기 위해서는 아주 특별한 방식의 사회적 노력이 있어야 해요. 모두의 각성과 실천이 중요한 때입니다.

**핵심개념**

**▶ 민주공화국**
주권자인 시민이 모두 평등한 존엄성을 누리게끔 공동선을 추구하는 법치국가.

**▶ 포퓰리즘**
사회가 선량하고 순수한 보통 사람들인 '우리'와 부패한 엘리트 및 그들이 지지하는 불순한 외부의 적으로 구성된 '그들'로 나뉜다고 주장하면서 '우리'와 '그들'의 적대성을 부추기는 정치적 지향.

**더 보기**

**▶ 한국 민주주의의 '공화화' 과제**
대한민국은 민주공화국이다. 그러나 우리 사회는 우리 정체의 민주주의, 그것도 자유주의적 모델에 따른 다수결주의 경쟁이라는 차원의 문제에만 집중해 왔고, 이 민주주의가 착근해서 작동하는 '공화국'이라는 헌정적 틀과 그 가치 및 작동 원리의 문제에는 제대로 관심을 쏟지 못했다. 이 공화국에서는 다양한 세력이 서로 다른 가치관이

## 찾아보기

### ▶ 도서자료

- 김비환(2013). 『이것이 민주주의다: 지금은 민주주의를 공부해야 할 시간』. 개마고원.
- 신진욱 외(2025). 『광장 이후: 혐오, 양극화, 세대론을 넘어』. 문학동네.
- 장은주 외(2020). 『우리는 시민입니다: 현장에서 말하는 한국민주시민교육론』, 피어나.
- 장은주(2024). 『공화주의자 노무현: 시민적 진보의 탐색』. 피어나.
- 최강욱·최강혁(2025). 『이로운 보수 의로운 진보』. 한겨레출판사.
- 카스 무데. 『혐오와 차별은 어떻게 정치가 되는가: 열 가지 키워드로 읽는 21세기 극우의 현장』. 권은하 옮김(2021). 위즈덤하우스.
- 제이슨 스탠리. 『우리와 그들의 정치: 파시즘은 어떻게 작동하는가』. 김정훈 옮김(2022). 솔출판사.
- 로버트 O. 팩스턴. 『파시즘: 열정과 광기의 정치혁명』. 손명희·최희영 옮김(2005). 교양인.
- EBS 다큐프라임 〈민주주의〉 제작팀. 유구오(2016). 『민주주의: 세계적인 석학들의 민주주의 강의』. 후마니타스.

# 2장

# 국가와 정부

서복경

2장에서는 국가와 정부 개념, 국가 및 정부와 국민의 관계, 입법·행정·사법 등 국가기관과 기관 간 관계를 아우르면서, 개념에서 현실적 구현에 이르기까지 국민주권 원리의 다양한 측면을 살펴보려 합니다. 이 글은 통치구조, 권력 구조 등 국가기관의 구성이나 작동 원리에 머물지 않고, 국민과 정부, 국민과 국가기관의 관계 측면에서 접근하려고 합니다. 그러다 보니 다양한 사례들을 포함하게 되었는데, 함께 읽으며 생각하는 계기가 되면 좋겠습니다. 먼저 우리가 함께 이루고 있는 정치공동체, 국가에서 출발해 볼까요?

## Q.
### 국가가 존재하는 이유는?

### 군대가 있는 이유

2024년 12월 3일 늦은 밤, 대한민국 국군이 국회가 있는 여의도에 나타났습니다. 공군 헬기가 굉음을 내면서 하늘을 날아 국회 뒤편 잔디밭에 군인들을 내려놓았고, 무장한 군인들이 국회 본청에 들어가 본회의장 유리창을 깨고, 장갑차와 군인들이 국회 정문 앞에 모인 시민들과 대치했습니다. 이 장면을 지켜보면서 여러분은 어떤 생각을 했나요?

대한민국 헌법에 따르면 "국군은 국가의 안전보장과 국토방위의 신성한 의무를 수행함을 사명으로 하며, 그 정치적 중립성은 준수된다"라고 되어 있습니다.「대한민국헌법」제5조 ② 헌법에 따른 군의 사명은 '국가의 안전보장과 국토방위'입니다. 2024년 12월 3일 밤, 대한민국 국회와 선거관리위원회에 나타난 군인들의 행동은 헌법이 정한 사명과 어떤 관계가 있었을까요?

2025년 4월 4일 헌법재판소는 윤석열 전 대통령 탄핵 사건에 대한 선고에서 다음과 같이 밝혔습니다. "피청구인은 국회의 권한 행사를 막는 등 정치적 목적으로 병력을 투입함으로써, 국가 안전보장과 국토방위를 사명으로 하여 나라를 위해 봉사해 온 군인들이 일반 시민들과 대치하도록 만들었습니다. 이에 피청구인은 국군의 정치적 중립성을 침해하고 헌법에 따른 국군통수의무를 위반했습니다."2025.04.04. 2024헌나8

헌법재판소는 윤석열 전 대통령이 2024년 12월 3일 밤 국군에게 명령한 행동이 헌법 위반이라는 점을 분명히 했습니다. 국군은 '국회의 권한 행사'를 막아서는 안 되며, '일반 시민들과 대치'를 해서도 안 되는 기관입니다. 국군은 오직 '국가의 안전보장과 국토방위'를 목적으로 활동해야 하는 기관이지만, 2024년 12월 3일 밤 국군은 그와 무관한 일을 하도록 국군 통수권자로부터 요구받았고, 윤석열 전 대통령은 군 통수권자의 의무를 위반하여 파면되었습니다.

2025년 6월, 미국 트럼프 대통령이 캘리포니아주 로스앤젤레스시LA에 군대를 파견했고, 이 일을 시작으로 미국 전역에서 시위가 일어났습니다. 트럼프 정부는 불법 이민자 단속을 대대적으로 벌였고,

그 와중에 LA시 불법 이민자 단속을 명분으로 주 방위군과 해병대를 파견했습니다. 미국 법에 따르면 평상시 주 방위군 파병을 위해서는 주지사의 요청이 있어야 하지만, 캘리포니아주 주지사는 파병을 요청한 적이 없을 뿐 아니라 동의하지도 않았습니다.

캘리포니아주 주지사는 이렇게 말합니다. "폭력적이고 심각한 범죄자들만 쫓는다는 트럼프 대통령의 말과 달리 접시닦이와 정원사, 일용직 노동자, 재봉사들을 체포하고 있다. … 권위주의 정권이 스스로 지킬 힘이 없는 가장 약한 이들을 겨냥하기 시작한 것이다. 민주주의가 우리 눈앞에서 공격받고 있다. … 캘리포니아가 처음일 수 있지만 분명 여기서 끝나지 않는다, 다음은 다른 주들이고, 민주주의가 공격받을 것이다."<sup>연합뉴스, 2025.06.11</sup> 개빈 뉴섬 캘리포니아주 주지사의 말은 사실이 되었습니다. 트럼프 대통령은 워싱턴 D.C., 테네시주 멤피스에 군 병력을 파견했고, 오리건주 포틀랜드, 일리노이주 시카고에 군 배치를 명령했으나 법원 결정으로 중지된 상태입니다.<sup>2025년 11월 현재</sup>

우리나라와 마찬가지로 미국에서도 군대는 '국가의 안전보장과 국토방위'를 위해 존재합니다. 2025년 미국 트럼프 대통령이 미군에게 내린 명령은 미국이라는 국가의 안전보장을 위해서일까요? 아니면 다른 목적으로 군대를 이용하는 것일까요?

## 경찰이 있는 이유

일상생활에서 경찰의 도움을 받을 일이 종종 있습니다. 길을 잃었을 때나 물건을 잃어버렸을 때, 도둑이 들었거나 누군가로부터 부당한 일을 당했을 때도 경찰을 찾습니다. 하지만 경찰이 과연 시민 편인지 생각하게 만드는 일도 접하게 됩니다.

2024년 12월 3일 밤, 윤석열 전 대통령으로부터 부당한 일을 지시받은 또 다른 국가기관이 있습니다. 경찰입니다.

"피청구인은 경찰청장에게 계엄사령관을 통하여 이 사건 포고령의 내용을 알려주고, 직접 6차례 전화를 하기도 했습니다. 이에 경찰청장은 국회 출입을 전면 차단하도록 했습니다. 이로 인하여 국회로 모이고 있던 국회의원들 중 일부는 담장을 넘어가야 했거나 아예 들어가지 못했습니다. … 피청구인은 군경을 투입하여 국회의원의 국회 출입을 통제하는 한편 이들을 끌어내라고 지시함으로써 국회의 권한 행사를 방해했으므로, 국회에 계엄해제요구권을 부여한 헌법 조항을 위반했고, 국회의원의 심의·표결권, 불체포특권을 침해했습니다."2024헌나8 헌법재판소는 그날 경찰의 행동이 위헌 불법 행위라고 판단했습니다.

2015년 11월, 박근혜 정부의 쌀 수매가 인상 공약 이행을 촉구하기 위해 광화문 근처 시위에 참여했던 한 농민이, 경찰의 과잉 진압으로 사망한 사건이 발생했습니다. 전라남도 보성에서 농사를 짓던 백남기 씨는 2015년 11월 14일 시위에서 경찰이 쏜 물대포를 맞아 쓰러졌고, 317일 동안 깨어나지 못하다가 중환자실에서 생을 마감했습니다. 가족들은 당시 경찰청장, 서울지방경찰청장 등 7명을 살인미수 혐의로 고발했고, 경찰의 직사살수(물을 일정한 방향으로 직접 쏘는 행위)가 생명권, 신체의 자유, 집회의 자유 등을 침해한다는 내용의 헌법소원을 제기했습니다. 2020년 헌법재판소는 "경찰이 백 씨에게 직사살수를 한 행위는 과잉금지원칙에 반하여 백 씨의 생명권과 집회의 자유를 침해하여 헌법에 위반됨을 확인"했습니다.2015헌마1149 2023년 대법원은 서울경찰청장에 대한 유죄를 확정했습니다.

1992년 미국 캘리포니아주 로스앤젤레스에서는 아프리카계 미국인들이 폭동을 일으키는 사건이 발생했습니다. 이 사건은 'LA 폭동'으로 지칭되며, 미국 정부와 사회의 뿌리 깊은 인종차별이 낳은 비극으로 널리 알려져 있습니다.

사건의 출발은 아프리카계 미국인에 대한 미국 경찰의 과잉 진압 사건이었습니다. 1991년 미국 경찰이 과속 운전을 하던 아프리카계 미국인을 단속하던 중 구타와 폭행을 했고, 피해자는 다리가 부러진 상태로 경찰서로 끌려갔습니다. 사건 당시 다른 시민이 촬영한 영상이 널리 퍼졌고, 아프리카계 미국인 사회에 공분을 일으켰으며, 피해자는 고소를 했습니다. 법원은 배심원단을 구성하면서 아프리카계 미국인을 한 명도 배치하지 않았고, 12명 중 10명을 백인으로 구성했습니다. 판결 결과 폭행했던 경찰관 4명 중 3명에 대해 무죄, 1명에 대해서는 재심 결정이 났습니다. 판결에 분노한 시민들이 시위에 나섰고, 시위가 격화되어 수십 명의 사망자와 2천 명이 넘는 부상자가 발생한 폭동으로 번졌습니다.

경찰은 꼭 필요한 존재지만 과연 경찰의 업무는 어디까지 허용되어야 하는 걸까요? 우리 헌법과 법률에 따른 경찰의 직무는 다음과 같습니다.

"① 이 법은 국민의 자유와 권리 및 모든 개인이 가지는 불가침의 기본적 인권을 보호하고 사회공공의 질서를 유지하기 위한 경찰관의 직무 수행에 필요한 사항을 규정함을 목적으로 한다. ② 이 법에 규정된 경찰관의 직권은 그 직무 수행에 필요한 최소한도에서 행사되어야 하며 남용되어서는 아니 된다." 「경찰관 직무집행법」 제1조

"모든 국민은 인간으로서의 존엄과 가치를 가지며, 행복을 추구할 권리를 가진다. 국가는 개인이 가지는 불가침의 기본적 인권을 확인하고 이를 보장할 의무를 진다." 「대한민국 헌법」 제10조

우리나라 법률에 따르면 경찰은 '국민의 자유와 권리, 모든 개인이 가지는 불가침의 기본적 인권을 보호하고 사회공공의 질서를 유지'하기 위해 존재합니다. 그리고 '국민의 자유와 권리, 개인의 불가

침의 기본적 인권을 보장할 의무'는 대한민국 헌법에서 국가의 의무로 규정해 놓은 것입니다. 그런데도 가끔 이 경계를 벗어나는 일은 왜 발생하는 것일까요?

## 국가의 존재 이유

"국가는 완벽하고 자기충족적 삶self-sufficing life을 목표로 하는 가족과 마을의 연합체다."<sup>아리스토텔레스, 기원전 4세기</sup> 고대 그리스 아테네 민주주의 시대에 살았던 아리스토텔레스는, 국가state를 가족과 마을의 범위를 넘어선 더 큰 범위의 좋은 삶eudaimonia을 실현하기 위한 공동체라고 보았습니다. 개인의 도덕적이고 사회적인 완성을 가능하게 하고, 경제적으로도 필요한 욕구를 충족할 수 있는 공동체를 국가라고 생각했습니다.

"(국가는) 사람들이 자신들의 생명, 자유, 재산에 대한 '자연권'을 보호하기 위해 상호 합의에 의해 형성된 공동체이며, 통치자는 시민의 동의를 얻어 제한된 권력을 행사한다."<sup>존 로크, 1689</sup> 17세기에 살았던 존 로크John Locke는 사회계약론의 관점에서 국가를 정의했습니다. 모든 인간은 태어날 때부터 생명, 자유, 재산에 대한 자연권을 가지며, 자연권을 지키기 위해 서로 합의해서 국가라는 공동체를 만들었고, 국가 공동체의 통치자는 시민의 동의를 얻는 범위에서만 제한적으로 자연권을 보호하기 위한 목적에서 권력을 행사해야 한다고 보았습니다.

"국가는 특정 영토 내에서 물리적 폭력의 합법적 독점을 주장하는 인간 공동체다."<sup>막스 베버, 1919</sup> 20세기 초반 막스 베버Max Weber의 국가 정의에서는 '물리적 폭력의 합법적 독점'이라는 새로운 요소가 등장합니다. 이런 인식의 등장은 존 로크가 살았던 시대와 막스 베버가 살았던 시대 사이에 발생했던 세계사적이고 인류사적인 변화 때문입니다.

오랫동안 인류의 역사는 전쟁의 역사이기도 했습니다. 하지만 국민국가가 등장하고 국민국가가 상비군을 보유하기 시작한 역사는 오래되지 않습니다. 1789년 프랑스 혁명이 일어나고 나폴레옹 전쟁이 유럽을 휩쓴 이후, 비로소 국민국가nation-state 개념이 보편적으로 확립되고 국민 개병제가 등장했으며 전시가 아닐 때도 상설적으로 군대가 있는 체제가 보편화하기 시작합니다.

베버가 말한 '물리적 폭력의 합법적 독점'이란, 군대와 경찰 등 폭력을 행사할 권한이 있는 국가기구가 헌법과 법률로 인정되는 상태를 말합니다. '독점'이란 합법적으로 단 하나의 군대, 경찰만 인정된다는 의미입니다. 한 국가 안에 2개 이상의 군대가 인정된다면 언제든 내전 상태에 돌입할 수 있게 될 것입니다. 또한 베버는 합법적 독점을 '주장하는' 공동체를 국가라고 생각했습니다. '합법적 독점'이 그냥 주어지는 것이 아니라 '주장'되는 것이고, 때로 이런 주장을 하는 주체가 바뀌기도 합니다. 반란이나 혁명 혹은 내전이 발생해서 물리적 폭력의 합법적 독점을 주장하는 주체가 바뀔 수도 있다는 뜻입니다.

21세기 국가는 아리스토텔레스, 로크, 베버가 살았던 시대를 거쳐 진화한 역사적 산물입니다. '가족과 마을의 자기충족적인 삶'과 국민의 '생명, 자유, 재산에 대한 권리를 보호'하기 위한 공동체의 필요로 만들어진 것이 국가입니다. 국민이, 나와 우리의 필요를 공동으로 해결하기 위해, 국가가 군과 경찰 등 '물리적 폭력'을 합법적으로 독점하도록 승인해 준 것입니다.

하지만 군대와 경찰, 다양한 국가기구를 운영하는 것은 결국 사람입니다. 법을 지키는 시민도 있고 그렇지 않은 시민도 있듯이, 헌법과 법률이 정한 바 임무에 충실한 공직자도 있고 그렇지 않은 공직자도 있습니다. 그래서 국가기구를 구성하는 사람들이 국민의 필요를 외면할 때는 언제든 책임을 물을 장치가 필요합니다. 평상시에는 법률을 만들어 군대와 경찰, 국가기구의 권한 행사를 기본 목적에 충실하도록 제한하고, 이를 위반할 경우 사법제도를 통해 책임을 묻습니다. 대통령이 군과 경찰을 동원해 국민이 위임한 목적을 위반하면, 국민은 헌법과 법률이 정한 절차에 따라 해임할 수 있습니다. 헌법과 법률의 작동이 멈추면 국민이 물리적 힘을 행사해서 공직자를 바꾸기도 합니다.

### 그런데, 국가와 정부는 어떻게 다르지?

현행 헌법에는 '국가'라는 단어가 73번, '정부'라는 단어가 25번 나옵니다. 여러분은 현실 정치를 생각할 때 무엇을 떠올립니까? 대통령, 국회의원, 판사나 검사 같은 사람을 떠올리기도 할 것이고, 청와대, 국회, 법원 같은 기관을 떠올리기도 할 겁니다. 이 모든 이미지는 개념으로 보면 국가보다 정부에 관련된 것입니다. 국가와 정부는 어떻게 구분될까요?

국가는, 특정 영토 안에 함께 사는 사람들이 대외적으로 독립적인 주권을 행사하며, 대내적으로 질서를 유지하고 서로의 필요를 충족하는 인간 공동체입니다. 그래서 국가의 구성요소는 영토, 국민, 주권이라고 합니다. 국가는 추상적 개념이기에 구체적 실체를 보거나 만질 수는 없습니다.

반면 정부는 기관의 건물이나 기관을 구성하는 사람, 그 사람의 행동을 통해 보고 듣고 만질 수 있는 실체입니다. 국민이 세금을 내어 운영하면서 헌법과 법률에 따라 제한된 권한만 행사하게 해놓은 제도들을 의미하기도 하지요. 국민이 국가라는 항구적인 공동체를 유지하기 위해 필요한 권한을 일시적으로 위임해 둔 현실의 기관이나 기구들의 총합 정도의 의미가 되겠습니다.

정치공동체가 공동의 필요를 충족하기 위해 운영하는 정부 기구의 수나 정부에서 일하는 공무원의 규모는 시대에 따라, 정치공동체의 크기에 따라 달랐습니다. 인구 500만 명의 정치공동체와 5천만 명의 정치공동체가 필요로 하는 정부 기능은 차이가 있을 것입니다. 고대와 중세, 현대사회에서 정치공동체 유지를 위해 필요한 기능과 역할도 다를 수밖에 없습니다.

고대 그리스 아테네 민주정의 정점기였던 기원전 5세기경, 급여를 받는 공무원은 700여 명 수준이었습니다. 고대 아테네 공무원들은 대부분 1년 임기직이고 시민들이 추첨으로 돌아가며 근무했습니다. 당시 아테네 전체 인구는 25만~30만 명 정도였고 자격을 갖춘 시민은 3만~6만 명 수준이었습니다. 조선 초기 「경국대전」에 따르면, 녹봉을 받게 되어 있는 문무 관직 정원은 5천여 명 수준이었고, 15세기 말 조선 인구는 550만~700만여 명으로 추정됩니다. 조선에서는 왕실 재정 상황이나 왕권의 강약에 따라 관직에 종사하는 사람 수는 변동이 컸고, 관리들의 생활비가 녹봉으로 모두 충당된 것은 아닙니다. 프랑스 절대왕정 시대를 열었던 루이 14세 통치기에는 왕권 강화와 함께 관직 종사자가 크게 늘었는데, 정확히 추산하기는 어렵지만 관직 수가 수만 개에 달했다고 합니다. 물론 이들이 지금처럼 관료조직의 위계에 따라 움직인 직업공무원들은 아니었습니다. 당시에는 관직을 팔아 왕실 재정을 충당했던 관직 매매제가 성행했고, 왕에게 충성하면서 급여를 받던 직업 관료는 수백 명이나 많아야 수천 명 수준이었다고 합니다.

그렇다면 지금과 같은 직업공무원 조직은 왜 만들어졌을까요? 근대 사회의 핵심 특징으로 관료제를 꼽은 막스 베버는, 행정 업무의 양적 증대와 질적 변화, 그리고 화폐 경제 발달을 관료제 지배

bureaucracy의 전제 조건으로 꼽았습니다.막스 베버, 1922

　근대 국민국가는 고대나 중세 정치공동체보다 훨씬 규모가 커졌습니다. 또 과거에는 사적으로 해결되던 많은 문제가 공적 영역으로 들어오게 되었습니다. 행정 업무가 양적으로도 늘어났을 뿐 아니라 업무 내용 자체가 고도의 복잡성을 띠게 된 거지요. 중세까지 없었던 상비군 제도도 생기면서 대규모 군대를 유지해야 했고, 화폐 경제가 발달하면서 화폐 발행이나 유통도 관리해야 할 필요가 생겼으며, 체계적으로 세금을 걷어 재정을 마련한 뒤 다양한 공공서비스도 제공해야 했습니다. 과거에 없던 새로운 행정 업무의 양과 질을 감당하려면, 이 업무만 전담하는 대규모 인력과 그 인력을 효율적으로 배치·운영하는 합리화된 시스템이 필요해진 것입니다.

　그런데 베버가 보기에, 이러한 관료 지배체제에는 심각한 문제가 있었습니다. 대규모 관료조직은 행정 업무의 효율성을 높이는 데 강점이 있지만, 지나치게 전문화되고 효율성만 추구하면 비인간적인 억압 기제로 작동할 수 있다는 점입니다. 인격성은 사라지고 위계와 규율, 효율성만 남게 되어 정작 자신들이 보호해야 할 시민들의 권리에 둔감해지고 나아가 '철의 감옥iron cage'이 되어 시민들을 억압하는 조직으로 언제든 탈바꿈할 수 있으므로, 조직 외부로부터 상시적인 견제를 통해 이러한 위험이 제어되어야 한다고 보았습니다. 베버는 거대한 관료조직의 지배를 제어할 핵심 장치로 '직업 정치인'의 필요성과 직업 정치인들의 정치 의지를 집단적으로 유지하고 관철시킬 수 있는 조직으로서 '정당'의 필요성을 꼽았습니다.막스 베버, 1919

　견제받지 않는 관료조직이 어떻게 시민들을 억압하며 군림하는 특권적 기구가 될 수 있는지에 대해서는 많은 사례가 있습니다. 2013년 국가정보원과 검찰이 서울시 공무원 유우성 씨를 간첩으로 몰기 위해 증거를 조작한 사건은 2015년 대법원에서 최종 무죄 판결을 받았지만, 검찰은 무죄 확정 이후 외국환거래법 위반 혐의로 보복 기소했고, 이 건은 2021년 대법원에서 공소권 남용으로 공소 기각이 확정되었습니다. 당시 증거 조작에 가담했던 국정원 직원들은 유죄 판결을 받았지만, 수사 및 기소를 담당했던 검사들은 형사 책임을 면하거나 경징계만 받았습니다. 이 사건은 국정원과 검찰이라는 조직이 사적 목적을 위해 시민의 권리를 어떻게 침해할 수 있는지를 잘 보여준 사례입니다. 2023년 국회는 헌정사상 최초로 검사 탄핵소추안을 통과시켰는데, 그 소추 대상자가 이 사건의 보복 기소를 담당했던 검사였습니다.

정리하면 이렇습니다. 현재와 같은 직업공무원의 관료제 조직은, 국민국가라는 규모가 훨씬 커진 정치공동체의 등장, 그리고 자본주의 시장경제 체제 발달이라는 사회·경제적 조건에서 정치공동체의 필요를 충족하기 위해 등장한 것입니다. 그리고 관료 지배체제가 내재한 위험을 제어하는 데 필요했던 것이 직업 정치인이며, 직업 정치인들이 집단으로 모여 신념을 유지하고 함께 관료조직을 견제하기 위해 필요했던 것이 정당이라는 정치 조직인 겁니다. 그럼 정당은 또 어떻게 견제받아야 할까요? 주기적인 선거에서 시민들의 평가를 받고 여론의 칭찬과 비판을 통해 견제받아야겠지요.

그런데 말입니다. 우리 헌법에는 '대한민국의 주권은 국민에게 있다'라고 되어 있습니다.「대한민국 헌법」제1조 ② 그런데 현실에서 국민의 의견은 하나일 수 없습니다. 민주주의는 여러 정당이 서로 다른 시민들의 의견을 대표해서 경쟁해야 작동할 수 있습니다. 그러면 국민에게 있다는 단 하나의 '주권'은 대체 무엇일까요? 또 어떻게 확인할 수 있는 걸까요?

**찾아보기**

**▶ 도서자료**

- *Αριστοτέλης* 「*Πολιτικά*」(기원전 4세기); 아리스토텔레스 지음. 박문재 옮김(2024). 『아리스토텔레스 정치학』. 현대지성.
- John Locke(1689). 「Two Treatises of Government」; 존 로크 지음. 문지영·강철웅 옮김(2023). 『통치에 관한 두 번째 논고: 시민-정부의 참된 기원과 범위, 목적에 관한 시론』. 후마니타스.
- Max Weber(1919). 「Politik als Beruf」; 막스 베버 지음. 최장집 해제. 박상훈 옮김(2021). 『소명으로서의 정치』. 후마니타스.
- Max Weber(1922). 「Wirtschaft und Gesellschaft: Grundriβ der verstehenden Soziologie」; 막스 베버 지음. 최현종 옮김(2025). 『경제와 사회: 종교적 공동체들』. 박영사.

**▶ 뉴스 보도**

- 뉴섬 "민주주의 눈앞 피습" … 트럼프, LA 군 투입에 대국민 연설. 연합뉴스(2025.6.11.).

**▶ 기타 자료**

- 「대한민국 헌법」.
- 「경찰관 직무집행법」.
- 2024헌나8 헌법재판소 결정문.
- 2015헌마1149 헌법재판소 결정문.

주권은 국민에게 있다?

## 국민에게 있다는 '주권', 대체 뭐길래?

주권은 영어 '사버런티sovereignty', 프랑스어 '수버레니테 souveraineté'에 해당하는 개념입니다. '영어에, 프랑스어까지 알아야 하나?' 하는 생각에 당황하지 않아도 됩니다. 이번 장에서 프랑스어가 등장하는 건 주권, 딱 이 단어뿐이랍니다. 이 단어의 역사 때문에 어쩔 수 없이 언급한 것입니다. 수버레니테라는 단어는 라틴어 '수페라노스superanus'에서 기원한 것으로, 수페라노스는 '최고의', '우월한'이라는 뜻의 단어입니다. 16세기 프랑스 철학자 장 보댕Jean Bodin은, 당시 어떤 역사적 필요를 해결하기 위해 수페라노스에서 뜻을 딴 프랑스어 수버레니테의 개념을 정의했고, 그 뒤로 이 단어는 국내 정치와 국제정치에서 엄청난 중요성을 지닌 개념으로 자리 잡게 되었습니다. 우리 헌법 제1조에도 언급될 만큼 말입니다.

보댕이 살던 시대 프랑스는 유럽 역사에서 '절대왕정Absolute Monarchy' 시대가 태동하던 시기였습니다. 절대왕정 시대란 왕에게 모든 권한이 집중되던 시기를 말합니다. 그 이전 중세 유럽에서 국가 최고 결정권은 교황과 봉건 영주들에게 분할되어 있었고, 왕은 여러 영주 가운데 제일 힘이 센 사람 정도의 지위가 있었습니다. 그러다 보니 국가의 주인도 자주 바뀌었고, 국가를 대표하는 의견도 왕과 봉건 영주들, 교황 사이의 권력 다툼에 따라 이리저리 바뀌었습니다. 보댕은 이런 혼란스러운 상황이 바람직하지 않다고 생각했습니다. '주권'을 '국가에서 절대적이고 항구적인 최고 권력'이라고 정의하고, 이 최고 권력은 군주에게 있다고 함으로써 왕의 절대권력을 뒷받침하는 이론을 전개했습니다. 이른바 군주주권론을 제시한 것이지요.

17세기에 활동한 영국 철학자 토마스 홉스Thomas Hobbes는 『리바이어던』에서 주권을 사회계약에 근거한 것으로 설명합니다. 홉스는, 인간이 자연 상태에서는 만인 대 만인의 투쟁 상태에 놓이며, 사회계약을 통해 개개인의 권리를 절대적인 주권자에게 양도함으로써 평화와 안정을 얻을 수 있다고 보았습니다. 개인들이 양도한 주권은 분할 불가능한 것이어야 하고, 그 권력이 절대적이고 무제한적이어야만 혼란스러운 자연 상태를 규율하여 안정된 상태를 만들 수 있다는 것입니다. 홉스가 말한 사회계약은 현실 세계에서 일어난 일을 서술한 것이 아니라, 국가의 절대적 의사 결정권을 정당화하는 이론적 논거로 사용된 것입니다. 17세기 영국 현실에서 사회계약을 통해 주권을 위임받은 것으로 가정되는 절대자는 군주였습니다.

18세기 프랑스 철학자 장 자크 루소Jean-Jacques Rousseau는 『사회계약론』에서, 주권의 주체가 군주가 아닌 '인민(프랑스어 'peuple', 영어 'people') 전체'이며 주권은 인민 전체의 '일반 의지volonté générale'의 행사라고 설명함으로써 인민주권론을 구체화했습니다. 루소에게 주권은 인민 개개인의 의지의 단순한 총합이 아니라 인민 전체의 의지를 대표하는 의사 혹은 권력이기에 분할 불가능한 권력으로 인식되었습니다.

정리하면 이렇습니다. 주권은 대외적으로 국가의 단일한 의사나 의지를 의미하며, 대내적으로 한 사회의 질서와 안정을 유지할 수 있는 최고 권력을 의미하는 개념입니다. 좀 추상적인 개념이지만, 매우 현실적인 필요 때문에 발생한 개념이기도 합니다.

한일 관계, 한미 관계 등 우리나라의 대외관계를 생각해 봅시다. 특정 사안에 대해 대한민국의 입장은 있어야 하며, 절대적인 것으로 받아들여져야 합니다. 대한민국 정부가 어떤 문제에 대해 입장을 천

명했는데 상대국 정부가 '당신네 나라에 정부 입장에 동의하지 않는 사람도 있던데?'라며 무시해 버리면, 대한민국과 그 나라는 국가 간 관계를 이어갈 수 없습니다. 국내 문제에서도 마찬가지입니다. 국회가 법을 만들었는데 이 법에 동의하지 않는 사람이 '나처럼 동의하지 않는 사람도 많아. 그래서 나는 이 법을 지키지 않겠어!'라고 한다면, 우리는 하나의 규범 체계에서 함께 살아갈 수 없게 됩니다. 군주제 시대에는 군주가 이 절대적 최고 권력의 행사 주체라고 인식되기도 했지만, 국민국가가 보편화하면서 주권은 군주가 아닌 그 나라 구성원 전체에게 있다는 개념이 일반화되었습니다.

### '대한민국의 주권은 국민에게 있다', 언제부터?

"대한민국은 민주공화국이다. 대한민국의 주권은 국민에게 있고, 모든 권력은 국민으로부터 나온다." 현행 헌법 제1조입니다. 현행 헌법은 1987년 우리나라가 독재에서 민주주의로 전환되던 시점에 만들어진 헌법입니다. 그러면, 헌법 제1조는 대체 언제부터 그 자리에 있었을까요?

현행 헌법은 1948년 제헌국회에서 제정한 후 9번째 개정된 헌법입니다. 1948년 제헌국회 제정 헌법 제1조는 '대한민국은 민주공화국이다', 제2조는 '대한민국의 주권은 국민에게 있고 모든 권력은 국민으로부터 나온다'였습니다. 현행 헌법 제1조와 똑같지요? 1952년 제1차 개정, 1954년 제2차 개정, 1960년 6월과 11월 제3차와 제4차 개정 헌법 때까지 헌법 제1조와 제2조는 같았습니다. 1963년 제5차 개정 헌법 때 제1조와 제2조는 통합되어 지금처럼 제1조의 ①과 ②로 구성되었습니다. 1969년 제6차 개정 때도 동일했지만 1972년 소위 '유신헌법'이 만들어지면서 제1조의 ② 뒷부분 '모든 권력은 국민으로부터 나온다.'가 '국민은 그 대표자나 국민투표에 의하여 주권을 행사한다.'로 바뀌었습니다. 박정희 전 대통령이 유신 독재 체제를 만들면서, 대한민국의 모든 권력의 원천을 국민이라고 포괄적으로 정의한 부분을 '대표자나 국민투표에 의해서만' 행사할 수 있도록 제한한 것이지요. 1980년 전두환 신군부가 헌법을 개정할 때 이 부분은 다시 '모든 권력은 국민으로부터 나온다.'로 바뀌었고, 1987년 헌법을 채택할 때 제1조는 그대로 유지되어 오늘에 이릅니다.

그렇다면 제헌국회 국회의원들이 헌법 제1조와 제2조를 처음 만들었을까요? 아닙니다. 현행 헌법 전문에서 밝히고 있듯이 '유구한 역사와 전통에 빛나는 우리 대한국민은 3·1운동으로 건립된 대한민국 임시정부의 법통을 계승'하고 있고, 현행 헌법 제1조도 그렇습니다. 대한민국 임시정부는 1919년 3·1운동 직후 수립되었고, 수립 직후부터 헌법이 있었습니다. 임시정부의 입법부인 임시의정원은 1919년 4월 11일 「대한민국 임시헌장」을 최초로 제정했고, 이후 임시정부 헌법은 다섯 차례 개정되었습니다. 1919년 4월 제정된 「대한민국 임시헌장」 제1조는 '대한민국은 민주공화제로 함'이었습니다.

지금은 너무나 당연해 보이는 이 문장은, 당시 대한민국이라는 국가의 역사적 전환을 선언한 것이었습니다. 대한제국 시기 일본제국주의의 침략을 당한 이후, 독립운동가들은 독립 이후 국가의 정치체제에 대해 한동안 논란을 거듭했습니다. '왕이 있는 국가로 돌아갈 것인가, 왕이 없는 국가를 새로 만들 것인가'의 고민이었지요. 1919년 4월 임시헌장 제1조는 그 논란을 끝내는 역사적 결정이었습니다. 황제의 국가인 '제국帝國'이 아닌 인민의 국가인 '민국民國'을 건설하기로 합의한 것입니다. 그 정신을 반영한 것이 제1조였습니다.

1919년 9월 임시정부는 약식으로 마련된 4월의 '임시헌장'을 체계화하여 「대한민국임시헌법」으로 다시 만들었습니다. '임시헌법' 제1

조는 '대한민국은 대한인민으로 조직함', 제2조는 '대한민국의 주권은 대한인민 전체에 재함在함'이었습니다. 이후 임시정부에서 이 정신은 단 한 번도 변한 적이 없습니다.

1945년 광복 직전 우리 헌법은 1944년 개정된 「대한민국임시헌장」이었습니다. 제1조는 '대한민국은 민주공화국임', 제4조는 '대한민국의 주권은 인민 전체에 있음. 국가가 광복되기 전에는 주권이 광복운동자 전체에 있음'이었습니다. '광복운동자'란 대일항쟁기 독립운동을 벌인 사람들을 말합니다. 제헌국회 국회의원들은 임시정부 시절부터 이어온 헌법의 정신을 토대로 제1조와 제2조를 만든 것입니다.

## 인민주권, 국민주권, 뭐가 다르지?

그런데 지금 헌법 제1조와 한 단어에서 차이가 있지요? 그렇습니다. 1944년 '임시헌장'에서 주권은 '인민 전체'에 있고, 1948년 제헌헌법에서 주권은 '국민'에게 있다고 되어 있습니다. 인민주권과 국민주권, 같을까요? 다를까요?

"제후에게는 세 가지 보물이 있으니 토지와 인민과 정치다諸侯之寶三, 土地人民政治". 『맹자』 마지막 장 「진심盡心」 편에 나오는 구절입니다. 맹자는 기원전 전국시대에 살았던 사람입니다. 고대 중국에서 '인人'은 식자층이자 지배층을 의미했고 '민民'은 문자해독능력이 없는 계층, 피지배층을 의미했습니다. 그러니 맹자가 당시 사용했던 '인민人民'은 지배층과 피지배층을 모두 가리키는 말로, '세상 모든 사람' 정도의 의미가 되겠습니다.

"백성을 민이라 하며 민은 사람이다. 왕은 사람을 근본으로 삼아야 하니, 그 거처를 편안히 하면 인민은 기뻐하며 복종할 것이다.以百姓 民, 民爲人, 則王者以人爲本, 務安其居, 則人民悅服矣" 『삼국사기』 「신라본기」

"미추 이사금 편"에 나오는 구절입니다. 『삼국사기』는 12세기 고려시대에 삼국시대와 통일신라, 후삼국시대의 역사를 저술한 책입니다. 이때 인민은 맹자의 표현과 유사하게 왕이 다스리는 모든 사람 정도의 의미로 볼 수 있습니다. 이처럼 우리나라 역사만이 아니라 동양 역사에서 '인민'은 일반명사로 널리 쓰여 왔습니다.

1919년 '임시헌법'에 등장하는 '인민 전체'라는 표현도, 당시까지 일반적으로 사용되던 친숙한 단어였습니다. 하지만 현대 정치 언어에서 '국민'과 '인민'의 함의는 차이가 있고, '임시헌법'을 만든 독립운동가들이 '인민 전체'라는 표현을 사용할 때도 이 함의를 인식하고 사용했던 것으로 보입니다. 앞에서 주권 개념이 장 보댕의 군주주권론에서 출발해 루소에 이르면 인민주권론으로 바뀌었다는 것을 살펴보았습니다. 임시정부 임시헌장에서 주권이 '인민 전체에 있다'는 표현은 인민주권론에서 흔히 사용되는 것으로, 임시정부를 구성했던 독립운동가들도 인민주권론의 이념을 공유했던 것입니다.

서양 정치 언어에서 '인민'(영어 people, 프랑스어 peuple)은 동양에서와 유사하게 오랫동안 '한 사회를 구성하는 모든 사람'이라는 뜻으로 사용된 반면, '국민nation은 '국민국가nation-state'의 등장 이후 국민국가의 구성원이라는 뜻으로 사용되었습니다. 언어의 역사로 보자면 인민의 역사가 훨씬 길고 국민은 더 짧습니다. 그렇다면 '국민국가'는 언제부터 있었을까요?

베네딕트 앤더슨Benedict Anderson이라는 학자는, '국민nation'에 대해 중세에서 근대가 태동하던 역사적 어느 시점에 만들어진 '상상된 공동체들Imagined Communities'이라고 말합니다. 근대 이후의 사람들은 자기가 속한 국민국가의 구성원들이 마치 오래전부터 같은 역사적 경험을 하고 같은 언어를 쓰며 혈연적으로도 가까운 계보에 있는 것처럼 느끼고 살지만, 따져보면 인류의 긴 역사에서 비교적 최근에야 국민국가라는 역사적 단위가 만들어졌다는 겁니다. 앤더슨에 의하면 국민이라는 공동의 정체성이 인지되는 과정은 국민주의nationalism의 형성과 역사를 같이 합니다. 함께 전쟁을 치르고 경제도 발전시키면서 '우리는 하나다'라는 정서를 공유하게 되는 과정에서 만들어진 역사적 산물이 '국민'이라는 겁니다.<sup>베네딕트 앤더슨,</sup> 1983

유럽이나 미국 역사를 생각하면 앤더슨의 이런 정의는 쉽게 이해됩니다. 영국을 볼까요? 지금 영국은 잉글랜드, 웨일즈, 스코틀랜드, 북아일랜드라는, 역사를 달리하고 때로 전쟁까지 치른 공동체들이 한 나라를 이루고 있습니다. 이 역사적 집단은 각기 의회를 두고 자치권을 행사하지만, 국제관계에서는 하나의 국민nation으로 인지되고 행동합니다. 미국에는 아메리카 대륙에서 살았던 원주민도 있고, 유럽, 남아메리카, 아시아, 아프리카 등 세계 전역에서 이주해 온 다양한 이민자들이 함께 삽니다. 각 이민자 집단은 언어가 다르기도 하고, 종교도 관습도 다릅니다. 하지만 대외적으로는 하나의 미국이라는 정체성을 갖습니다. 가까운 일본을 보더라도 홋카이도나 오키나와와 본토에 사는 사람들의 역사적 경험은 비교적 최근까지 매우 달랐습니다. nation은, 이처럼 내부의 구성이 어떻든 '주권을 가진 대외적으로 단일한 정체성 집단 혹은 하나의 정치공동체'라는 의미로 쓰이는 개념입니다.

우리나라는 좀 다릅니다. 우리나라에서는 nation이라는 단어를 '국민'으로도 번역하고 '민족'으로도 번역합니다. 고대 한반도에는 여러 정치공동체가 있었지만, 중세 어느 즈음부터 영토 경계가 지금과 비슷하게 확정되었습니다. 그 경계 안에 살던 사람들은 오래 혈연적 연속성을 유지하고 같은 언어를 쓰고 같은 역사적 경험을 했습니다. 그러다 보니 서로를 생물학적으로도, 사회문화적으로도, 정치적으로도 동질적인 집단으로 인식해 온 역사가 미국이나 유럽 국가들보다 훨씬 깁니다. 하지만 서구의 경험에서 생물학적 동질성에 기초한 개념, 피부색이나 생김새 등이 유사한 사회집단을 일컫는 용어는 'race'이고, 문화적 유대감이나 공동의 역사적 경험 등 사회문화적 동질성을 가진 집단을 지칭하는 개념은 'ethnicity'이며, 국민국가의 구성원이라는 개념은 nation으로, 이 세 가지는 분명히 구분되는 개념입니다. 반면 우리는 국민 또는 민족이라는 개념 안에 race, ethnicity, nation의 의미를 혼용해서 사용하는 편입니다.

정리하면 이렇습니다. 국민주권이란 국민국가 시대 이후 하나의 정체성 집단으로 존재하는 국가의 국민에게 주권이 귀속된다는 의미이고, 인민주권이란 한 사회를 구성하는 보통 사람들에게 주권이 있다는 의미입니다. 현대 정치에서 국민주권과 인민주권은 구분되지 않고 쓰이기도 하지만, 역사적 어원은 다르고, 함의에도 차이가 있습니다.

## 그럼, 국민과 시민은 어떻게 다르지?

앞서, 인민과 국민의 개념이 어떤 기원을 가지고 사용되었는지 살펴보았습니다. 그런데 우리는 일상에서 '시민'이라는 말도 종종 사용합니다. 예를 들어, 거리 집회를 할 때 모여 있는 사람들을 '민주시민 여러분!' 이렇게 부르는 걸 들어보셨을 겁니다. '애국시민 여러분!' 이라고도 합니다. 그런데 '민주국민 여러분' 혹은 '애국국민 여러분' 이라는 표현은 잘 사용하지 않지요? 그 표현을 사용하던 사람들이 어떤 의미를 담아 사용하는지는 각자 다를 수 있겠지만, 역사적으로 보면 '시민'은 '국민'과 분명히 다른 과정을 거쳐 만들어진 단어입니다.

일단 말뜻 그대로 풀어보면 '도시에 사는 사람'이라는 뜻이겠지요. 맞습니다. 그런데 처음 사용될 때부터 그저 사는 공간에 따라 농촌 사람, 도시 사람 이렇게 구분되는 단어는 아니었습니다. 고대 그리스 아테네는 도시국가였습니다. 도시 하나가 국가를 이룬 거지요. 지금의 싱가포르처럼요. 하지만 아테네에 살던 모든 사람이 시민은 아니었고, 특정한 자격이 있는 사람만 '시민'이 될 수 있었습니다. 고대 아테네에서 시민을 '폴리테스πολότης'라고 불렀는데, 폴리스πολιιης의 구성원이라는 뜻입니다. 하지만 여성, 노예, 외국인은 폴리테스가 될 수 없었습니다. 한동안 아버지가 아테네 시민인 사람에게만 시민권을 부여했다가 기원전 5세기 중반 이후에는 어머니까지 아테네 시민이어야만 시민 자격을 인정받을 수 있었습니다. 남성이어야 했고, 18세 이상 성인이어야 시민 등록을 할 수 있었습니다. 시민권을 인정받은 사람들만 민회에 참석할 수 있었고, 공직을 맡을 수 있었으며, 재판정 배심원이 될 수 있었습니다.

고대 로마에서도 시민은 '특별한 권리를 가진 사람'이라는 개념으로 사용되었습니다. '로마 시민Civis Romanus'은 시기에 따라 허용범위는 달라졌지만, 민회에 참석할 권리, 공직을 담당할 권리, 재산을 소유하고 계약을 체결할 권리, 사법적 판결에 항소할 권리를 법적으로 보장받는 사람들을 지칭하는 개념이었습니다. 로마인 부모 사이에서 태어난 사람은 자동적으로 시민권을 인정받았고, 해방된 노예의 자녀, 로마 군대에서 일정 기간 복무하고 퇴역한 군인 등에게 시민이 될 수 있는 권리를 인정했습니다. 여성 시민은 재산권을 인정받았지만, 민회에 참석하거나 공직을 맡을 수는 없었습니다.

유럽의 중세 시대 시민citizen은 말뜻 그대로 도시에 거주하는 사람들을 의미하긴 했는데, 도시라는 공간이 갖는 특별한 의미가 있었습니다. 유럽 중세에 많은 사람은 귀족이나 성직자가 보유한 영토에서 농사를 지으며 살았고, 도시에 살기 시작한 사람들은 주로 상인들이었습니다. 영주의 영토에서 벗어나 도시에서 상업을 통해 부를 축적하기 시작한 도시민들은 자기들끼리 조합을 만들어 상업적 권리를 지키려 했고, 인근 영주들로부터 공격받거나 도적들에게 약탈당하지 않으려고 다양한 노력을 했습니다. 이런 역사적 과정을 통해 시민 개념에는 권리right라는 개념이 연결되었습니다. 자기 권리를 적극적으로 인식하고 주장하며 권리를 지키기 위해 노력하는 사람이라는 의미가 담긴 거지요.

> 자유는 특권에서 나오는 것이 아니다. 자유는 시민의 권리에서 나온다. E. J. 시에예스, 1789

1789년 프랑스혁명 당시 혁명 세력에게 영감을 준 이론가 중 한 사람인 시에예스는, 자신들이 얻고자 하는 자유의 원천은 시민의 권리라고 했습니다. 왕과 대귀족, 성직자의 압박으로부터 자유를 얻기 위해서는 시민들이 권리를 보장받아야 하며, 그 권리는 모든 사람에게 보장되어야 한다고 주장했습니다. 이처럼 근대적 의미에서 시민은, '권리의 주체이며 권리를 지키고 보장받기 위해 주체적인 참여를 하는 사람'이라는 뜻을 담습니다. 고대 아테네에서부터 시민은 권리를 가진 사람이라는 의미였고, 정치공동체의 공적인 일에 참여할 의무를 지닌 사람을 의미했던 겁니다.

이렇게 보면 '민주시민'이라는 표현은 민주주의를 지키기 위해 적극적으로 참여하는 사람, 혹은 자신의 민주적 권리를 행사하는 능동적인 주체라는 뜻으로 해석할 수 있습니다. 반면 국민이라는 용어에는 참여나 능동성이라는 함의는 없습니다. 대한민국 영토에서 태어나 적법한 자격을 지닌 사람이라는 뜻이니까요.

**찾아보기**

**▶ 도서자료**
- Jean Bodin(1576). 「Les Six Livres de la République」; 장 보댕 지음. 나정원 옮김(2013). 『국가에 관한 6권의 책 1: 국가 권리 주권론』. 아카넷.
- Thomas Hobbes(1651). 「Leviathan」; 토마스 홉스 지음. 최공웅·최진원 옮김(2021). 『리바이어던』. 동서문화사.
-Jean-Jacques Rousseau(1762). 「Du Contrat social; ou Principes du droit politique」; 장 자크 루소 지음. 김영욱 옮김(2022).『사회계약론』. 후마니타스.
- Benedict Anderson(1983). 「Imagined Communities: Reflections on the Origin and Spread of Nationalism」; 베네딕트 앤더슨 지음. 서지원 옮김(2018). 『상상된 공동체: 민족주의의 기원과 보급에 관한 고찰』. 길.
- Emmanuel Joseph Sieyès(1789). 「Qu'est-ce que le Tiers-État?」; E. J. 시에예스 지음(2021). 『제3신분이란 무엇인가』. 책세상.

**▶ 기타 자료**
- 「대한민국임시헌장」(1919.4.11.).
- 「대한민국임시헌법」(1919.9.11.).
- 「대한민국임시헌장」(1944.4.22.).

# Q.
'모든 권력은 국민으로부터 나온다'?

## 모든 권력은 국민으로부터 나온다, 진짜?

> 어차피 대중들은 개, 돼지입니다. 거 뭐하러 개, 돼지들한
> 테 신경을 쓰시고 그러십니까? 적당히 짖어대다가 알아서
> 조용해질 겁니다. 2015년 개봉 영화 〈내부자들〉 중 대사

> (〈내부자들〉 대사처럼) 민중은 개·돼지로 취급하면 된다. 민
> 중은 개·돼지로 보고 먹고 살게만 해주면 된다. … 나는
> 신분제를 공고화시켜야 한다고 생각한다. 경향신문, 2016.7.8

2016년 당시 교육부 정책기획관 나향욱의 발언이 공개되면서 시민들의 공분을 일으킨 적이 있습니다. 교육부 정책기획관은 고위공무원단 나급 직위로, 과거로 치면 2~3급에 해당하는 고위직 공무원입니다. 그가 말한 '민중'은 그가 생각하기에 '높은 신분'을 가진 소수를 제외한 대다수 국민입니다. 그는 국민의 세금으로 월급을 받고, 국민이 부여한 권한을 임기 동안만 제한적으로 행사할 수 있는 공무원이었습니다. 자신이 누리는 권한이 '국민으로부터 나온다'고 생각했다면 결코 할 수 없는 발언입니다. 그런데, 이렇게 인식하는 공직자들이 드물지만은 않지요?

> 거리를 정복하는 자가 대중을 정복한다. 그리고 대중을 정
> 복하는 자는 국가를 정복한다. 요제프 괴벨스, 1934

나치당의 선전 총책임자이자 나치 독일 정부의 국민계몽선전부 장관이었던 괴벨스는, "대중을 정복하는 자가 국가를 정복한다"라고 했습니다. 그는 권력의 원천이 국민 혹은 대중이라는 것을 잘 알고 있었습니다. 그런데 뭔가 이상하지요? 그렇습니다. 그에게 국민은 자신도 속해 있는 공동체의 동료가 아니라 '정복의 대상'이었습니다. 그리고 대중을 정복하는 방법으로 반복과 세뇌를 핵심으로 하는 선전·선동 기술을 내세웠고, 나치 독일에 이를 적용했습니다.

나향욱에게 권력은 '국민으로부터 나오는' 것이 아니며, 그가 생각하는 '신분'에서 나오는 겁니다. 괴벨스에게 권력은 '국민으로부터 나오는' 겉모습을 띠어야 하지만, 실제로는 '국민을 정복하는 독재자'에게서 나오는 겁니다. 나향욱과 괴벨스의 생각은 민주주의자의 것이 아니지만, 현실에서 우리는 이런 생각을 하는 사람들과 늘 함께 살아가고 있습니다. 양심과 사상의 자유를 인정하는 민주주의 체제에서 개인의 생각을 모두 통제할 수 없고 그래서도 안 되기 때문입니다.

문제는 이런 생각을 하는 자들이 공직을 맡고 국민이 맡긴 권한을 사용하게 될 때 발생합니다. 민주주의자 시민들이 '설마' 하며 방심하는 순간, 이런 생각을 하는 사람들이 중요한 공직에 앉을 수 있고, 자기 권한을 국민을 기만하고 '대중을 정복'하는 데 사용할 수 있습니다. 물론 그렇게 얻은 권력은 국민을 위해서가 아니라 자신의 혹은 자신이 속한 특정 집단의 이익을 위해 사용하겠지요.

## 모든 권력이 '국민으로부터 나오'기만 하면 될까?

우리는 민주주의 체제에서 '모든 권력이 국민으로부터 나오'는 가장 기본적인 방법으로 '선거'를 떠올립니다. 맞습니다. 국민이 보통·평등·직접·비밀·자유선거로 입법부와 행정부 등 국가기구를 구성할 권한을 행사함으로써, 공직자는 국민에게 책임을 지고 잘못하면 평가받게 만드는 것은 현대 대의민주주의의 핵심 작동 원리입니다. 그런데 루소는 왜 이런 말을 했을까요?

"영국 국민은 스스로 자유롭다고 생각하지만, 그들은 크게 착각하고 있다. 그들은 의회 의원을 선출하는 짧은 순간에만 자유로울 뿐이다. … 의원들이 선출되는 즉시 그들은 노예가 되며, 아무것도 아니다."장 자크 루소, 1762

루소는 프랑스 사람입니다. 루소가 이 글을 쓰던 시점에 영국에서는 보통선거권 체제가 확립된 건 아니지만 제한적으로 선거권이 부여되었고, 선거권자들이 의회 의원을 선출하고 있었습니다. 루소가 보기에 정기적으로 선거를 해서 대표를 뽑아두고 그 대표가 임기 동안 정부 운영을 알아서 하도록 보장해 주는 체제는 민주주의를 가장한 사기처럼 보였습니다. 선거 때가 지나면, 소위 대표라는 사람들이 자기들 마음대로 국정을 운영하는 것이 어떻게 인민주권의 구현이냐 하는 문제의식이었지요.

여러분은 어떠세요? 루소의 이야기가 솔깃하지 않으십니까? 선거 때 정당도 보고 사람도 보고 공약도 보면서 최선의 선택을 하려고 노력하지만, 그렇게 구성된 행정부나 의회가 우리를 실망시키는 일은 비일비재합니다. 그런데 잠깐 생각해 보면, 선거로 선출된 자와 선거권을 행사한 대다수 국민 사이에 불일치나 간극은 대의 민주정의 기본 속성입니다.

2025년 21대 대통령 선거에서 유권자는 4천4백 만여 명이었고 이 가운데 투표자는 3천5백 만여 명이었습니다. 그중 1천7백 만여 명이 당선자인 대통령을 선택했습니다. 이렇게 선출된 대통령은 '모든 국민의 대통령이 되겠다'고 다짐하지만, 대통령이 매일매일 내리는 많은 결정이 유권자 4천4백 만여 명은 고사하고 자신을 지지한

1천7백 만여 명 유권자의 생각과도 모두 일치할 가능성은 0입니다. 국회의원은 300명으로 1명의 대통령보다는 많지만, 상황이 그다지 다르지 않습니다. 시·도지사나 시·군·구청장, 광역·기초의회 의원도 마찬가지입니다. 선거로 당선된 공직자들이 '국민으로부터 나온' 의견을 매일 따르도록 만들 방법은 없을까요?

18세기 사람인 루소는 고대 그리스 아테네처럼 직접 민주주의를 해야 한다고 생각했습니다. 20세기 말, 컴퓨터와 인터넷이 상용화되면서 온라인 직접 민주주의에 대한 다양한 논의들이 등장할 때, 이런 구상이 제기된 적이 있습니다. 모든 가정에 단말기를 두고 매일 아침 그날의 국정 중요사항이 단말기에 뜨게 합니다. 시민들은 아침마다 단말기에 떠 있는 안건들에 대해 자신의 입장을 투표로 표현합니다. 정부는 그 결과를 종합해서 그날그날 결정을 합니다. 이렇게 하면 국민의 의사에 가장 근접한 국정운영이 가능하지 않을까요? 그런데 상황은 그렇게 간단치 않습니다. 다음의 가상 상황을 생각해 봅시다.

[오늘의 결정 사항] 법인세를 어떻게 할까요?
1) 법인세율을 10% 내린다.
2) 5% 내린다.
3) 그대로 유지한다.
4) 5% 올린다.
5) 10% 올린다.

아침에 여러분의 단말기에 위 질문이 떴다고 해보죠. 여러분은 어떻게 하시겠습니까? 아마 당황스러우실 겁니다. '대체 법인세율을 올리거나 내리려는 이유가 뭐지? 올리거나 내리면 어떤 효과가 있다는 거야? 누가 내리거나 올리려는 거지? 내가 지지하는 정당이나 정치인은 어떤 생각을 하고 있을까?…' 이렇게 생각이 늘어지는 사이 출근 시간이 다가올 것입니다. '에잇! 오늘 안건은 잘 모르겠으니 그냥 넘어가자!' 그리고 그냥 출근길에 나설 수도 있습니다. 혹은 단말기에 위 질문이 뜨고 곧바로 여러분의 휴대폰에 ○○정당, ◇◇단체에서 '오늘의 정답은 ▲번입니다.'라고 문자가 올 수도 있습니다. 이런 문자를 보내주는 정당이나 단체가 여러분이 평소 신뢰하던 곳이라면 안심하고 그 번호를 누르고 출근할 수도 있겠지요.

그런데 다시 생각해 봅시다. 여러분이 평소 신뢰하던 그 정당이나 단체의 입장이 언제나 여러분에게도 바람직한 답일까요? 가끔은 그 정당이나 단체가 실수할 수도 있습니다. 사익 추구의 유혹에 빠져 나쁜 결정을 유도할 가능성도 배제할 수 없습니다. 또, 특정 정당이나 단체로부터 문자를 받지 못하는 사람들은 어떻게 해야 할까요? 사전에 충분한 정보 없이 그냥 동전 던지기 식으로라도 투표를 해야 할까요? 아니면 내가 모르는 건 기권하는 게 맞을까요?

이런 복잡한 상황에서도 빼놓지 않고 꼭 투표하는 사람들은 있을 겁니다. 확실한 이해관계가 있는 사람, 정부가 하는 일에 더 많은 정보가 있는 사람, 일상에 쫓기지 않고 이것저것 찾아보고 사람도 만나면서 시간을 더 많이 가질 수 있는 여유로운 사람… 여러분은 어떤 그룹에 해당합니까? 이쯤 되면 이런 생각이 들지 않습니까? 결국 소수의 이해관계 집단이나 정부와 이리저리 연결된 집단이 매일의 투표 결과를 좌우할 수도 있겠다는.

시민들이 '우매하기' 때문이 아닙니다. 누구라도, 사전에 충분한 정보를 가지고 다른 시민들과 생각을 나누고 토론할 기회가 있는 상황과 그렇지 않은 상황에서, 판단은 달라질 수 있습니다. 그래서, 정보와 토론의 자유가 없는 투표는 민주주의와 상관이 없습니다. 많은 독재 정권이 정권 유지 수단으로 '투표'를 유력하게 고려하는 이유입니다. 지금 세계 독재 국가 중에는 선거를 하는 독재 국가가 선거도 하지 않는 독재 국가보다 많습니다.

우리나라도 경험이 있지요? 1972년 박정희 유신체제가 헌법을 바꾸었을 때도, 1980년 전두환 신군부가 헌법을 개정했을 때도 투표를 했습니다. 1972년 유신헌법 국민투표 당시 투표율은 91.9%였고 투표자의 찬성률은 91.5%였습니다. 하지만 우리는 유신체제를 민주주의라고 하지 않습니다. 당시 국민투표에 참여했던 국민은 헌법 개정안에 대해 충분한 정보를 얻고 반대 의견을 자유롭게 듣고 표현하며 토론할 기회를 보장받지 못했습니다. 자유롭고 공정한 선거환경에 놓여 있지도 않았습니다.

한나 아렌트는 '히틀러와 나치당의 만행에 동조했던 독일 사람들을 어떻게 이해해야 할까'를 평생 화두로 삼은 학자입니다. 그가 남긴 '악의 평범성'이라는 구절은 지금도 인간과 정치, 민주주의를 설명하기 위해 종종 인용됩니다. 자신의 행동과 그 결과를 깊이 생각하지 않는 평범한 사람들의 '무사유thoughtlessness'가 악한 행위에 대한 동조로 이어져 만들어낸 것이 히틀러 체제의 독일이었다는 겁니다.<sup>한나 아렌트, 1963</sup> 한 사회의 다수 시민이 '무사유' 상태라면, 그때 '국민으로부터 나온' 권력은 어떤 결과를 초래할까요?

> 독일국은 공화국이다. 국가 권력은 국민으로부터 나온다.
> 1919년, 바이마르공화국 「헌법」 제1조

나치당은 독일 바이마르공화국 체제에서 권력을 잡았고 제2차 세계대전의 참화를 일으켰습니다. 1919년 공표된 바이마르공화국 헌법 제1조의 후단은 우리 제헌 헌법 제2조, 현행 헌법 제1조와 마찬가지로 '권력은 국민으로부터 나온다'로 되어 있었습니다. 2차 세계 대전 후 독일 국민들은 '권력이 국민으로 나오'는 것만으로는 충분하지 않음을, 아니, 더 위험할 수 있음을 깨달았습니다. 나치당이 저지른 온갖 만행 가운데 어떤 것은 독일 국민 다수의 지지를 받았기 때문입니다. 다수 국민이 동의하기만 하면 권력자는 무슨 일이든 해도 될까요? 나치 독일의 경험은 독일만이 아니라 전 세계 사람들에게 큰 경각심을 불러일으켰습니다. 그리고 독일 사람들은 성찰의 의미를 담아 헌법 제1조를 아래와 같이 바꾸었습니다.

> (제1조 제1항) 인간의 존엄성은 침해할 수 없다. 이를 존중하고 보호하는 것은 모든 국가 권력의 의무다.
> (제1조 제2항) 그러므로 독일 국민은 침해할 수 없고 양도할 수 없는 인권을 모든 인간 공동체, 평화, 정의의 기초로 인정한다.
> (제1조 제3항) 아래 열거된 기본권들은 입법부, 행정부, 사법부를 구속하는 직접적인 법이다. 1949년, 「독일연방공화국 기본법」

'침해할 수 없고 양도할 수 없는 인권'은 존재하며, 인권은 '모든 인간 공동체, 평화, 정의의 기초'가 되어야 하고, 입법·행정·사법부의 존재 이유는 '국민의 기본적 인권을 보호하는 것'이라고 명시함으로써, 그 권력의 원천이 무엇이든, 설사 국민의 선택으로부터 나온다 하더라도, 권력 사용의 한계를 분명히 했습니다. 또한 '모든 권력이 국민으로부터 나오'기 위한 전제 조건은 권력에 자유롭게 접근하고 참여하고 감시하고 비판할 수 있는 기본권의 보장이라는 점을 명시했습니다. 그리고 바이마르공화국 제1조에 있던 '모든 국가 권력은 국민으로부터 나온다'라는 구절은 기본권 조항이 모두 끝난 다음인

제20조로 위치가 바뀌었습니다.

## 모든 권력은 국민으로부터 나온다, 어떻게?

우리는 민주주의를 직접 민주주의, 대의 민주주의, 참여 민주주의, 숙의 민주주의 등 다양한 유형으로 구분합니다. 민주정치를 운영하는 방법에는 앞선 역사적 과정에서 나온 다양한 제도나 방법들이 혼합되어 있습니다. 그런데 어떤 민주주의 제도를 채택하든 민주주의를 제대로 유지해 가기 위해 가장 중요한 전제 조건은, 시민들이 충분한 정보를 가지고 서로의 의견을 교환하고 내 의견을 표현할 수 있는 권리가 보장되는 것입니다.

우리는 이것을 표현의 자유-언론·출판·집회·결사의 자유라고 합니다. 언론의 자유는 언론사나 언론인의 자유가 아니고, 출판의 자유는 작가나 출판사의 자유가 아니며, 모든 시민의 말할 자유를 말합니다. 누구든 입으로도, 글로도, 그림으로도, 영상으로도, 몸짓으로도 말할 수 있어야 합니다. 말 그대로 표현의 자유입니다. 누구든 혼자 말할 수 있어야 하고, 집단으로 모여서 말할 자유도 보장받아야 합니다. 집회의 자유입니다. 누구든 일시적으로 말하는 것과 함께, 지속적으로 모여 말할 수 있어야 합니다. 결사의 자유입니다.

내가, 우리가 '말할 자유'를 보장받아야 우리 모두의 '들을 권리'가 보장됩니다. 서로 다른 정보, 서로 다른 의견이 자유롭게 교환되어야 민주주의가 전제하는 시민들의 '자유로운 집단 의사'가 만들어질 수 있습니다. 언제든, 누구든 자유롭게 말하고 들으며 토의할 수 있는 사회에서만 민주적 의사 형성과 민주적 결정이 가능해집니다. 그렇지 못한 사회에서 집단적 의사가 형성되었다 하더라도, 혹은 투표로 어떤 결정이 만들어졌다 하더라도, 그것이 민주주의 원리를 구현한 것인지는 의문이 제기될 수밖에 없습니다.

여기에 더해 민주주의 사회의 시민들은 알 권리를 보장받아야 합니다. 공적 정보에 대한 접근을 제도적으로 보장받아야만 민주 정부의 작동을 견제할 수 있습니다. 공공기관이 공적 활동 과정에서 만들고 관리하는 모든 정보는, 국가안보에 위협을 초래하거나 개인의 인권 침해에 해당하지 않는 한, 공개되어야 합니다. 정부 기구와 공직자들이 무슨 일을 하고 있는지 모르면서 찬성과 반대를 논하고 책임을 물을 수는 없습니다.

앞서 우리는 공직자들이 매일매일 국민의 의견을 따르게 할 방법이 없는지 물었습니다. 사실 이 모든 조건이 갖춰진다 해도, 100% 따르도록 만들 방법은 없습니다. 이유는 다음과 같습니다.

우선, 모든 국민이 정부의 작동과 사회의 모든 문제에 대해 한꺼번에 100% 정보를 얻을 수 있는 환경은 존재할 수 없기 때문입니다. 정부가 제때 정보를 공개하도록 제도를 만들어도, 그 일을 하는 것은 사람이고 특별히 나쁜 의도가 없더라도 문제는 발생할 수 있습니다. 정부가 제대로 정보를 공개하더라도, 일상이 바쁜 시민들이 같은 시점에 그 정보를 다 공유하는 건 불가능합니다. 누군가는 곧바로 정보를 접하겠지만 누군가는 10일 후에, 누군가는 한 달 후에야 비로소 정보를 접할 수밖에 없는 것이 현실입니다.

또, 우리 헌법이 언론·출판·집회·결사의 자유를 보장하지만 현실에서 시민의 권리 보장은 늘 논란의 대상입니다. 표현의 자유는 폭넓게 보장되어야 하지만 다른 시민의 권리를 침해하면 안 되기에, 특정한 표현 행위는 언제든 법적 쟁송의 대상이 될 수 있고 또 그래야 합니다. 우리는 끊임없이 사유하고 토론하면서 그 기준을 만들어 가야 하며, 새로운 조건에서는 과거의 기준을 바꾸기도 해야 합니다.

그래서 불완전한 정보 환경에서 불균등하게 행사되는 표현의 자유, 이게 현실의 모습에 더 가깝습니다. 하지만 끊임없이 알 권리와 표현의 자유가 보장되는 사회를 만들기 위해 노력하다 보면, '권력이 국민으로부터 나오'는 방법은 더 다양해질 수 있을 것입니다. 권력이 '국민으로부터 나오'는 과정은 정부가 국민의 기본권을 더 철저하게 보장하도록 만드는 과정과 다르지 않습니다.

---

**핵심개념**

**▶ 표현의 자유**
자기 생각이나 의견, 사상을 외부로 표출할 권리와 다른 사람이 표출한 정보나 의견을 듣고, 읽고, 접할 권리를 포괄하는 개념.

**▶ 알 권리**
국민이 국가기관, 공공단체 또는 기타 공적 권력의 행사와 관련된 정보를 요구하고 수집하며 받을 수 있는 권리.

---

**찾아보기**

**▶ 도서자료**
- Joseph Goebbels(1934). 「Vom Kaiserhof zur Reichskanzlei」; 파울 요제프 괴벨스 지음. 추영현 옮김(2023). 『괴벨스 프로파간다』. 동서문화사.
- Hannah Arendt(1963). 「Eichmann in Jerusalem: A Report on the Banality of Evil」; 한나 아렌트 지음. 김선욱 옮김(2006). 『예루살렘의 아이히만: 악의 평범성에 대한 보고서』. 한길사.

**▶ 뉴스 보도**
- 교육부 고위간부 "민중은 개·돼지 … 신분제 공고화해야". 경향신문(2016.7.8.).

**▶ 기타 자료**
- 독일 「바이마르공화국 헌법」(1919).
- 독일 「독일연방공화국 기본법」(1949).

# Q.

## 견제와 균형, 왜 해야 할까?

### 윤석열 전 대통령이 계엄을 선포한 이유

> 지금 우리 국회는 범죄자 집단의 소굴이 되었고, 입법 독재를 통해 국가의 사법·행정 시스템을 마비시키고, 자유민주주의 체제의 전복을 기도하고 있습니다. 자유민주주의의 기반이 되어야 할 국회가 자유민주주의 체제를 붕괴시키는 괴물이 된 것입니다. 윤석열, 2024.12.3.

2024년 12월 3일 밤, 윤석열 전 대통령이 말한 계엄 선포 담화는 총 2,058자입니다. 담화는 크게 두 부분으로 구성됩니다. 전반부는 계엄 선포 이유, 후반부는 계엄의 불가피성입니다. 계엄 선포 이유의 핵심은 '국회 때문'이라는 겁니다. 담화 중 그가 생각하는 국회의 '반국가행위'를 열거하는 내용만 939자인데, 국회가 정부 관료에 대해 탄핵 소추를 했고, 정부가 편성한 예산안을 삭감했다는 게 전부입니다. 이상하지요? 공직자에 대한 탄핵소추권과 예산심의·확정권은 우리 헌법이 보장하는 국회의 권한입니다. 그런데 그는 '국회가 헌법이 보장한 권한을 행사했으므로 헌정질서를 파괴했다'는, 앞뒤가 맞지 않는 주장을 한 겁니다.

그가 계엄을 선포한 이유는 아직 다 밝혀지지 않았습니다. 하지만 국회 때문, 더 정확히는 22대 국회 때문이라는 게 핵심인 건 분명해 보입니다. 자신이 하고자 한 일들이 국회 때문에 번번이 제약당했고 군을 동원해서라도 국회를 해산시켜 버리거나 굴복시키겠다고 생각한 거겠지요. 그는 이렇게 말할지 모르겠습니다. 탄핵소추권과 예산심의·확정권이 헌법이 부여한 국회의 권한이라 하더라도, '너무 많이 탄핵 소추를 했고 너무 많이 삭감'했기 때문에 문제라고. 아무튼 그의 담화는 우리 헌법이 권력 간 견제와 균형을 제도로 만들어 놓은 이유를 확인시켜 줍니다.

지금 밝혀지는 바에 따르면, 재임 기간에 그는 위헌적이고 위법한 행위들을 밥 먹듯 한 것으로 보입니다. 행정부 수장인 그가 공무원들을 동원해 벌인 위헌·위법 행위를 입법부가 견제한 것은, 헌법정신을 위배한 것이 아니라 헌법정신을 실천한 것입니다. 그런데 국가기구들이 위헌·위법 행위를 했을 때만 견제와 균형의 원리가 작동되어야 하는 게 아닙니다. 합법적인 행위를 할 때도 마찬가지입니다. 행정부가 예산 편성안을 국회에 제출하는 건 합법적 행위입니다. 그리고 행정부가 편성한 예산안을 심의해서 삭감시키기도 하고 필요하면 정부 동의를 받아 증액도 하는 국회의 활동 역시 합법적 행위입니다. 헌법과 법률 위반 행위가 없다 하더라도, 서로 견제해서 가능한 한 국민 다수 의견에 추를 맞추도록 중심을 잡으라는 게 권력 간 견제와 균형 원리의 중요한 숨은 뜻이기도 합니다.

윤석열 전 대통령이 견디지 못한 것은 우리 헌법의 견제와 균형 원리 자체입니다. 그가 생각하기에 국회의 행위가 과하든 그렇지 않았든 그건 중요하지 않습니다. 국회가 행정부나 사법부의 활동을 과하게 제약했다면 국민이 선거에서 국회를 새롭게 구성할 때 판단할 문제입니다. 그는 공직자로서 임기 동안 헌법과 법률에 정해진 바대로 국회의 견제를 묵묵히 견뎌야 했습니다. 집권당이 원내 제1당이 아닌 여건에서, 야당이 다수를 차지한 국회를 설득하고 동의를 얻기 위해 동분서주해야 했습니다. 야당이 다수인 국회를 만들어 준 것이 국민이고, 국민의 선택은 '야당이 다수인 국회의 견제를 받으면서 국정을 운영하라'는 것이었기 때문입니다. 그러므로 그가 견디지 못한 것은 견제와 균형의 원리일 뿐 아니라, '모든 권력은 국민으로부터 나온다'는 민주정의 원리 자체였던 겁니다.

### 견제와 균형 원리, 왜 만들어졌나?

한강 작가는 노벨문학상 수상 강연에서 "과거가 현재를 돕고 있다고, 죽은 자들이 산자를 구하고 있다고 느낀 순간들이 있었다. … 우리는 먼저 간 이들에게 빚을 지고 살아가고 있다"한강, 2024.12.7.고 했습니다. 정치에서 특히 제도는 이 말이 꼭 들어맞는 영역입니다. 지금 우리에게 주어진 제도들은 모두 과거 사람들이 만들어 놓은 겁니다. 그 시대를 산 사람들이, 때로 외부와의 갈등으로 때로 내부의 갈등으로 참극을 겪기도 하면서, 또다시 이런 경험을 하지 않기 위해 무엇이 필요한지 고민하고 또 고민해서 만든 유산입니다. 그 유산들이 제도로 남아 우리를 구하고 있는 거지요.

우리 헌법에 국회가 계엄령을 곧바로 해제할 수 있는 조항이 없었더라면, 지금 우리는 어떤 상황에 놓여 있을까요? 이 조항은, 박정희가 쿠데타를 일으켜 정권을 잡고 혹은 전두환이 쿠데타와 시민 학살로 정권을 잡고 나서, 고통을 겪은 수많은 사람에게 빚진 것입니다. 국회가 위헌·위법한 대통령을 탄핵 소추할 권한이 없었더라면, 헌법재판소가 탄핵 심판으로 그의 해임을 결정할 권한이 없었더라면, 그는 2024년 12월 3일 이후 두 번, 세 번 군을 동원했을지 모릅니다. 국회가 대통령이나 법률이 정하는 공무원에 대해 탄핵 소추할 권한은 제헌 헌법에서부터 명시되어 있었고, 공직자들에 대한 입법부의 탄핵소추권은 훨씬 전의 인류 역사에 빚지고 있습니다. 탄핵 소추 제도는 입법부가 행정부나 사법부를 견제하기 위한 제도 중 하나입니다.

그러면 견제와 균형 원리는 어떤 과정을 거쳐 만들어졌을까요?

다른 곳에서도 유사한 시도들이 있었을 수 있지만, 공식 문헌과 연구자들의 연구로 명료히 남아 있는 역사적 선례로는 먼저 잉글랜드를 꼽지 않을 수 없습니다.

잉글랜드 역사에서 권력 간 견제를 제도화하려는 노력은 1215년 마그나 카르타Magna Carta로 거슬러 올라갑니다. 마그나 카르타는 우리말로 '대헌장'입니다. 오래전 잉글랜드에 존 왕King John이 있었는데, 프랑스와 전쟁을 일으키고 비용을 충당하기 위해 귀족들에게 세금을 무리하게 걷고 재산을 몰수하면서 원성을 샀습니다. 귀족들은 연합해서 무장 반란을 일으켰고, 런던을 점령해서 존 왕을 굴복시킨 뒤 서명을 받아낸 문서가 마그타 카르타입니다. 당시에는 의회라고 할 만한 것이 만들어지기 전이었고, 귀족들의 회의체가 있었습니다. 귀족들은 '왕도 법 아래에 있어야 한다, 귀족회의의 동의 없이 새로운 세금을 부과하면 안 된다, 정당한 법 절차 없이 자유민을 구금하거나 재산을 몰수해서는 안 된다, 모든 자유민은 동등한 법적 절차와 재판을 받을 권리를 보장받아야 한다'는 내용의 문서를 만들고 존 왕에게 서명하게 했습니다.

맹아적인 형태지만 입법, 행정, 사법이라는 국가 기능에 대한 인식이 있고, 왕이 이 기능을 모두 좌지우지해서는 안 된다는 견제의 원리가 있습니다. 그런데, 존 왕은 약속을 지켰을까요? 당연히 아닙니다. 존 왕이나 그 뒤의 왕들이 약속을 고스란히 지켰다면, 잉글랜드의 왕정은 훨씬 빨리 끝났겠지요. 왕들은 약속을 지키지 않았고 시간이 흘렀습니다. 17세기 초 잉글랜드 왕 찰스 1세도 프랑스와 전쟁을 벌였고, 귀족들에게 전쟁 비용을 이유로 강제로 공물을 걷고 돈을 요구하고, 말을 듣지 않는 귀족을 체포·투옥했으며, 군 주둔지로 쓰기 위해 귀족들의 영지를 강제로 징발했습니다. 찰스 1세에게 반대했던 귀족들의 의회에서는 '의회 동의 없이 세금을 걷지 못한다,

정당한 법 절차 없이 체포나 투옥을 해서는 안 된다, 평화 시에 민가에 군대를 주둔시켜서는 안 된다, 민간인을 군법으로 재판해서는 안 된다'는 내용의 문서를 만들고 여기에 동의하면 전쟁 비용을 제공하겠다고 했고, 찰스 1세는 마지못해 서명했습니다. 이 문서가 잉글랜드 권리청원Petition of Right, 1628입니다.

찰스 1세가 법을 지켰을까요? 역시 아닙니다. 그는 돈만 받고 '먹튀'해버렸고, 왕들이 의회를 무시한 세월이 또 흘렀습니다. 17세기 말 잉글랜드 왕 제임스 2세가 또다시 의회 승인 없이 군대를 유지하고, 법의 효력을 정지시키고, 의회를 해산하고, 마음에 안 드는 사람들을 체포하고 재산을 몰수하는 등, 자의적 권력 행사를 강화했습니다. 이번에 귀족들은 왕을 압박하거나 청원하는 게 아니라 아예 갈아치워 버렸습니다. 의회가 새로 앉힌 왕에게 받아낸 약속문서가 바로 잉글랜드 권리장전Bill of Rights, 1689입니다. 이 사건을 기점으로 잉글랜드는 의회가 만든 법에 따라서만 왕이 권한을 행사할 수 있는 체제, 입헌군주제로 전환하게 됩니다.

권리장전이 만들어지던 해인 1689년, 잉글랜드 사람 존 로크는 권력분립에 대한 그의 생각을 글로 정리해 세상에 내놓았고존 로크, 1689, 지금도 이 글은 권력분립원리에 대한 중요한 역사적 유산으로 남아 있습니다. 그는 잉글랜드 사례를 토대로, 정부의 권력이 한 곳에 집중되면 국민의 자유가 침해될 수밖에 없다는 결론에 이릅니다. 그는 그가 살았던 시대 왕이 행사했던 권력을 입법, 집행, 연합 세 가지로 나누었습니다. 법을 만드는 권력, 집행하는 권력, 다른 나라와 전쟁이나 평화를 만드는 권력입니다. 로크는 법을 집행하고 연합하는 권력은 한곳에 두는 것이 효율적이지만, 법을 만드는 권력은 반드시 분리되어 있어야 한다고 보았습니다. 그리고 법을 만드는 권력이 집행하거나 연합하는 권력보다 우위에 있어야만 권력의 자의적 행사를 방지할 수 있다고 생각했습니다.

잉글랜드의 입헌군주제 실험이 60년 정도 흐른 뒤, 이 경험을 토대로 권력분립에 대한 또 다른 중요한 역사적 유산이 세상에 등장합니다. 몽테스키외가 1748년 익명으로 내놓은 『법의 정신』입니다. 몽테스키외는 프랑스 사람입니다. 그는 루이 14세(재위 1643~1715년)와 루이 15세(재위 1715~1774년)가 통치하던 프랑스에 살았습니다. 루이 14세는 프랑스 절대왕정의 기틀을 마련한 왕이지요. 왕이 절대권력을 휘두르던 체제에 살던 몽테스키외는, 잉글랜드를 방문해 입헌군주제의 작동에 대해 연구합니다.

몽테스키외 또한 모든 권력이 한곳에 모이면 필연적으로 부패하고 남용될 수밖에 없다는 결론에 이릅니다. 그는 법을 만드는 권력과 집행하는 권력에 더해, 법을 해석하고 재판하는 권력도 분리되어 있어야 시민들의 권리가 제대로 보장될 수 있다고 생각했습니다. 그리고 이 세 종류의 권력이 서로 분리되어 있는 것seperation만으로는 부족하며, 서로 견제checks하면서 권한의 균형balances을 이룰 수 있어야 어느 한쪽이 부패하거나 권한을 남용하는 것을 막을 수 있다고 보았습니다. 집행권이 남용되면 입법권과 사법권이 견제하고, 입법권이 남용되면 집행권과 사법권이 견제하며, 사법권이 남용되면 입법권과 행정권이 견제할 수 있어야 권한의 균형이 만들어질 수 있다는 겁니다.

## 견제와 균형, 제도만으로 되는 게 아니더라

『법의 정신』이 세상에 나오고 30여 년 뒤, 몽테스키외의 구상을 현실의 제도로 구현한 최초의 정치체제가 출현합니다. 잉글랜드 식민지였던 북아메리카 13개 주가 독립을 선언하면서 하나의 국가를 만들었고, 그 국가의 헌법을 만들면서 분리된 권력 사이에 견제와 균형 시스템을 치열하게 궁리하게 됩니다.

세계 최초로 입법 권력, 사법 권력과 분리된 별도의 행정 권력을 디자인하고 행정 권력의 수장으로 대통령직Presidency을 만든 것이 미국 헌법 제정자들입니다. 대법원을 정점으로 하급 법원들을 두어 사법 권력을 입법·행정 권력과 분리했습니다. 그런 다음 입법부는 대통령과 공무원을 탄핵할 수 있게 하고 대통령이 임명하는 공직자들은 입법부의 동의를 얻게 하며 예산을 심의하고 집행을 승인하게 만들어 견제하게 했습니다. 대통령은 입법부가 만든 법에 거부권을 행사하여 견제하고, 사법부는 입법부가 만든 법률의 위헌 여부를 심사해서 견제할 수 있게 했습니다. 또 입법부는 연방 판사를 탄핵할 수 있고, 대통령이 지명하는 대법관의 인준권을 가짐으로써 사법부와 행정부를 견제토록 만들었습니다.

1787년 미국 연방헌법 초안이 만들어지고 각 주는 헌법안 비준을 둘러싸고 치열한 찬반 논쟁을 벌였는데, 논쟁 과정에서 제출된 다양한 주장을 담은 글들을 묶은 것이 『페더럴리스트 페이퍼The Federalist Papers』입니다. 저자들은 헌법 초안을 만들면서 몽테스키외의 권력 간 분립, 견제와 균형 원리를 구현하기 위한 다양한 고민을 서술하고 있습니다. 고민의 핵심은 '분리된 권력 간 견제 장치를 어떻게 마련해야 권력 간 균형이 만들어질까, 그리고 다양한 견제 장치들이 작동했을 때 견제라는 이름으로 서로의 기능을 마비시키는 게 아니라 효율적으로 작동할 수 있는 방법은 무엇인가'에 관한 것이었습니다. 미국 헌법 제정자들은 과연 이 문제를 제대로 해결했을까요?

미국 헌법이 만들어지고 200여 년이 흐른 뒤인 2001년, 미국의 저명한 정치학자 로버트 달은 『미국 헌법은 얼마나 민주적인가How Democratic Is the American Constitution?』라는 책에서, "미국 민주주의는 '헌법 때문에' 위대한 것이 아니라 '헌법에도 불구하고' 작동했기 때문에 위대하다"라고 한 바 있습니다. 달은 미국 헌법이 제정 당시부터 비민주적 요소가 상당히 있었고, 견제를 통한 균형을 위해 마련한 장치들은 종종 서로 충돌했다고 평가합니다. 헌법의 이러한 미비점에도 불구하고, 오랜 기간 시민들의 투쟁과 노력으로 미국 민주주의를 발전시켜 왔기 때문에 '헌법에도 불구하고' 미국 민주주의는 작동했다는 것입니다.

오늘날 우리는 '삼권분립이 중요하다'는 주장을 많이 접합니다. 현대 정부의 작동에서도 입법, 행정, 사법 기능은 핵심 기능입니다. 그러나 몽테스키외가 활동하고 미국 헌법이 만들어진 이후 많은 시간이 흘렀습니다. 현대 정부는 입법부, 행정부, 사법부 외에도 다양한 기능을 하는 정부 기관이나 기구를 두고 있습니다. 분리되어야 하는 권력이 '이권이냐, 삼권이냐, 혹은 사권이냐'가 중요한 건 아닙니다. 입법 기능을 최고로 하는 원리는 변하지 않았지만, 정부를 구성하는 권력들 사이에 서로 견제하면서도 균형을 이루게 해서 정부가 시민들의 권리를 지키는 데 가장 효율적인 방법을 찾는 것이 권력분립 및 견제와 균형 원리의 핵심입니다.

또한 중요한 것이, 달의 지적처럼 제도는 완벽할 수 없으며 제도만으로 권력의 부패나 권한 남용, 정부 기능의 오작동을 완벽하게 막을 수는 없다는 점입니다. 제도를 운영하는 것은 사람이기 때문입니다. 제도가 불완전하더라도 그 빈틈과 오류를 메울 수 있는 것이 당대 사람들의 고민과 실천입니다. 지금보다 나은 제도를 만들어 가는 것도 사람이며, 괜찮은 제도를 망가뜨리고 오작동시키는 것도 사람입니다.

윤석열 전 대통령은 우리나라 헌법과 법률 때문에 계엄을 선포하고 탄핵당한 게 아니라, 헌법과 법률에도 불구하고 계엄 사태를 일으켰기 때문에 탄핵당한 겁니다. 하지만 계엄 선포 이후 국회의 탄핵 소추, 헌법재판소의 탄핵 인용, 대통령 선거와 새 정부 출범에 이르기까지, 기존 제도만으로는 감당하기 어려운 빈틈이 곳곳에서 발견되었습니다. 윤석열 전 대통령에 대한 법원의 체포 영장이 발부되었지만 대통령이 경호처를 앞세워 영장 집행을 거부하면서 영장을 발부한 법원과 영장을 집행하는 행정부 권한을 무력화했을 때, 법원이 윤석열 전 대통령에 대한 구속 기한을 '일'이 아니라 '시간'으로 계산해 석방하는 희한한 일을 벌이면서 경찰과 검찰의 법 집행 권한을 무력화했을 때, 우리는 제도의 빈틈을 마주했습니다. 하지만 그 빈틈은 시민들의 집단적 노력과 국회의 제도적 노력으로 메워졌고, 다음 단계로 넘어갈 수 있었습니다.

우리는 항상 지금보다 나은 제도를 고민합니다. 하지만 세상에 완벽한 제도는 없습니다. 어떤 제도를 만들어도 작동시키고 보면 빈틈이 생깁니다. 이럴 때는 한편으로 제도를 보완하려는 노력을 해야 하지만, 제도에 대한 더 나은 해석과 제도의 한계를 극복해 가는 실천이 제도 개선에 기울이는 노력만큼이나 중요하다는 것을 잊지 말아야겠습니다.

**핵심개념**

**▶ 권력분립**

국민이 국가에 위임한 권한을 한 곳에 집중시키면 권한 남용과 국민의 권리 침해가 발생할 수밖에 없으므로, 기관별로 나누어 분산시켜 권한을 행사하도록 해야 한다는 원리.

**▶ 견제와 균형**

권한을 분산시켜 놓는 것만으로는 부족하며, 기관 간에 서로를 견제할 수 있는 장치를 마련하여 권한 간 균형을 이루게 해야 어느 한쪽이 부패하거나 권한을 남용하는 것을 막을 수 있다는 원리.

**찾아보기**

**▶ 도서자료**
- John Locke(1689). 「Two Treatises of Government」; 존 로크 지음. 문지영·강철웅 옮김(2023).『통치에 관한 두 번째 논고: 시민-정부의 참된 기원과 범위, 목적에 관한 시론』. 후마니타스.
- Charles de Montesquieu(1748). De l'esprit des lois; 샤를 루이 드 세콩다 몽테스키외 지음. 진인혜 옮김(2023).『법의 정신 세트』. 나남.
- Publius(1787~1788). 「The Federalist Papers」; 제임스 매디슨·알렉산더 해밀턴·존 제이 지음. 박찬표 옮김(2019).『페더럴리스트』. 후마니타스.
- Robert A. Dahl(2001). 「How Democratic Is the American Constitution?」; 박상훈·박수형 옮김(2016).『미국 헌법과 민주주의』. 후마니타스.

**▶ 영상자료**
- 교실에도 울려퍼진 파면 선고, 정치교육 강화해야. MBC 뉴스(2025. 4.4.).

**▶ 기타 자료**
- 윤석열. '비상계엄 선포 담화'(2024.12.3.).
- 한강. 노벨문학상 수상 강연문(2024.12.7.).
- 마그나 카르타(1215).
- 권리청원(1628).
- 권리장전(1689).

# Q.
# 국회에 속한다는 입법권이 뭘까?

## 국회의장이 국회 담장을 넘은 이유

국회 앞 출입구까지 왔는데 경찰이 막고 있어서 비상계엄이라고 하는 건 어떤 사태가 어떻게 벌어질지 알 수 없는 일이고, 특히 국회의장은 비상계엄을 해제할 수 있는 의결을 이끌어내는 중요한 위치에 있기 때문에 '무슨 문제가 생기면 안 되겠다'고 생각했다. 그래서 국회 경비가 허술한 뒤쪽으로 가서 담을 넘어 들어왔다. 2024년 12월 4일, 우원식 국회의장 BBC 인터뷰 중

2024년 12월 3일 헌법 위반 비상계엄령이 선포된 그 밤, 바바리코트를 입은 우원식 국회의장이 닫혀있던 국회 철문을 타고 넘는 모습의 사진을 사진을 기억하시나요? 그 사진은 이제 한국 민주주의의 회복력을 상징하는 한 장면이 되었습니다. 우원식 의장은 그렇게 무사히 국회 본회의장에 들어갔고, 헌법 위반 비상계엄 선포 2시간 반여 만에 국회의 '비상계엄해제요구 결의안'을 통과시켰습니다.

그 밤, 국회 담을 타 넘은 국회의원은 그뿐만이 아닙니다. 국회가 헌법에 명시된 계엄 해제권을 행사하는 데 필요한 의사정족수, 의결정족수를 채우기 위해 많은 국회의원이 국회 진입을 막는 경찰과 다투어 가며 국회 담장을 넘어 본회의장으로 들어갔습니다. 중무장한 군인들의 위협을 받으며 본회의장 안에서 결의안을 통과시킨 국회의원들과, 국회 경내 및 담장 밖을 둘러 계엄군의 진입을 온몸으로 막으며 결의안 통과 시간을 벌었던 시민들의 협업이 마침내 위헌·위법한 비상계엄 해제로 이어지던 순간, 현장에 있던 시민들만이 아니라 방송과 유튜브 및 SNS로 이 장면을 지켜보던 국내 시민들, 해외에서 한국 민주주의의 위기 극복을 기원하던 세계 시민들까지 안도감에 가슴을 쓸어내렸습니다.

그 밤, 45년 만에 중무장한 군인의 총구 앞에 다시 섰던 순간, 국회의원과 시민들은 서로의 존재 의미를 '발견'했습니다. 시민들은 온

몸을 던져 계엄 해제를 위해 총력을 다했던 국회의원들에게서 헌법과 민주주의를 지키는 대표자의 의미를 발견했고, 국회의원들은 자신들에게 대표의 권한을 위임해 준 주권자 시민들의 위대한 힘을 확인했습니다. 민주주의 위기의 순간, 시민들은 헌법이 부여한 국회의 권한을 깨달았고, 그 권한을 실천하려고 노력했던 동료 시민 국회의원들에 대한 신뢰를 확인했습니다.

주간지 《시사인》은 매년 9~10월에 국가기관 신뢰도 조사를 공표합니다. 이 조사는 0~10점 사이의 점수로 응답자가 자신의 신뢰도를 표시하게 되어 있습니다. 2025년 《시사인》 국가기관 신뢰도에서 국회 신뢰도 점수는 4.19로, 2007년 조사 시작 이래 가장 높은 신뢰도를 기록했습니다. 2024년 국회 신뢰도 3.38점에 비해 0.81점 오른 수치로, 대법원 4.11보다 높았습니다. 《시사인》의 역대 조사에서 2025년 이전 가장 높았던 국회 신뢰도는 2013년 3.87점이었는데 2025년 신뢰도는 그보다도 0.32점 높은 것입니다. 독재체제에서 '통법부'라는 오명을 얻었고, 민주화 이후에도 오랫동안 '밥값 좀 하라'는 소리를 달고 살아야 했던 그 기관이, 위기의 순간 시민들과 함께 헌법과 민주주의를 지켜내면서 비로소 존재 의미를 인정받은 것입니다.

오랫동안 국회 신뢰도는 대통령과 경찰·검찰 등 행정부 기관, 법원·헌법재판소 등 헌법 기관들과 비교해서 꼴찌일 때가 많았습니다. 정부 수립 이후 오랜 독재 기간 제대로 기능하지 못했던 국회의 역사가 투영된 탓도 있을 것이고, 당대 국회가 신뢰를 얻을 만큼 작동하지 못했던 이유도 분명 있을 겁니다.

다른 면에서는 민주화 이후 행정부, 사법부에 비해 입법부인 국회가 가장 먼저, 가장 많이 투명해졌기 때문이기도 합니다. 행정부에서는 대통령 한 사람만 선출되지만, 국회의원들은 전원이 주기적인 선거로 평가받습니다. 4년마다 국회의원의 재산, 행적, 의원으로서 업무 성과, 성실성 등에 관한 정보가 공개되고 갑론을박의 대상이 되는 직업이지요. 반면 행정부 고위 공무원들은 재산공개의 대상이 되긴 하지만 그 외 것들이 시민들의 눈에 국회의원처럼 잘 보이는 직업은 아닙니다. 사법부를 구성하는 판사들도 마찬가지지요. 그러다 보니 국회의원들이 좀 더 촘촘하게 평가받는, 약간의 억울함도 있습니다.

또 국회는 서로 다른 정당 소속 국회의원들이 서로 다른 이해관계나 입장을 대표하여 갈등하는 기관인데, 이 점이 국민의 신뢰를 낮추는 이유가 되기도 합니다. 다른 정당 소속 국회의원들이 늘 한목소리로 화합한다면 더 신뢰를 얻을 수 있지 않을까요? 하지만 이건 정당 간 경쟁을 통해 전체로 민의를 대표해야 하는 민주주의 원리에 부합하지 않습니다. 선거 때 서로 다른 약속을 내걸고 당선된 국회의원들이 국회의원이 된 후 시민들에게 각자 한 약속과 상관없이 한목소리가 되어버리면, 선거 때 시민들에게 한 약속을 저버리는 일이 됩니다. 서로 다른 이념과 이해관계, 의견을 대표해서 갈등하고 타협하고 조정하는 것이 기본 기능인 기관이 국회입니다.

하지만, 사람들은 갈등이 있고 시끄러운 상황을 자연스럽게 받아들이기보다 '문제 상황'으로 인식하는 경향이 있습니다. 국회에서 갈등이 발생했을 때 일부 시민들은 '쟤들 또 싸우네, 쯧쯧!', '제발 좀 싸우지 마라!'라는 인식과 태도를 보이기도 하는데, 이런 점은 다시 생각해 볼 필요가 있습니다. 표현의 자유를 행사할 때도 타인의 권리를 존중해야 하듯이, 정당들이 경쟁할 때도 법과 규범을 지켜야 합니다. 법규범을 지키지 않는 갈등, 지켜보는 시민들을 모욕하는 식의 갈등은 비판받아야 하지만, 국회 안에서 서로 다른 의견이 충돌하고 타협을 위한 조정의 노력이 진행되는 것 자체를 부정적으로 본

다면 정당 민주주의가 자리 잡기 어렵게 됩니다. '제발 싸우지 마!'
가 아니라 '법에 정해진 절차에 따라 제대로, 잘 싸운 다음 결론을
만들라'고 요구해야 하지 않을까요?

## 우리 입법부 이름이 '국회國會'인 이유

다음 주제로, 국회에 담긴 역사를 살펴보겠습니다. 대한민국 국회
는 언제부터 '국회'라고 불린 걸까요? 현행 헌법 제40조는 '입법권
은 국회에 속한다.'입니다. 1948년 제정된 제헌 헌법 제31조는 '입법
권은 국회가 행한다'였습니다. 그러면 제헌 헌법 제정자들이 우리나
라 입법부 이름을 처음으로 '국회'라고 붙였을까요? 그렇지 않습니
다. '임시정부는 국토 회복 후 만 1년 내에 국회를 소집한다.' 1919년
3·1운동 직후 만들어진 대한민국 임시정부의 첫 헌법「대한민국임
시헌장」제10조입니다.

「대한민국임시헌장」은 '대한민국'이라는 국호로 만들어진 첫 헌법
문서로, 제헌 헌법 제정에 이르기까지 대일항쟁기 독립운동가들의
합의 기반이 되었습니다. 1919년 3·1운동 직후 한반도 안팎에 흩어
져 있던 독립운동가들이 상하이로 모여들었고, 29명의 독립운동가
들이 1919년 4월 10일 밤 10시부터 이튿날 오전 11시까지 상하이
프랑스 조계 임시 독립사무소에 모여 임시의정원 회의를 했습니다.
4월 11일 임시의정원은 신익희, 이광수, 조소앙 3인을 임시헌장 기초
안을 작성할 심사위원으로 선정했고, 3인이 제출한 초안에 대한 토
의를 거쳐 11일 당일 최종 채택한 것이 '대한민국임시헌장'입니다.[국
사편찬위원회 1968, 386~389] 이때부터 '국회'는 국토 회복과 독립을 위해 온
몸을 던져 일제와 싸운 독립운동가들의 염원이 담긴 이름이 됩니다.
독립을 해야만 설치할 수 있는 기관이었기에, 임시정부의 입법부 기
능을 하는 기관은 감히 그 이름을 쓰지 못했고 '임시의정원'으로 남

아 있어야 했습니다.

그러면 '국회'는 1919년 독립운동가들이 처음 만들어낸 단어일까요? 그렇지는 않습니다.

> … 외국의 예를 보더라도 국회는 국가가 세우는 공립으로 국가와 국민의 이해를 의결하는 곳이고, 협회는 국민이 세운 사립으로 함께 모여 토론하는 곳이다. 우리나라에서도 국민이 세운 협회가 개명 진보에 도움이 된 건 사실이지만 정치를 평론하고 정부 관리의 진퇴를 논하는 것은 원래 협회의 규칙이 아닌데 정해진 장소를 떠나 집회를 열고 상소를 바치면서 대궐 문을 막고 정부 관리를 협박하는데 거리낌이 없다. …황성신문, 1898.10.24.

위 인용문은 1898년 고종이 공표한 조서의 일부로, 독립협회가 의회개설 등을 요구하며 개최한 집회를 제한한다는 내용입니다. 당시 고종은 '국회는 국가가 세우는 공립으로 국가와 국민의 이해를 의결하는 곳'이고 '협회는 사립으로 함께 모여 토론하는 곳'이라는 점을 분명히 인지하고 있었음을 알 수 있습니다. 대한제국 시기에 이미 '국회'라는 단어는 고종까지 알 정도로 널리 회자된 것입니다.

독립협회가 의회개설운동을 대중적으로 추진하던 시기, 청나라에서는 캉유웨이康有爲를 중심으로 '변법자강운동'이 전개되고 있었고, 변법자강책 중 하나로 국회 설치가 포함되어 있었습니다. 일본에서는 1874년부터 자유민권운동이 본격화되었고, 그 일환으로 역시 민선의원 설치가 주창되었으며, 1881년에는 10년 후 국회 개설을 약속하는 일본 천황의 '국회개설조서國會開設の詔'가 공표되기도 했습니다. 당시 '국회'라는 단어는 대한제국만이 아니라 일본, 중국 지역을 아

울러 근대적 정치제도 개혁의 일환이자 국가적 단위의 의회를 의미하는 말로 쓰였습니다.

우리나라만이 아니라 다른 나라에서도 일반명사로 쓰이던 단어가 그 나라 민주주의의 역사를 담으면서 의회의 명칭이 된 사례들은 많습니다.

미국, 캐나다, 오스트리아, 호주, 프랑스 등 여러 나라 상원의 명칭인 '세닛Senate'은 고대 로마 원로원 명칭인 '세나투스Senatus'에 기원을 둡니다. Senatus는 세넥스senex의 회의체라는 뜻이고, senex는 나이 든 사람 혹은 경륜이 많은 사람이라는 뜻의 단어입니다. 로마의 고대 왕국 시대부터 존재했던 Senatus는 왕의 자문기구로 출발했고, 구성원들은 당시 로마를 구성했던 다양한 부족의 원로들로 구성되어 부족들의 입장을 대변하면서 왕의 권한을 견제했습니다. 오늘날 Senate이라 불리는 여러 나라 상원은 각기 다른 구성원리와 권한을 갖지만, 보통 선거권에 기초해 선출되는 하원과는 다른 목소리를 대변하고 견제하는 역할을 합니다.

영국을 비롯하여 군주제 전통을 유지하고 있는 일부 나라에서는 상·하원을 합한 전체 입법부의 이름을 '팔러먼트Parliament'라고 부르는데, 여기에도 의회 민주정의 원형이 태동하던 시절의 역사가 담겨 있습니다. 잉글랜드에서는 대체로 14세기경부터 왕에 맞서는 귀족들의 회의체를 Parliament라고 불렀는데, 이 말의 어원은 프랑스 고어 '파를르망parlement'입니다. parlement은 '파를레parler'의 명사형으로, parler는 '말하다'라는 뜻입니다. 귀족들이 왕 앞에서 왕과 다른 자신들의 의견을 말하기 시작하면서 만들어진 것이 Parliament라는 단어입니다.

미국인들은 상·하원을 합한 자신들의 입법부를 '콩그레스Congress'라고 부릅니다. congress라는 말은 일반명사로 모임, 회의라는 뜻입니다. 미국인들이 자신들의 입법부를 Congress라고 부르게 된 이유는 연방국가 성립의 기원이 담겨 있기 때문입니다. 잉글랜드 식민지였던 13개 주 대표자들이 모여 독립을 논의했던 최초 회의의 명칭이 대륙회의, 'the Continental Congress'였습니다.

영국에서 상원의 명칭은 'House of Lords', 하원의 명칭은 'House of Commons'입니다. 말뜻 그대로 풀어보면 House of Lords는 '영주들의 집', House of Commons는 '평민들의 집' 정도가 되겠습니다. 중세 잉글랜드에서 봉건 영주들로 구성된 귀족들의 회의체 이름이 House of Lords였습니다. 중세 어느 즈음 상인계급이 출현하면서 납세 의무를 요구받자 별도의 대표체를 만들어 자신들의 요구를 피력하게 되었고, 그 회의체는 귀족들의 회의체와 구분하여 House of Commons으로 불렸습니다. 한편, 식민지에서 출발한 미국에는 귀족계급이 없었고 귀족과 대별되는 계급으로 평민을 구분할 수도 없었습니다. 대신 그들은 주별 대표자들이 모여 연방의 중대사안들을 논의하며 태동했기에, 하원 이름도 House of Representatives, '대표자들의 집'이 된 것입니다.

우리나라 국회의 영문 번역어는 '내셔널 어셈블리National Assembly'이고, 말뜻 그대로 '국가를 대표하는 회의체'라는 뜻입니다. 이 명칭의 기원은 프랑스대혁명입니다. 1789년 프랑스대혁명 당시 제3신분이던 평민계급이 이제부터 자신들이 '프랑스를 대표하는 유일한 대표체'라는 의미로 제3신분의 의회를 '앗상블레 나시오날Assemblée nationale'이라고 명명했기 때문입니다. 이 명칭을 1789년 혁명 주체였던 제3신분 대표자들이 처음 만든 건 아닙니다. 프랑스에서는 최소한 1600년대부터 이 명칭이 쓰였고, 1789년 루이 16세가 삼부회를 소집할 때도 이 명칭을 사용했습니다. 그러나 제3신분 대표자들이 특별한 의미를 담아 이 명칭을 사용하면서부터,

성직자와 귀족들이 없는 제3신분만의 대표체가 국가를 대표한다는 혁명적인 의미를 갖게 된 것입니다. 지금도 프랑스 하원 이름은 Assemblée nationale입니다. 프랑스대혁명 당시 혁명의회가 프랑스 근대 민주정의 기원이라는 의미를 담고 있는 것입니다.

이처럼 많은 나라에서 의회의 역사는 그 자체로 그 나라 민주주의 역사이기도 합니다. 우리나라도 그렇습니다. 대일항쟁기 독립운동가들의 염원을 담은 '국회'라는 이름이 제헌국회로 이어졌고, 긴 독재체제에서 만신창이가 되기도 했지만, 1960년 제5대 민의원·참의원 선거로 만들어진 국회는 제2공화국의 토대를 만들었으며, 1978년 제10대 국회의원 선거로 구성된 국회는 박정희 독재체제의 종식을 앞당겼고, 1985년 제12대 국회는 시민들과 함께 1987년 민주화를 만들어냈습니다.

## 월급 받는 국회의원이 등장한 이유

세 번째 주제는 범위를 좀 넓혀 의회의 역사에 관한 것입니다. 인류는 언제부터 '의회'라는 기구를 만들고 운영했을까요? 근대 이전에도 동서양을 막론하고 '정치공동체의 중대사를 논의하고 결정했던 회의체'들은 다양하게 존재했습니다. 고대나 중세 때 그 회의체들은 주로 부족 대표들이나 세습 귀족들로 구성되었습니다. 고구려에는 다섯 유력 귀족인 '가加'들이 모여 국정을 논의하고 결정하는 제가회의諸加會議가 있었고, 백제에도 귀족들의 회의체인 '정사암회의政事巖會議'가 있었습니다. 신라에는 진골 귀족들로 구성된 최고 의사결정기구 '화백회의和伯會議'가 있었지요. 고구려 제가회의나 신라 화백회의, 백제 정사암회의는 모두 고대국가 태동기 혹은 그 이전 부족회의 전통에서 기원을 찾을 수 있습니다.

아이슬란드 의회 알팅그Alþingi는 명시적인 입법권을 가진 유럽 최초의 의회로 꼽힙니다. 930년경부터 지역 부족장들이 아이슬란드 평원에 모여 함께 법률을 제정하고 분쟁 해결 기능을 했던 회의체로, 지금 아이슬란드 의회 이름도 알팅그입니다. 12세기 스페인 지역에 있었던 레온 왕국의 레온 의회Cortes de León는 유럽 최초로 귀족과 성직자 외에 평민들이 참여했던 세 계층 대표 회의체로, 유네스코 세계기록유산에 등재되어 있기도 합니다. 우리나라에서는 주로 '삼부회'로 번역되던 '전체 신분 총회États Généraux'의 원형입니다. 프랑스대혁명 시기까지 유럽에서는 제1신분 성직자, 제2신분 귀족, 제3신분 평민들의 대표를 각각 구성해서 전체가 모여 회의를 진행하는 회의체가 간헐적으로 구성되었습니다. 잉글랜드에서는 1215년 귀족들의 회의에서 존 왕의 권한을 제한하기 위해 '대헌장(마그나 카르타)'을 만들었고, 이 회의는 이후 귀족들의 회의체로 발전한 원형으로 꼽힙니다. 귀족들의 회의체만 간헐적으로 운영되다가 귀족원House of Lords과 평민원House of Commons이 분리되어 운영되기 시작한 것은 14세기 경입니다.

이처럼, 권력을 가진 제한된 구성원으로 운영되는 회의체에서 공동체의 중대사를 논의하고 결정했던 역사는 오래됩니다. 하지만 오늘날 민주주의라고 부르는 정치체제에서의 의회는, 두 가지 점에서 그전까지 운영되던 회의체들과 구분됩니다. 모든 시민이 직접 참여해서 구성한다는 점과, 직업 정치인들을 구성원으로 하는 회의체라는 것입니다. 두 가지 특징은 모두 근대 사회의 어떤 조건과 밀접한 연관이 있습니다.

먼저 전자의 특성부터 살펴봅시다. 오늘날 민주주의에서 의회는 모든 시민이 보통·평등·직접·자유·비밀 선거의 원리에 따라 대표자를 선출해서 구성합니다. 그런데 인류 역사에서 모든 시민이 직접 참여해 의회를 구성하는 방식은 이것만 있었던 게 아닙니다. 고대 그리스 아테네 민주정에서도 시민들이 직접 참여해 구성하는 회의체, 에클레시아(Ekklesia, 고대 그리스어 *εκκλησία*)가 있었습니다. 그러나 에클레시아와 오늘날 의회는 결정적인 차이가 있습니다. 에클레시아는 시민들이 대표자를 선출하여 구성하는 것이 아니라 시민들이 그 자체로 구성원인 회의체였습니다.

고대 아테네 민주정의 정점기였던 기원전 5세기 무렵 아테네 전체 인구는 25만~30만여 명으로 추산되며, 이 가운데 18세 이상 남성 시민권자는 3만~6만여 명으로 추정됩니다. 당시 에클레시아는 1년에 40여 회 열렸고, 회당 5천~6천 명 정도의 시민들이 참여했다고 합니다. 에클레시아는 법률을 제정하거나 폐지하는 권한, 행정에 대한 통제와 감독 권한, 일부 중대범죄에 대한 사법 권한, 외국에 대한 선전포고나 강화조약 체결 결정권 등을 행사했습니다. 고대 아테네 민주정에서도 선거로 선출하는 공직이 있었습니다. 오랜 경험이나 전문적 능력이 필요한 직책인 군사 및 외교 담당 최고 공직자, 국가 재정 관리자, 상수도나 도로 건설을 감독하는 공직자 등은 선거로 선출했습니다. 아테네 민주정의 정점기에는 700여 명의 공직자가 있었는데, 선거로 선출하는 공직자는 100여 명 정도였고, 나머지 600여 명은 추첨으로 구성했습니다.<sup>Mogens Hansen, 1991; 손병석, 2025</sup>

이에 반해 오늘날 의회는 시민들이 주기적인 선거로 대표자들을 선출한 다음, 선출된 대표자들이 정해진 임기 동안 입법권, 행정 통제권, 조약 체결이나 비준권 등을 시민을 대신해 행사합니다. 이 두 가지 방식이 전혀 다른 원리에 기초한다는 것은, 고대 아테네 민주정에서도, 그리고 근대 태동기 대표자들의 의회 모델을 주창했던 사람들도 모두 알고 있었습니다. 고대 아테네에서는 공직자를 선거로 구성하는 것은 귀족정의 방식이고, 추첨으로 구성하는 것은 민주정의 방식이라고 생각했습니다. 그리고 민주정의 방식인 추첨을 기본으로 하고 불가피할 경우 선거를 혼합해서 공직을 구성했습니다. 반면 근대 의회를 만든 사람들은 선거로 의회를 구성하는 것이 고대 아테네 민주정과 전혀 다른 원리라는 것을 인지했고, 민주정이 아닌 공화정이나 귀족정을 결합한 혼합 정치체제라고 생각하며 이 체제를 만들었습니다. 이런 이유로, 정치학자 베르나르 마닌은 선거로 대표자를 뽑아서 입법권, 행정권 등을 위임하는 현대 정치체제를 고대 아테네 민주정과 구분하여 '민주적 귀족정democratic aristocracy'이라고 불렀습니다.Bernard Manin, 1997

그렇다면 근대 민주주의에서 의회는 왜 아테네 민주정의 에클레시아와는 다른, 선출된 대표자들의 회의체로 발전했을까요? 고대 아테네 민주정이 누군가의 치밀한 기획을 현실에 옮겨놓은 것이 아니라, 당대 시민들이 더 나은 공동체를 만들기 위해 오랜 시간에 걸쳐 제도를 만들고 바꾸다 보니 만들어진 집단적 실천의 결과물이었던 것처럼, 지금의 민주주의 모델도 마찬가지입니다. 중세에서 근대로 바뀌는 역사적 시간을 지나면서 당대의 정치·사회적 조건으로부터 더 나은 공동체를 만들기 위한 집단적 실천의 결과가 현재 민주주의와 의회 모델이라고 볼 수 있습니다. 고대 아테네와 근대 태동기 시민들의 삶이 놓인 정치적, 사회·경제적 조건은 전혀 달랐고, 다른 조건에서 다른 민주주의 모델이 만들어진 것이지요.

우선 역사적 조건이 달랐습니다. 아테네 민주정이 만들어진 시기는 인류 역사의 초기 단계였고, 앞선 정치체제의 유산으로부터 비교적 자유롭게 정치체제를 디자인할 수 있었을 겁니다. 반면 중세의 오랜 왕정과 귀족정의 경험은 왕의 권력을 견제하기 위한 귀족 대표들의 회의체라는 유산을 남겼습니다. 1215년 마그나 카르타에서 출발한 잉글랜드 귀족들의 의회는 아테네 에클레시아처럼 모든 귀족이 모인 회의체가 아니라 귀족 대표들의 회의체로 발전했습니다. 자본주의 시장경제가 발전하면서 상인계급이 만들어졌고, 이들도 왕이나 귀족들의 권력으로부터 자신을 보호할 필요가 생겼습니다. 상인들은 귀족들이 해온 것처럼, 자신들도 대표를 만들어 요구사항을 전달하고 관철하려 했습니다. 좀 더 시간이 흘러 공장에서 일하는 노동자가 점점 많아졌고, 귀족과 상인들이 했던 것처럼 이들도 대표를 통해 요구를 정식화하고 권리를 보장받고자 했습니다. 그렇게 근대 민주주의의 발전사는 대표를 선출할 권리의 확대, 더 많은 대표를 확보할 권리를 향한 긴 여정으로 이루어졌습니다.

무엇보다 고대 아테네와 근대 사회는 시민들의 사회·경제적 조건이 달랐습니다. 농업과 어업, 해상무역 등을 통해 시민들이 생계를 유지했던 고대 아테네와 달리, 근대 민주주의의 발전 과정은 자본주의 시장경제의 발전과 같은 시간대에서 이루어졌습니다. 시민들이 7~10일마다 민회에 모여 반나절 이상의 시간을 들여서 그날의 안건을 토론하고 결정하려면, 생계를 꾸리고 생활을 유지하는 시간 외에 공공의 일에 전념할 절대 시간이 필요합니다. 자본주의 시장경제는 참여자들에게 이런 시간을 허용하지 않았습니다. 기업가도, 상인도, 노동자도 모두 생계유지 활동으로 점점 더 자신의 시간이 꽉 채워지는 일상을 살아가야 했습니다.

농사를 짓다가 민회에 참여해서 공공의 일을 논하고 다시 돌아와 농사를 지을 수 있다든가, 물고기를 잡아 생계를 유지하다가 1년간 월급을 받으며 공직을 수행하고 다시 돌아와도 먹고 사는 데 별 지장이 없는, 그런 사회가 아니었습니다. 초기 자본주의 사회에서 노동자들의 노동시간은 12시간이 훌쩍 넘었습니다. 하루 종일 공장에서 일하고 돌아와 밥해 먹고 아이를 돌본 후, 공공의 일을 토론할 시간 같은 건 없었습니다. 하루라도 공장을 쉬면 해고되는 사회에서 정부가 제도로 보장해 주지 않으면 민회 참여 같은 활동은 불가능했지만, 당시 정부는 그런 보장을 해주지 않았습니다. 민회 참여는커녕, 가끔 투표하러 가는 시간을 보장받기 위해서조차 오랜 시간의 투쟁이 필요했던 것이 당시 사회적 환경입니다.

이러다 보니 등장한 것이 직업 정치인입니다. 직업 정치인이란 월급을 받으면서 정치를 전업으로 하는 사람입니다. 중세 귀족들의 의회에서 의원들은 월급을 받지 않아도 영지에서 농노들이 생산하는 부로 충분히 먹고살 수 있었습니다. 초기에 돈 많은 상인들의 대표자들인 의원들도 자기 사업으로 생계를 유지하면서 대표 활동을 했습니다. 그런데 땅도, 사업체도 없는 노동자들이 전업으로 정치를 하려면 생계유지 수단이 필수적이었습니다. 월급 받는 의원은 그렇게 생겨났습니다. 노동자 출신 의원들이 당선되어도 생계유지가 어려워 의원 활동을 할 수 없던 현실을 타개하고자 도입된 것입니다. 1911년 잉글랜드에서 처음 이 제도가 도입되었지요. 월급 받으면서 정치를 하는 직업이 만들어지면서, 자산이 없는 사람들도 대표가 될 수 있는 길이 열린 겁니다.

대표자를 뽑아서 구성하는 의회, 직업 정치인으로 구성된 의회라는 모델은, 이렇듯 자본주의 시장경제 체제에서 민주주의를 구현하려다 보니 만들어진 산물입니다. 요즘도 일부 시민들은 '국회의원이나 지방의회 의원직을 무보수 명예직으로 해야 한다'고 주장합니다. 그러면 부동산이든 동산이든 자산이 충분해서 그것만으로도 생계유지에 문제가 없는 사람들만 의원이 되겠지요. 버스·지하철 요금이 얼마인지 모르는 사람들만 모여 교통정책을 결정하고, 전·월세 주택에 살아본 적 없는 사람들만 모여 주택정책을 결정하게 될 겁니다. 그래서는 안 되지 않겠습니까? 버스·지하철 요금을 모른다 해서 대표자가 되면 안 되는 건 아니지만, 교통정책을 결정하는 데 버스·지하철 요금을 아는 대표가 꼭 있어야 하는 건 분명합니다.

## 입법권은 국회에 속한다?

이제 국회가 하는 일, 해야 하는 일에 대해 살펴보겠습니다. 여러 분은 '입법권은 국회에 속한다'라는 헌법 조문을 보면 어떤 생각이 드나요? 이 짧은 조문이 우리나라를 포함한 모든 민주주의 국가의 헌법에 명시되기까지, 인류는 엄청난 대가를 치러야 했답니다.

입법권이란 말 그대로 법을 만드는 권한입니다. 법을 만드는 권한의 의미를 알아보기 전에 우선, 법이란 뭘까요?

지금까지 확인된 인류 최초의 성문 법전은 기원전 2100년경 메소포타미아 남부 우르 제3왕조 시대에 만들어진 법전입니다. 우르의 왕 우르남무의 이름을 따 우르남무 법전Code of Ur-Nammu이라 부릅니다. 점토판에 새겨져 있던 이 법전에는 '다른 사람의 뼈를 부러뜨리면 은으로 일정액을 보상해야 한다, 노예가 도망쳤을 경우 그 노예를 붙잡아 주인에게 돌려주고 포상금을 받을 수 있다, 물을 델 때 다른 사람의 밭을 침범하면 배상해야 한다'라는 등의 내용이 포함되어 있었습니다.

또 널리 알려진 고대 법전으로 함무라비 법전이 있습니다. 기원전 1754년경 바빌로니아 왕국 제6대 왕의 이름을 따 함무라비 법전Code of Hammurabi이라 부릅니다. 이 법전은 현무암 석비 형태로 남아 있었으며, '자유민이 자유민의 눈을 멀게 하면 그 역시 눈을 멀게 한다'처럼, 탈리오 법칙을 토대로 한 점에서 유명해졌지요. 탈리오 법칙이란, '같은, 유사한'이라는 뜻의 라틴어 단어 'talis'에서 유래한 말로, 누군가 피해를 입으면 동일한 피해로 갚아주는 보복의 원리를 말합니다.

우르남무 법전보다 더 옛날에도, 우리가 지금 '법'이라고 부르는 것과 유사한 무언가가 세계 도처에 존재했을 겁니다. 기록으로 확인할 수 없을 뿐이지요. 이렇게 추정하는 이유는, 인간이 무리 지어 살면 반드시 공동체 유지를 위한 규칙이 필요했을 것이기 때문입니다.

우리가 함께 살아가는 데 필요한 규범은 문화, 도덕, 상식, 법 등 다양한 형태로 존재합니다. 문화는 특정 사회집단이 공유하고 학습하며 후대에 전달하는 생활이나 사고방식, 행위규범 전반을 포함하는 개념입니다. 예컨대 식사할 때 즐겁게 대화를 나누며 먹는 것이 예의인 곳도 있고 소리 없이 먹는 데 집중하는 것이 예의인 집단도 있습니다. 낯선 이들이 처음 만나 환대를 표할 때, 고개 숙여 인사하는 곳도 있고, 손을 내밀어 악수하는 곳도 있고, 마주 안아주는 곳도 있습니다. 고개를 숙여야 하는 집단에서 손을 내밀었다면, 그곳 사람들은 손을 내민 사람이 외부자라는 걸 금방 알아차릴 겁니다. 다행히 그 집단에서 손을 내미는 행위가 그저 낯선 어떤 것이라면 문화적 이질감만 느끼고 지나갈 수 있겠지만, 손 내미는 행위가 적대감의 표현으로 인식되는 곳이라면 문제는 달라지겠지요. 낯선 외부인이 첫 대면부터 적대감을 표현했다고 인식하면 충돌로 이어질 수도 있습니다. 이처럼 문화는 장소성에 제한을 받습니다. 또 상식이나 법규범보다 오래 지속되는 특성이 있기는 하지만, 시간이 흐르면서 문화도 변하기 때문에 긴 흐름에서 보면 문화도 시간성의 제약을 받습니다.

상식이란 당대 대부분의 사람이 경험으로 공유하는 보편적 지혜로, 역시 장소성과 시간성의 제약을 받습니다. 선대의 상식이 후대의 상식이 아닌 사례들은 많습니다. 한 세대 전 우리나라에서 명절에 차례를 지내는 건 상식이었지만 지금은 꼭 그렇지 않습니다. 우리나라에서는 식사할 때 숟가락과 젓가락을 함께 쓰는 것이 문화이고 상식이지만, 우리나라 밖을 벗어나면 그렇지 않습니다. 인도 사람들이 음식을 먹을 때 오른손만 사용하는 건, 도구를 사용할 줄

몰라서가 아니라 음식과의 신성한 연결을 중시하는 문화적·철학적 전통 때문입니다. 이렇듯 문화와 상식은 구분하기 어려울 때도 있지만, 상식이 문화보다 유통기간이 짧은 특성이 있습니다. 사회 변화를 반영하면서 당대 다수가 공유하는 경험치도 계속 변하니까요.

문화나 상식으로 인정되는 규범은, 지키지 않을 때 눈총을 받을 수는 있지만, 공식적이거나 사회적 제재를 받지는 않습니다. 이런 점에서 도덕이나 법과는 구분됩니다. 도덕은 개인이나 사회가 지켜야 할 선악이나 옳고 그름에 대한 가치 판단이나 행동 기준으로, 사회적 강제나 제재의 대상이 됩니다. 예컨대, 우리는 '부모에게 효도해야 한다, 거짓말하면 안 된다'는 도덕 기준을 배우고 지키도록 노력합니다. 누군가 거짓말을 했을 때 그 행위가 사회적 비난의 대상이 되는 것을 당연시합니다. 거짓말을 한 사람은 죄책감을 느껴야 한다고 생각하며, 그렇지 않아 보일 경우 '뻔뻔하다'는 등의 비난을 받는 것을 당연하게 여깁니다.

가장 강제력이 강한 규범이 법입니다. 우르남무 법전이나 함무라비 법전에서 볼 수 있듯이, 지켜야 하는 강제성이 있고 지키지 않을 때 물리적 제재를 받습니다. 법에 규정되어 있기만 하면, 신체의 자유를 속박할 수도 있고 재산을 몰수할 수도 있고 생명을 앗아갈 수도 있는 것이 법입니다. 합법적으로 다른 나라와 전쟁을 해야 할 경우가 생기면, 내가 원치 않더라도 강제로 누군가의 생명을 빼앗게 만드는 것도 법으로 가능합니다. 이렇듯 강제성을 수반하기에 법은 목적이 분명해야 하고, 적용 범위는 구체적이며 제한적이어야 합니다. 독일 법철학자 게오르크 옐리네크는 '법은 도덕의 최소한이다'라는 말로 법의 이런 특성을 요약했습니다.<sup>Georg Jellinek, 1900</sup>

집행 강제력을 전제로 하는 법의 속성 때문에 법은 '누가 만드느냐'가 중요합니다. 인류의 역사는 법을 만드는 권한을 누가 행사하느

나를 둘러싼 치열한 쟁투의 역사라 해도 과언이 아닙니다. 우르남무 법전도, 함무라비 법전도, 경국대전도 모두 왕이 만든 법입니다. 왕만이 법을 만들 권한을 가졌다는 건, 왕만이 법을 집행할 강제력을 행사할 수 있었음을 의미합니다. 잉글랜드의 마그나 카르타, 권리장전은 귀족들이 만들어 왕의 서명을 받은 법문입니다. 왕만이 행사할 수 있던 입법권을 귀족들이 공유하게 된 겁니다.

그리고 또 긴 시간이 흘러 지금 우리는, 우리가 선출해서 권한을 위임해 둔 국회의원들에게만 법을 만들 권한을 허용합니다. 대한민국에서는 국회의원이 아닌 누구도 법을 만들 권한을 행사할 수 없습니다. 그들이 뛰어나서가 아닙니다. 유일하게 그들만 주권자의 위임을 받았기 때문입니다. 그들이 만든 법이 5천만 국민에게, 그리고 한국에 거주하는 외국인이나 다른 나라 정부와 사람들에게도 집행 강제력이 있기 때문에, 헌법과 법률에 따라 제한적으로만 그 권한을 행사하게 해놓은 것입니다.

---

**핵심개념**

**▶ 입법권**

나라의 기본규칙인 법을 만들거나 개정하는 권한; 국가의 통치조직과 국민의 권리 및 의무에 관한 사항을 법의 형식으로 제정하는 국가의 권력.

**▶ 대의제 의회**

국민의 주권을 한시적으로 위임받은 대표자들로 구성되어, 국민을 대신해 입법권, 행정감독권 등 권한을 행사하는 기관.

---

**찾아보기**

**▶ 도서자료**

- 국사편찬위원회(1968), 『大韓民國臨時議政院紀事錄』第一回集.
- Mogens Herman Hansen(1991), The Athenian Democracy in the Age of Demosthenes, University of Oklahoma Press.

- 손병석(2025). 『고대 아테네 민주주의: 최초 민주주의의 실험과 도전, 그리고 이상』. 세창출판사.
- Bernard Manin(1997). 「The Principles of Representative Government」; 곽준혁 옮김(2004). 『선거는 민주적인가』. 후마니타스.
- Georg Jellinek(1900). 「Allgemeine Staatslehre」; 게오르그 옐리네크 지음. 김효전 옮김(2005). 『일반국가학』. 법문사.
▶ **뉴스 보도**
- 「협회(協會)의 본분(本分)」. 황성신문(1898.10.24.).

# Q.
# 행정권은 대통령이 아닌 정부에 속한다?

## 행정부 수반의 명칭 '대통령', 어떤 뜻일까?

우리는 5년에 한 번 행정부 수반을 선출하는 선거를 합니다. 세계 최초로 행정부만 책임지는 공직을 만든 나라는 미국입니다. 당시 유럽 국가들은 대부분 왕정 국가였고 우리나라도 마찬가지였지요. 미국 헌법 제정자들은 무슨 생각을 하면서 이 직책을 만들었을까요?

미국 헌법 제정자들은 행정부 총괄 책임 직책에 '프레지던트President'라는 이름을 붙였습니다. President는 '앞에 앉다, 회의를 주재하다'라는 뜻의 영어 단어 '프리자이드preside'에서 온 말입니다. preside에 '사람'을 의미하는 접미어가 붙어 만들어진, '회의를 주재하는 사람 혹은 회의체의 의장' 정도의 뜻을 지닌 단어지요. 미국 헌법이 만들어지기 전에도 이 단어는 각종 회의나 협회 회의를 주재하거나, 대학 등 기관의 장을 지칭하는 용도로 쓰였습니다. 미국 연방헌법 제정자들은 자신들이 만들어갈 국가의 행정부 책임자가 당시 다른 나라에서 일반적이던 왕King과는 전혀 다른 존재, 국민주권 원리에 기반해 정해진 임기 동안만 제한적으로 권한을 행사하는 공무원이어야 한다고 생각했습니다. 그래서 누구나 알고 어디에서나 쓰이던 평범한 단어를 선택해 첫 글자만 대문자로 바꾸어서 그 직책을 나타내는 단어로 사용하기로 한 겁니다.

이 단어를 '대통령大統領'이라고 번역하게 된 것은 일본의 영향입니다. 1853년 일본 관료 후쿠다 사쿠타로가 미국에 관해 쓴 보고서『미국태평별지米國太平洋別誌』에 President를 '대통령'이라고 썼고, 1881년 신사유람단의 일원으로 일본에 다녀온 이헌영이 기록한 보고서『일사집략日槎集略』을 통해 조선에 전해지면서 사용하게 되었다고 합니다.[이태진, 2000] 대통령은 '큰 통령統領'이라는 의미입니다. '통령'은 중국 문헌에서 군대를 지휘하는 장수의 직위를 나타내는 말로 사용되었습니다. 영어가 일본어로 번역되는 과정에서 미국 헌법 제정자들이 고심해서 만든 그 단어의 중요한 의미, '왕과 달리 제한적인 권력만 행사하는 공무원'이라는 뜻은 사라지고 '행정부를 총괄하여 다스리는 가장 큰 직책' 정도의 의미만 남게 된 거지요.

우리나라 행정부 수반의 명칭으로 '대통령'이 처음 사용된 것은 1919년 9월 제정된 「대한민국 임시헌법」입니다. 당시 임시정부는 독립이 될 때까지 말 그대로 '임시'로 존재한다고 스스로를 정의했고. 그에 따라 임시헌법에 행정부 수반의 명칭은 '임시대통령'이었으며, 입법부의 명칭은 '임시의정원'이었습니다. 임시헌법에 따라 최초로 대통령직을 역임한 사람은 이승만입니다.


**Executive도 정부, Government도 정부?**


① 대통령은 국가의 원수이며, 외국에 대하여 국가를 대표한다.

④ 행정권은 대통령을 수반으로 하는 정부에 속한다.

「헌법」제66조

　헌법에 따르면, 우리나라 대통령은 외국에 대하여 국가를 대표하며 정부 수반이 됩니다. 수반首班이란 '최고의 자리, 우두머리'라는 뜻의 한자어입니다. 우리 헌법 제4장의 제목은 '정부'이고 제4장에는 2개의 절이 있습니다. 제1절 제목은 '대통령', 제2절 제목은 '행정부'입니다. 그러니까 헌법에 따르면 대통령과 행정부를 합해서 '정부'인 겁니다. 그럼 같은 대통령제인 미국 헌법에는 어떻게 되어 있을까요?

　　미합중국 행정권은 대통령에게 부여된다. 미국 「연방헌법」 제2조 제1항

　미국 연방헌법에 따르면, 행정권은 '정부'가 아니라 '대통령'에게 있습니다. 그런데 정부government라는 단어는 대통령에 관한 조항이 아니라 의회에 관한 조항에서 발견됩니다.

　　의회는 다음 권한을 가진다.…
　　이 헌법에 의해 미합중국 정부the Government 또는 그 부서
　　나 공직자에게 부여된 모든 권한을 행사하기 위해 필요하
　　고 적절한 모든 법률을 제정한다. 미국 「연방헌법」 제1조 제8항

　여기서 정부government는 행정부만 의미하는 게 아니며, 입법, 사법, 행정 등 모든 국가기구를 아우르는 개념입니다. 미국 의회는 미국 정부 운영에 필요한 모든 법률을 제정할 권한을 갖습니다. 우리는 미국 행정부를 의미하는 'Executive'도 '정부'라고 하고,

'Government'도 '정부'라고 번역합니다. 그런데 미국 연방헌법에서 두 단어의 의미는 전혀 다르지요?

우리나라도 국회가 행정부만이 아니라 사법부, 헌법재판소, 선거 관리위원회 등 모든 국가기구의 구성과 운영, 권한을 규율하는 법을 만듭니다. 그런데 우리나라 헌법에는 미국 연방헌법과 달리 국가기구들을 총칭하는 단어가 없습니다. 제헌 헌법에서부터 행정부의 명칭을 '정부'라고 써 왔지만, 헌법을 개정한다면 명칭 부분은 정리가 필요합니다.

어느 나라에서나 정부 기구는 국민이 위임한 권한을 행사하기 위해 종합적으로 구성되며, 그 구성은 다양합니다. 헌법재판소가 있는 나라도 있고 없는 나라도 있습니다. 중앙선거관리위원회가 있는 나라는 많지만, 우리나라처럼 헌법상 기구인 나라는 드뭅니다. 같은 나라에서도 헌법이나 법률이 바뀌면 그 구성도 바뀝니다. 우리도 헌법재판소가 없던 시절이 있었고, 중앙선거관리위원회가 헌법 기관이 된 것은 1987년 개정 헌법 때부터입니다. 이처럼 정부 기구는 필요에 따라 다양하게 구성될 수 있지만, 전체로 국민의 필요를 충족하기 위해 존재하며 국민에 대해 '집단적인 책임'을 져야 합니다.

'집단적 책임'이란 이런 의미입니다. 2025년 9월 현재 우리나라 행정부는 19개 부, 3개 처, 20개 청, 6개 위원회를 두고 있습니다. 국회는 17개 상임위원회를 두고 필요할 때마다 특별위원회를 구성합니다. 법원은 1개 대법원과 6개 고등법원, 18개 지방법원으로 구성됩니다. 헌법재판소, 중앙선거관리위원회라는 헌법 기관도 있지요. 하지만 대한민국 국민이 자신의 필요를 위해 이 모든 부처나 기관의 이름을 일일이 알아야 할 필요는 없습니다. 국민이 헌법과 법률에 따라 보장받아야 할 권리라면, 세금으로 운영되는 국가기구들이 함께 나의 권리를 지켜야 할 책임이 있는 겁니다.

앞서, 권력 분리가 필요한 이유는 서로 견제하면서 균형을 갖추어 국민의 권리를 보장하고 국민이 위임한 책무를 수행하기 위한 것이라는 점을 살펴보았습니다. 그런데 우리 헌법의 언어에는 전체 국가기구들을 아우르는 용어가 없다 보니, 입법부, 행정부, 사법부 등 국가기구들이 서로 분리되어 견제하도록 만들어 놓은 이유를 그곳에 속한 공직자들이 곧잘 잊어버리는 것 같습니다. 함께 견제하면서도 협업해서 전체로 국민을 위해 일하라는 것인데, 국민이 위임한 범위를 넘어서든 말든, 결과적으로 국민에게 해를 끼치든 말든, 견제라는 명분으로 끝까지 대립만 하려고 들 때가 있으니 말입니다.

철학자 비트겐슈타인은 "언어의 한계는 곧 내 세계의 한계다"라고 했습니다.비트겐슈타인, 1921 우리가 사용하는 언어가 곧 사고의 범위, 상상의 범위를 결정한다는 것이지요. 전체로 정부government가 정의되어 있지 않고 행정부, 입법부, 사법부만 정의되어 있다 보니, 공직자들은 각 부에 속하면서 동시에 전체로 정부government의 구성원임을 인식하지 못하는 게 아닌가 싶습니다.

또 심각한 문제는, 입법부나 사법부의 견제를 당연하게 받아들여야 하는 행정부 수반인 대통령이, 정부government를 총괄하는 직책으로 착각하게 만들 수 있다는 점입니다. 실제로 민주화 이전 대통령들은 모두 그랬고, 민주화 이후에도 그런 대통령들을 경험했습니다. 윤석열 전 대통령이 국회의 합법적인 견제를 '반국가행위'로 인식했던 이면에 그런 착각이 있었던 게 아닐까요? '나는 국회보다, 법원보다 더 높은 존재인데 감히 나를 견제해!' 뭐 이런 착각 말입니다. 그의 위헌 행위가 이 용어 때문만은 아니겠지만, 이런 일을 반복해서 겪지 않기 위해 헌법의 빈 곳을 수리해 놓는 것도 필요해 보입니다.

## 행정권은… 정부에 속한다?

우리 헌법은 미국과 달리 행정권을 대통령이 아닌 '대통령을 수반으로 하는 정부'에 부여합니다. 헌법에서, 대통령과 함께 정부를 구성하는 행정부는 어떤 모습일까요? 헌법 제4장 제1절이 대통령을, 제2절이 행정부를 다룹니다. 제2절 행정부 안에는 4개의 관이 있습니다. 제1관은 '국무총리와 국무위원', 제2관은 국무회의, 제3관은 '행정각부', 제4관은 '감사원'입니다. 국무총리, 국무위원, 국무회의, 행정각부, 감사원을 아우르는 개념이 행정부인 것이지요. 좀 더 자세히 들어가 볼까요?

미국에는 총리가 없고 부통령이 있으며, 부통령은 대통령과 러닝메이트로 선출합니다. 미국 부통령은 장관 임명이나 국정운영에 대한 명시적 권한이 없습니다. 장관은 대통령이 지명하고, 지명 후 상원 인준 절차가 개시되며 상원 인준이 이루어져야 대통령이 장관을 임명할 수 있습니다. 임명된 장관들은 대통령과 함께 '내각회의 Cabinet Meeting'에서 국정을 논의합니다. 미국 내각은 대통령에게 조언하는 기구로, 별도의 심의권, 결정권이 없습니다. 미국 연방헌법이 행정권을 대통령에게 부여했기 때문입니다. 반면 우리 헌법은 다음과 같이 규정합니다.

현행 「헌법」

제86조

① 국무총리는 국회의 동의를 얻어 대통령이 임명한다.

② 국무총리는 대통령을 보좌하며, 행정에 관하여 대통령의 명을 받아 행정각부를 통할한다.

제87조

② 국무위원은 국정에 관하여 대통령을 보좌하며, 국무회

의의 구성원으로서 국정을 심의한다.

제94조 행정각부의 장은 국무위원 중에서 국무총리의 제청으로 대통령이 임명한다.

제88조

① 국무회의는 정부의 권한에 속하는 중요한 정책을 심의한다.

② 국무회의는 대통령·국무총리와 15인 이상 30인 이하의 국무위원으로 구성한다.

③ 대통령은 국무회의의 의장이 되고, 국무총리는 부의장이 된다.

대통령은 국회의 동의를 얻어 국무총리를 임명하고, 국무총리의 제청으로 국무위원을 임명합니다. 대통령은 국무회의의 의장이고 국무총리는 국무회의의 부의장이며, 국무위원은 국무회의의 구성원이 됩니다. 국무회의는 정부의 권한에 속하는 중요한 정책을 심의할 권한을 갖습니다. 국무회의의 구성원 중 국무총리의 제정으로 행정각부의 장을 임명합니다. 미국과는 다르지요?

우선 대통령은 헌법이 정한 주요 의제에 대해 국무회의의 심의를 거치지 않고서는 결정을 할 수 없습니다. 그렇게 하면 헌법 위반이 됩니다. 국무위원의 국정 심의권은 헌법상 권한입니다. 또한 대통령이 장관을 임명하면 장관이 자동적으로 국무위원이 되는 것이 아니라, 국무위원을 임명한 다음 국무위원 중 장관을 임명하게 되어 있습니다. 국무회의는 헌법 제89조가 명시한 안건에 대한 심의권을 갖습니다.

제89조 다음 사항은 국무회의의 심의를 거쳐야 한다.

1. 국정의 기본계획과 정부의 일반정책

2. 선전宣戰, 강화講和 및 기타 중요한 대외정책

3. 헌법개정안, 국민투표안, 조약안, 법률안 및 대통령령안

4. 예산안·결산·국유재산처분의 기본계획·국가의 부담이 될 계약 기타 재정에 관한 중요사항

5. 대통령의 긴급명령, 긴급재정경제처분 및 명령 또는 계엄과 그 해제

6. 군사에 관한 중요사항

7. 국회의 임시회 집회의 요구

8. 영전수여榮典授與

9. 사면·감형과 복권

10. 행정각부 간의 권한의 획정

11. 정부政府안의 권한의 위임 또는 배정에 관한 기본계획

12. 국정 처리 상황의 평가·분석

13. 행정각부의 중요한 정책의 수립과 조정

14. 정당해산의 제소

15. 정부에 제출 또는 회부된 정부의 정책에 관계되는 청원의 심사

16. 검찰총장·합동참모의장·각군참모총장·국립대학교 총장·대사 기타 법률이 정한 공무원과 국영기업체 관리자의 임명

17. 기타 대통령·국무총리 또는 국무위원이 제출한 사항


우리가 대통령 권한으로 인식하는 일들 중 많은 것은 실제 '정부'의 명칭으로 행사됩니다. 매년 9월 초 국회에 제출되는 다음 해 예산안은 '정부'가 제출하며, 행정부가 국회에 제안하는 법률안도 국무

회의의 심의를 거쳐 '정부'의 이름으로 제출됩니다. 2024년 12월 3일 비상계엄 선포 당시 '국무회의가 제대로 열렸는가, 심의를 제대로 했는가'를 따지는 이유는, 계엄 선포가 국무회의의 심의를 반드시 거쳐야 하는 안건이기 때문입니다.

실제 국무회의에서 국무총리나 국무위원들이 얼마나 심의권을 행사하는가는 정부마다 차이가 크며, 대통령이 심의권을 얼마나 보장하는가에 달려 있습니다. 그러나 헌법이 정한 안건에 대해서는 반드시 안건으로 다루어야 하고, 국무회의는 매주 1회 정기적으로 열려야 하며, 의사정족수 및 의결정족수는 지켜져야 하고, 회의록은 작성되어야 합니다.「국무회의 규정」

또한 헌법 제96조는 '행정각부의 설치·조직과 직무 범위는 법률로 정한다'고 명시함으로써, 행정부에는 법률이 정해놓은 조직과 직무를 가진 부처 및 부처에 근무하는 공무원들이 포함됩니다. 행정부에 부와 처, 청이 몇 개 있는지는 정부마다 다릅니다. 정부의 조직과 직무는 「정부조직법」에 규정되며, 대통령이 새로 선출되어 정부가 바뀌거나 같은 대통령의 재임 기간에도 정부 부처 구성이 바뀌면 「정부조직법」은 개정됩니다. 「정부조직법」이 개정되어 정부 부처에 관한 내용이 바뀌면 「국회법」도 개정되어야 합니다. 국회 상임위원회의 핵심 업무가 행정부를 견제하는 것이기 때문입니다. 예를 들어, 하나였던 부가 둘로 분리되거나 두 개였던 부가 하나로 합쳐지면 해당 부를 감독하는 국회 상임위원회의 소관 사항도 새로 설정되어야 합니다.

그러면, 여러분의 세금으로 월급을 주면서 공적 업무를 맡겨둔 우리나라 공무원은 총 몇 명이나 될까요? 행정부 인사 담당 기관은 매년 공무원 관련 각종 통계를 발표합니다. 지금 담당 기관은 인사혁신처입니다. 인사혁신처가 매년 발간하는 「인사혁신통계연보」를 보면 전년도 말일 기준 공무원 통계를 찾아볼 수 있습니다.

2024년 12월 기준 우리나라 전체 공무원은 1,181,527명입니다. 이 가운데 행정부 공무원이 1,153,971명으로 전체 공무원의 97.7%를 차지합니다. 행정부 공무원 중에 중앙정부 소속 국가공무원은 763,464명으로 66.2%를 차지하며, 지방자치단체 및 교육청 소속 공무원이 나머지를 구성합니다. 입법부 공무원은 4,877명, 사법부 공무원은 19,089명, 중앙선거관리위원회 공무원은 3,207명, 헌법재판소 공무원은 383명입니다.

헌법은, 118만여 명에 이르는 직업공무원들이 헌법과 법률에 따라 직무를 제대로 수행하고 있는지 감독할 권한을 국회에 부여하고 있습니다. 국회는 1년에 한 번 하는 국정감사만이 아니라 사안별 국정조사, 위원회 단위 청문회, 대정부 질의나 현안 질의, 일상적인 자료 요구 등을 통해 직업공무원들의 업무 수행을 감독하고 견제합니다. 한편, 행정부 공무원에 한해 자체 감사 기능을 수행하는 기관이 감사원입니다. 감사원은 정부의 회계감사와 직업 공무원들에 대한 직무감사를 하는데, 회계감사 기능을 국회로 이관하는 방안이 개헌과 함께 논의되고 있습니다.

### 참, '제왕적 대통령제'가 문제라던데…

다시 우리나라 대통령 이야기로 돌아가 봅시다. 윤석열 전 대통령이 계엄을 선포한 뒤 국회의원들이 담을 넘어 들어가 12월 4일 새벽 간신히 계엄 해제 결의안을 통과시키기는 했지만, 윤 전 대통령은 여전히 용산에 머무르고 있었고, 분노한 시민들이 추운 겨울 거리에서 시위를 벌이고 있던 2025년 1월 6일, 중앙일보에 한 칼럼이 실렸습니다. 전직 국회의장 중 한 명인 김진표 씨가 쓴 글입니다.

87년 헌법 체제에서 모든 대통령이 가족이나 친인척 비리로 인하여 고통을 겪었고, 3명의 대통령은 국회에서 탄핵 소추안이 의결되어 직무 정지를 당했다. 대통령 개인의 일탈도 문제지만 제도가 역사적 수명을 다했다고 진단하는 것이 맞을 것이다. … 지금이야말로 개헌을 통해 제왕적 대통령제의 종언을 고할 시간이다.<sup>김진표, 2025.1.6.</sup>

저는, 대한민국 국민 모두에게 민주화 이후 첫 계엄 사태로 큰 충격을 안긴 윤석열 전 대통령의 행태를 '제왕적 대통령제 때문'이라고 진단한 견해에 동의하지 않습니다. 우리나라 '대통령제'가 문제라 하더라도, 2024년 12월 3일의 사태가 제도 때문은 아니지요. 대통령제는 우리 헌법이 규정한 정부 형태를 말합니다. 그러니 헌법이 문제라는 것이고 김진표 씨도 개헌을 주장한 겁니다. 그런데 윤석열 씨가 한 행동은 헌법을 위반했다고 이미 헌법재판소가 판결했습니다. 헌법을 위반한 것인데, 왜 그게 '대통령제'라는 제도의 문제일까요? 우리는 민주화 이후 단 한 번도 헌법을 개정한 적이 없습니다. 우리 헌법이 문제라면, 민주화 이후 윤석열 씨를 제외한 다른 대통령들은 왜 군대를 동원한 계엄을 일으킬 생각을 하지 않았을까요?

어쨌든 위 주장을 인용한 건, 여러분이나 저나 우리나라의 '제왕적 대통령제가 문제'라는 주장을 지겹도록 들어왔기에, 정말 그 말이 맞는지 생각해 볼 필요가 있어서입니다. 위 주장처럼 역대 대통령이 어떤 문제를 일으키거나 문제에 휘말리기만 하면 '제왕적 대통령제가 문제'라는 주장이 대두했습니다. 사실 이 주장은 우리나라 대통령제가 '제왕적'이라서 문제라는 건지, 제왕적이든 아니든 '대통령제'라서 문제라는 건지 주장하는 사람마다 논거가 달라서 조금 혼란스럽긴 합니다.

두 번째 주장부터 살펴볼까요? '대통령제는 민주주의에 맞지 않다'라는 주장은 오래된 주장입니다. 이런 주장을 담은 대표적 저서로『대통령제 민주주의의 실패The Failure of Presidential Democracy』를 참조할 수 있습니다.후안 린쯔·아르투로 발렌주엘라, 1994 저자들은 대통령제가 이중 정통성, 고정된 임기, 승자독식 정치, 과두정치의 위험 등으로 민주주의 원리에 부합하지 않는다고 주장합니다. 이중 정통성이 문제라는 건, 유권자가 대통령도 뽑고 의회도 선출하는데 대통령과 의회가 대립할 경우 둘 다 정치적 정통성을 주장하기 때문에 교착상태가 발생하고, 그 교착상태를 해결하기 어렵다는 겁니다. 또 임기가 고정되어 있어서 무능하거나 비민주적 대통령이 등장하더라도 교체하기 어렵다는 것이지요. 게다가 대통령 중심 승자독식 구조를 만들기 때문에 사회갈등을 극대화시킬 수 있고, 대통령에게 광범위한 행정권이 집중되기 때문에 독재로 이어질 위험이 상존한다고 합니다. 이런 견해에 따르면, 대통령제는 민주주의와 친화적이지 않기 때문에, 개헌을 해서 의회제를 채택해야 한다고 주장하게 될 겁니다.

그런데 '정치적 불안정성으로 치자면 의회제도 충분히 문제될 수 있고, 대통령제나 의회제냐에 따라 민주주의 위험도가 달라지는 건 아니다'라는 주장도 오래되었습니다. 저서로는『대통령제, 의회제, 그리고 민주주의Presidentialism, Parliamentarism, and Democracy』를 참조할 수 있습니다.호세 안토니오 체이붑, 2007 이 책의 저자는 다른 2명의 연구자와 함께 1950년부터 1990년까지 세계 각국 정부 사례를 토대로 대통령제와 의회제 정부의 민주주의 취약성을 분석했습니다. 그리고 민주주의를 하다가 무너진 사례를 보니 두 정부 형태에 통계적 차이가 없다는 결론을 내립니다. 정치적 불안정성으로 치자면, 의회제도 잦은 내각 해산이나 연립정부 붕괴 등 정치 불안정을 야기하는 내재적 속성이 있기에, 대통령제만 특별히 민주주의를 위협한다는 주장은 근거가 없다고 합니다. 이들 주장의 핵심은 대통령제도 하위 유형이 다양하고 의회제도 하위 제도들에 따라 다양한 유형이 있기 때문에 대통령제냐 의회제냐 하는 이분법으로 각 나라의 정부 형태를 구분하는 것 자체가 현실에 맞지 않다는 겁니다.

여러분 생각은 어떤가요? 제 생각은 체이붑의 주장에 가깝습니다. '대통령제 자체가 문제니, 개헌해서 의회제로 바꾸자'라는 주장은 다양한 대통령제, 다양한 의회제를 무시한 추상적 주장이라고 생각하는 편입니다. 대통령제도 우리나라 대통령제가 다르고 미국 대통령제가 다릅니다. 의회제도 독일 제도와 영국 제도, 일본 제도는 엄청난 차이가 있습니다. 독재자가 대통령제에서만 나오는 것도 아닙니다. 지금 유럽에서 독재자로 꼽히는 헝가리의 빅토르 오르반 총리는 1998년~2002년에 재임했다가 2010년부터 다시 임기를 시작해 지금까지 총리직을 유지하고 있습니다. 인류 역사상 가장 위험했던 독재자 중 하나인 히틀러도 바이마르공화국 총리Chancellor였습니다. 현실의 문제를 해결하려면 우리나라 헌법의 '어떤' 제도가 문제라는 점을 지적해야 하고, '어떤' 의회제를 만들면 해결될 수 있는지 말해야 합니다. 현실의 문제와 이를 해결하기 위한 구체적 대안이 필요하다는 거지요. 저는 대통령제가 민주주의에 더 친화적이라거나 의회제는 절대 안 된다고 생각하지 않습니다. 다만 정부 형태는 선거제도, 정당제도, 지방정치 제도, 국회제도 등 다른 정치제도들과 합이 맞아야 하기 때문에 정부 형태를 바꾸려면 다른 제도들도 바뀌어야 하고, 이와 더불어 정치인과 시민들의 정치문화나 습속의 변화도 따라야 합니다. 한마디로 기존 제도에 큰 공사와 대규모 수술이 필요하다는 거지요. 그래서 다른 나라에서도 정부 형태의 대규모 변화를 한꺼번에 시도한 사례가 드뭅니다. 정부 형태 변화를 주장하려면 그만큼 대안은 구체적이고 포괄적이어야 합니다.

이제, 대통령제 자체가 문제라기보다 우리나라 대통령제가 '제왕적이라서 문제'라는 주장을 살펴보겠습니다. 저는 우리 헌법 정부 기구들에 대한 조항 중 수정이 필요한 부분이 있다는 주장에 동의하며 개헌안 마련 작업에 참여한 적도 있습니다. 하지만 우리나라 헌법에 따른 정부 형태가 '제왕적'이라는 주장에는 동의하지 않습니다.

'제왕적 대통령제'를 주장하는 일부 사람들은 아서 슐레진저가 1973년 출판한 『The Imperial Presidency』라는 책을 인용합니다. 우리나라 대통령제의 문제를 지적하기 위해 '제왕적'이라는 수식어를 사용하게 된 데는 이 책의 영향이 큰 것 같습니다. 그런데 이 책은 미국 연방헌법이 미국 대통령에게 제왕적 권한을 부여했기 때문에 문제라는 주장을 하는 게 아닙니다. 베트남 전쟁, 워터게이트 사건 등을 거치면서 미국 대통령들이 헌법에 규정된 권한을 넘어 제왕적 행태를 보였고 대통령직의 성격을 바꾸어 놓았다는 주장을 하는 겁니다. 제도의 문제가 아니라 제도를 실행했던 미국 역대 대통령들의 문제를 지적한 책이지요.

이 책에 대한 국내외의 비판도 만만치 않습니다. 국내 한 연구자는 '제왕적 대통령'이라는 슐레진저의 개념에 대해 '한 당파적 역사가의 왜곡된 성찰이 빚어낸 결과물'이라고 평가하기도 합니다. 미국 민주당에 친화적이었고 특히 케네디 대통령을 모델로 생각한 슐레진저가, 공화당 대통령들에 대해 비판적으로 인식한 결과로 편향적인 주장을 담은 책이라는 겁니다.[김일년, 2020]

정리하자면 이렇습니다. 슐레진저의 주장에 동의하든 안 하든, 그의 책은 '대통령제'라는 제도의 문제를 지적한 게 아니므로 우리나라 '제왕적 대통령제' 주창자들에게 유의미한 참고 자료가 될 수 없

습니다. 반면 슐레진저의 주장처럼, 우리나라 역대 대통령들 중 일부
가 헌법을 위반해서 권한을 남용한 것은 사실이지요. 벌써 2명의 대
통령이 헌법 위반으로 탄핵당했으니까요. 대통령제 역사가 훨씬 긴
미국에서는 탄핵 소추당한 대통령이 3명 있지만, 탄핵당한 대통령
은 한 명도 없습니다.

　제도로 보자면, 현행 헌법에 따른 대통령의 권한에 수정이 필요한
부분이 있지만, 다른 나라 대통령제와 비교할 때 특별히 과도한 제
도적 권한을 부여하고 있다고 보기는 어렵습니다. 미국 대통령에 비
해 제도적으로 국가 재정에 대한 권한, 고위직 인사 권한의 재량이
더 크고, 정부를 통한 법안 발의권이 있는 것도 사실입니다. 그러나
집권당과의 관계에서 미국 대통령은 훨씬 큰 영향력을 행사할 수 있
고, 집권당을 통해 국회에 대한 영향력을 행사할 수단도 미국 대통
령이 더 클 수 있습니다.

　예컨대, 미국 대통령은 국회의원 선거 때 공식적으로 집권당 후보
들의 선거운동을 하러 다닐 수 있지만, 우리나라 대통령은 그럴 수
없습니다. 미국 대통령은 연임할 수 있지만 우리나라 대통령은 단임
제입니다. 5년만 할 수 있기 때문에 임기 후반이면 집권당에 대한
영향력이 크게 떨어질 수밖에 없는 반면, 미국 대통령은 2번 연임
할 수 있기 때문에 집권당에 대한 영향력을 더 길게 유지할 수 있
습니다.

　미국에서는 국회의원 선거를 2년마다 하기 때문에, 대통령이 8년
을 재임할 경우 총 4번의 국회의원 선거에 영향을 미칠 수 있습니
다. 미국에는 선거운동을 할 수 있는 기간이 정해져 있지 않습니다.
미국 정치인들은 연중 선거운동을 할 수 있고, 이건 대통령도 마찬
가지입니다. 미국 대통령 재임 기간의 모든 정책과 활동이 사실상
선거운동이라는 이야기를 듣는 이유입니다. 대통령 지지율이 집권

당 국회의원 당선에 기여할 수 있는 조건이라면 집권당에 대한 대통령의 영향력은 매우 커지게 됩니다.

미국 대통령이 독자적으로 법안을 발의할 헌법상 권한은 없지만, 집권당에 영향력을 행사해서 법안을 발의할 수 있고 실제로 그렇게 하고 있습니다. 미국은 헌법상 대통령이 임명하는 모든 고위직 공무원은 상원의 인준을 받게 되어 있지만, 장관 후보자가 인준 과정에서 낙마한 사례는 손에 꼽힐 정도입니다. 행정부 인사에 대한 대통령의 권한은 비교적 폭넓게 인정되는 편이지요. 법적으로 국회 인준 대상인 공직자의 수는 우리나라가 훨씬 적지만, 동일 시기로 한정해 보면 낙마 사례는 우리나라에서 더 많습니다.

---

**핵심개념**

**▶ President**
국민주권 원리에 기반해 정해진 임기 동안만 제한적으로 권한을 행사하는 공무원.

**▶ Government**
행정부만 의미하는 게 아니며, 입법, 사법, 행정 등 모든 국가기구를 아울러 국민이 위임한 제한적 권한을 행사하는 제도들의 집합적 개념.

---

**찾아보기**

**▶ 도서자료**
- 이태진(2000).『고종시대의 재조명』. 태학사.
- Ludwig Wittgenstein(1921). 「Tractatus Logico-Philosophicus」; 루트비히 비트겐슈타인 지음(2025).『논리-철학 논고』. 책세상.
- Juan J. Linz, Arturo Valenzuela(1994). 「The Failure of Presidential Democracy」; 신명순 옮김(1995).『내각제와 대통령제』. 나남.
- José Antonio Cheibub(2007). 「Presidentialism, Parliamentarism, and Democracy」. Cambridge University Press.
- Arthur M. Schlesinger Jr(1973). 「The Imperial Presidency」. Houghton Mifflin.

- 김일년(2020). 「제왕적 대통령제란 무엇인가: 그 기원에 대한 성찰」.
『역사비평』 통권 133호.

▶ **뉴스 보도**
- 김진표. 제왕적 대통령제의 종언. 중앙일보(2025.1.6.).

▶ **기타 자료**
- 대한민국 「헌법」.
- 미국 「연방헌법」.
- 「국무회의 규정」.
- 「인사혁신통계연보」.

# Q.

법원은 독립되기만 하면 될까?

## 모든 국민은 법 앞에 평등하다, 언제부터?

다수의 통치(민주정)는 모든 이름 중에서 가장 아름다운 이름, 곧 이소노미아 isonomia 입니다.<sup>헤로도토스, 「역사」 제3권 제80장 중</sup>

헤로도토스는 고대 아테네에서 참주정이 무너지고 클라이스테네스의 개혁을 통해 민주정이 뿌리내리기 시작한 시대에 살았던 역사가입니다. 그는 자신의 책에서 민주정을 '이소노미아'라고 지칭한 바 있습니다. 이소노미아는 그리스어 'isos'와 'nómos'가 결합된 단어로, isos는 '평등한'이라는 뜻이며 nómos는 '법, 규칙'이라는 뜻입니다. 그러니까 '평등한 법, 규칙'이라는 뜻입니다. 귀족과 귀족이 아닌 시민의 구분 없이 모두 평등한 권리를 누리는 정치체제라는 뜻으로 민주정을 이소노미아라고 한 거지요. 그만큼 아테네 민주정에서도 평등한 법과 규칙의 적용이 핵심적인 원리였다고 볼 수 있습니다. 물론 시민의 자격은 제한적이었지만요.

> (제1조) 인간은 태어날 때부터 자유롭고 권리에 있어 평등
> 하며, 그 상태를 영구히 유지한다. … (제6조) 법은 일반의
> 사의 표현이다. 모든 시민은 직접 또는 대표를 통하여 그
> 법의 형성에 협력할 권리를 가진다. 법은 모든 사람에게 동
> 일하게 적용되어야 하며, 그것이 보호할 때나 처벌할 때나
> 마찬가지다. 1789년 프랑스 「인간과 시민의 권리 선언」 중

근대 민주주의 인권 규범의 기원인 1789년 프랑스 인권 선언에는 '법은 모든 사람에게 동일하게 적용되어야 한다'고 구체적으로 명시되어 있습니다. 인간은 태어날 때부터 자유롭고 평등한 존재이며, 법은 정치공동체의 일반의사를 표현한 것이기 때문입니다. '법 앞의 평등' 원리는 고대 아테네에서나, 18세기 프랑스에서나 민주주의의 핵심 원리로 인식되었음을 알 수 있습니다. 단 1명이든 소수든 법 적용의 예외를 받는 특권 집단이 존재하는 사회는 이미 민주주의가 아니며, 민주주의는 그 사회 구성원 모두가 평등하다는 전제에서만 성립될 수 있는 정치체제입니다. 누구나 신체의 자유, 거주이전의 자유, 표현의 자유 등 모든 기본권을 평등하게 보장받으며, 누구나 선거권과 피선거권을 가지며 정치에 참여할 수 있는 정치체제가 우리가 공유하는 사회의 이상입니다. 그런데 현실에서는 종종 이 이상을 배반하는 일들이 일어나기도 합니다.

대한민국 법정에서 '만인萬人'이 평등해야 하는데, 과연 평등한가? 나는 '만명萬名'만 평등하다고 생각합니다.

2004년 고 노회찬 전 의원이 국회 국정감사에서 서울고등법원장에게 질의하며 한 말입니다. 당시 법원은 2002년 대선 대규모 불법 정치자금 모금 사건에 연루된 정치인과 기업인들에게 '오랫동안 법조인이나 기업인으로 활동해 사회에 기여한 바가 크다, 고령으로 죄를 뉘우치고 있다'는 등의 이유로 형량을 감해 주었습니다. 이에 대해 노 전 의원은 "농민이 수십 년간 땀 흘려 농사를 지었다거나 노동자가 산업화에 기여했다는 이유로 관대한 처분을 받은 예를 본 적이 없다"며 위의 발언을 합니다.

그로부터 20여 년이 흘렀습니다. 그사이 법원도 많이 달라졌으며 '법 앞의 평등' 원리도 더 잘 구현되어 왔으리라 믿습니다. 그러나 어떤 법관은 여전히 이 원리를 훼손하기도 하고, 누군가는 법 적용의 예외를 당연시하기도 합니다. 윤석열 전 대통령의 헌법 위반 비상계엄 선포 및 실행 관련 사법절차가 진행되는 도중, 2025년 3월 7일 1심 재판부가 구속 상태에 있던 피고인에 대한 구속 취소 결정을 합니다. 이 결정은 윤석열 피고인의 석방이라는 결과에 앞서, 재판부 결정의 적법성 자체로 큰 논란을 불러일으켰고, 재판장 지귀연 판사는 직권남용 혐의로 고발되어 현재 관련 수사가 진행 중입니다.

2024년 12월 3일 밤 비상계엄을 선포했던 윤석열 전 대통령은 12월 14일 국회에서 탄핵소추되었고, 2025년 4월 4일 헌법재판소에 의해 탄핵되었습니다. 공직자에 대한 탄핵 제도는, 공직자에게 헌법 및 법률 위반 등의 사유가 있을 때 그 중대성을 다투어 공직 수행의 적격성을 판단하고 해임 여부를 결정하는 제도입니다. 반면 사법절차는 개인의 행위가 형법 등 실정법을 위반했는지 여부를 판단해서 법적 책임을 묻는 절차입니다. 사법절차는 경찰 및 검찰의 수사를 거쳐 검찰의 기소와 법원의 재판을 통해 진행되며, 이 과정에서 체포, 구속, 압수수색 등 강제 수단을 사용할 수 있습니다. 이런 강제 수단은 법관이 발부한 영장 등 법적 근거를 통해 가능합니다.

2024년 12월 11일 경찰은 윤석열 전 대통령을 피의자로 입건했고, 고위공직자범죄수사처(공수처)는 12월 18일부터 피의자 소환을 통보합니다. 소환을 통보하는 것은 정해진 시간과 장소에 출석해서 조사를 받으라고 알리는 행위입니다. 윤석열 피고인은 소환에 응하지 않았고, 2025년 1월 15일 공수처는 체포 영장을 법원으로부터 발부받아 피고인을 체포했으며, 1월 17일 공수처는 서울서부지방법원에 구속영장을 청구했고, 1월 19일 법원은 구속영장을 발부했으며, 피고인은 영장실질심사를 거쳐 1월 19일 구속되었습니다. 1월 26일 검찰 비상계엄 특별수사본부는 내란 우두머리 혐의(형법 제88조)로 피고인을 기소했고, 2월 20일 공판준비기일이 진행된 상태에서 서울중앙지방법원 담당 재판부가 3월 7일 피고인에 대한 구속 취소 결정을 내립니다.

지귀연 판사가 재판장으로 있는 내란 혐의 담당 재판부는 '윤석열 피고인이 1월 15일 체포된 이후 1월 26일 기소될 때까지 법적 허용 기간 240시간을 초과했으므로 구속을 취소한다'고 판단했습니다. 여기서 전대미문의 '일 계산법이 아닌 시간 계산법'이 등장했고, 지귀연 재판부의 시간 계산법은 「형사소송법」 위반 행위라는 의혹에 휩싸였습니다.

「형사소송법」 제203조(검사의 구속 기간)
검사가 피의자를 구속한 때에는 10일 이내에 공소를 제기하지 아니하면 피의자를 석방하여야 한다.
제205조(구속 기간의 연장)
검사는 제203조의 구속기간(10일) 내에 수사를 완료하지 못한 경우에 한하여 지방법원 판사의 허가를 받아 1차에 한하여 10일을 초과하지 아니하는 범위에서 구속기간의 연장을 받을 수 있다.

위 조문에는 구속 기간에 대해 '10일'이라고 되어 있으며 '240시간'이라는 표현이 없을 뿐 아니라, 시간으로 계산하라는 단서도 없습니다. 이 사건이 있기 전까지 검찰과 법원에서 모든 구속 기간 계산에는 '일'을 기준으로 해왔는데 사상 최초로 시간 계산법이 등장한 겁니다. 게다가 재판부의 시간 계산법은 다음과 같은 법 위반 혐의도 받고 있습니다.

「형사소송법」 제66조(기간의 계산) ① 기간의 계산에 관하여는 시時로 계산하는 것은 즉시卽時부터 기산하고 일日, 월月 또는 연年으로 계산하는 것은 초일을 산입하지 아니한다. 다만, 시효時效와 구속 기간의 초일은 시간을 계산하지 아니하고 1일로 산정한다.

위 규정에 따르면, 구속 기간 첫날은 시간으로 계산하지 않고 산입하지 않게 되어 있는데, 지귀연 재판부는 시간 기준을 적용해 포함합니다.

「형사소송법」 제201조의2(구속영장 청구와 피의자 심문) ⑦ 피의자 심문을 하는 경우 법원이 구속영장청구서·수사 관계 서류 및 증거물을 접수한 날부터 구속영장을 발부하여 검찰청에 반환한 날까지의 기간은 제202조 및 제203조의 적용에 있어서 그 구속기간에 산입하지 아니한다.

위 규정에 따르면 구속 전 피의자 심문을 할 때 법원에 구속영장이 청구된 날부터 구속영장이 발부되어 검찰에 넘겨진 때까지의 기간은 구속 기간에 산입하지 않게 되어 있지만, 재판부는 이 기간을 33시간 7분으로 계산하여 구속 기간에 포함했습니다.

> 「형사소송법」 제214조의2(체포와 구속의 적부심사) ⑬ 법원이 수사 관계 서류와 증거물을 접수한 때부터 결정 후 검찰청에 반환된 때까지의 기간은 제200조의2 제5항(제213조의2에 따라 준용되는 경우를 포함한다) 및 제200조의4 제1항을 적용할 때에는 그 제한기간에 산입하지 아니하고, 제202조·제203조 및 제205조를 적용할 때에는 그 구속기간에 산입하지 아니한다.

또, 제214조의2에 따르면 체포 적부심을 진행할 때도 법원에 서류가 접수된 때부터 검찰에 넘겨진 때까지의 기간은 구속 기간에 산입하지 않게 되어 있지만, 재판부는 이 기간을 10시간 32분으로 계산하여 포함했습니다.

사실 이 사건을 이해하기 위해 위 법조문을 모두 이해할 필요는 없습니다. 이 사건의 본질은, 그 이전까지 전혀 문제되지 않았던 법 적용과 관행을 한 재판부가 일거에 뒤집어버려서 '문제로 만들었다'는 것입니다. 지귀연 재판장과 해당 재판부는 왜 이런 해석과 결정을 하게 되었을까요? 지금까지 밝혀진 사실로는 '아직 알 수 없다'고 해야겠습니다.

이번 주제를 이 사건으로 시작한 이유는, 법원과 시민의 관계에 대해 생각해 보기 위한 것입니다. 2025년 11월 기준 대한민국에는 1,689건의 법률이 있습니다. 법률은 입법부인 국회가 만들지만, 소송이 제기되어 그 법을 해석하고 적용해서 판결하는 건 법원입니다. 이 사건에서 생각해 볼 문제는 전대미문의 법 적용이 왜 하필 그 시점에 그 사람에게만 적용되었을까 하는 것입니다. 과연 그 재판부는 우리 헌법이 규정하는 '법 앞의 평등' 원리를 제대로 적용하는 것일까요?

법원은 지귀연 재판부의 판결 이후 다른 사건에 그 새로운 기준을 적용했을까요? 아닙니다. 이 사건 이후 다른 사건에 대해 법원은 전처럼 '일 단위 계산법을 적용하라'는 지침을 내렸습니다. 딱 그 한 사건에 대해서만 구속 기간 산정에서 시간 계산법이 적용된 겁니다. 법원이 지귀연 재판부의 판단을 정당하다고 인정했다면 이후에도 시간 기준을 적용하라고 했어야 합니다. 그 판결이 일탈한 것으로 보았다면, 지귀연 재판부에 제재를 가하면서 '과거의 지침을 그대로 적용하라'고 했어야 합니다. 하지만 법원은 아무런 제재도 하지 않은 채 일 계산법을 유지하고 있으며, 지금까지 지귀연 재판부는 내란 사건을 전담해서 진행하고 있습니다. 법원이 공식적으로 법 적용의 예외를 인정한 것이고, '모든 국민은 법 앞에 평등하다'는 헌법 정신을 위반한 것입니다. 윤석열 피고인을 제외한 모든 피고인은 윤석열 피고인과 다른 기준을 적용받았고, 이는 윤석열 피고인에 비해 차별을 받은 것이기 때문입니다.

지귀연 재판부가 윤석열 피고인에게만 '시간 계산법'을 적용한 이 사건에 대한 사법적 판단이 어떻게 이루어질지 향후 주목해볼 필요가 있습니다. 이 사건에 대한 법원의 판단은, 헌법이 보장하는 '모든 국민이 평등하게 재판받을 권리'가 제대로 지켜질 수 있는지에 관한 문제이기 때문입니다. 특정인에게만 적용되는 예외적인 판단이 아무런 문제가 없다고 인정되면, 앞으로도 특별한 예외가 얼마든지 등장할 수 있게 되며 법 적용의 안정성은 파괴될 수밖에 없습니다. 이 사건은 사회적으로 용인될 수 있는, 어느 법관이 자기 재량에 따라 행사할 수도 있는 하나의 예외가 아니라, '법 앞의 평등'이라는 민주주의의 핵심 전제를 뒤흔들 수 있는 사건입니다.

### 법관은 변호사 자격증이 필수?

'법 앞의 평등' 원리가 제대로 구현되려면 법을 해석하고 적용하는 법관이 중요합니다. 우리나라에서는 어떤 사람이 법관이 될까요? 모두 알고 있듯이 변호사 자격증이 있어야 합니다. 어떤 근거로 이런 제도가 마련되어 있는지 살펴보겠습니다.

「헌법」 제101조 ③ 법관의 자격은 법률로 정한다.

우선 헌법에 따르면 법관의 자격은 법률로 정하게 되어 있습니다.

「법원조직법」(법률 제21065호) 제42조(임용자격) ① 대법원장과 대법관은 20년 이상 다음 각 호의 직職에 있던 45세 이상의 사람 중에서 임용한다.
1. 판사·검사·변호사
2. 변호사 자격이 있는 사람으로서 국가기관, 지방자치단체, 「공공기관의 운영에 관한 법률」 제4조에 따른 공공기관, 그 밖의 법인에서 법률에 관한 사무에 종사한 사람
3. 변호사 자격이 있는 사람으로서 공인된 대학의 법률학 조교수 이상으로 재직한 사람
② 판사는 5년 이상 제1항 각 호의 직에 있던 사람 중에서 임용한다.

「법원조직법」에 따르면, 현직 판사·검사·변호사이거나, 변호사 자격 있는 사람으로서 이런저런 일을 하고 있는 사람만 판사를 할 수 있습니다. 그럼 검사나 변호사는 어떻게 되는 걸까요?

「검찰청법」(법률 제18861호) 제29조(검사의 임명자격) 검사는 다음 각 호의 사람 중에서 임명한다.
1. 사법시험에 합격하여 사법연수원 과정을 마친 사람
2. 변호사 자격이 있는 사람

「변호사법」(법률 제17828호) 제4조(변호사의 자격) 다음 각 호의 어느 하나에 해당하는 자는 변호사의 자격이 있다.
1. 사법시험에 합격하여 사법연수원의 과정을 마친 자
2. 판사나 검사의 자격이 있는 자
3. 변호사시험에 합격한 자

「변호사시험법」(법률 제19100호) 제5조(응시자격) ① 시험에 응시하려는 사람은 「법학전문대학원 설치·운영에 관한 법률」 제18조 제1항에 따른 법학전문대학원의 석사학위를 취득하여야 한다.

「검찰청법」에 따르면 검사는 사법시험에 합격하고 사법연수원 과정을 마친 자나 변호사 자격이 있는 사람만 가능합니다. 사법시험은 2017년에 종료되었으니 지금은 불가능한 경로입니다. 그럼 변호사 자격이 있는 사람만 남습니다. 「변호사법」에 따르면 변호사는 변호사시험에 합격한 자, 판사나 검사 자격이 있는 자가 할 수 있습니다. 변호사시험 합격자는 변호사시험을 볼 자격이 있는 사람만 가능하고, 「변호사시험법」에 따라 시험은 법률전문대학원 졸업자만 볼 수 있습니다.

모든 관련 법을 살펴본 결과, 결론은 법관이 되려면 무조건 변호사 자격이 있어야 한다는 겁니다. 그런데 왜 꼭 변호사 자격증이 있어야 할까요? 변호사 자격증이 없는 사람은 법관이 되면 안 되는 이유가 뭘까요? 물론 '아무나' 재판하도록 허용할 수는 없습니다. 하지만 그 전문성이 꼭 변호사 자격증으로만 확인되는 걸까요?

사법권은 법관에게 귀속되며, 연방헌법재판소, 기본법에 정해진 연방법원 및 주 법원을 통해 행사된다. 독일 「기본법」 제92조

독일 헌법인 기본법에도, 사법권은 법관에게 귀속됩니다. 그런데 독일에서 재판은 전문적인 자격이 있는 법관과 함께 일반 시민 중에 선발된 참심원이 함께 진행합니다. 참심원은 전문 법관 자격은 없지만 재판에 재판관으로 참여할 때는 법관 지위를 가집니다. 독일 기본법에서 규정한 '법관'은 법률에 따라 전문 법관과 시민 법관인 참심원으로 구성되는 거지요. 독일 참심원은 전문적인 자격이 없는 시민 중에 각 지방자치단체가 후보 명부를 작성해서 공개하고 법원 선발위원회가 추첨으로 최종 선발합니다. 참심원은 명예직이며, 재판은 전문법관 2명과 참심원 2명이 함께 진행합니다.

우리나라에도 변호사 자격이 없는 시민이 재판에 참여할 수 있는 제도가 있습니다. 국민참여재판이지요. 국민참여재판에 참여하는 시민을 배심원이라고 합니다. 하지만 우리나라 배심원은 법관의 권한이 없고, 독일 참심원은 법관의 권한을 행사합니다. 우리나라 배심원은 법관이 아닌 사실심리의 참가인 지위를 가지며, 판결에 대해 제안할 수 있지만 권고적 효력만 갖습니다. 반면 독일 참심원은 직

업 법관과 동등한 권한을 가지고 유무죄 평결 및 형량 결정에 모두 참여할 수 있으며, 의견이 갈릴 경우 동등한 표결권을 행사할 수 있습니다.

현재 독일에는 6만여 명의 참심원이 활동하고 있습니다. 참심원의 자격은 25세 이상 70세 이하 독일 국적 시민으로, 해당 재판 관할 구역 거주민이면 됩니다. 독일 연방정부 기관인 연방정치교육센터 홈페이지에는 참심원 제도를 두는 이유를 다음과 같이 설명합니다.

> 참심원 재판관은 독일 사법제도의 중요한 민주주의적 요소입니다. 기본법 제20조 제2항은 "모든 국가 권력은 국민으로부터 나온다. 국민은 선거와 국민투표, 그리고 특별한 입법, 행정, 사법 기관을 통해 국가 권력을 행사한다"라고 명시하고 있습니다. 참심원 재판관도 국민을 대신하여 이러한 역할을 합니다. 이들은 국가와 사회를 연결하는 고리입니다. 참심원 재판관은 사법부가 현실적인 방식으로 운영되고, 법원 절차와 판결이 변호사가 아닌 사람들을 포함한 모든 사람에게 이해될 수 있도록 보장합니다. 이들의 재판 참여는 시민들의 사법부에 대한 신뢰를 강화하기 위한 것입니다. 독일 연방정치교육센터, 참심원제 설명 글 중

참심원 제도의 의미는 첫째, 일반 시민이 재판 절차에 실질적인 권한을 가지고 참여함으로써 재판 과정을 투명하게 만들고, 둘째, 법원의 결정이 가능한 한 당대 일반 시민의 생활에 가까운 판단이 되도록 하며, 셋째, 재판 과정에 직업 법관과 동등한 자격으로 참여함으로써 재판 과정에 대한 국민의 직접적인 통제를 가능하게 만듦

으로써 기본법에 명시된 국민주권 원리를 실현하는 것입니다. 직업 법관들만 재판을 진행하는 것이 아닌 제도로는 독일 참심원제 외에 미국 등에서 시행하는 배심원제도도 있습니다.

민주주의 사회에서는 입법부나 행정부처럼 사법부도, 그리고 법원의 재판도 시민의 민주적 통제 아래 있어야 합니다. 그런데 우리나라처럼 검사나 변호사만 법관이 될 수 있고 법관들만 재판할 수 있는 제도에서는, 시민의 민주적 통제가 미칠 방법이 마땅치 않습니다. 독일식 참심원제든 미국식 배심원제든 우리나라의 재판도 좀 더 민주적인 방식으로 바뀌어야 하지 않을까요?


### 법관의 독립, 왜 필요할까?

현행 「헌법」 제103조는 '법관은 헌법과 법률에 의하여 그 양심에 따라 독립하여 심판한다.'고 하여 법관의 독립성을 보장하고 있습니다. 법원이 아니라 법관의 독립성입니다. 그 이유가 뭘까요?

헌법에 답이 있습니다. 헌법 제11조는 '모든 국민은 법 앞에 평등하다. 누구든지 성별·종교 또는 사회적 신분에 의하여 정치적·경제적·사회적·문화적 생활의 모든 영역에 있어서 차별을 받지 아니한다.'라고 규정합니다. 또 제27조는 '모든 국민은 헌법과 법률이 정한 법관에 의하여 법률에 의한 재판을 받을 권리를 가진다.'라고 규정해 두었습니다. 법률이 정한 사람에 의해서만, 법률에 따른 재판만 받을 권리입니다. 아무나 재판할 수 없고, 법적 자격이 있는 사람이라 하더라도 자의적인 재판이 아니라 법률이 정한 바에 따른 재판만 할 수 있어야 합니다. 법관은 외부의 부당한 영향력으로부터, 그리고 내부의 부당한 영향력으로부터도 독립적으로 재판할 수 있어야 하며, 그래야 모든 국민이 평등하게 법 적용을 받는 원리가 더 잘 실현될 수 있다고 보는 겁니다.

또한, 같은 법률 조항이나 문구라도 적용하는 사람마다 해석이 다를 가능성을 배제할 수 없습니다. 그래서 우리나라만이 아니라 많은 나라에서 3심제를 두고 있습니다. 1심 판결에 승복할 수 없으면 항소할 수 있고, 2심 판결에도 승복할 수 없으면 상고를 통해 3심 판결을 받아볼 수 있게 한 겁니다. 1심과 2심, 3심을 구성하는 법관들이 서로 독립적일 수 있어야 3심제가 의미를 가지며, 국민이 공정한 재판을 받을 권리가 더 안전하게 보장될 수 있을 것입니다. 법원행정처 자료에 의하면, 형사공판사건의 경우 항소심에서 1심 판결을 파기한 비율은 2020년 36.2%, 2021년 38.2%, 2022년 42.8%, 2023년 41.1%, 2024년 39.4%입니다. 10건 중 4건 정도가 파기되고 있습니다. 대법원에서 형사공판사건 2심 판결이 파기되는 비율은 2020년 6.8%, 2021년 6.8%, 2022년 10.3%, 2023년 5.6%, 2024년 6.1%입니다.<sup>법원행정처, 2025</sup>

법원 간 서로 다른 판결로 피해자의 권리구제가 가능해졌던 사례는 여럿 있지만, 그중에서도 일제강점기 강제 징용 피해자들에 대한 판결을 빼놓을 수 없습니다. 강제 징용 피해자들이 일본 법원에 제기했던 소송이 잇따라 패소한 후, 우리나라 법원에 소송을 제기한 사건입니다. 1심과 2심 재판부는 일본 법원의 판결이 한국에서도 유효하다는 취지로 피해자들에게 패소 판결을 했습니다. 그런데 2012년 대법원이 1·2심 판결을 뒤집고 '1965년 한·일 협정으로 소멸된 것은 국가 간의 채무적 청구권일 뿐, 개인의 청구권은 남아 있'으며 '일본 법원의 판단은 대한민국 헌법에 부합하지 않으므로 한국에서 유효하지 않다'고 판결해, 사건을 고등법원으로 돌려보냈습니다. 고등법원은 파기환송심에서 일본 기업을 대상으로 한 피해자들의 청구권을 인정했고, 일본 기업은 재상고했으며, 대법원이 2012년 파기환송심과 같은 취지로 재상고심 최종 판결을 한 것이 2018년입니다.[1] 이 판결로, 일제의 강제 동원으로 피해를 입었음에도 '1965년 한일협정으로 모두 해결되었다'는 논리에 막혀 오랫동안 구제받지 못했던 피해자들이 권리를 보장받을 수 있는 길이 열렸습니다.

우리나라만이 아니라 다른 나라에서도 법관의 판결이 서로 달라서 역사를 바꾼 사건들이 있습니다. 2025년 현재 브라질 대통령은 루이스 이나시우 룰라 다 시우바Luiz Inácio Lula da Silva입니다. 2003년 대통령에 당선되어 2010년까지 재선 임기를 마친 후 2011년 퇴임했습니다. 그리고 2022년 대선에서 다시 당선되어 2023년 1월부터 재임 중입니다.

룰라 대통령이 퇴임해 있던 시절, 브라질을 뒤흔든 대형 부패 스캔들 '세차 작전Lava Jato'에 연루되어 국영기업으로부터 뇌물을 받았다는 혐의로 기소되었고 1심 재판부로부터 징역 9년 6개월의 선고를 받았습니다. 항소심에서도 유죄는 인정되었고, 형량은 12년 1개월로 늘었으며, 공직선거 출마 자격이 박탈되었습니다. 그런데 대법원에서 1심과 2심의 유죄 판결을 모두 무효화했고, 공직선거 출마 자격이 회복되어 2022년 대선에 출마할 수 있었습니다.

---

1. 지방법원에서 진행하는 1심 결과를 다시 다투기 위해 고등법원인 2심에 소를 제기하는 것을 '항소'라고 합니다. 2심 결과에 대해 3심인 대법원에 다시 소를 제기하는 것을 '상고'라고 합니다. 우리나라 1심과 2심은 '사실심', 3심은 '법률심'만 하게 되어 있습니다. '사실심'이란 법원의 심리에서 사실관계를 다투어 법 적용을 한다는 의미입니다. '법률심'이란 사실관계는 다투지 않고 사실관계가 맞다고 전제한 후, 적용 법리가 제대로 되었는지를 살펴보는 것입니다. 대법원은 법률심만 하기 때문에, 2심 결과 법 적용에 문제가 있다고 판단하면 대법원이 다시 사실관계부터 따져보는 게 아니라 고등법원에 다시 판결하라고 내려보내게 됩니다. 이것을 '파기환송'이라 하고, 고등법원이 파기환송된 사건에 대해 다시 심리하는 것을 '파기환송심'이라고 합니다. 이때 고등법원은 상급법원인 대법원 판단과 다른 결정을 할 수 없으며, 대법원 판단 근거에 맞추어 재판을 진행해야 합니다. 파기환송심 결과에 피고나 원고가 승복할 수 없으면 대법원에 다시 소를 제기할 수 있는데, 이것을 '재상고'라고 합니다. 재상고된 사건에 대해 대법원이 심리하는 것을 '재상고심'이라고 합니다. 그러니까 현행 사법절차에서는 1심-2심-3심 종료이거나, 1심-2심-파기환송-파기환송심(고등법원)-재상고심(대법원)까지 가능합니다.

## 법관과 법원도 견제받아야 한다

그런데 말입니다. 법관의 독립을 철저히 보장해 주었는데, 법관이 개인적인 동기로 왜곡된 법 적용을 할 가능성은 없을까요? 법관도 사람입니다. 내·외부의 부당한 영향력이 작동하지 않더라도, 개인의 편견이나 이익 추구 동기 때문에 법 적용을 왜곡해서 누군가가 평등하게 재판받을 권리를 침해할 수 있습니다.

앞서 살펴본 룰라 대통령에 대한 브라질 법원의 판결은, 1심 판사의 정치적 의도에 따른 편파적 판결로 브라질 국내뿐만 아니라 국제적인 주목을 받았습니다. 2021년 브라질 연방대법원은, 1심 사건을 심리한 쿠리치바 법원 세르지우 모루 판사가 재판 과정에서 '공정성을 유지해야 할 의무'를 위반했다고 판결했고, 그로 인해 1심 판결과 2심 판결 모두 무효가 되었습니다. 모루 판사는 이 사건 담당 검사들과 수사전략, 증인심문 순서, 증거 제출 시기 등을 공모했을 뿐 아니라 적극적인 지시를 한 것으로 드러났고, 결정적인 증거가 부족하다는 사실을 인지했음에도 언론플레이로 여론을 조작하도록 검찰에 지시한 사실도 대법원에 의해 인정되었습니다.<sup>한겨레신문.</sup> 2021.3.25.

모루 판사는 왜 이런 부정한 재판을 한 걸까요? 브라질 언론은 모루 판사의 개인적 야망이나 정치적 동기 때문이라고 분석합니다. 모루 판사의 1심 판결은 2017년에 있었고, 이 판결로 룰라 대통령은 2018년 대선에 출마하지 못했습니다. 2018년 대선에서 당선된 사람이 보우소나루 전 대통령인데, 2019년 모루 판사는 보우소나루 정부 법무부 장관으로 임명되었습니다. 그는 2022년 대통령 선거 출마를 준비했으나 지지율이 낮아 포기한 후 브라질 상원의원 선거에 출마했고, 2023년 2월부터 상원의원으로 활동 중입니다.

현재까지 모루 판사가 보우소나르 정권 측과 공모하여 룰라 대통령에 대한 판결을 왜곡했다는 증거는 없습니다. 이 사건은, 정치적 입지를 만들어서 대통령이나 국회의원이 되고 싶었던 한 법관이 개인적 동기로 판결을 왜곡한 사례로 남아 있습니다. 브라질 룰라 대통령에 대한 판결은 법관에 대한 법원 내외부의 견제가 꼭 필요하다는 것을 보여주는 사례입니다. 법관도 언제든지 부정한 동기에 의한 잘못된 판결을 할 수 있습니다. 그래서 독립된 법관들로부터 내부 견제가 필요할 뿐 아니라, 입법부나 시민들에 의한 견제도 필요합니다.

또, 대법원이나 대법관이 고등법원이나 지방법원 판사들의 판결에 영향을 미친다면 어떻게 될까요? 독립된 법관들의 3심제를 통해 국민이 평등하게 재판받을 권리를 보장해 놓은 제도가 근본적으로 무력화될 것입니다.

대법원이 법관의 독립적인 판결을 훼손하려 한 의혹으로 현재 진행 중인 재판이 있습니다. 2019년 양승태 전 대법원장과 전 대법관, 전 법원행정처장 등이 직권남용 등 52개 혐의로 기소된 사건입니다. 양승태 전 대법원장 재임 시절, 대법원장 및 대법관과 법원행정처장 등이 자신들의 숙원사업을 위해 박근혜 정부와 재판 거래, 비자금 조성 등 불법 행위를 저질렀다는 혐의입니다. 당시 대법원은 '일제 강제 징용 피해자 손해배상 건', '원세훈 전 국정원장 댓글 사건', '전교조 법외노조 통보 사건' 판결에서 박근혜 정부에게 유리한 판결을 내리도록 법원에 영향력을 행사하고, 그 대가로 상고법원 도입 등을 거래하려 했다는 의혹을 받고 있습니다. 또한 그 과정에서 법원행정처에 비판적인 목소리를 냈던 법관들의 리스트를 작성한 후, 승진이나 희망 근무지 배치에서 배제하는 등의 불이익을 주려 했다는 의혹도 제기되었습니다. 2024년 1월 1심 판결에서는 모든 혐의와 모든 피고에 대해 무죄가 선고되었으나, 2026년 1월 2심 판결에서는 일부 유죄가 인정되어 징역 6개월, 집행유예 1년이 선고되었으며 현재 3심이 진행중입니다.

이 사건은 재판 결과와는 별개로, 법원과 법관의 의혹에 대해 검찰이 기소해서 진행 중인 재판이라는 점에서 법원 외부의 견제가 작동하는 사례로 볼 수 있습니다. 행정부 소속인 검찰은 법원과 법관의 의혹에 대해서도 수사와 기소를 할 수 있습니다. 검찰의 기소 이전인 2018년 10월, 국회는 국정감사를 통해 관련 의혹을 적극적으로 제기했습니다. 국회는 헌법과 법률에 따라 국정감사, 국정조사, 청문회 등을 통해 법원과 법관을 견제할 수 있습니다. 국회는 법관 탄핵권이 있는 유일한 헌법 기관이기도 합니다. 이러한 외부적 견제가 법관의 독립을 침해하는지 여부는 사안마다 달리 판단될 수 있겠으나, 법관의 독립을 보장하는 것과 법관 및 법원도 외부의 견제를 받아야 한다는 것이 서로 배치되는 원리가 아닌 것은 분명합니다. 우리 헌법이 다양한 경로의 견제장치를 마련하고 있으니까요.

**핵심개념**

**▶ 법 앞의 평등**

모든 국민은 성별, 종교, 사회적 신분 등에 관계없이 법의 적용을 받는데 차별받지 않고 동등하게 대우받아야 한다는 원리. 단 1명이든 소수든 법 적용의 예외를 받는 특권 집단이 존재하는 사회는 민주주의가 아니며, 민주주의는 그 사회 구성원 모두가 빠짐없이 평등하다는 전제에서만 성립될 수 있는 정치체제라는 점에서 민주주의의 핵심 원리.

**▶ 참심제**

법률 전문가인 직업 법관과 법률 비전문가인 일반 시민이 함께 재판에 참여하여 사실 인정과 법률 적용에 관한 판단(유/무죄 및 양형)을 공동으로 내리는 재판 제도.

**찾아보기**

**▶ 도서자료**
- Herodotus(기원전 440년~420년경). 「The Histories」; 박현태 옮김 (2023). 『헤로도토스 역사』. 동서문화사.
- 법원행정처(2025). 「2025 사법연감: 2024.1.~2024.12.」.

**▶ 뉴스 보도**
- 브라질 대법원, 룰라 전 대통령 유죄 판결 잇따라 '무효' 결정. (한겨레신문(2021.3.25.).
- '사법농단' 양승태 2심, 11월 선고… 최후변론서 "검찰, 흑을 백이라고 해". 경향신문(2024.9.3.).

**▶ 웹사이트**
- 독일 연방정치교육센터 제공 참심제 관련 설명 https://www.bpb.de/kurz-knapp/hintergrund-aktuell/267620/schoeffen-als-richter-im-namen-des-volkes/

**▶ 기타 자료**
- 「법원조직법」.
- 「검찰청법」.
- 1789년 프랑스 「인간과 시민의 권리 선언」.

# 3장

# 선거와 선거제도

김형철

2024년 12월 3일, 우리나라의 민주주의는 큰 위기에 직면했습니다. 국민이 선출한 대통령이 국민의 기본권을 침해하고 권력분립의 원리를 파괴하는 비상계엄을 선포했기 때문입니다. 다행히도 비상계엄에 대한 국민의 적극적 저항과 군의 소극적 태도로 민주주의는 회복될 수 있었습니다.

민주주의의 위기는 우리나라만의 문제가 아닙니다. 오늘날 세계 곳곳에서 민주주의는 심각한 도전에 직면해 있습니다. 특히 21세기 민주주의 위기의 특징은 민주적 선거를 통해 선출된 지도자가 민주적 제도와 법적 수단을 활용해 민주주의 가치, 규범 그리고 제도를 침식시키는 데 있습니다. 더 나아가 선거에서 패배한 정치 지도자와 그 지지자들은 선거결과에 승복하지 않고 부정선거론을 제기하며, 선거결과를 뒤집으려는 선동과 폭력행사를 정당화하고 있습니다. 2020년 대통령선거에서 재선에 실패한 도널드 트럼프의 부정선거 음모론 주장과 불복 선언은 트럼프 지지자들이 연방의사당에 무단 난입하고 폭력을 일으키는 원인이 되었습니다. 우리나라에서도 부정선거론을 제기한 윤석열 전 대통령을 지지하는 일부 집단이 서부지방법원에 침입하여 폭력과 파괴 행위를 저지르는 사태가 발생했습니다.

21세기 민주주의 위기는 선거로 뽑힌 지도자가 독재자가 될 가능성을 보이고, 부정선거론을 제기하며 민주주의 가치와 절차를 파괴하는 과정에서 발생합니다. 따라서 국민주권이 실현되는 민주주의를 지키기 위해서는 잠재적 독재자를 걸러낼 수 있는 공정한 선거와 선거제도가 매우 중요합니다. 즉, 국민이 선거를 통해 민주주의 가치, 규범 그리고 제도를 준수하려는 강한 신념을 지닌 후보를 심사숙고하여 선택할 수 있도록 선거제도가 설계되어야 합니다. 선거제도와 선거과정은 승·패자뿐만 아니라 모든 국민이 선거결과를 공정한 과정의 결과라고 인정할 수 있도록 설계되어야 합니다. 그리고 국민은 선거제도와 선거 과정을 충분히 이해할 필요가 있습니다.

따라서 이 글에서는 민주주의를 지키기 위해 왜 자유롭고 공정한 선거가 중요한지, 선거가 어떤 원리와 원칙에 의해 이루어져야 하는지를 살펴보려 합니다. 그리고 우리가 선출한 대표가 어떤 역할을 해야 하는지, 선거제도는 어떻게 작동하는지도 알아보려 합니다. 이를 통해 우리나라 대통령과 국회의원을 선출하는 선거제도의 변화와 현행 선거제도의 문제점을 알아보고 개혁방안을 함께 생각해 보고자 합니다. 마지막으로 공정한 선거를 위해 만들어진 공직선거법의 특징과 한계를 살펴보고, 더 나은 방향을 제시하고자 합니다.

## Q.

현대(대의) 민주주의에서 선거는 왜 중요한가?

### 민주주의의 도구로서 선거

선거는 국민을 대신하여 공공의 과제를 책임 있게 수행할 대표를 투표로 뽑는 행위입니다. 이 정의에 따르면, 선거는 두 가지 의미를 내포합니다. 하나는 대표에게 주어진 정치권력이 국민에게서 나온다는 것이며, 다른 하나는 대표가 국민의 요구를 의사결정에 책임 있게 반영해야 한다는 것입니다. 즉, 선거는 대의 민주주의에서 국민주권을 행사하는 핵심적인 수단입니다.

모든 선거가 국민주권을 실현하는 도구는 아닙니다. 쿠데타 등 불법적으로 권력을 장악한 세력들이 정당성을 얻기 위해, 권력을 독점하기 위해 그리고 장기집권을 위해 선거를 이용하기 때문입니다. 그렇다면 민주주의의 도구로서 선거와 그렇지 않은 선거를 어떻게 구분할 수 있을까요? 그 구분은 민주주의의 주요 이념인 평등·자유·공정이 선거의 원리로 작동하는가입니다. 즉, 선거가 국민주권을 실현하는 중요한 민주적 절차이기 위해선 선거권과 피선거권이 모든 국민에게 평등하게 주어져야 하며(평등의 원리), 국민의 선거권 행사가 부당한 간섭과 침해 없이 자유롭게 행사되어야 합니다(자유의 원리). 그리고 국민의 의사를 왜곡하지 않도록 절차와 관리가 공정해야 합니다(공정의 원리). 따라서 민주주의 국가는 이들 원리를 실현하기 위해 보통선거·평등선거·직접선거·비밀선거라는 기본원칙을 헌법이나 법률로 규정하여 선거를 치릅니다. 반면, 비민주주의 국가는 선거의 원리와 기본원칙을 자신들의 이익을 위해 무시하거나 제한하고 있습니다.

**핵심개념**

**▶ 보통선거**

성, 인종, 언어, 재산, 직업, 신분, 계급, 교육, 종파 또는 정치적 입장 등과 관계없이 법에서 정한 조건을 충족하는 모든 국민에게 투표권을 부여한다는 원칙입니다.

> 

다음으로, 민주적 선거의 기능을 중심으로 선거의 중요성을 알아보겠습니다.

첫째, 대표성 부여와 정책에 대한 영향력 행사 기능입니다. 선거는 국민의 권력을 대표에게 위임하는 제도로, 국민의 의사를 대표할 수 있는 권리(대표성)를 부여합니다. 그리고 국민은 선거를 통해 선호하는 후보와 정책을 선택합니다. 이는 국민이 선거 참여를 통해 정책 결정에 영향력을 행사하는 것입니다.

둘째, 정부 구성과 정부에 대한 심판 기능입니다. 선거는 누가 정부를 구성하여 통치할 것인지를 결정하며, 국민이 정부의 잘잘못을 평가하고 심판할 기회를 제공합니다. 이와 같은 선거의 정부 구성과 심판 기능은 선출된 대표가 국민의 요구에 응답하는 책임정치를 하도록 강제합니다.

셋째, 정당성 부여 기능입니다. 선거는 선출된 대표와 정부의 통치행위에 민주적 정당성을 부여합니다. 패자에게도 정책 결정과 집행에 대해 수용하거나 비판할 수 있는 권리의 정당성을 제공합니다.

넷째, 정치교육 기능입니다. 선거는 국민과 정치인에게 정치교육의 기회를 제공합니다. 국민은 선거를 통해 국가의 주요 현안, 각 정당과 정치인의 정책적 입장 등에 대한 정보와 지식을 얻으며, 숙고와 토론을 통해 정치적 관심과 지식을 높이게 됩니다. 또한 정치인은 여론조사, 토론, 국민과의 접촉을 통해 국민이 원하는 것이 무엇인지 알게 되고 이를 정교한 정책으로 만들기 위해 노력하게 됩니다. 즉, 선거는 국민과 정치인에게 민주주의를 훈련할 수 있는 공간이라고 할 수 있습니다.

### 민주적 선거를 위한 기나긴 여정

투표로 대표자를 선출하는 선거는 최초의 민주주의였던 고대 아테네에서 시작되었습니다. 직접민주주의의 원형인 고대 아테네는 국민을 대신하여 공적 업무를 담당할 대표자를 제비뽑기 방식의 추첨과 선거로 선출했습니다. 즉, 500인 평의회, 약 300명의 재판관이나 배심원 그리고 약 600명의 행정관 등은 추첨으로 선출했습니다. 전문 지식과 경험이 필요한 전쟁이나 재정을 담당할 100명 정도의 행정관은 선거로 선출했습니다.

고대 아테네는 30세 이상 남성 시민에게만 참정권을 주었으며, 나머지 사회구성원인 여성 시민, 노예, 외국인 등의 참정권이 제한되었습니다. 따라서 오늘날 기준으로는 당시의 선출제도를 민주적이라고 하기 어렵습니다. 특히 전문 지식과 경험을 갖춘 대표자를 선출하는 선거는 더더욱 그렇습니다. 30세 이상 남성 시민에게만 참정권이 보장되었을 뿐만 아니라 전문 지식과 경험을 쌓을 수 있는 남성 시민에게만 피선거권을 주었기 때문입니다. 이와 같은 선거의 제한되고 불평등하며 귀족주의적인 성격은 모든 국민에게 평등한 참정권을 보장하는 보통선거권이 도입되기 전까지 유지되었습니다.

로마공화정도 집정관 및 원로원 일부를 선거로 선출했지만, 여전히 참정권은 특정 집단에게만 주어졌습니다. 그리고 시민혁명으로 공화정과 대의 정부가 등장했지만, 참정권은 일정 금액 이상의 세금을 낼 수 있는 지주, 법률가, 자본가 그리고 고등교육을 받은 집단 등에게 차등적으로 주어졌습니다. 즉, 여성, 노동자, 소작농 등 다수는 참정권이 없었으며, 참정권이 있는 사람들 사이에도 재산, 소득과 교육의 정도에 따라 투표권이 다르게 주어졌습니다. 이처럼 제한적이고 차등적인 선거는 민주적이기보다 귀족적(엘리트주의적)인 선출제도였던 것입니다.

그러나 19세기 이후 보통선거권이 확대되면서 선거가 민주적 선출제도로 변화하게 되었습니다. 그동안 참정권을 보장받지 못했던 사회세력이 참정권 요구 운동을 시작했습니다. 대표적으로 19세기 노동자의 참정권 운동(차티스트 운동), 여성 중산층을 중심으로 한 참정권 운동 그리고 20세기 미국의 흑인 참정권 운동(민권운동)입니다.

100여 년에 걸친 다양한 사회세력의 참정권 확대 운동은 민주적 선거의 원리인 평등·자유·공정을 실현할 수 있는 토대를 마련하는 계기가 되었습니다. 즉, 참정권이 모든 국민에게 평등하게 보장됨으로써 국민에 의한 통치가 제도적으로 가능해진 것입니다. 이에 따라 선거는 국민의 동의에 기초한 권력 위임과 행사를 정당화하는 민주적 정당성을 확보하기 위한 주요한 수단이 되었습니다.

보통선거권의 시작은 뉴질랜드에서입니다. 뉴질랜드는 1893년에 여성에게 세계 최초로 선거권을 부여함으로써 보통선거권을 확립했습니다. 이후 핀란드, 노르웨이, 독일, 영국 등이 제2차 세계대전 전에 보통선거권을 확립했습니다. 미국은 1965년에 시민권 법안Civil Rights Act과 투표권 법안Voting Rights Act이 통과하여 흑인의 참정권이 실질적으로 보장되면서 보통선거권이 확립되었습니다. 세계 최

초로 남성에게 참정권을 보장한 스위스는 1971년에야 여성에게 참
정권을 보장함으로써 보통선거권을 확립했습니다. 한국은 미국과 스
위스보다 빠른 1948년에 보통선거권이 실현되었습니다.

[ 표 3-1 ] **주요국의 보통선거권 확립 시기**

| 국가 | 연도 | 남성 | 여성 |
| --- | --- | --- | --- |
| 뉴질랜드 | 1893 | 1879 | 1893 |
| 핀란드 | 1906 | 1906 | 1906 |
| 노르웨이 | 1319 | 1898 | 1913 |
| 독일 | 1919 | 1871 | 1919 |
| 영국 | 1928 | 1918 | 1928 |
| 스웨덴 | 1945 | 1909 | 1919 |
| 프랑스 | 1945 | 1848 | 1944 |
| 일본 | 1947 | 1925 | 1947 |
| 한국 | 1948 | 1948 | 1948 |
| 미국 | 1965 | 1856 | 1920 |
| 스위스 | 1971 | 1848 | 1971 |

*출처: 중앙선거관리위원회 선거연수원, 『2019 각국의 선거제도 비교연구』, https://www.nec.go.kr/
files/B0000215/202002/BBS_202002120518356194.pdf(검색일 2026/01/16)

**더 보기**

선거를 통해 선출된 대표는 누구의 의사를 대표해야 할까요? 이와 관
련하여 주인-대리인 개념에 의한 신탁인 4가지 모델을 제시할 수 있습
니다.

① 수탁인 모델은 대표가 독립적이고 성숙한 판단을 통해 국민을 위해
결정하고 행동하는 대표 모델입니다. 이 모델에서 대표는 자신을 선출
한 유권자의 이해와 요구를 전달하는 대표가 아니라 재량권과 객관적
판단을 통해 국민 전체의 이익을 추구합니다. 즉, 수탁자 모델은 선거구
에서 선출된 대표라 하더라도 선거구민의 요구를 대리하는 역할이 아
니라 국민의 대표로서 국민을 위해 행동하는 대표 역할을 강조합니다.

② 대리인 모델은 타인의 의사를 대신 전달하는 대표 모델로, 대표위
임 모델로 불리기도 합니다. 이 모델에서 대표는 다른 사람을 위해 행
동하도록 선택된 한 개인으로, 자신을 선택한 유권자의 이해와 요구를
정책 결정 과정에 충실히 반영하는 역할을 강조합니다. 대리인 모델은

**찾아보기**

**▶ 도서자료**
- Beetham, David and Kevin Boyle(1995). Democracy: 80 Questions and Answers. UNESCO.
- Manin, Bernard. 곽준혁 옮김(2004). 『선거는 민주적인가: 현대 대의민주주의의 원칙에 대한 비판적 고찰』. 후마니타스.
- Nohlen, Dihter. 박병석 옮김(1994). 『선거제도와 정당체계: 선거제도의 정치적 효과』. 다다.

**▶ 기타 자료**
- 중앙선거관리위원회 선거연수원. 『2019 각국의 선거제도 비교연구』https://www.nec.go.kr/files/B0000215/202002/BBS_202002120518356194.pdf(검색일 2026.1.16.)

# Q.

선거제도, 너무 복잡하고 어려워요.

선거는 사회적으로 합의된 규칙에 따라 실행됩니다. 이 같은 규칙은 크게 선거법electoral laws과 선거제도electoral system로 구분할 수 있습니다. 선거법은 선거일 공고, 선거권과 피선거권자의 자격, 선거구와 의원정수, 선거운동, 선거비용, 투개표 방식, 그리고 벌칙 등 선거와 관련된 모든 규칙입니다. 그리고 선거제도는 유권자가 행사한 표를 의석으로 전환하는 규칙으로, 선거법을 구성하는 내용 중 일부입니다. 예를 들면 우리나라 공직선거법은 17장 279조와 부칙으로 되어 있는데, 이 중 공직선거법 제3장 선거구역과 의원정수, 제10장 투표 그리고 제12장 당선인조항은 선거제도 관련 규칙입니다.

국민은 선거법보다 선거제도에 관심이 많습니다. 선거제도에 따라 유권자의 개별 선호를 모아 사회적 선호로 전환한 선거결과와 유권자의 투표 결정이 달라지기 때문입니다. 그러나 많은 국민은 선거제도가 너무나 다양하고, 득표를 의석으로 전환하는 세부적인 방식도 복잡하여 어렵다고 생각합니다. 여기서는 관심은 많지만 어렵다고 생각하는 선거제도에 관해 알아보겠습니다.

## 선거제도의 구성요소와 유형 분류

지구상에는 다양한 유형의 선거제도가 있습니다. 이들 유형은 선거제도를 구성하는 요소들이 어떻게 결합했는지에 따라 분류되며, 선거결과나 유권자의 투표 만족도에도 영향을 줍니다. 그러면 선거제도를 구성하는 핵심 요소는 무엇일까요? 당선 결정방식, 선거구 크기 그리고 기표방식입니다.

> **핵심개념**
>
> **▶ 당선 결정방식**
> 당선자를 결정하는 방식으로, 다수제 방식과 비례제 방식 그리고 혼합형 방식이 있습니다. 다수제 방식은 다수주의에 기초하여 상대다수와 절대다수에 의해 당선자를 결정하는 방식이며, 비례제 방식은 정당 득표수에 비례하여 의석수를 결정하는 방식입니다. 그리고 혼합형 방식

은 총 의석수 중 일부 의석은 다수제 방식으로, 나머지 의석은 비례제 방식으로 의석수를 결정하는 방식입니다.

### ▶ 선거구 크기

한 선거구에서 선출하는 대표자 수에 따라 1인을 선출하는 소선거구, 2~5인을 선출하는 중선거구, 6인 이상을 선출하는 대선거구가 있습니다. 중선거구의 경우 선출하는 대표자의 수를 학자마다 다르게 규정합니다. 따라서 최근에는 선거구의 크기를 1인 선거구와 2인 이상의 다인 선거구로 구분하기도 합니다. 이 글에서는 선거구 크기를 1인 선거구와 다인 선거구로 구분하고자 합니다.

### ▶ 기표방식

유권자가 선호하는 후보를 투표용지에 표시하는 방식으로, 범주형과 순위형이 있습니다. 범주형 기표방식은 유권자들이 투표용지에 기재된 후보 또는 정당 중 선호하는 한 명의 후보 또는 정당을 선택하는 것입니다. 순위형 기표방식은 유권자들이 투표용지에 있는 후보를 대상으로 선호하는 순위를 표시하는 것입니다.

2025년 기준 273개 국가를 대상으로 이들 구성요소의 결합방식에 따른 선거제도 유형을 분류해 봤습니다. 그 결과, 11개 선거제도 유형으로 나뉩니다. 하지만 우리나라의 준연동형 비례대표제와 같이 국가마다 조건에 맞게 변형한 선거제도도 있어 실제 유형은 11개보다 많습니다.

그렇다면 가장 많은 국가가 선택한 선거제도는 무엇일까요? 비례제 방식, 다인 선거구 그리고 범주형 기표방식이 결합한 명부형 비례대표제(38.25%)입니다. 다음으로는 다수제 방식, 1인 선거구 그리고 범주형 기표방식이 결합한 1위 대표제(27.65%)입니다. 그리고 다수제와 비례제 방식이 혼합된 선거제도 중 혼합형 다수대표제(11.98%)이며, 절대다수제 방식인 결선투표제(8.29%), 다수제 방식과 다인 선거구가 결합한 연기투표제(6.45%) 순입니다.

우리나라 일부 정치인이나 언론 등에서 선거제도를 특정한 구성요소, 즉 선거구 크기만으로 부르는 경우가 있습니다. 예를 들어

[ 표 3-2 ] 선거제도의 유형

| 당선 결정방식 | 선거구 크기권 | 기표방식 | 유형 | 국가 수 | 비율(%) |
|---|---|---|---|---|---|
| 다수제 | 1인 선거구 | 범주형 | 1위 대표제(FPTP) | 60 | 27.65 |
| | | | 결선투표제(TRS) | 18 | 8.29 |
| | | 순위형 | 대안투표제(AV) | 2 | 0.92 |
| | 다인 선거구 | 범주형 | 연기투표제(BV) | 16 | 6.45 |
| | | | 정당연기투표제(PBV) | 5 | 2.30 |
| 혼합형 | 1인 선거구 + 다인 선거구 | 범주형 | 혼합형 다수대표제(MMM) | 26 | 11.98 |
| | | | 혼합형 비례대표제(MMP) | 7 | 3.23 |
| 비례제 | 다인 선거구 | 범주형 | 명부형 비례대표제(List PR) | 83 | 38.23 |
| | | 순위형 | 단기이양제(STV) | 2 | 0.92 |
| 기타 | 다인 선거구 | 범주형 | 단기비이양제(SNTV) | 5 | 2.30 |
| | | | 기타 | 2 | 0.92 |
| 이행 중 (in transition) | | | | 1 | 0.46 |
| 직선제가 아닌 사례 | | | | 7 | 3.20 |
| 전체 | | | | 273 | 100.00 |

*출처: https://www.idea.int/data-tools/data/question?question_id=9380&database_theme=307(검색일 2025/06/06)

2023년 국회의원 선거제도 개정 논의가 진행될 때, 소선거구제를 중·대선거구제로 바꾸자는 주장이 제기되었습니다. 이는 선거구 크기만 제시했을 뿐, 당선자를 어떻게 결정하는지 그리고 유권자가 자신의 선호를 어떤 방법으로 표시하는지와 관련된 설명을 못 하는 문제가 있습니다. 그리고 선거제도의 정치적 효과뿐만 아니라 선거제도 개정 목적에 부합하는지를 설명하지 못합니다. 이러한 용어 사용은 선거제도에 대한 잘못된 이해를 초래합니다. 따라서 선거제도 유형을 언급할 때는 선거제도의 구성요소가 어떤 방식으로 결합하여 있는지에 관한 정보를 제공하는 개념을 사용할 필요가 있습니다.

## 선거제도 작동방식과 장·단점

그렇다면 각 선거제도는 어떻게 작동하고 선거결과와 유권자의 투표 결정에 어떤 영향을 줄까요? 이를 간략하게 살펴보면서 각 선거제도의 장·단점을 정리해보겠습니다. 다만 앞서 분류한 선거제도 유형을 모두 소개할 수 없어 우리나라에서 많이 언급되는 선거제도 유형인 1위 대표제, 결선투표제, 명부형 비례대표제, 혼합형 비례대표제 그리고 혼합형 다수대표제를 중심으로 알아보겠습니다. 그 밖의 선거제도 유형은 데이비드 파렐전용주 옮김의 『선거제도의 이해』를 참고하시기 바랍니다.

### 1위 대표제(first past the post: FPTP)

1위 대표제는 1인 선거구에서 한 표라도 많은 표를 얻은 최다득표자를 대표자로 정하는 선거제도입니다. 단순다수제로 익숙한 이 선거제도는 영국, 미국, 캐나다와 영국 식민지를 경험한 국가 등에서 채택하고 있습니다. [표 3-3]은 가상적인 1위 대표제의 당선자 결정 예입니다.

[표 3-3] **1위 대표제의 당선자 결정 예**

| 4개 선거구 | |
|---|---|
| A당 후보 득표율: 40%<br>B당 후보 득표율: 35%<br>C당 후보 득표율: 25% | A당 후보 득표율: 35%<br>B당 후보 득표율: 55%<br>C당 후보 득표율: 10% |
| A당 후보 득표율: 10%<br>B당 후보 득표율: 35%<br>C당 후보 득표율: 55% | A당 후보 득표율: 45%<br>B당 후보 득표율: 40%<br>C당 후보 득표율: 15% |

이 표에서 알 수 있는 1위 대표제의 특징은 첫째, 다수결주의에 기초하여 유권자의 선호를 집적하여 대표자를 결정한다는 점에서 매우 단순한 선출방식이라는 점입니다. 둘째, 최다득표자 1인에게

선거구민의 권리가 위임된다는 점에서 승자독식의 선출방식입니다. 셋째, 유권자가 정당보다 후보 중심으로 투표를 결정한다는 점입니다. 마지막으로 전체 유권자의 집합적인 선호가 의정당 의석수로 반영되지 않는다는 점입니다. 위 표를 예로 들면, 전체 유권자 중 가장 많은 유권자가 B당(41.5%)을 선호했지만, 의석은 2석을 차지한 A당보다 적은 의석을 차지하게 됩니다.

이러한 1위 대표제의 특징은 다음과 같은 장·단점을 지적할 수 있습니다. 장점으로는 첫째, 단순성입니다. 단순성은 유권자의 후보 선택과 어떻게 당선자가 결정되는지를 이해하기 쉽다는 점을 의미합니다. 1위 대표제는 유권자들이 선호하는 후보에게 표를 던지고, 한 표라도 많이 받은 후보가 당선자로 결정되는 점에서 단순성이 높다고 평가합니다. 둘째, 선거구 대표성 또는 지역 대표성입니다. 인구 비례 등에 기초하여 획정된 선거구에서 선출된 대표는 각 선거구민을 대표합니다. 이는 전국에서 선출된 대표와 달리 선거구라는 지역 대표성을 보장하는 동시에 선거구민의 대리자로서 대표의 역할을 강화하는 경향이 있습니다. 셋째, 정치적 책임 소재가 명확합니다. 선거구민들이 선출된 대표가 누구이며 대표자로서 역할을 잘 수행했는지 평가하여 책임을 묻기 쉽습니다. 마지막으로 양당제를 촉진하고 정부의 안정성을 높입니다. 즉, 유권자들이 사표 방지를 위해 당선 가능성이 높은 정당의 후보에게 투표함으로써 거대양당 간 경쟁을 강화하며, 선거에서 승리한 하나의 정당이 정부를 구성하여 효율적이고 안정적인 국정운영을 보장한다는 점입니다.

단점으로는 첫째, 많은 사표 발생과 소수대표 문제입니다. 1위 대표제는 후보자가 많을수록 사표가 늘어나는 경향이 있으며, 다수의 지지가 아닌 소수의 지지를 받은 소수대표의 문제를 발생시킵니다. 즉, 경쟁성 있는 후보가 3인 이상일 경우엔 절대다수 이상의 표가

사표가 되며, 다수의 지지가 아닌 소수의 지지만으로 당선되어 소
수대표 현상을 초래할 것입니다. [표 3-4]는 민주화 이후 실시된 국
회의원선거에서 사표 발생과 소수대표 문제를 보여주는 대표적 사
례입니다. 제16대 국회의원선거에서 충남 공주·연기선거구에 출마
한 자유민주연합의 정진석 후보는 25.18%로 당선되었습니다. 그 결
과, 압도적인 다수표(74.82%)는 대표자 선출에 반영되지 않은 사표
가 되었으며, 당선자는 다수가 아닌 소수로부터 권력을 위임받은 대
표가 되었습니다.

[ 표 3-4 ] **높은 사표율과 소수대표의 사례(제16대 총선: 충남 공주·연기 선거구)**

| 후보 | 정당 | 득표율 |
| --- | --- | --- |
| 이상재 | 한나라당 | 19.21 |
| 임재길 | 새천년민주당 | 21.75 |
| 정진석 | 자유민주연합 | 25.18 |
| 박희부 | 민주국민당 | 3.72 |
| 김고성 | 희망의한국신당 | 8.11 |
| 오철수 | 무소속 | 0.64 |
| 오홍규 | 무소속 | 0.55 |
| 윤완중 | 무소속 | 16.46 |
| 이성구 | 무소속 | 1.56 |
| 이종길 | 무소속 | 2.76 |

*출처: 중앙선거관리위원회 홈페이지 정리

　이러한 사표 증가와 소수대표는 선출된 대표의 대표성과 정당성
을 약화할 뿐 아니라 소수가 다수를 지배하는 반反다수주의적 통
치를 결과한다는 점에서 해결해야 할 문제입니다. 하지만 1위 대표
제의 작동방식과 특징에 의해 사표 증가와 소수대표 문제를 해결할
방안을 찾기 어렵다는 한계가 있습니다.

　둘째, 1위 대표제는 유권자 과반의 표를 얻지 못했어도 과반 의석

을 차지하는 '만들어진 과반수manufactured majority' 현상과 '득표-
의석 간 불비례성'을 강화합니다. 그 결과, 거대정당의 과다대표와
소수정당의 과소대표라는 대표성의 왜곡 현상이 발생합니다. 그리
고 사회의 축소판으로서 국민의 다양한 의사가 제대로 반영되는 의
회 구성과 정책 결정을 어렵게 합니다. [표 3-5]는 1위 대표제의 대
표 국가인 영국 하원 선거 결과를 정리한 것입니다.

**[ 표 3-5 ] 2000년 이후 영국 하원 선거 결과(단위: %)**

| 연도 | 보수당 | | | 노동당 | | | 자유민주당 | | |
|---|---|---|---|---|---|---|---|---|---|
| | 득표 | 의석 | 차이 | 득표 | 의석 | 차이 | 득표 | 의석 | 차이 |
| 2001 | 31.7 | 25.2 | -6.5 | 40.7 | 62.5 | 21.9 | 18.3 | 7.9 | -10.4 |
| 2005 | 32.5 | 30.6 | -1.7 | 35.2 | 54.9 | 19.7 | 22.0 | 9.6 | -12.4 |
| 2010 | 36.1 | 47.2 | 11.1 | 29.0 | 39.8 | 10.8 | 23.0 | 8.8 | -14.2 |
| 2015 | 36.8 | 50.8 | 14.0 | 30.4 | 35.7 | 5.3 | 7.9 | 1.23 | -6.7 |
| 2017 | 42.4 | 48.8 | 6.4 | 40.0 | 40.3 | 0.3 | 7.4 | 1.9 | -5.6 |
| 2019 | 43.6 | 56.2 | 12.6 | 32.1 | 31.1 | -1.0 | 11.6 | 11.7 | -9.9 |
| 2024 | 23.7 | 18.6 | -5.1 | 33.7 | 63.2 | 29.5 | 12.2 | 11.1 | -1.1 |

*출처: 영국 선거위원회 자료 정리

2024년 총선에서 노동당은 33.7%를 득표했으나 63.2%의 의석을
차지하여 정부를 구성했습니다. 반면 소수정당인 자유민주당은 득
표율보다 적은 의석을 차지하고 있습니다. 이는 제조된 과반수 현상
과 높은 불비례성에 의해 대표성이 왜곡되고 있음을 보여줍니다. 한
정치학자는 1위 대표제가 유권자의 선호를 왜곡하는, 민주성이 결
핍된 선거제도라고 평가합니다.

셋째, 단일정당정부를 구성하는 1위 대표제는 정당 간 정권교체
가 이루어지면 급격한 정책변화로 인해 정치적 비효율성과 불안정성
을 초래합니다. 즉, 새 정부는 이전 정부가 추진하던 정책을 폐기하
거나 대폭 수정함으로써 정치적 비용을 증가시키며, 정책의 불확실

성이 커져 정치효능감과 신뢰를 낮추어 정치적 불안정을 초래합니다. 그러나 이와 관련하여 다른 주장이 있고, 아직도 학문적 논쟁이 계속되고 있습니다.

### 결선투표제(two-round system)

결선투표제는 결승투표제run-off system 또는 2차 투표제second ballot system로도 불리는 선거제도로, 절대다수 표(50%+1표)를 얻은 후보 1인을 당선자로 정하는 선거제도입니다. 즉, 1차 투표에서 절대다수 표를 얻은 후보가 없는 경우 선거법에서 정한 득표기준을 충족한 후보들을 대상으로 2차 투표를 하여 당선자를 정합니다. 결선투표제로 대통령을 선출하는 국가는 프랑스, 핀란드, 러시아, 브라질, 에콰도르, 모잠비크 등 유럽의 준대통령제, 중남미와 아프리카의 대통령제 국가입니다. 그러나 의회선거에서 결선투표제를 운영하는 국가는 프랑스와 말리 및 가봉 등 프랑스의 식민경험이 있는 소수의 국가입니다.

결선투표제의 대표적 사례인 프랑스는 절대다수-결선투표 방식으로 대통령을 선출합니다. 즉, 1차 투표에서 절대다수(50%+1표) 득표자가 있으면 당선자로 정하지만, 없으면 상위 득표자 2명을 대상으로 14일 후 결선투표(2차 투표)를 하여 절대다수 득표자를 당선자로 정합니다. 반면, 프랑스 하원은 절대다수-최다득표 방식으로 선출합니다. 즉, 1차 투표에서 절대다수 득표자가 없으면 1차 투표에서 등록유권자 수 대비 12.5% 이상을 득표한 후보들을 대상으로 7일 후 2차 투표를 하여 최다득표자를 당선자로 정합니다.

결선투표제를 채택하는 국가들이 절대다수제의 방식을 꼭 따르는 것은 아닙니다. 즉, 대다수 국가들은 당선자 결정 기준을 다양하게 변형하여 사용합니다. 대표적인 예로 아르헨티나는 1차 투표에서

45% 이상 득표한 후보자가 있고 2위와 득표 차이가 10%p 이상일 경우 당선자로 정하며, 이 같은 조건을 충족하는 후보가 없는 경우 결선투표로 당선자를 정합니다. 그리고 코스타리카는 당선자 결정 기준이 40%이며 이 조건을 충족하는 후보가 없는 경우 결선투표를 합니다.

결선투표제의 장·단점은 무엇일까요? 2022년 프랑스 대통령선거 결과를 중심으로 알아보겠습니다.

[ 표 3-6 ] **2022년 프랑스 대통령선거 결과**

| 후보 | | 1차 투표<br>2022년 4월 10일 | | 결선 투표<br>2022년 4월 24일 | |
|---|---|---|---|---|---|
| | | 득표 수 | % | 득표 수 | % |
| Emmanuel Macron | La République En Marche | 9,783,058 | 27.85 | 18,768,639 | 58.55 |
| Marine Le Pen | National Rally | 8,133,828 | 23.15 | 13,288,686 | 41.45 |
| Jean-Luc Mélenchon | La France Insoumise | 7,712,520 | 21.95 | | |
| Éric Zemmour | Reconquête | 2,485,226 | 7.07 | | |
| Valérie Pécresse | The Republicans | 1,679,001 | 4.78 | | |
| Yannick Jadot | Europe Ecology–The Greens | 1,627,853 | 4.63 | | |
| Jean Lassalle | Résistons! | 1,101,387 | 3.13 | | |
| Fabien Roussel | French Communist Party | 802,422 | 2.28 | | |
| Nicolas Dupont-Aignan | Debout la France | 725,176 | 2.06 | | |
| Anne Hidalgo | Socialist Party | 616,478 | 1.75 | | |
| Philippe Poutou | New Anticapitalist Party | 268,904 | 0.77 | | |
| Nathalie Arthaud | Lutte Ouvrière | 197,074 | 0.56 | | |
| 투표율(%) | | 73.69 | | 71.99 | |

*출처: https://www.archives-resultats-elections.interieur.gouv.fr/resultats/presidentielle-2022/Index.php

결선투표제의 장점은 첫째, 1위 대표제와 달리 사표를 줄이고 유권자 다수의 선택을 받은 후보를 당선자로 정함으로써 대표성과 정당성을 강화합니다. 이는 다수주의에 기초한 통치를 가능하게 합니다. 둘째, 정당 간 연합을 촉진합니다. 1차 투표에서 당선자가 결정되지 않는 경우 결선에 진출한 정당은 선거에서 승리하기 위해 이념과 정책이 유사한 정당 간 연합을 시도합니다. 이 같은 정당 간 연합은 1위 대표제보다 소수정당의 정치적 대표성을 보장할 뿐만 아니라 다수의 요구에 응하는 책임정치를 강화합니다. 셋째, 유권자에게 정당이나 후보의 공약 및 자질을 면밀히 살펴볼 기회를 줍니다. 즉, 결선투표제는 유권자에게 두 차례의 후보 또는 정책 검증과 더 많은 정보를 정리하여 '지적인 선택'을 할 수 있게 합니다. 마지막으로 극단주의 정당이 집권하거나 제1당으로 부상할 기회를 줄일 수 있습니다. 즉, 극단주의 정당의 선거 승리를 막기 위해 온건한 정당들은 반反극단주의 선거연합과 온건한 유권자의 지지를 확대할 전략을 추진합니다. 이러한 선거전략은 극단주의 정당의 정치적 영향력을 약화합니다. 대표적인 예는 프랑스의 2024년 총선입니다. 이 선거에서 중도정당인 전진하는 공화국과 좌파정당연합인 신인민전선의 선거연합은 극우정당인 국민연합이 제1당으로 부상하는 것을 막을 수 있었습니다.

결선투표제의 단점으로 득표-의석 간 불비례성, 1차 투표보다 낮은 2차 투표율, 선거비용 증가 등이 지적됩니다. 프랑스의 사례를 보면 득표-의석 간 불비례성이 높은 것이 사실입니다. 1996년부터 2022년까지 실시된 프랑스 하원 선거의 불비례성 지수가 12.5 이상으로 매우 높습니다. 그러나 1차 투표에 비해 2차 투표에서 투표율이 낮아진다는 주장은 논쟁의 대상입니다. 일반적으로 2차 투표의 투표율 저하 원인으로 2차 투표에서 후보의 수가 줄어들어 선거 경쟁성이 낮아지는 점, 자신이 선호하는 후보가 2차 투표에 진출하지 못한 점 그리고 2차 투표에 대한 피로감을 지적합니다. 그러나 프랑스의 대통령선거 결과는 투표율이 상승한 사례가 많습니다. 예를 들어 1981~2022년 프랑스 대통령선거의 투표율을 살펴보면, 2017

년 대통령선거를 제외하면 1차 투표보다 2차 투표의 투표율이 높음을 알 수 있습니다. 마지막으로 결선투표제는 시간과 비용이 많이 드는 단점이 지적됩니다. 하지만 우리나라와 프랑스의 대통령선거 비용을 비교하면 꼭 그렇지만은 않습니다. 2022년 대통령선거에서 이재명 후보는 487억 원을, 윤석열 후보는 425억 원을 사용했지만, 프랑스의 마크롱 후보는 약 231억 1,313만 원을 사용했습니다. 총 선거비용도 우리나라는 약 4,210억 원을, 프랑스는 약 1,150억원을 사용했습니다. 따라서 결선투표제가 선거비용을 더 많이 사용한다는 주장도 일반화하기 어렵습니다.

[ 그림 3-1 ]  **프랑스 대통령선거의 투표율 변화(1981~2022)**

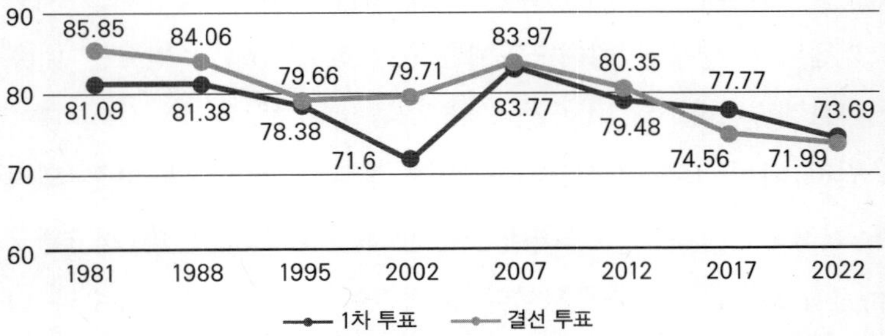

*출처: https://www.archives-resultats-elections.interieur.gouv.fr/resultats/ 정리

## 명부형 비례대표제
## (list proportional representation system: list PR)

명부형 비례대표제는 2인 이상을 선출하는 다인 선거구에서 정당이 받은 득표수에 비례하여 의석수를 배분하는 선거제도입니다. 즉, 유권자가 투표용지에 기재된 정당이나 후보를 선택하면, 그 선택을 정당별로 집적한 전체 득표수에 따라 의석수가 정해지는 제도입니다. 명부형 비례대표제의 작동방식을 쉽게 이해하기 위해 예를 제시하면 [표 3-7]과 같습니다.

[표 3-7] **명부형 비례대표제 의석 배분의 예(200석 기준)**

| 정당 | 득표율(%) | 총 의석 |
| --- | --- | --- |
| 가 | 44 | 88 |
| 나 | 40 | 80 |
| 다 | 10 | 20 |
| 라 | 6 | 12 |
| 전체 | 100 | 200 |

　명부형 비례대표제는 각 정당의 의석수가 정당득표율에 따라 정해진다는 점에서 1위 대표제와 같이 단순하다고 할 수 있습니다. 그러나 의석 배분 방식, 선거구 크기의 유형 그리고 기표방식에 따라 명부형 비례대표제의 유형과 선거결과가 달라져 복잡하고 어렵게 느껴집니다. 명부형 비례대표제를 복잡하고 어렵게 만드는 내용을 알아보겠습니다.

　먼저 의석 배분 방식입니다. 이는 정당의 득표수에 따른 의석수를 결정하는 방식으로, 최대잔여제Lagest Remainder와 최고평균제 Highest Average로 분류됩니다. 최대잔여제는 총유효투표수와 의석수를 이용하여 기준수를 구한 후, 각 정당의 득표수를 기준수로 나누어 정수만큼 의석을 배분합니다. 그리고 잔여의석이 있는 경우 잔여 득표수가 가장 많은 정당 순으로 배분합니다. 최대잔여제를 채택하는 국가는 오스트리아, 키프러스, 콜롬비아, 코스타리카, 한국 등입니다. 반면, 최고평균제는 각 정당의 득표수를 제수로 나누어 값이 큰 순서대로 의석을 배분하는 방식입니다. 제수는 자연수(1, 2, 3, … n)나 홀수(1, 3, 5, … n)를 이용하거나, 홀수를 변형한 제수(1.4, 3, 5, … n)를 이용합니다. 대부분의 유럽 국가와 중남미 국가 등에서 사용합니다.

　다음은 선거구 크기입니다. 이는 전국을 하나의 선거구로 하는

**[표 3-8] 최대잔여제와 최고평균제의 유형**

| 최대잔여제의 유형 | 최고평균제의 유형 |
|---|---|
| - 헤어 기준수(Hare Quota): 투표수(V)/의석수(S)<br>- 드룹 기준수(Droop Quota): (투표수/의석수+1)+1<br>- 임페리알리 기준수(Imperiali Quota): V/(S+2) | - 동트식(D'Hondt method): 득표수를 1, 2, 3, 4…의 제수로 나눔<br>- 생라귀식(Sainte-Laguë method): 득표수를 1, 3, 5, 7…의 제수로 나눔<br>- 수정 생라귀식(modified Sainte-Laguë method): 득표수를 1.4, 3, 5, 7…의 제수로 나눔 |

전국단위 비례대표제와 전국을 몇 개의 선거구로 나눈 권역 단위 비례대표제로 구분할 수 있습니다. 전국단위 비례대표제는 이스라엘, 네덜란드, 슬로바키아 등이, 권역 단위 비례대표제는 벨기에, 핀란드 등이 운영하고 있습니다. 덴마크, 스웨덴, 노르웨이 등은 권역 단위와 전국단위를 혼합한 다계층 선거구multi-tier district를 운영하고 있습니다. 다계층 선거구는 총의석을 권역 단위의 고정의석과 전국단위의 조정의석으로 구분합니다. 의석 배분 방식은 우선 권역 단위에서 정당득표수에 비례하여 고정의석을 정당에 배분합니다. 다음으로 의석으로 전환되지 않은 사표나 잉여표를 전국단위에서 합산하여 정당득표수에 비례하여 조정의석을 정당에 배분합니다. 예를 들어 스웨덴은 21개 카운티를 중심으로 29개 권역 선거구와 전국선거구가 결합한 다계층 선거구를 채택하고 있습니다. 스웨덴의 총의석은 349석이며, 310석(고정의석)은 29개 권역 단위에서 배분하고 나머지 39석(조정의석)은 전국단위에서 의석에 반영되지 않은 표를 합산하여 정당에 배분합니다. 이들 유형의 장단점을 비교하면 [표 3-9]와 같습니다.

마지막으로 기표방식입니다. 이는 유권자가 정당에만 투표할 수 있는지, 후보에게 투표할 수 있는지 등에 의해 폐쇄형 명부closed list, 개방형 명부open list, 가변형 명부ordered list 그리고 자유 명부free list로 분류됩니다. 먼저 폐쇄형 명부는 유권자가 정당에만 기

[ 표 3-9 ] **선거구 크기에 따른 장단점**

|  | 전국 단위 | 권역 단위 | 다계층 |
|---|---|---|---|
| 장점 | 사표 감소, 비례성 강화 | 지역대표성 보장, 후보자 정보와 선거구를 대표하는 정치인 선출 인식 강화 | 권역별 비례대표제에서 발생하는 사표 및 불비례성 조정 |
| 단점 | 후보자 정보와 선거구를 대표하는 정치인 선출 인식 부족 | 사표 및 불비례성 증가 | 복잡성 |

표할 수 있게 하는 유형으로, 아르헨티나, 콜롬비아, 이스라엘 등에서 운용하고 있습니다. 다음으로 개방형 명부는 유권자들이 정당에서 작성한 후보 명부 중 선호하는 후보에게 투표하는 유형으로, 브라질, 칠레, 핀란드 등에서 운용하고 있습니다. 그리고 가변형 명부(부분개방형 명부)는 유권자가 정당 또는(그리고) 명부 내 후보에게 투표하는 유형으로, 벨기에, 덴마크, 노르웨이, 스웨덴 등이 운영하고 있습니다. 마지막으로 자유배합투표panachage로 알려진 자유 명부는 복수의 투표권을 갖는 유권자가 여러 정당의 후보에게 나누어 투표할 수 있는 유형으로, 스위스, 룩셈부르크, 에콰도르 등에서 운영하고 있습니다. [표 3-10]은 폐쇄형, 가변형, 개방형 명부의 장단점을 정리한 것입니다.

[ 표 3-10 ] **기표방식에 따른 유형의 장단점**

|  | 폐쇄형 명부 | 가변형 명부 | 개방형 명부 |
|---|---|---|---|
| 장점 | 투표의 용이성<br>여성 및 소수집단의 대표성 보장<br>정당 중심 책임정치 | 유권자의 정당 또는 후보 선택권, 당선순위 결정권 보장<br>정당 엘리트의 권한 약화<br>당내 분파성 약화 | 유권자의 후보 선택권과 당선순위 결정권 보장<br>정당 엘리트의 권한 약화 |
| 단점 | 정당 엘리트의 강한 공천 권한<br>유권자의 후보 선택 제약<br>(인지성과 대표의 모호성) | 후보(인물) 중심적 성격<br>정당 중심의 책임정치 약화 가능성 | 후보 중심적 성격이 강함<br>후원주의와 당내 분파성 조장<br>정당 중심의 책임정치 약화 가능성 큼 |

　명부형 비례대표제의 장·단점을 정리하면 다음과 같습니다. 장점으로 첫째, 명부형 비례대표제는 사표를 최소화하고 투표-의석 간 비례성을 높입니다. 그 결과, 소수정당 및 소수세력의 대표성과 정치 다양성을 강화합니다. 둘째, 정당 중심 정치를 활성화합니다. 즉, 정당은 선거에서 승리하기 위해 유권자의 요구에 대한 높은 반응성과 책임성을 갖게 됨으로써 정당 중심 책임정치를 활성화합니다. 셋째, 정당 간 타협과 합의의 정치문화를 촉진합니다. 다당제에서 특정 정당이 과반수 의석을 차지하기 어렵기에 정부 구성이나 입법을 위해 정당 간 연합을 필요로 합니다. 그 과정에서 타협과 합의의 정치문화가 촉진됩니다. 마지막으로 정책의 지속성과 정치 안정성에도 긍정적 영향을 줍니다. 즉, 다당제로 인해 연립정부를 구성하는 경향이 높은 명부형 비례대표제는 정권교체가 이루어졌을 때 급격한 정책변화보다는 정책의 연속성이 보장됨으로써 정치적 안정성을 높입니다.

　단점으로는 첫째, 소수정당 난립과 연립정부에 의해 정부 불안정이 초래될 수 있습니다. 소수정당들은 자신들의 이해와 요구를 대표하기 위해 극단적 정치행태에 의지할 수 있으며, 연립정부를 구성한 정당들 사이의 갈등이 조정되지 않을 때 정부의 불안정성이 고조될 수 있습니다. 둘째, 정치적 거래와 흥정, 밀실야합 등에 의한 유권자 선호의 왜곡을 들 수 있습니다. 즉, 유권자의 의사를 반영하지 않고 정당들 사이에 정략적 관계로 연립정부를 구성하고 정책을 추진할 수 있습니다. 마지막으로 정당민주주의의 약화입니다. 후보자들은 명부 작성에 영향력이 큰 정당 엘리트에 대한 충성경쟁을 유발하며, 정당 엘리트는 명부 작성 권한을 이용하여 자신의 권력을 더욱 강화하여 정당민주주의를 약화할 수 있습니다.

## 혼합형 선거제도(mixed-member electoral system)

혼합형 선거제도는 일반적으로 단일한 대표기관(국회 또는 지방의회)을 구성하기 위해 다수대표제와 비례대표제가 혼합된 선거제도입니다. 일반적으로 1인 2표제에 기초한 혼합형 선거제도는 한 표를 선거구의 후보에게 투표하여 다수득표자를 당선자로 정하고, 다른 한 표는 정당에 투표하여 정당득표수에 비례하여 의석을 배분하는 선거제도입니다. 혼합형 선거제도의 대표적 유형은 혼합형 비례대표제와 혼합형 다수대표제입니다.

## 혼합형 비례대표제(mixed-member proportional system)

혼합형 비례대표제는 각 정당의 의석을 정당득표수에 비례하여 배분하고, 각 정당의 비례의석수가 다수대표제로 선출한 선거구 의석수에 연동하여 결정되는 선거제도로, 독일, 뉴질랜드, 볼리비아, 헝가리 등에서 채택하고 있습니다. 혼합형 비례대표제는 비례의석과 선거구 의석을 연동하는 방식에 따라 다양한 유형이 있습니다. 대표적으로 우리나라의 준연동형 비례대표제도 혼합형 비례대표제의 변형된 유형입니다.

우리나라에선 혼합형 비례대표제를 연동형 비례대표제라는 용어로 사용합니다. 그러나 이는 적절하지 않습니다. '연동'이라는 용어가 각 정당의 의석수를 결정하는 방식이 아닌 비례의석과 선거구 의석의 관계만 설명하기 때문입니다. 따라서 이 글에서는 혼합형 비례대표제라는 개념을 사용하고자 합니다.

혼합형 비례대표제의 주요한 특징은 첫째, 유권자의 정당투표를 합산한 각 정당의 득표율에 의해 정당의 의석수가 결정된다는 점입니다. 즉, 혼합형 비례대표제의 의석수 결정방식은 명부형 비례대표제의 방식과 같습니다. 비례의석의 비율이 다를 뿐입니다. 둘째, 각 정당의 의석은 선거구 의석과 비례의석으로 나뉘며, 비례의석수는 선거구 의석수에 연동하여 결정된다는 점입니다. 즉, 한 정당의 비례의석수는 정당득표율에 의비례하여 배분된 정당의 의석수에서 선거구에서 획득한 의석수를 뺀 의석수입니다. 이는 선거구 의석수와 비례의석수가 연동함을 의미합니다.

이러한 혼합형 비례대표제의 특성을 쉽게 이해하기 위해 [표 3-11]을 중심으로 정당별 의석수 결정방식을 알아보겠습니다.

[ 표 3-11 ] **혼합형 비례대표제의 정당별 의석수 결정방식**

| 정당 | 정당 득표율(%) | 총 의석 | 선거구 의석 | 비례의석 |
|---|---|---|---|---|
| A | 44 | 88 | 64 | 24 |
| B | 40 | 80 | 33 | 47 |
| C | 10 | 20 | 0 | 20 |
| D | 6 | 12 | 3 | 9 |
| 전체 | 100 | 200 | 100 | 100 |

먼저 각 정당의 의석수는 정당투표를 합산한 정당득표율에 의해 계산됩니다. 따라서 정당득표율이 44%인 A정당의 의석수는 88석으로 정해졌으며, 나머지 정당들도 정당득표율에 따라 의석수가 정해졌습니다. 다음 단계는 1위 대표제나 결선투표제를 통해 각 정당의 선거구 의석수를 정합니다. A정당은 선거구에서 64석을 차지했습니다. 마지막으로 배분받은 정당의 의석수에서 선거구 의석을 뺀 나머지 의석을 비례의석으로 정합니다. 즉, A정당의 비례의석은 배분받은 의석수 88석에서 선거구 의석 64석을 뺀 24석이 됩니다. A정당의 선거구 의석이 30석이라면 비례의석은 58석이 됩니다. 이는 각 정당의 비례의석수가 선거구 의석수에 연동하여 정해짐을 의미합니다.

이 같은 정당 의석수 결정방식은 단순함과 복잡함이 공존한다고 할 수 있습니다. 즉, 정당득표율에 따라 의석수가 정해지는 점에서 단순하지만, 비례의석수가 선거구 의석수에 연동되어 정해지는 점에서 복잡하다고 할 수 있습니다.

다음으로 혼합형 비례대표제의 장·단점을 알아보겠습니다. 혼합형 비례대표제의 장점은 첫째, 투표-의석 간 비례성이 높고 사표를 줄입니다. 정당득표율에 따라 정당의 의석수가 정해지기 때문에 비례성이 높아지며 사표는 감소합니다. 둘째, 지역 차원에서 선거구의 대표성과 전국 차원에서 사회집단의 대표성을 보장합니다. 1인 선거구에서 지역대표를 선출하는 동시에 전국 또는 광역 차원에서 다양한 사회집단을 대표하는 비례대표를 선출하기 때문입니다. 셋째, 정치 다양성을 강화합니다. 높은 비례성은 다당제를 촉진하며, 소수정당의 의회 진출 가능성을 높여 다양한 정치세력의 이해와 요구를 대표하고 의사결정과정에 반영할 수 있습니다. 넷째, 정당 중심의 책임정치를 강화합니다. 정당득표율이 정당의 의석수를 결정하는 것은 유권자의 정당 선택이 중요함을 의미합니다. 따라서 혼합형 비례대표제는 정당이 유권자로부터 선택받기 위해 유권자의 요구를 정책으로 전환하고 실현하는 책임정치를 하게 합니다.

혼합형 비례대표제의 단점은 첫째, 초과의석(overhang seat)이 발생한다는 점입니다. 즉, 정당득표율에 따라 배분받은 의석보다 많은 의석이 발생하여 총의석수가 늘어납니다. 둘째, 초과의석에 의해 거대정당이 정당득표율에 따라 결정된 의석보다 많은 의석을 차지하여 과다대표 현상과 비례성을 약화하는 문제가 발생합니다. 독일은 초과의석 문제가 심각한 수준이었습니다. 2013년에 독일은 초과의석에 의한 거대정당의 과다대표 현상과 비례성 약화 문제를 해결하기 위해 보정의석제를 도입했습니다. 그러나 초과의석을 보정하는 의석을 배분하는 과정에서 총의석수가 더 늘어나게 되었습니다. 독

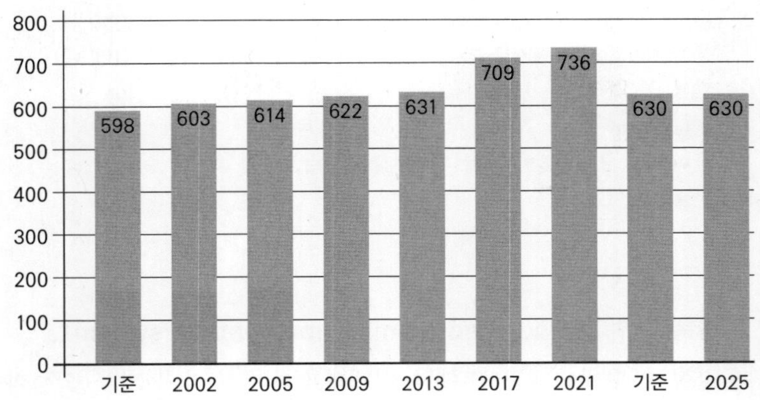

**[ 그림 3-2 ] 2000년 이후 독일의 초과의석에 의한 총의석수 증가 추이**



*출처: https://en.wikipedia.org/wiki/2025_German_federal_election

일의 총의석수 증가 경향을 [그림 3-2]를 통해 확인할 수 있습니다.

독일은 초과의석이 낳은 총의석수 증가, 비례성 약화 그리고 거대 정당의 과다대표 문제를 해결하기 위해 2023년에 총의석수를 630석으로 고정하는 선거법을 마련했습니다. 개정된 선거법의 주요 내용은 총의석수를 630석으로 고정하고, 선거구 의석과 비례의석을 299석 대 331석으로 규정하는 것입니다. 즉 비례의석을 299석에서 331석으로 늘린 것입니다. 그리고 630석을 넘기는 초과의석이 발생할 때 이를 인정하지 않는다는 조항(연방 선거법 제6조)을 신설한 것입니다.

**개념 정의**

초과의석이란 혼합형 비례대표제에서 특정 정당이 정당득표율에 의해 배분받은 의석보다 많은 의석을 차지하는 것을 의미합니다. 초과의석 발생 원인은 다음과 같습니다.

**▶ 외생적 초과의석**
지역 정당(regional party)이 존재하여 전국적인 정당득표수에 의해 배분된 의석수보다 선거구 의석이 많아서 발생.

### 혼합형 다수대표제(mixed-member majoritarian system)

혼합형 다수대표제는 혼합형 비례대표제와 달리 선거구 의석과 비례의석을 독립적으로 정한 후 두 의석을 합산하여 정당의 의석으로 전환하는 선거제도로, 병립형 비례대표제parallel PR라고도 합니다. 이 선거제도를 채택한 대표적인 국가는 일본, 대만, 멕시코, 러시아, 필리핀 등입니다. 우리나라도 이 선거제도로 2004년(제17대 국회의원선거)부터 2016년(제20대 국회의원선거)까지 국회의원을 선출했으며, 현재는 지방의원을 선출하고 있습니다.

혼합형 다수대표제의 특징은 혼합형 비례대표제와 달리 정당득표율이 비례의석 배분에만 영향을 준다는 점입니다. 즉, 선거구 의석수와 비례의석수가 각각 고정된 조건에서 선거구 의석은 다수대표제로, 비례의석은 비례대표제로 배분됩니다. 또 다른 특징은 비례의석은 다수대표제로 배분된 선거구 의석에서 발생하는 득표-의석 간 불비례성을 보정해 준다는 점입니다. 따라서 선거구 의석 대비 비례의석 비율이 커지면 커질수록 득표-의석 간 불비례성을 낮추게 됩니다.

[표 3-12]를 통해 혼합형 다수대표제의 정당별 의석수 결정방식을 알아보겠습니다. 먼저 선거구 의석과 비례의석이 각각 100석인 200석의 의회입니다. '가' 정당은 유권자의 정당투표로 44%의 정

[ 표 3-12 ] **혼합형 다수대표제의 정당별 의석수 결정방식**

| 정당 | 정당 득표율(%) | 비례의석 | 선거구 의석 | 총 의석 |
|---|---|---|---|---|
| 가 | 44 | 44 | 64 | 108 |
| 나 | 40 | 40 | 33 | 73 |
| 다 | 10 | 10 | 0 | 10 |
| 라 | 6 | 6 | 3 | 9 |
| 전체 | 100 | 100 | 100 | 200 |

당득표를 얻었습니다. 따라서 '가'정당의 비례의석은 100석의 44%인 44석이 됩니다. 한편 '가'정당은 1위 대표제가 적용되는 100개의 선거구 중 64개 선거구에서 승리했습니다. 따라서 선거구 의석은 64석이 됩니다. 결과적으로 '가'정당이 획득한 총의석은 비례의석 44석과 선거구 의석 64석을 합한 108석입니다. 나머지 정당들로 이같은 방식을 통해 총의석수가 결정됩니다.

그렇다면 혼합형 다수대표제의 장·단점은 무엇일까요? 혼합형 다수대표제의 장점은 첫째, 혼합형 비례대표제와 같이 선거구 대표성과 사회대표성을 보장합니다. 둘째, 선거구 의석에서 발생하는 득표-의석 간 불비례성을 정당득표율에 따른 비례의석 배분을 통해 조정할 수 있습니다. 셋째, 비록 비례의석에 한정되는 것이지만 사표를 줄이는 효과가 있습니다. 마지막으로 선거구 의석수와 비례의석수가 연동되는 혼합형 비례대표제와 달리 선거구 의석수와 비례의석수가 법적으로 규정되어 있어 초과의석이 발생하지 않습니다.

반면에 단점으로는 혼합형 비례대표제보다 득표-의석 간 불비례성이 높아 소수정당의 의회 진입을 제한하는 경향이 있습니다. 즉, 사회집단의 대표성과 정치 다양성이 낮습니다. 그리고 혼합형 비례대표제보다 사표율도 높습니다. 따라서 선거학자들은 혼합형 다수대표제를 준準비례대표제semi-PR로 분류합니다. 이와 같은 단점을

[ 표 3-13 ]  **제17대~제20대 국회의원 선거 결과(보너스율: 선거구/비례)**

| 후보 | 새누리당 보너스율 | 새정치민주 보너스율 | 국민의당 보너스율 | 정의당 보너스율 | 불비례성 | 유효 정당 수 | 사표율 (선거구/비례) |
|---|---|---|---|---|---|---|---|
| 제17대 | 6.44/3.50 | 6.39/2.43 | – | -1.76/0.80 | 9.53 | 2.36 | 49.99/5.86 |
| 제17대 | 10.07/3.26 | -1.96/2.61 | – | -2.58/-0.12 | 8.79 | 2.87 | 47.09/7.85 |
| 제17대 | 3.25/1.74 | 11.1/2.81 | – | -3.49/1.26 | 7.62 | 2.28 | 46.44/7.2 |
| 제20대 | 3.2/2.67 | 6.47/2.12 | -5.02/0.92 | -0.81/1.28 | 9.77 | 2.85 | 50.3/6.99 |

*출처: 중앙선거관리위원회 홈페이지 이용

우리나라에서 혼합형 다수대표제로 실시한 제17대 국회의원선거부터 제20대 국회의원선거까지의 선거결과를 통해 알아보겠습니다.

각 정당의 득표율 대비 의석율을 측정한 보너스율은 거대정당의 과다대표와 소수정당의 과소대표가 이루어짐을 보여줍니다. 즉, 제20대 국회의원선거의 경우 새누리당과 새정치민주당의 보너스율은 선거구 의석이나 비례의석에서 모두 양의 값을 보입니다. 반면, 소수정당인 국민의당과 정의당은 선거구 의석에서 음의 값 그리고 비례의석에서 양의 값을 보입니다. 그 결과는 득표-의석 간 불비례성을 높이고 양당제 경향을 강화합니다. 마지막으로 비례대표의 사표율은 낮지만 선거구 의석의 사표율은 46%로 대다수 국민의 주권 행사가 의석에 반영되지 않음을 알 수 있습니다.

**찾아보기**

**▶ 도서자료**

- Farrell, David M(2011). Electoral Systems: A Comparative Introduction. London: Palgrave Publishers Ltd; 전용주 옮김 (2012).『선거제도의 이해』. 한울.
- Lijphart, Arend(1994). Electoral Systems and Party Systems: A Study of Twenty-seven Democracies(1945-1990). Oxford: Oxford University Press; 서주실 옮김(1997).『선거제도와 정당제: 27개 민주주의 국가를 대상으로(1945-1990)』. 삼화원.

- Reynolds, Andrew., Ben Reilly, and Andrew Ellis., et al.(2005). Electoral System Design: The New International IDEA Handbook. Stockholm: International Institute for Democracy and Electoral Assistance.
- Shugart, Matthew S. and Martin P. Wattenberg(2001). Mixed-Member Electoral Systems: The Best of Both Worlds? New York: Oxford University Press.

**▶ 기타 자료**
- 중앙선거관리위원회 홈페이지. 선거통계시스템(info.nec.go.kr/)
- 중앙선거관리위원회 선거연수원.『2019 각국의 선거제도 비교연구』 https://www.nec.go.kr/files/
- B0000215/202002/BBS_202002120518356194.pdf(검색일 2026. 1.16.)
- 프랑스 내부 및 해외영토부 https://www.archives-resultats-elections.interieur.gouv.fr/resultats(검색일 2025.6.6.)
- 위키피디아 https://en.wikipedia.org/wiki/2025_German_federal_election

# Q.

## 우리는 왜 선거제도에 관심을 가져야 할까요?

선거제도에 따른 선거 결과가 국민의 삶과 민주주의에 영향을 주기 때문입니다. 즉, 누가 또는 어느 정당이 선거에서 승리하느냐에 따라 국민의 삶에 영향을 주는 정책이 결정되며, 정부나 의회 구성에 따라 국민 다수의 요구를 대표하는지 아니면 소수의 요구를 대표하는지가 결정됩니다.

그렇다면 어떤 선거제도가 국민의 삶과 민주주의를 위해 좋은 선거제도일까요? 이 질문에 답하기가 쉽지 않습니다. 앞서 살펴보았듯이 선거제도 유형마다 장·단점이 있으며, 좋은 선거제도가 무엇인지에 대해 사회적 합의가 이루어지지 않았기 때문입니다. 즉, 같은 선거제도라 하더라도 그 정치적 효과는 한 국가의 갈등 구조가 어떻게 형성되었는지, 정부 형태와 정당제도가 무엇인지, 정치문화가 어떠한지 그리고 국민의 투표행태에 따라 달라지기 때문입니다. 따라서 좋은 선거제도는 각 국가의 조건과 상황에 맞는 선거제도라고 할 수 있습니다.

각 국가에 맞는 좋은 선거제도를 선택하기 위해서는 많은 국가에서 일반적으로 발견되는 선거제도의 정치적 효과를 이해할 필요가 있습니다. 이를 위해 각 선거제도의 정치적 효과를 제도적 효과와 전략적 효과로 구분하여 살펴보겠습니다. 제도적 효과는 득표-의석 간 비례성, 정당 간 경쟁 관계인 정당 체계 그리고 여성과 소수집단의 대표성을 의미합니다. 그리고 전략적 효과는 유권자들이 선거제도를 어떻게 이용하는지(투표 참여 또는 투표전략), 정당의 선거운동 전략, 정당조직의 성격(중앙집중 정도) 그리고 책임정치의 주체(후보 대 정당)를 의미합니다.

선거제도의 정치적 효과를 알아보기 위해 70개 민주주의 국가의 선거결과를 비교했습니다. 70개 국가는 2005년 이코노미스트 인텔리전스 유닛Economist Intelligence Unit이 발표한 '민주주의 지수 2024'에서 완전한 민주주의full democracy와 결함 있는 민주주의flawed democracy로 분류된 71개 국가 중 마이클 갤러허Michael Gallagher의 'Election indices 2025'에 불비례성 지수와 유효정당 수와 관련된 자료가 없는 필리핀을 제외한 국가입니다.

## 선거제도의 제도적 효과

각 선거제도의 제도적 효과인 득표-의석 간 비례성은 불비례성 지수로, 정당 간 경쟁 관계인 정당체계는 유효정당 수로 그리고 사회대표성은 여성의원 비율로 측정했습니다. 각 선거제도의 불비례성 지수와 유효정당 수는 각 국가에서 실시된 최근 세 차례 선거결과의 평균값입니다. 단, 우리나라에서 채택한 준연동형 비례대표제는 최근 두 차례 선거결과의 평균값입니다. 그리고 여성의원의 비율은 각 선거제도의 제도적 효과 중 하나인 사회 대표성을 비교하기 위한 지표입니다. 여성의원의 비율은 국제의원연맹IPU에서 제공하는 '단원과 하원 내 여성의원' 자료[2025년 7월]를 이용했습니다. 비교 결과는 [표 3-14]와 같습니다.

[ 표 3-14 ] **선거제도의 제도적 효과 비교**

| 선거<br>제도 | 1위<br>대표제 | 결선<br>투표제 | 대안<br>투표제 | 명부형<br>비례제 | 단기<br>이양제 | 혼합형<br>비례제 | 혼합형<br>다수제 | 준연동형<br>비례제 | 연기<br>투표제 | 합계 |
|---|---|---|---|---|---|---|---|---|---|---|
| 불비례성 | 10.83 | 13.91 | 17.39 | 4.72 | 3.11 | 3.27 | 10.82 | 14.46 | 23.17 | 6.99 |
| 유효<br>정당 수 | 2.13 | 3.68 | 2.90 | 4.48 | 3.72 | 3.98 | 3.29 | 2.10 | 1.74 | 3.85 |
| 여성 의원<br>비율 | 23.5 | 36.2 | 46.0 | 33.49 | 27.2 | 34.57 | 23.9 | 20.3 | 21.65 | 30.79 |
| 사례 수 | 10 | 1 | 1 | 44 | 2 | 3 | 6 | 1 | 2 | 70 |

*출처: Election indices(https://www.tcd.ie/Political_Science/people/michael_gallagher/ElSystems/)

먼저 선거제도의 제도적 효과로서 득표-의석 간 비례성을 측정한 불비례성 지수를 살펴보겠습니다. 일반적으로 불비례성 지수가 5.0 미만일 경우 비례적이며, 5.0 이상일 경우 불비례적이라고 평가합니다. 이 기준에 따르면, 비례성이 강한 선거제도는 단기이양제, 혼합형 비례대표제, 명부형 비례대표제입니다. 반면, 비례성이 약한 선거제도는 1위 대표제, 결선투표제, 대안투표제, 연기투표제 등입니다.

그렇다면 득표-의석 간 비례성에 영향을 주는 요인은 무엇일까요? 많은 연구는 선거제도 구성요소 중 선거구의 크기가 비례성에 영향을 주는 주요 요인이라고 주장합니다. 즉, 한 선거구에서 선출하는 의원 수가 많아질수록 비례성이 높아진다는 것입니다. 그러나 당선 결정방식에 따라 선거구 크기의 효과가 다르다는 주장도 있습니다. 즉, 다수제 방식에서 선거구 크기가 커질수록 비례성이 낮아지며, 비례제 방식에서 선거구 크기가 커질수록 비례성이 높아진다는 것입니다. [표 3-14]는 후자의 주장을 뒷받침합니다. 2인 이상 선거구와 다수제 방식이 결합한 연기투표제(23.17)가 1인 선거구와 다수제 방식이 결합한 1위 대표제(10.83)나 결선투표제(13.91)보다 비례성이 낮습니다. 반면, 다수제 방식보다 비례제 방식의 선거제도가 비례성이 높습니다. 이는 선거구 크기보다 당선 결정방식이 비례성에 영향을 주는 주요 요인이라는 점을 보여줍니다.

다음으로 선거제도의 정치적 효과인 정당체계를 알아보겠습니다. [표 3-14]에 따르면, 비례성이 약한 선거제도일수록 양당제 경향을, 비례성이 강한 선거제도일수록 다당제 경향을 보입니다. 즉, 1위 대표제의 유효정당 수는 2.13이지만 명부형 비례대표제의 유효정당 수는 4.48입니다. 이는 비례성이 강한 선거제도일수록 사회의 다양한 요구를 대표하는 정당 간 경쟁이 이루어짐을 의미합니다.

그렇다면 왜 비례성이 약한 선거제도일수록 양당제를 촉진할까요? 이에 대해 뒤베르제M. Duverger는 선거제도의 기계적 효과mechanical effects와 유권자의 사표방지심리와 전략투표라는 심리적 효과psychological effects 때문이라고 설명합니다. 즉, 1위 대표제는 비례성이 약하여(기계적 효과) 유권자가 자신의 표를 사표로 만들지 않기 위해 당선 가능한 거대정당 후보에게 전략적으로 투표함으로써(심리적 효과) 양당제를 촉진한다는 것입니다. 반면, 비례대표제는 비례성이 강하여 유권자가 사표를 생각하지 않고 자신이 선호하는 정당에 소신껏 투표함으로써 다당제를 촉진하는 것입니다.

하지만 캐나다의 경우처럼 1위 대표제를 채택하는 국가에서 다당제가 형성되는 사례도 있습니다. 즉, 비례성이 낮은 선거제도도 특정 지역에서 강력한 지지를 받는 지역주의 정당이 있으면 다당제가 만들어질 수 있습니다. 그리고 비례성이 강한 선거제도라도 거대양당 중심의 경쟁이 구조화되었다면 양당제 경향이 만들어질 수 있습니다. 따라서 선거제도와 정당 체계의 관계를 이해하려면 선거제도의 비례성뿐만 아니라 유권자의 지정학적 분포, 지역주의 정당의 존재 그리고 전국적으로 조직된 강한 정당의 존재 등을 함께 고려해야 할 것입니다.

마지막으로 선거제도의 제도적 효과인 사회대표성을 비교한 결과, 비례성이 높은 선거제도일수록 여성의원의 비율이 높아지는 경향을 확인할 수 있습니다. 그러나 대안투표제(호주)와 결선투표제(프랑스)의 경우 비례성이 낮은 선거제도임에도 여성의원의 비율이 높은데, 그 이유는 여성의 사회·경제적 지위, 성평등 문화 및 유권자의 인식, 정당의 공천방식 그리고 여성할당제나 남녀동수제 같은 법적 규정 등에 영향을 받기 때문입니다.

그럼에도 비례성이 높은 선거제도일수록 다당제를 촉진하고 사회대표성을 강화하는 경향이 있다는 점을 부정할 수 없습니다. 즉, [표 3-15]에 따르면 비례성의 높을수록 유효정당 수와 여성의원 비율이 커짐을 확인할 수 있습니다. 불비례성 지수가 5.0 미만일 경우 유효정당 수는 4.66이며, 5.0 이상 10.0 미만일 경우 3.68 그리고 10.0 이상일 경우 2.54로 감소하고 있습니다. 여성의원 비율도 불비례성

[표 3-15] **선거제도의 비례성과 정치 대표성의 관계**

| 불비례성 범위 | 국가 수 | 유효정당 수 | 여성의원 비율 |
| --- | --- | --- | --- |
| 0-4.99 | 32 | 4.66 | 32.13 |
| 5.0-9.99 | 21 | 3.68 | 31.95 |
| 10.0 이상 | 17 | 2.54 | 26.84 |
| 합계 | 70 | 3.85 | 30.79 |

지수가 높아질수록 감소하고 있습니다. 이는 비례성이 강한 선거제도일수록 사회의 다양한 요구가 정치적으로 잘 대표되며, 정당 간 경쟁성도 보장하고 있음을 의미합니다.

### 선거제도의 전략적 효과

선거제도는 유권자의 투표 결정에 어떤 영향을 미칠까요? 그리고 정당의 선거운동전략이나 조직의 특성에 어떤 영향을 미칠까요? 일반적으로 다수대표제나 단기이양제는 정당보다는 후보 중심의 투표를 촉진합니다. 그 이유는 선거구에 출마한 후보 중 상대다수나 절대다수로 당선자가 결정됨으로써 유권자가 후보를 중심으로 투표하도록 유인하기 때문입니다. 반면, 개방형 명부를 제외한 폐쇄형 명부와 가변형 명부의 비례대표제는 정당득표수가 의석수로 전환됨으로써 유권자가 정당 명부에 작성된 개별 후보보다는 정당의 강령이나 정책을 중심으로 투표하도록 유인합니다.

이는 정당의 후보 공천이나 선거운동에 영향을 줍니다. 즉, 후보 중심의 투표를 유인하는 다수대표제나 단기이양제는 선거에서 승리하기 위해 정당의 강령이나 정책에 동의하는 인물보다 사회적으로 인지도가 높은 인물을 후보로 공천하고 후보 개인을 중심으로 선거운동을 하는 경향이 있습니다. 반면, 폐쇄형과 가변형 명부의 비례대표제는 정당 명부 작성부터 사회적으로 인지도 있는 인물보다는 정당의 강령이나 정책을 충실하게 실행할 수 있는 인물들로 구성하며, 선거운동도 정당을 중심으로 하는 경향이 있습니다. 그 결과, 선거제도 유형이 정당조직의 특성과 책임정치에 미치는 영향을 추측할 수 있습니다. 즉, 후보 중심의 선거제도는 의원의 자율성이 강하고 정당 규율과 응집력이 약한 분권적 형태의 정당조직과 후보 중심의 책임정치가 이루어지는 경향을 강화하며, 정당 중심의 선거제

도는 의원의 자율성이 약하고 정당 규율과 정당 응집력이 강한 중
앙집권적 형태의 정당조직과 정당 중심의 책임정치가 이루어지는 경
향을 강화합니다.

## Q.
### 비례성이 높은 선거제도는 책임성과 정치 안정성을 저해하는가?

비례성이 높은 선거제도는 비례성이 낮은 선거제도보다 사표를
최소화하고 대표성과 다양성을 강화합니다. 그리고 정당의 정강·정
책을 중심으로 한 정당 중심의 선거경쟁을 촉진합니다. 하지만 비례
성이 높은 선거제도는 다당제를 촉진하여 연립정부 구성과 극단주
의 정당의 등장을 촉진하여 책임성과 정치 안정성을 저해한다는 주
장도 있습니다. 특히 대통령제에서 책임성과 정치 안정성의 저해가
더 심각하게 나타난다고 합니다. 이 같은 주장은 우리나라에서 비례
성과 대표성을 강화하기 위해 비례대표 의석을 확대하자는 주장을
반대하는 논리로 제시되고 있습니다. 과연 비례성이 높은 선거제도
는 책임성과 안정성을 저해할까요?

먼저 비례성이 높은 선거제도가 책임성을 저해한다고 주장하는
이유를 알아봅시다. 첫째, 연립정부가 선거 후 정당 지도자들 간 타
협으로 구성되고 타협 과정에서 유권자들에게 약속한 정당의 정책
이 폐기 또는 변형된다는 점에서 책임성이 낮다는 것입니다. 둘째,
연립정부가 추진하는 정책이 실패할 경우, 다음 선거에서 누구(어느
정당)에게 책임을 물어야 할지 모호하다는 점입니다. 마지막으로 연
립정부는 정책 결정과 집행에서 정부를 구성한 정당 간 협의를 위한

사회적·정치적 비용이 많이 들어 비효율적이며, 국민의 요구와 다른 정책 결정과 집행이 이루어질 수 있다는 점입니다.

반면, 비례성이 높은 선거제도가 책임성을 강화한다는 논리는 첫째, 다양한 사회집단을 대표하는 의회를 구성함으로써 국민 다수의 요구에 더욱 민감하게 반응한다는 것입니다. 둘째, 연립정부 구성과 관련하여 선거 후 정당 지도자 간 타협도 이루어지지만, 선거 전 정당 간 협상이 이루어질 때 유권자들은 선거 후 어떤 연립정부가 구성될지 그리고 어떤 정책을 추진할지를 충분히 인지하여 책임을 물을 수 있다는 점입니다. 셋째, 정책 실패에 대해서는 연립정부가 연대 책임을 지게 됩니다. 따라서 연립정부에 참여한 정당은 다음 선거에서 승리하여 정부를 구성하기 위해 정당 간 신중한 협의를 통해 국민 다수를 위한 정책을 결정하고 추진하게 됩니다. 마지막으로 연립정부는 정책 결정과 집행에 효율성이 낮습니다. 그러나 연립정부는 국민 다수를 위한 정책이 무엇인지 심사숙고하여 결정하고 집행하여 책임성이 강하다고 할 수 있습니다. 그리고 연립정부는 단일정당정부와 달리 부분적 내각 교체가 이루어지는 특성에 의해 이전 정부가 추진한 정책을 지속하여 효율성도 높다고 할 수 있습니다. 예를 들어 단일정당정부는 정부 교체 시 이전 정부의 정책을 폐기하거나 전면 수정하여 재정적·사회적·정치적 비용이 발생합니다. 하지만 중요한 연립정부 파트너인 중도정당은 좌-우 정권 교체 시에도 연립정부에 참여함으로써 이전 정부의 정책을 유지하는 경향을 보입니다. 이는 단일정당정부와 달리 정책 지속성과 효율성을 높입니다.

다음으로 비례성이 높은 선거제도는 정치 불안정을 초래할까요? 비례성이 낮은 선거제도를 선호하는 사람들은 연립정부의 구성과 극단주의 정당의 등장이 정치 불안정을 초래한다고 주장합니다. 즉,

연립정부가 정부를 구성하는 정당 간 갈등을 조정하지 못할 때 정부 수명이 짧아지고 국정운영이 혼란에 빠져 정치 불안정성을 초래하는 점을 지적합니다. 그리고 극단주의 정당(정치인)이 등장하여 선동과 갈등의 정치를 초래하고 국민 다수의 요구가 아닌 지지 집단의 요구만 주장하여 정치 불안정을 심화하는 점을 지적합니다. 따라서 비례성이 낮은 선거제도를 선호하는 사람들은 단일한 정당이 정부를 구성하여 정부 내 갈등과 극단주의 정당의 등장을 억제할 수 있는 다수대표제를 선호합니다.

반면, 비례성이 높은 선거제도를 선호하는 사람들은 정치 안정성을 정부 수명만으로 평가하기 어렵다고 주장합니다. 연립정부임에도 단일정당정부의 정부 수명과 유사하거나 긴 사례가 많기 때문입니다(스위스, 오스트리아, 스페인, 뉴질랜드 등). 즉, 비례성이 낮은 선거제도가 정부 수명을 늘리는 데 도움이 되지만 비례성이 높은 선거제도도 같은 결과를 가져올 수 있기 때문입니다. 따라서 비례성이 높은 선거제도를 선호하는 사람들은 정치 안정성을 평가할 때 정당 간 경쟁의 성격 그리고 극단주의 정당의 체제에 대한 태도를 고려해야 한다고 주장합니다.

먼저 비례성이 낮은 선거제도는 승자독식의 선거결과와 정부 교체에 따른 정책의 급격한 변화가 이루어집니다. 따라서 정당 간 경쟁은 정책 유지와 변경이라는 차원에서 적대적 성격을 띕니다. 반면, 비례성이 높은 선거제도는 패자에게도 대표성이 비례적으로 배분되며, 정부가 교체되어도 정책의 지속 가능성이 크기에 정당 간 타협적 성격을 지닙니다. 그리고 비례성이 낮은 선거제도는 양당 간 경쟁을 강화함으로써 정부 구성을 위한 극단적 경쟁을 촉진하는 반면, 비례성이 높은 선거제도는 다당 간 경쟁과 연립정부를 구성하기 위해 온건한 경쟁을 촉진합니다.

극단주의 정당의 의회 진입은 비례성이 높은 선거제도에서 더 쉽습니다. 물론 프랑스, 영국 등과 같이 비례성이 낮은 선거제도에서도 극단주의 정당이 등장합니다. 따라서 선거제도의 비례성 정도와 극단주의 정당의 상대적 성공 가능성은 뚜렷한 관계가 있다고 할 수 없습니다. 문제는 극단주의 정당이 체제를 부정하는 반(反)체제 정당으로 변하여 체제 전복 의도를 갖고 활동하는지 여부입니다. 이와 관련하여 비례성이 높은 선거제도를 선호하는 사람들은 극단주의 정당이 체제 내로 들어와 활동하도록 함으로써 체제 전복 의도와 활동을 억제하여 정치 안정성을 높인다고 주장합니다. 그리고 그들의 존재를 부정하거나 활동할 수 있는 정치적 기회가 주어지지 않으면 극단적인 갈등을 초래하여 정치적 안정성을 위협한다고 주장합니다.

지금까지 살펴본 바와 같이 비례성이 높은 선거제도일수록 책임성과 정치 안정성을 저해한다는 주장은 아직 논쟁적입니다. 그리고 각 국가의 역사, 정치구조, 정치문화 그리고 정치행위자의 인식과 태도 등에 따라 차이가 있기 때문에 어떤 선거제도가 책임성과 안정성에 더 우호적인지 단정하기 어렵습니다.


**찾아보기**

**▶ 도서자료**
- Nohlen, Dihter. 박병석 옮김(1994). 『선거제도와 정당체계: 선거제도의 정치적 효과』. 다다.
- Norris, Pippa(2004). Electoral Engineering: Voting Rules and Political Behavior. Cambridge: Cambridge University Press.
- Farrell, David M(2011). Electoral Systems: A Comparative Introduction. London: Palgrave Publishers Ltd; 전용주 옮김(2012). 『선거제도의 이해』. 한울.
- Powell, G. Bingham Jr.(2000). Elections as Instruments of Democracy. New Haven and London: Yale University Press.

- Rae, Douglas W(1971). The Political Consequences of Elector Law. New Haven & London: Yale University Press.
- Sartori, Giovanni(1986). "The Influence of Electoral System: Faulty Laws or Faulty Method?" in B. Grofman and A. Lijphart, Electoral Laws and Their Political Consequences. New York: Agathon Press, INC.
- Taagepera, Rein. and Matthew. S. Shugart(1989). Seats and Votes: The Effects and Determinants of Electoral Systems. New Haven & London: Yale University.
- Tavits, Magrit(2004). "The Size of Government in Majoritarian and Consensus Democracies." Comparative Political Studies. Vol. 37, No. 3.

▶ **기타 자료**
- Election indices(https://www.tcd.ie/Political_Science/people/michael_gallagher/ElSystems/)

# Q.
## 우리나라의 선거제도, 무엇이 문제인가?

1987년 민주화 이행 이후 우리나라의 대통령 선거제도는 1위 대표제에 기초한 직선제를 유지하고 있습니다. 반면, 국회의원 선거제도는 1인 1표의 혼합형 선거제도에서 1인 2표의 혼합형 다수표제로 그리고 1인 2표의 준연동형 비례대표제로 바뀌었습니다. 그리고 1인 1표 1가치라는 표의 등가성을 확립하기 위해 선거구 간 인구 편차를 1995년 5.9:1에서 2:1까지 줄였습니다. 이 같은 국회의원 선거제도의 변화는 선거의 민주성, 즉 직접선거, 평등선거, 비례성 그리고 대표성을 강화했습니다. 그럼에도 각 선거를 앞두고 대선후보나 정당 그리고 시민사회에서 선거제도 개정을 주장하고 있습니다. 현행 선거제도가 무엇이 문제이기에 선거제도를 개정해야 한다는 요구가

김형철_  

계속 제기될까요? 이에 대해 대통령 선거제도와 국회의원 선거제도를 중심으로 알아보겠습니다.

[ 표 3-16 ] **한국의 대통령·국회의원 선거제도 변화**

| 연도 | 대통령 선출 방식 | 국회의원 선출 방식 | |
|---|---|---|---|
| 1948 | 간선제(국회) | 1인 1표 | 1위 대표제 |
| 1952 | 직선제(1위 대표제) | | |
| 1960 | 간선제(국회) | 민의원: 1인 1표<br>참의원: 1인 다표 | 민의원: 1위 대표제<br>참의원: 제한투표제 |
| 1963 | 직선제<br>(1위 대표제) | 1인 1표 | 1위 대표제+전국구(제1당에 2/3 배분,<br>그 외 정당의석율에 따른 배분) |
| 1972 | 간선제<br>(통일주체국민회의) | | 2인 선거구 단기비이양식<br>+대통령추천제(유신정우회) |
| 1980 | 간선제(선거인단) | | 단기비이양식+전국구<br>(제1당에 1/2배분, 그 외 정당 의석율에<br>따른 배분) |
| 1988 | 직선제<br>(1위 대표제) | | 1인 1표<br>1위 대표제<br>+전국구(제1당의 선거구 의석이<br>50% 미만인 경우 전국구 50% 배정,<br>그 외 정당 의석율에 따른 배분) |
| 1992 | | | 1위 대표제<br>+전국구(정당 의석율에 따른 의석 배분) |
| 1996 | | | 1위 대표제<br>+전국구(정당 득표율에 따른 의석 배분) |
| 2000 | | | 299석 → 273석 |
| 2004 | | 1인 2표 | 1인 2표 혼합형 다수대표제(243+56) |
| 2008 | | | 299석(245+54) |
| 2012 | | | 299석 → 300석(246+54) |
| 2016 | | | 300석(253+47) |
| 2020 | | | 1인 2표 준연동형 비례대표제(253+47) |
| 2024 | | | 1인 2표 준연동형 비례대표제(254+46) |

*출처: 중앙선거관리위원회 홈페이지 정리

## 대통령 선거제도의 문제점과 방안

우리나라는 민주화 이후 1위 대표제를 통해 대통령을 선출합니다. 그 결과, 앞서 1위 대표제의 단점으로 지적한 소수대표와 절대다

[ 표 3-17 ] **민주화 이후 대통령선거의 득표율, 사표율, 1~2위 득표율 차 변화**

| | 13대 | 14대 | 15대 | 16대 | 17대 | 18대 | 19대 | 20대 | 21대 | 평균 |
|---|---|---|---|---|---|---|---|---|---|---|
| 당선 득표율 | 36.6 | 42.0 | 40.3 | 48.9 | 48.7 | 51.6 | 51.1 | 48.6 | 49.4 | 45.2 |
| 사표율 | 63.4 | 58.0 | 59.7 | 51.1 | 51.3 | 48.4 | 58.9 | 51.4 | 50.6 | 54.8 |
| 1~2위 득표율 | 8.6 | 8.2 | 1.6 | 2.3 | 22.6 | 3.6 | 17.1 | 0.8 | 8.2 | 8.1 |

*출처: 중앙선거관리위원회 홈페이지 정리

수의 사표가 발생하고 있습니다.

　민주화 이후 대통령선거에서 당선자의 평균 득표율은 45.2%입니다. 즉, 9차례 대통령선거에서 투표자의 절대다수가 선호하여 당선된 사례는 제18대 대통령선거(51.6%)가 유일하며, 8차례 대통령선거에서는 투표자 과반수 미만의 득표로 당선됩니다. 이는 대통령선거에서 많은 사표가 발생함을 의미합니다. 9차례 대통령선거의 평균 사표율은 54.8%로, 다수 국민의 주권 행사(투표)가 선거결과에 제대로 반영되지 않는 것입니다. 이렇듯 과반 미만의 득표율과 높은 사표율은 소수의 지지를 받는 그리고 소수를 대표하는 대통령을 탄생시킵니다. 이는 대표성의 허약에 따른 정치적 정당성 시비와 더불어 입법-행정 간 빈번한 교착에 따른 국정 마비와 갈등 심화라는 정치적 위기를 맞게 됩니다.

　우리나라는 1997년 대통령선거에서 김대중 후보와 김종필 후보의 선거연합 이후 대통령선거를 앞두고 후보 단일화 논의가 이루어졌습니다. 즉, 후보들은 선거에서 승리하기 위해 다른 후보의 지지표 확보가 필요하기 때문입니다. 후보 단일화는 선거연합의 한 유형으로, 정당들이 선거에서 승리하기 위한 전략적 선택입니다. 따라서 후보 단일화가 잘못된 것은 아닙니다. 하지만 문제는 후보 단일화가 당원 또는 지지자의 의사와 무관하게 후보 간 자의적 결정으로 이루어진다는 점입니다. 그리고 선거운동 기간 내내 단일화 방식을 정하기 위한 소모적인 논의가 진행되면서 유권자들의 피로감이 쌓이고 후보 공약에 대한 평가가 어려워 정책을 중심으로 한 선거경쟁이 퇴색됩니다. 그로 인해 유권자들은 정책보다는 연고주의에 기초한 후보 중심의 투표를 유인합니다.

마지막으로 1위 대표제는 승자독식과 패자전몰의 결과를 만들어 내는 대표적인 정치제도입니다. 따라서 경쟁자(정당이나 후보)보다 한 표라도 많이 얻기 위한 선거경쟁은 극단적이고 적대적인 대결 양상으로 나타납니다. 즉, 경쟁자를 존중하기보다는 사라져야 할 혐오의 대상으로 인식하고 상호비방, 모욕주기 그리고 악마화 등에 의한 경쟁이 이루어집니다. 그 결과, 선거 후에도 정당 간에 정책을 중심으로 한 타협의 정치가 아닌 무조건적 반대와 비난이 난무하는 적대적 대결 정치를 일상화하고 있습니다. 이는 정치를 선과 악으로 구분하고 지지하는 정당에 대한 무조건적인 애착과 충성심을, 반대당에 대한 반감과 편견을 갖게 하는 정치 양극화를 심화합니다.

따라서 대통령 선거제도를 결선투표제로 개정해야 한다는 목소리가 높아지고 있습니다. 즉, 다자 간 경쟁이 이루어지는 우리나라의 상황에서 결선투표제는 절대다수의 득표로 당선자를 결정하여 소수대표와 사표의 문제를 해결할 수 있으며 대통령의 정치적 정당성을 강화할 수 있습니다. 그리고 선거운동 기간에 후보 단일화 방식 같은 소모적이고 비효율적인 논의를 벗어나 정책 중심의 선거운동에 집중하게 할 것입니다. 즉, 1차 투표에서 각 정당은 자신들의 정책을 앞세워 유권자에게 호소할 것이며, 과반 득표자가 없을 경우 2차 투표를 앞두고 이념이나 정책적 거리가 가까운 정당 간 선거연합을 합의할 것입니다. 이를 통해 정당 간 적대적 대결이 아닌 타협과 합의의 정치를 강화할 것입니다. 그리고 프랑스의 사례처럼 선거를 통해 극단주의 정당을 걸러내거나 통제할 수 있을 것입니다.

## 국회의원 선거제도의 문제점과 방안

우리나라는 비례성, 대표성 그리고 정치 다양성을 강화하고 사표를 줄이기 위해 2020년에 혼합형 다수대표제에서 준연동형 비례대표제로 개정했습니다. 준연동형 비례대표제는 연동형 비례대표제의 변형으로, 각 정당득표율에 비례해서 산출된 의석수의 50%만 배분받는 선거제도입니다. 예를 들어 총 의석이 300석이고 A정당의 정당득표율이 20%인 경우, A정당의 의석수는 정당득표율에 비례한 60석이 아니라 30석이 됩니다. 준연동형 비례대표제의 비례의석 배분 방식은 [표 3-18]과 같습니다.

[ 표 3-18 ] **준연동형 비례대표제의 비례의석 배분 방식**

▶ 1단계
준연동 배분의석 수＝[(국회의원정수－의석배분정당이 추전하지 않은 지역구 국회의원 당선인 수)×해당 정당의 비례대표선거 득표율－해당 정당의 지역구 당선인 수]÷2

▶2단계
잔여의석 발생 시
잔여배분의석 수＝(비례대표 의석 정수－각 연동배분의석 수의 합계)×비례대표선거 득표율

▶초과의석 발생 시
조정의석 수＝비례대표 의석 정수×연동배분의석 수÷각 연동배분의석 수의 합계

*출처: 공직선거법 정리

그러나 준연동형 비례대표제가 적용된 제21대와 제22대 국회의원선거의 결과는 개정 취지와 달리 비례성이 더욱 낮아졌으며, 거대양당의 독점화 현상이 강화되어 대표성과 정치 다양성이 약화한 것으로 나타났습니다.

먼저 준연동형 비례대표제가 비례성에 미친 영향을 살펴보겠습니다. [그림 3-3]은 민주화 이후 실시된 국회의원선거의 불비례성 지수 변화 경향입니다. 선거구와 비례를 통합한 불비례성 지수는 준연동형 비례대표제로 개정한 후 크게 높아졌습니다. 즉, 혼합형 다수

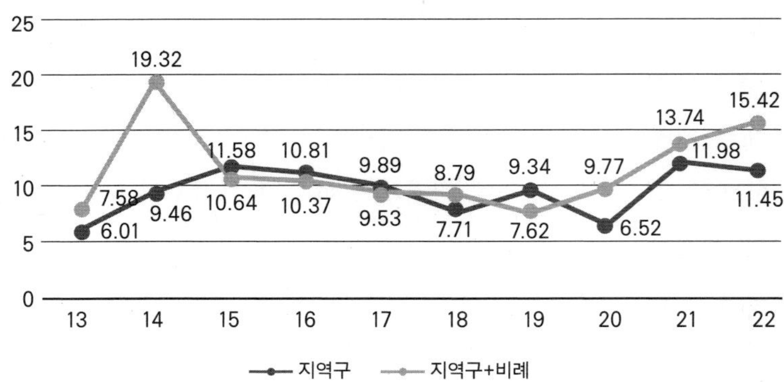

[ 그림 3-3 ] **민주화 이후 득표-의석 간 불비례성 변화**



*출처: Election indices(https://www.tcd.ie/Political_Science/people/michael_gallagher/El Systems/); 김형철(2020).

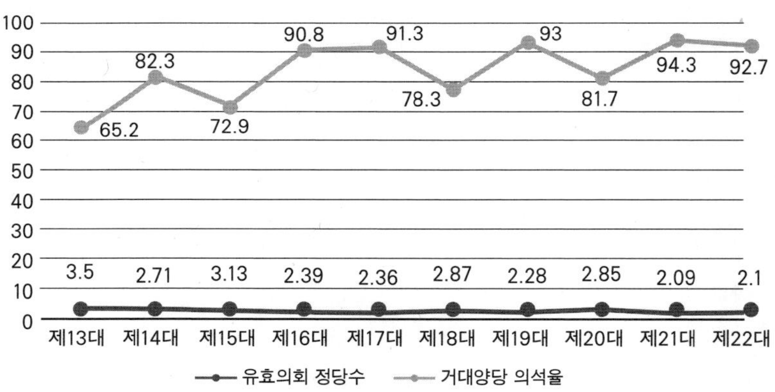

[ 그림 3-4 ] **민주화 이후 거대양당의 의석점유율과 유효정당 수의 변화**



*출처: Election indices(https://www.tcd.ie/Political_Science/people/michael_gallagher/El Systems/); 김형철(2020).

대표제였던 제17대부터 제20대까지 불비례성 지수는 10.0을 넘지 않았으나 준연동형 비례대표제에선 13.74와 15.42로 측정됩니다. 이는 준연동형 비례대표제가 유권자의 표심을 제대로 반영하지 못함을 의미합니다.

　다음으로 준연동형 비례대표제가 대표성과 정치 다원성에 미친 영향을 살펴보겠습니다. 이 또한 비례성과 같이 대표성과 정치 다원성을 약화하는 경향을 보입니다. 즉, 준연동형 비례대표제 도입 이후 거대양당의 의석점유율은 제19대 국회의원선거를 제외하면 가장 높으며, 유효정당 수도 준연동형 비례대표제에서 2.1로 양당제가 만들어졌습니다. 이러한 준연동형 비례대표제의 선거결과는 거대양당의 독점화에 따른 대표성과 정치 다양성의 약화를 가져온 것입니다.

이처럼 준연동형 비례대표제로 개정한 목적과 달리 비례성, 대표성 그리고 정치 다양성이 왜 약화되었을까요? 그 이유를 준연동형 비례대표제의 제도적 차원과 정당의 선거전략 차원에서 알아보겠습니다.

먼저 제도적 차원에서 선거구 의석수와 비례의석수의 불균형을 지적할 수 있습니다. 즉, 비례의석수(46석)가 선거구 의석수(254석)보다 현저하게 적기 때문입니다. [표 3-18]은 혼합형 선거제도를 채택한 국가의 선거구 의석수와 비례의석수 간 편차를 정리한 것입니다. 이들 국가를 비교한 결과, 우리나라의 두 의석수 간 편차(5.52:1)가 가장 큽니다.

1인 2표의 혼합형 선거제도에서 비례대표제로 의석이 배분되는 비례의석은 다수대표제로 의석이 결정되는 선거구 의석의 불비례성을 보정하는 효과가 있습니다. 이는 총의석수 중 비례의석수가 차지하는 비율이 커질수록 보정 효과가 커짐을 의미합니다. 한 연구에 따르면, 혼합형 선거제도에서 비례의석수가 총의석수의 25% 이상일 때 보정 효과가 있다고 주장합니다. 이에 따르면 우리나라의 비례의석수는 총의석수의 15.3%로 선거구 의석에서 발생하는 불비례성을 보정하기엔 너무 적은 의석 규모라고 할 수 있습니다.

다음으로 정당의 선거전략 차원에서 거대양당의 위성정당clone party 전략을 지적할 수 있습니다. 위성정당 전략은 선거구 의석과

**[표 3-19] 혼합형 선거제도를 채택한 국가의 의석 비율**

| 혼합형 다수대표제 | | | | 혼합형 비례대표제 | | | | |
| 국가 | 총 의석 | 선거구 | 비례 | 비율 | 국가 | 총 의석 | 선거구 | 비례 | 비율 |
| --- | --- | --- | --- | --- | --- | --- | --- | --- | --- |
| 아르메니아 | 131 | 41 | 90 | 0.46:1 | 헝가리 | 386 | 176 | 210 | 0.84:1 |
| 기니아 | 114 | 38 | 76 | 0.5:1 | 족일 | 630 | 299 | 331 | 0.9:1 |
| 조지아 | 150 | 73 | 77 | 0.95:1 | 볼리비아 | 130 | 68 | 62 | 1.1:1 |
| 안도라 | 28 | 14 | 14 | 1.0:1 | 뉴질랜드 | 120 | 65 | 55 | 1.18:1 |
| 우크라이나 | 450 | 225 | 225 | 1.0:1 | 스코틀랜드 | 129 | 73 | 56 | 1.3:1 |
| 리투아니아 | 141 | 71 | 70 | 1.01:1 | 멕시코 | 500 | 300 | 200 | 1.5:1 |
| 세네갈 | 150 | 90 | 60 | 1.5:1 | 레소토 | 120 | 80 | 40 | 2.0:1 |
| 일본 | 480 | 300 | 180 | 1.67:1 | 웨일즈 | 60 | 40 | 20 | 2.0:1 |
| 타지키스탄 | 63 | 41 | 22 | 1.86:1 | 루마니아 | 412 | 315 | 97 | 3.25:1 |
| 베네수엘라 | 164 | 113 | 51 | 2.22:1 | 한국(2024) | 300 | 254 | 46 | 5.52:1 |
| 세이셸 | 34 | 25 | 9 | 2.78:1 | | | | | |
| 대만 | 225 | 176 | 49 | 3.59:1 | | | | | |
| 파키스탄 | 342 | 272 | 70 | 3.89:1 | | | | | |
| 필리핀 | 291 | 233 | 58 | 4.02:1 | | | | | |
| 태국 | 500 | 400 | 100 | 4.0:1 | | | | | |
| 한국(2016) | 300 | 253 | 47 | 5.38:1 | | | | | |

*출처: 김종갑(2022) 수정

비례의석이 연동된 선거제도, 즉 혼합형 비례대표제나 준연동형 비례대표제에서 거대정당이 더 많은 의석수를 차지하기 위한 전략입니다. 혼합형 비례대표제와 준연동형 비례대표제는 선거구에서 획득한 의석수가 정당득표율에 의해 배분되는 의석수보다 많을 때 비례의석을 배분받지 못합니다. 따라서 정당득표율에 따라 배분된 의석수보다 선거구에서 많은 의석수를 얻을 수 있는 거대양당은 비례의석을 배분받아 더 많은 의석을 획득하려고 선거를 앞두고 위성정당을 만들어 선거에 참여합니다. 그 결과, 불비례성은 높아지고 거대양당 독점화가 심화하는 경향이 있습니다. 이 같은 위성정당 전략은 거대양당의 이득율을 높여 과다대표 문제를 발생시킵니다. [표

3-20]은 제21대와 제22대 국회의원선거의 각 정당 이득율입니다. 제22대 국회의원선거에서 더불어민주당은 위성정당 전략을 통해 14석의 비례의석을 배분받아 175석이 되었습니다. 그러나 더불어민주당이 위성정당 전략을 사용하지 않았다면, 더불어민주당의 의석은 선거구에서 획득한 161석이 되고 14석은 소수정당에게 배분되었을 것입니다. 이는 위성정당 전략이 비례성, 대표성 그리고 정치 다양성

[ 표 3-20 ] **선거구 및 비례대표의 정당 이득율(제21대, 22대 국회의원선거)**

| 제21대 국회의원선거 | | | | | | |
|---|---|---|---|---|---|---|
| | 선거구 | | | 비례대표 | | |
| 정당 | 득표율 | 의석 수 | 이득율 | 득표율 | 의석 수 | 이득율 |
| 더불어민주당 | 49.91 | 163 | 1.29 | - | - | - |
| 더불어시민당 | - | - | - | 33.35 | 17 | 1.08 |
| 미래통합당 | 41.45 | 84 | 0.8 | - | - | - |
| 미래한국당 | - | - | - | 33.84 | 19 | 1.19 |
| 정의당 | 1.69 | 1 | 0.23 | 9.67 | 5 | 1.1 |
| 민생당 | 1.44 | 0 | 0 | 2.71 | 0 | 0 |
| 국민의당 | - | - | - | 6.79 | 3 | 0.94 |
| 열린민주당 | - | - | - | 5.42 | 3 | 1.18 |
| 제22대 국회의원선거 | | | | | | |
| | 선거구 | | | 비례대표 | | |
| 정당 | 득표율 | 의석 수 | 이득율 | 득표율 | 의석 수 | 이득율 |
| 더불어민주당 | 50.36 | 161 | 1.16 | - | - | - |
| 더불어민주연합 | - | - | - | 26.7 | 14 | 2.18 |
| 국민의힘 | 45.17 | 90 | 0.8 | - | - | - |
| 국민의미래 | - | - | - | 36.67 | 18 | 0.98 |
| 조국혁신당 | - | - | - | 24.25 | 12 | 0.16 |
| 개혁신당 | 0.69 | 1 | 1.45 | 3.62 | 2 | 0.28 |
| 진보당 | 1.07 | 1 | 0.31 | - | - | - |
| 새로운 미래 | 0.71 | 1 | 0.46 | 1.71 | 0 | 0 |

*출처: 중앙선거관리위원회 홈페이지 필자 작성
*이득율은 의석율을 득표율로 나눈 값으로, 1보다 크면 과다대표, 1보다 작으면 과소대표를 의미합니다.

을 약화하는 원인임을 보여줍니다.

정리하면, 현행 준연동형 비례대표제는 도입 목적인 비례성, 대표성 그리고 정치 다양성 강화에 실패했으며, 그 원인은 선거구 의석보다 적은 비례의석과 거대정당의 위성정당 전략입니다. 따라서 정치권과 시민사회에서 비례성, 대표성 그리고 정치 다양성을 강화하기 위해 비례의석 증가와 거대정당의 위성정당 전략을 억제하는 방안이 필요하다는 주장이 제기되고 있습니다.

> **찾아보기**
>
> **▶ 도서자료**
> - 김종갑(2022).『한국의 선거제도 개혁: 진단과 처방』. 경인문화사.
> - 김형철(2020). "준연동형 비례대표제의 정치적 효과: 선거불비례성과 유효정당 수를 중심으로."『세계지역연구논총』. 제38집 2호.
> - 공직선거법. https://www.law.go.kr/lsInfoP.do?lsiSeq=270353&efYd=20250401#0000(검색일 2025.6.10.).
> - 중앙선거관리위원회 홈페이지. 선거통계시스템(info.nec.go.kr/)

## Q.

## 왜 국회의원의 비례의석과 총의석 규모를 확대해야 하나요?

현행 국회의원 선거제도의 개정 논의 속에 새로운 쟁점이 등장했습니다. 즉, 비례의석수와 총의석수의 증가와 관련된 것입니다. 앞서 살펴보았듯이 비례성, 대표성 그리고 정치 다양성을 강화하려면 비례의석수 증가가 불가피하며, 선거구 의석을 축소하지 않고 유지하는 한 비례의석수의 증가로 총의석수가 늘어날 수밖에 없습니다. 그러나 비례성, 대표성 그리고 정치 다양성의 강화라는 선거제도 개정 취지에 동의하면서도 비례의석수와 총의석수의 증가에는 반대하는 주장이 있습니다. 더 나아가 비례의석을 없애고 총의석수를 200석으로 줄이자는 주장도 있습니다. 이 같은 반대에도 불구하고 비례의석수와 총의석수를 늘려야 하는 이유는 무엇일까요?

우선 비례의석수가 늘어야 하는 이유를 알아보겠습니다. 첫째, 민심을 제대로 반영할 수 있기 때문입니다. 즉, 비례의석수를 늘림으로써 비례성을 높일 수 있습니다. 준연동형 비례대표제를 포함한 혼합형 선거제도에서 비례의석수는 비례성에 영향을 줍니다. 앞서 언급했듯이 선거구에서 발생하는 불비례성을 비례의석으로 보정하기 위해서는 비례의석수가 총의석수의 25% 이상이어야 합니다. 그러나 우리나라는 총의석(300석) 중 비례의석 규모가 15.3%(46석)로, 선거구의 불비례성을 보정하지 못합니다. 따라서 비례성을 높이려면 비례의석 규모가 확대되어야 합니다.

둘째, 다양한 사회집단의 의사가 정치적으로 대표되는 의회를 구성할 수 있기 때문입니다. 국민의 대표기관인 의회는 다양한 사회 구성원의 요구가 그대로 반영되어 법안이나 정책이 결정되어야 합니다. 의회 구성이 특정 사회집단으로 편중되어 있으면 국민의 의사가 왜곡될 것입니다. 따라서 의회는 법안이나 정책 결정에서 국민의 의사가 제대로 반영될 수 있도록 사회의 축소판처럼 구성되어야 합니다. 하지만 우리나라는 [표 3-21]에서 알 수 있듯이 사회집단의 대

[ 표 3-21 ] **제17대 국회 이후 국회의원의 사회인구학적 특징**

|  | 제17대 | 제18대 | 제19대 | 제20대 | 제21대 | 제22대 |
|---|---|---|---|---|---|---|
| 20~30세대 | 7.7 | 2.3 | 3 | 0.6 | 3.6 | 4.7 |
| 대졸 이상 | 97.6 | 97.6 | 97.7 | 98.4 | 99.7 | 98.7 |
| 여성 의원 | 13 | 13.7 | 15.7 | 17 | 19 | 20 |
| 법조계 | 18.1 | 19.7 | 14 | 16.3 | 15.3 | 20.3 |

*출처: 중앙선거관리위원회 홈페이지 정리

표성이 심각하게 편향되어 있음을 알 수 있습니다. 이러한 편향된 의회 구성에 의한 대표성의 왜곡을 바로잡으려면 거대정당에 의해 대표되지 않는 사회집단의 의사를 대표하는 비례의원 수를 늘려야 합니다.

셋째, 비례의원은 선거구 의원이 덜 관심을 갖는 전국적인 정책적 의제를 다루기 때문입니다. 선거구 의원은 재선을 위해 주로 선거구민과 관련된 정책적 의제에 관심이 집중되고, 비례의원은 소수집단이나 국민 전체의 삶의 질과 관련된 정책적 의제에 관심이 집중되어 있습니다. 즉, 제19대 국회를 대상으로 한 연구결과에 따르면, 선거구 의원은 행정안정, 국토교통, 기획재정 정책에 관심이 많으며, 비례의원은 보건복지, 교육문화, 환경노동 정책에 관심이 많은 것으로 분석되었습니다. 또한 선거구 의원과 비례대표 의원 간 의정활동을 비교한 연구들은 비례대표 의원의 의정활동이 선거구 의원의 의정활동보다 저조하지 않음을 밝히고 있습니다. 이러한 연구결과는 비례의석수 증가가 국민 전체의 삶의 질을 높이는 데 도움이 될 수 있음을 보여줍니다.

다음으로 총의석수를 늘려야 하는 이유를 알아보겠습니다. 첫째, 총의석수 증가에 따라 의원 1인당 대표해야 할 인구수가 줄어들면 국민의 다양한 요구에 대한 반응성이 높아진다는 점입니다. 즉, 의원 1인을 대표하는 인구가 많아지면 대표해야 할 사람들의 목소리를 청취하고 취합하여 조정하기 어렵지만 대표하는 인구가 적으면 한결 쉬워지기 때문입니다.

둘째, 총의석수가 늘면 법안 심의·의결(입법 기능)을 효과적으로 할 수 있습니다. 사회가 다원화·복잡화하면서 해결해야 할 공공의 문제와 의회가 처리해야 할 법안이 급격하게 늘고 있습니다. 그리고 의원 1인이 검토해야 할 법안 수가 늘어나 법안에 대해 충분히 심사

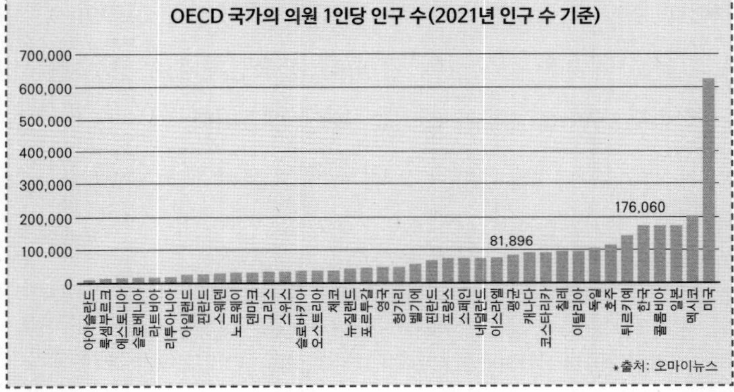


하고 숙고할 시간과 여력이 부족합니다. 따라서 국민을 위한 법안을 보다 심도 있게 심사하고 결정할 수 있도록 의원 수를 늘릴 필요가 있습니다. 우리나라 의원 1인당 검토해야 할 법안 수는 미국의 2배, 프랑스의 23배, 영국의 91배, 독일의 67배, 일본의 62배입니다.

셋째, 총의석수 증가는 비대해진 행정부를 효과적으로 견제할 수 있을 것입니다. 즉, 1988년에 비해 국가 예산이 36배 증가했으며(18조 원에서 638조 원), 국정감사 기관도 783개 기관입니다. 300명의 의원만으로 철저한 심의와 감사를 하기엔 역부족입니다. 따라서 총의석수를 늘릴 필요가 있습니다.

마지막으로 총의석수가 늘면 의회 권력을 분산하며 의원들의 특권이나 부정부패 등을 상호 감시하고 견제할 수 있습니다. 권력은 소수에게 집중될수록 특권이 강화되며 부정부패가 발생합니다. 고대 아테네에서는 이런 문제를 해결하기 위해 한 사건을 담당할 재판관과 배심원을 200명 이상 추첨으로 선출했습니다. 즉, 재판관과 배심원이 많을수록 서로 감시하고 견제하여 금품이나 연고주의 등에 의한 불공정한 판결을 방지할 수 있다고 본 것입니다.

정리하면, 비례의석과 총의석 규모를 확대하면 의회가 전체 국민의 축소판으로 기능하여 비례성, 대표성, 책임성을 강화할 수 있습니다. 그리고 권력을 분산하여 권력 간 상호견제와 부정부패를 방지하며 정치에 대한 효능감과 신뢰를 높일 것입니다.

---

**찾아보기**

**▶ 도서자료**
- 김형철(2020). "준연동형 비례대표제의 정치적 효과: 선거불비례성과 유효정당 수를 중심으로." 『세계지역연구논총』. 제38집 2호.
- 김형철(2020). "의회규모, 비례대표의석 비율 그리고 민주적 통치능력: 40개 국가를 중심으로." 『비교민주주의연구』. 제16집 1호.
- 오마이뉴스.(https://www.ohmynews.com/NWS_Web/Event/Factcheck/OECD/factcheck_01.aspx)

**▶ 기타 자료**
- 공직선거법.https://www.law.go.kr/lsInfoP.do?lsiSeq=270353&efYd=20250401#0000(검색일 2025.6.10.).
- 중앙선거관리위원회 홈페이지. 선거통계시스템(info.nec.go.kr/)

---

# Q.
## 우리나라의 선거운동은 자유롭고 공정한가?

선거는 자유로운 정치적 의사 표현과 민주적 절차에 따라 공정하게 치러질 때 민주적 정당성을 지닙니다. 따라서 민주주의 국가는 자유롭고 공정한 선거를 목적으로 하는 선거법을 마련하고 있습니다. 우리나라도 공직선거법 제1조에 국민의 자유로운 의사 표현과 절차의 공정성을 보장하고 민주정치의 발전을 목적으로 한다고 명시하고 있습니다.



그러나 우리나라의 공직선거법은 혼탁·과열·부정·불법 선거 경험으로 자유보다 공정에 초점을 둔 규제 중심의 성격이 강합니다. 특히 선거운동과 관련하여 주체, 기간, 방법과 범위 등을 엄격하게 규제합니다. 그 결과, 헌법이 보장하는 국민의 표현의 자유를 제한하고 현직 의원과 도전자 간 공정한 경쟁을 저해하는 문제가 발생하고 있습니다. 즉, 규제 중심의 선거운동은 "누구든지 자유롭게 선거운동을 할 수 있다"(제58조 제2항)는 선거운동의 자유와 동등한 조건에서 동등한 기회를 보장하는 선거운동의 공정성도 침해하고 있습니다. 따라서 시민사회와 학계 그리고 법조계에서 선거운동의 자유를 확대하고 공정한 경쟁을 보장할 수 있도록 공직선거법을 개정해야 한다는 목소리가 높아지고 있습니다. 이들은 선거운동의 자유를 모든 인간이 지향해야 할 가치로 그리고 선거운동의 공정을 자유 가치 실현을 위한 수단으로 보고 있습니다. 즉, 선거운동의 자유가 공정보다 우선되어야 한다는 것입니다.

그렇다면 선거운동의 자유를 보장하기 위해 개정해야 할 공직선거법 조항은 무엇일까요?

## 1) 선거운동의 정의

우리나라 공직선거법 제58조 ①항은 선거운동을 "당선되거나 되게 하거나 되지 못하게 하기 위한" 행위로 정의하고, 다음과 같은 행위는 선거운동으로 보지 않는다고 규정합니다. 그리고 ②항에서 누구든지 자유롭게 선거운동을 할 수 있으나 이 법(공직선거법) 또는 다른 법률의 규정에 의하여 금지 또는 제한되는 경우에는 그러하지 않는다는 점을 규정합니다.

> **더 보기**
>
> **▶ 선거운동이 아닌 행위**
> - 선거에 관한 단순한 의견 개진 및 의사표시
> - 입후보와 선거운동을 위한 준비행위
> - 정당의 후보자 추천에 관한 단순한 지지-반대 의견 개진과 의사표시
> - 통상적인 정당 활동
> - 설날·추석 등 명절 및 석가탄신일·기독탄신일 등에 하는 의례적인 인사말을 문자메시지로 전송하는 행위
>
> *출처: 국가법령정보센터. https://www.law.go.kr/lsInfoP.do?lsiSeq=270353&efYd=20250401#0000

그러나 문제는 선거운동의 정의가 매우 포괄적이고 모호하다는 것입니다. 즉, '당선이 되거나 되게 하거나 되지 못하게 하기 위한' 행위는 선거운동만을 규제하는 것이 아니라 선거에 영향을 미치게 하기 위한 목적 행위까지 규제하는 것입니다. 그리고 선거운동으로 보지 않는 항목 또한 판단기준이 명확하지 않아 구체적 법률 쟁점에서 혼란과 해석상 논란을 불러일으키고 있습니다. 즉, 정당과 후보 그리고 국민은 자신의 행위가 공직선거법 위반 여부를 판단하지 못

해 중앙선거관리위원회에 문의하거나 해석을 요청하는 일들이 반복됩니다. 그 과정에서 선거관리위원회의 유권해석 등과 같이 판단을 포괄적으로 위임하는 문제가 발생합니다. 이는 헌법에 규정된 포괄적 위임 금지 조항을 위배할 뿐만 아니라 국민의 정치적 표현의 자유라는 기본권을 침해하는 결과를 낳고 있습니다. 제58조를 위반한 대표적인 사례는 투표 독려 활동과 관련되어 있습니다. 제19대 대선에서 대전지역 시민단체, 흥사단 그리고 참여연대 등이 투표 독려를 위해 시민단체가 현수막을 게시한 것을 선거관리위원회는 선거운동법을 위반했다며 현수막 철거공문을 보내 단속했습니다. 이는 투표 참여라는 공익적 사안임에도 특정 정당 후보를 당선되지 못하게 하는 행위로 규정하고 단속하여 정치적 표현의 자유를 제한했다는 논란을 초래했습니다.

헌법재판소와 대법원은 선거운동을 당선 또는 낙선을 위한 것이라는 목적의사가 객관적으로 인정될 수 있는 능동적, 계획적 행위를 말하는 것이라고 해석하며 엄격하게 판단해야 함을 제시하고 있습니다. 따라서 선거운동 정의의 모호성에 의한 선거운동의 자유를 위축시키는 문제를 해결하려면 선거운동을 특정 후보자의 당선을 목적으로 한 직접적, 구체적, 능동적 그리고 계획적 행위로 정의할 필요가 있습니다.


## 2) 선거운동 주체의 규제

공직선거법 제58조 ②항은 누구든지 선거운동을 할 수 있게 함을 규정하고 있습니다. 그러나 제60조 ①항과 제87조 ①항은 18세 미만의 미성년자, 선거권이 없는 사람, 공무원, 사립학교 교원, 국가·지방자치단체·공공단체 등은 선거운동을 할 수 없도록 규정하고 있습니다. 그리고 후보자나 선거사무장 등 선거법상 특정 신분 때문에 다른 정당이나 후보자를 위한 선거운동을 제한(제88조)하고 있으며 무투표 당선이 확정된 후보자의 선거운동이 중지됩니다(제275조). 이와 같은 선거운동 주체의 제한은 국민의 정치적 의사 표현의 자유라는 기본권을 침해하는 조항입니다. 특히 정치적 중립성을 명분으로 공무원과 사립학교 교원의 선거운동을 제한하는 것은 과도한 규제라 할 수 있습니다. 즉, 공무원과 사립학교 교원이라도 직무와 연관성이 없는 조건, 즉 일과시간 후 정치적 의사표현 행위인 선거운동을 보장해야 할 것입니다. 그리고 사립학교 교원의 선거운동 제한은 선거운동을 할 수 있는 대학교원과의 형평성 문제가 발생합니다. 즉, 평등의 원리가 침해됩니다.

미국과 독일 등은 선거운동 주체에 제한 규정이 없습니다. 일본은 선거관리위원회의 위원 및 직원, 재판관, 검찰관, 회계검사관, 공안위원회 위원, 경찰관, 수세관리 및 징세 직원의 선거운동을 제한하고 있습니다. 즉, 이들의 선거운동은 선거 집행의 공정성을 저해하거나 선거인의 투표에 부당한 영향을 미칠 우려 때문에 제한하는 것입니다. 우리나라도 선거운동 주체를 제한하는 규정을 폐지하거나 최소화할 필요가 있습니다.

### 3) 선거운동방법 관련 규제

공직선거법은 선거운동 방법과 관련하여 선거일 전 120일부터 선거일까지 선거에 영향을 미치게 하는 행위로 시설물 설치 등 금지(제90조), 문서·도화의 배부·개시 등 금지(제93조), 서명·날인 운동 금지(제107조)를 규정합니다. 선거에 영향을 미치게 하는 행위로 정당의 명칭이나 후보자의 성명 사진 등을 유추할 수 있는 내용을 명시하는 것으로 규정하고 있습니다.

이 경우, '유추할 수 있는 내용'이라는 문구는 포괄적이고 모호합니다. 즉, 국민의 삶에 영향을 주는 정책에 대한 찬성과 반대라는 유권자의 정치적 표현의 자유를 제한하는 것입니다. 주권자로서 국민은 정책에 대한 의사표현의 자유를 보장받고 있습니다. 이를 선거운동 기간이라 제한하는 것은 위헌적이라는 지적이 있습니다. 그리고 공직선거법 제90조 ②항의 선거에 영향을 미치게 하기 위한 행위로 보지 않는 행위로 제시된 '통상적인 정당 활동'은 자당의 정책이나 정치적 현안에 대한 입장을 게시물이나 인쇄물을 통해 홍보할 수 있도록 합니다(정당법 37조 2항). 이는 선거에 영향을 주는 특정 정당이나 후보를 유추할 수 있는 행위를 금지하는 제90조 ①항과 상충합니다. 그리고 정당(후보자)과 유권자 간 불공정성이 존재합니다.

공직선거법 제90조에 대한 단속 사례가 많은 것은 후보 및 정책에 대한 지지와 반대, 그리고 투표독려운동에 사용된 현수막과 피켓 등의 시설물 이용 때문입니다. 대표적인 예로 2010년 제5회 지방선거에서 4대강 사업저지범국민대책위원회 및 환경운동연합 등이 4대강 사업 중단을 촉구하며 관련 사진전을 열고, 피켓, 현수막 등을 게시했으며, 2016 총선넷은 35명의 낙선후보자 선정 및 부적격 후보 낙선 기자회견을 하면서 정당이나 후보자의 명칭을 명시하지 않은 '구멍 뚫린 피켓'을 사용했는데, 대법원 및 항소심에서 유죄로 인정되어 벌금형이 선고되었습니다.

또한 제107조(서명·날인운동의 금지)를 위반한 대표적인 사례는 제5회 지방선거에서 친환경무상급식풀뿌리국민연대의 무상급식에 대한 대국민 지지서명 운동입니다. 이 또한 특정 후보나 정당을 당선 또는 낙선시킬 목적 없이 무상급식이라는 정책에 대한 캠페인이었을 뿐인데 이를 불법적인 선거운동으로 규정한 것입니다. 즉, 중앙선거관리위원회와 검찰은 시민단체가 특정 정책에 대한 지지 반대 활동을 꾸준히 해왔다 하더라도 해당 정책이 선거 쟁점이 된 이상

선거운동 또는 선거에 영향을 미치는 행위라고 주장한 것입니다.

이는 선거 시기에 유권자의 정책에 대한 호소행위를 불가능하게 하며, 더 나아가 불법 및 위법행위로 전락시킴으로써 유권자의 정치적 표현의 자유를 제약하고 있습니다. 정책 및 후보에 대한 호불호의 정치적 표현은 주권자의 기본권이라는 점에서 일상적인 정치활동으로 이해되어야 합니다. 따라서 후보자나 정당의 선거홍보물이 아닌 정책캠페인의 경우 선거일 전 180일이라는 기간 제한을 없애고 정책캠페인을 위한 시설물 설치 및 서명·날인운동을 허용함으로써 정치적 표현의 자유를 보장해야 할 것입니다.

따라서 제90조와 제93조의 개정이 필요합니다. '유추할 수 있는'이라는 문구를 보다 구체적으로 제시해야 하며, 유권자가 정책에 대한 찬성과 반대를 표현하는 시설물 설치나 인쇄물 게시·배부 등을 허용해야 합니다. 즉, 후보자나 정당의 선거홍보물이 아닌 정책 캠페인 관련 시설물 설치와 인쇄물 게시·배부 등을 기간 제한 없이 보장해야 합니다. 그리고 후보자나 정당의 선거홍보물이 아닌 정책 캠페인의 경우는 선거일 전 180일이라는 기간 제한을 없애고 정책 캠페인을 위한 서명·날인 운동을 허용하여 정치적 표현의 자유를 보장해야 합니다.

### 4) 정책 공약에 관한 비교평가 결과 공표 제한

공직선거법 제108조는 여론조사를 포함한 정책·공약에 관한 비교평가 결과의 공표 금지와 제한을 규정하고 있습니다. 공직선거법 제108조의 3은 언론기관 및 선거운동을 할 수 없는 단체(제87조 ①)에 해당하지 않는 단체의 정당 후보자의 정책·공약에 관한 비교평가 결과를 공표할 수 있지만, 후보자별 점수 부여 또는 순위나 등급을 정하는 등의 방법으로 서열화하는 행위를 금지하고 있습니다.

여론조사와 관련하여 '선거에 관한 여론조사'라는 조문은 너무 포괄적입니다. 따라서 정당이나 후보에 대한 지지도 또는 당선을 예상하게 하는 여론조사가 아니라 선거에 대한 관심을 높이기 위한 설문조사 또는 정책에 대한 의견수렴, 유권자의 자발적인 의견조사 등도 규제하고 있습니다.

여론조사 공표와 관련하여 헌법재판소는 여론조사 결과가 계속 공표되면 여론 왜곡이 발생하여 선거의 공정성을 해칠 수 있기에 특정 기간을 설정하여 여론조사 결과 공표를 금지하는 것이 선거의 공정성 확보를 위해 합리적 제한이라고 판결하고 있습니다. 그러나 반대의견을 제시한 이영모 재판관은 '여론조사 결과 공표'가 금지됨으로써 정상적인 정보의 흐름이 차단되고 비정상적인 선거운동 전략에 의해 오히려 허위정보가 유통될 수 있음을 지적합니다. 그리고 선거일이 다가올수록 허위정보에 의한 폐해가 커질 가능성이 있어 여론조사 결과 공표를 금지하는 것이 공정한 선거를 저해할 수 있다고 의견을 제시합니다.

정책·공약에 관한 비교평가 결과를 공표하는 것은 유권자에게 합리적 선택을 할 수 있도록 정보를 제공하기 위한 것입니다. 이를 규제하는 것은 유권자의 정책 비교를 통한 합리적 선택과 국민의 알 권리를 침해하는 것입니다. 그리고 후보자별 순위나 등급을 정해 서열화하는 행위를 금지하는 것은 후보자나 정당들 사이의 정책경쟁을 가로막는다는 비판을 낳고 있습니다.

공직선거법 108조는 '선거에 관한 여론조사'를 구체적으로 '후보나 정당에 대한 지지나 당선인을 예상할 수 있게 하는 여론조사'로 규정하고 나머지 정책에 의한 의견수렴 등의 여론조사는 허용할 필요가 있습니다. 그리고 108조 ③항을 폐지하여 정책이나 공약을 비교·평가할 수 있게 하고 그 결과를 공표함으로써 유권자의 알 권리를 보장함과 동시에 정보를 제공함으로써 정책과 공약을 중심으로 유권자의 정책투표를 유인할 필요가 있습니다.

## 선거운동의 자유와 공정성의 균형을 위해

선거운동 규제는 정보의 정확성, 자유로운 전달, 용이한 획득가능성, 제공 기회의 균등성을 부당하게 침해하지 않는 범위에서 이뤄져야 합니다. 이를 위해서는 선거운동 방법에 대한 적용 대상과 범위를 포괄적인 주체와 행위로 규정하지 말고 구체적이고 명확하게 제시할 필요가 있습니다. 특히 유권자의 선거운동 목표나 의도에서 합법적 선거운동과 불법적인 선거운동을 구분할 수 있는 공직선거법으로 개정해야 합니다.

선거운동의 자유를 제약하지 않고 공정성을 보장하려면 지금과 같은 선거운동 시기나 방법 등과 같은 개별적 조항으로 규제하기보다 선거비용 지출 한도를 설정하여 선거운동을 규제하는 것이 필요합니다. 즉, 개개의 선거운동 행위 및 수단 방법에 대한 규제보다는 비용 측면에서 규제하는 것이 실효성이 큽니다. 즉, 경제적 차이는 정치자금과 선거비용의 비목별 제한을 통해 규제하면 가능하고, 비방 흑색선전 등은 별도의 처벌 규정이 있기 때문에 유권자들이 정보를 통한 합리적 선택이 가능토록 해야 합니다.

마지막으로 선거관리위원회는 선거관리의 규범적 목적에 부합하는 역할과 기능을 수행해야 합니다. 예를 들어, 후보자들에 대한 지속적인 홍보와 교육, 모호하거나 규제 중심적인 선거법 조항에 대한 검토와 개정의견 제시, 그리고 정당, 후보자, 유권자들이 자유롭고 공정한 선거운동을 할 수 있도록 선거 전반을 공정하게 관리해야 합니다. 민주화 이후 선관위가 절차적 측면의 공정성에 초점을 맞추어 규제적 관리를 한 것은 이에 대한 유권자의 요구를 반영한 측면

이 있는 반면, 유권자들이 좀 더 자유롭게 정치적 의사 표현을 할 수 있는 방안들도 모색할 필요가 있습니다.

---

**찾아보기**

**▶ 도서자료**
- 김현태(2007).『한국의 선거운동제도와 정치 발전』. 오름 제14집 2호.
- 김형철·홍경선(2018). "선거운동의 자유와 공직선거법 개정 방안: 시민단체의 선거법 위반 사례를 중심으로."『비교민주주의연구』. 제14집 2호.

**▶ 기타 자료**
- 공직선거법.https://www.law.go.kr/lsInfoP.do?lsiSeq=270353&efYd=20250401#0000(검색일 2025.6.10.).
- 중앙선거관리위원회 홈페이지. 선거통계시스템(info.nec.go.kr/)

---

김종갑. 2022. 『한국의 선거제도 개혁: 진단과 처방』. 경인문화사.

김형철. 2020. "준연동형 비례대표제의 정치적 효과: 선거불비례성과 유효정당 수를 중심으로." 『세계지역연구논총』 제38집 2호, 79-100.

Beetham, David and Kevin Boyle. 1995. *Democracy: 80 Questions and Answers*. UNESCO.

Farrell, David M. 2011. *Electoral Systems: A Comparative Introduction*. *London:* Palgrave Publishers Ltd; 전용주 역. 2012. 『선거제도의 이해』. 한울.

Lijphart, Arend. 1994. *Electoral Systems and Party Systems: A Study of Twenty-seven Democracies(1945-1990)*. Oxford: Oxford University Press; 서주실 역. 1997. 『선거제도와 정당제: 27개 민주주의 국가를 대상으로(1945-1990)』. 삼화원.

____. 1999. *Patterns of Democracy: Government Forms and Performance in Thirty-Six Countries*. New Haven: Yale University Press.

Manin, Bernard. 곽준혁 옮김. 2004. 『선거는 민주적인가: 현대 대의민주주의의 원칙에 대한 비판적 고찰』. 후마니타스.

Nohlen, Dihter. 박병석 옮김. 1994. 『선거제도와 정당체계: 선거제도의 정치적 효과』. 다다.

Norris, Pippa. 2004. *Electoral Engineering: Voting Rules and Political Behavior*. Cambridge: Cambridge University Press.

Powell, G. Bingham Jr. 2000. *Elections as Instruments of Democracy*. New Haven & London: Yale University Press.

Rae, Douglas W. 1971. *The Political Consequences of Elector Law*. New Haven & London: Yale University Press.

Reynolds, Andrew., Ben Reilly, and Andrew Ellis., et al. 2005. *Electoral System Design: The New International IDEA Handbook*. Stockholm: International Institute for Democracy and Electoral Assistance.

Sartori, Giovanni. 1976. *Parties and Party Systems: A Framework for Analysis*. Cambridge: Cambridge University Press.; 어수영 옮김. 1986. 『현대정당론』. 동녘.

____. 1986. "The Influence of Electoral System: Faulty Laws or Faulty Method?" in B. Grofman and A. Lijphart, *Electoral Laws and Their Political Consequences*. New York: Agathon Press, INC.

_____. 1994. *Comparative Constitutional Engineering: An Inquiry into Structures, Incentives, and Outcomes*. London: Macmillan.

Shugart, Matthew S. and Martin P. Wattenberg. 2001. *Mixed-Member Electoral Systems: The Best of Both Worlds?* New York: Oxford University Press.

Taagepera, Rein. and Matthew. S. Shugart. 1989. *Seats and Votes: The Effects and Determinants of Electoral Systems*. New Haven & London: Yale University.

Tavits, Magrit. 2004. "The Size of Government in Majoritarian and Consensus Democracies." Comparative Political Studies. Vol. 37, No. 3.


공직선거법. https://www.law.go.kr/lsInfoP.do?lsiSeq=270353&efYd=20250 401#0000(검색일 2025.6.10.).

오마이뉴스. (https://www.ohmynews.com/NWS_Web/Event/Factcheck/ OECD/factcheck_01.aspx)

중앙선거관리위원회 홈페이지. 선거통계시스템(info.nec.go.kr/)

Election indices(https://www.tcd.ie/Political_Science/people/michael_ gallagher/ElSystems/)

IDEA. https://www.idea.int/data-tools/data/question?question_ id=9380&database_theme=307(검색일 2025.6.6.)

프랑스 내부 및 해외영토부. https://www.archives-resultats-elections. interieur.gouv.fr/resultats(검색일 2025.6.6.)

위키피디아. https://en.wikipedia.org/wiki/2025_German_federal_election

# 4장

# 정당

손우정

　2024년 12월 3일 저녁, 온 국민이 하루를 평안하게 마무리하고 있을 때 난데없는 비상계엄이 선포되었습니다. 큰 충격을 받은 시민들은 뉴스 속보에서 눈을 뗄 수 없었고, 어떤 분들은 주저 없이 여의도 국회 앞으로 달려갔습니다. 국회가 봉쇄되기 전에 국회로 모인 의원들은 다행히도 비상계엄 해제를 신속하게 결정해, 더 큰 피해를 막았습니다.

　그러나 그날의 충격은 비상계엄 해제 의결로 끝나지 않았습니다. 불법적으로 비상계엄을 선포한 윤석열 대통령을 대통령 자리에서 내려오게 해야 한다는 목소리가 높았습니다. 12월 4일부터 국회 앞 여의도, 광화문 광장에는 많은 시민이 모여 윤석열 파면과 사회대개혁을 외쳤습니다. 다양한 사람들이 전국에서 모였기 때문에 수많은 깃발도 있었습니다. 기발하고 발랄한 깃발부터, 역사가 꽤 오래된 사회운동 단체들의 깃발도 보였습니다. 그 옆에는 여러 정당의 깃발도 보이네요. 그런데 잠깐! 정당은 국회에서 활동하고, 운동단체는 광장에서 활동하는 것 아니었나요? 정당은 의회에도, 거리에도 있는데, 왜 운동단체는 거리에만 있을까요? 어떤 정당들은 거리에 거의 나오지 않는데, 어떤 정당들은 왜 사회운동단체처럼 열심히 집회와

2025년 3월 8일 열린 야5당의 윤석열 파면 촉구 범국민대회

시위에 참여할까요?

이번 장에서는 '정당'에 대해 알아봅니다. 정당을 모르는 사람은 거의 없겠죠? 그런데 정당이 정확히 무엇인지 설명하는 것은 전문가들도 쉽지 않은 문제입니다. 샤츠슈나이더E. E. Schattschneider라는 학자는 "근대 민주주의는 정당을 빼놓고 생각할 수 없으며 민주주의를 만드는 것은 정당"이라고 주장했습니다. 정당은 단순히 정부의 부속물이 아니라 민주주의에서 결정적이고 창조적인 역할을 한다는 것이지요. 그런데 우리는 정당에 대해 얼마나 알고 있을까요?

# Q.
## 정당은 사회운동단체와 무엇이 같고 무엇이 다를까?

### 우리나라에는 몇 개의 정당이 있을까?

정당이 뭔지 모르는 사람도 있냐고요? 맞습니다. 우리는 모두 정당에 대해 알고 있습니다. 뉴스는 하루도 빠지지 않고 정당에 대한 소식을 전합니다. 그런데, 그걸 어떻게 정의할 수 있을까요? 한번 해보세요. 어떤가요? 막상 정의하려면 쉽지 않을 겁니다. 민주주의나 정치라는 개념처럼 우리가 잘 알고 있다고 믿고 있고, 일상에서도 많이 쓰는 용어 중에 의외로 정의하기 까다로운 개념들이 많습니다. 그러나 우리가 굳이 정당의 정의를 시도하는 것은 이를 통해 정당의 복잡하고 다양한 성격, 나라마다 제각기인 정당의 유형에 대해 더 잘 이해할 수 있기 때문입니다. 우리가 막연하게 생각하는 이미지가 정당의 모든 것이 아니라는 것을 이해한다면, 정당을 어떻게 발전시켜야 할지에 대해서도 더 많은 상상이 가능할 것입니다.

정당을 한마디로 정의하기 어렵다면 이미지를 떠올려 봅시다. 여러분께 정당이 무엇이냐고 물으면 바로 '더불어민주당', '국민의힘'을 떠올릴 겁니다. 정치에 조금 더 관심 있는 분들은 조국혁신당과 개혁신당, 진보당, 기본소득당, 사회민주당을 말할 수도 있습니다. 이 정당들은 원내정당, 즉 당원 중 국회의원이 단 한 명이라도 있는 정당입니다. 그렇다면 우리나라에 정당은 몇 개나 있을까요? 원외 정당으로 잘 알려진 정당은 녹색당과 정의당도 있겠군요. 실은 더 많습니다. 국회의원이 한 명도 없어도, 중앙당을 운영하는 정당은 2024년 12월 31일 기준, 총 49개입니다. 놀랍지요? 이 외에도 매년 정당을 만들기 위해 창당준비위원회를 결성하거나 결성했다가 사라지는 단체가 수십 개에 달합니다. 물론 창당준비위원회조차 만들지 못하는 정당도 많습니다. 예를 들어 특정 지역에서 풀뿌리 정치를 추구하는 지역정당은 정당법상 정당이 아니지만, 정당을 자임하고 있습니다.

어쨌든 우리가 들어보지도 못한 정당이 참 많습니다. 이렇게나 정치에 관심이 많다니. 그럼, 본격적으로 정당이 무엇인지, 어떻게 정의할 수 있는지 살펴볼까요?

## 코끼리를 정의하라

우리나라 정당 연구의 권위자인 심지연 선생은 정당이란 무엇인지를 정의하는 것은 코끼리를 정의하는 것과 같다고 한 적이 있습니다. 코끼리를 본 사람은 코끼리가 어떻게 생겼는지 알죠. 그런데 이걸 말로 풀어 정의하는 건 전혀 다른 문제입니다. 중요한 특징을 뽑아 압축적으로 서술해야 하지만, 이게 생각보다 쉽지 않습니다. 코끼리를 한 번도 본 적이 없는 사람은 코끼리를 정의하는 것이 더 어렵습니다. 정당도 비슷하다는 거죠.

이런 경우에는 공식적으로 정의된 개념을 먼저 살펴보는 게 효율적입니다. 국어사전에 정당은 "정치에 대한 이념이나 정책이 일치하는 사람들이 정치적 이상을 실현하기 위해 조직하는 단체"로 나와 있습니다. 어떤가요? 우선, 정당이 정말 이념이나 정책이 일치하는 사람들로 구성되어 있을까요? 아리송합니다. 더불어민주당과 국민의힘에는 이념이나 정책이 일치하는 사람들만 있을까요?

사실 큰 정당일수록 '이념'을 분명하게 내세우지 않는 경우가 흔합니다. 두루뭉술하게 '중도·보수 정당'이나 '개혁정당'이라는 식으로 이념을 말하기도 하고, '중산층을 위한 정당', '서민을 위한 정당'이라는 식으로 정책을 표현하기도 하지요. 우리나라는 오랜 독재 경험으로 이념이나 정책 중심의 정당이 발전하기 어려웠습니다. 그러다 보니 특정 인물이나 계파, 정파를 중심으로 한 내부 권력 투쟁이 더 부각되는 경향이 있었습니다. 정당 내부의 이념과 정책이 얼마나 같고 다른지가 잘 드러나지 않지만, 이것이 일치된 사람들이 정당을 조직한다는 것은 쉽게 수긍하기 어렵습니다. 심지어 이념적 지향이 강한 진보정당조차, 이념과 정책이 일치하는 사람들이 모여 있다고 할 수는 없습니다. 보통 보수정당은 사람을 중심으로 한 '계파', 진보정당은 노선을 중심으로 한 '정파'가 한 정당에 공존합니다. 상당

히 작은 정당에도 이념과 정책이 일치한 사람들만 모여 있는 경우
는 매우 드뭅니다. 그래서 국어사전의 정당 정의는 현실을 반영한다
고 보기 어렵습니다.

　법에는 어떻게 정의되어 있을까요? 정당에 관한 규칙을 모아 둔
「정당법」 제2조에서는 정당을 "국민의 이익을 위해 책임 있는 정치
적 주장이나 정책을 추진하고 공직선거의 후보자를 추천 또는 지지
함으로써 국민의 정치적 의사 형성에 참여함을 목적으로 하는 국민
의 자발적 조직"이라고 정의합니다. 이 정의는 두 가지 측면에서 문
제가 있습니다. 첫째는 '국민의 이익을 위해 책임 있는 정치적 주장
이나 정책'을 추진한다는 표현은 정당의 정의보다는 규범적인 의미
를 담고 있습니다. 여러분이 알고 계신 정당이 모두 여기에 해당하
나요? 만일 아니라면, 그것을 정당이 아니라고 할 수 있을까요? 또
이런 규범적 정의에는 정당만이 아니라 정치적 의제와 관련한 공익
활동을 추구하는 시민사회단체도 포함될 수 있습니다.

　두 번째 문제는 '공직선거의 후보자를 추천 또는 지지'한다는 표
현입니다. 대부분의 정당은 각종 선거에 후보를 출마시키고, 우리나
라의 경우 시민사회단체가 직접 선거에서 후보를 내지는 않기 때문
에 꽤 그럴듯해 보입니다. 그러나 선거에 참여하지 못하는 게 아니
라, 의도적으로 참여하지 않는 정당도 있습니다. 지금은 많이 사라
졌지만, 예전에는 비非합법, 또는 반反합법 정당들이 있었습니다. 이
들은 궁극적으로 국가권력을 획득하여 정치적 이념을 실현하려 했
지만, 선거 참여에는 대단히 부정적이었습니다. 선거는 정치적·경제
적 기득권을 가진 세력에게 편파적으로 유리하기 때문에 그들의 권
력에 정당성을 부여하는 요식행위라고 봤기 때문입니다. 그래서 일
부러 선거에 후보를 내지 않거나, 출마하더라도 당선보다는 자신들
의 주장을 알리는 계기 정도로 여기기도 했습니다. 대체로 이런 정

당은 선거보다는 다가올 '혁명적 상황'을 예비하는 성격으로 운영되었습니다.

[ 표 4-1 ] 정당의 여러 정의

| 정당의 정의 | 출처·학자 |
| --- | --- |
| 정치에 대한 이념이나 정책이 일치하는 사람들이 정치적 이상을 실현하기 위해 조직하는 단체 | 국어사전 |
| 국민의 이익을 위해 책임 있는 정치적 주장이나 정책을 추진하고 공직선거의 후보자를 추천 또는 지지함으로써 국민의 정치적 의사 형성에 참여함을 목적으로 하는 국민의 자발적 조직 | 정당법 제2조 |
| 국가 이익을 위해 공통의 원칙에 동의하는 사람들의 단체 | 에드먼드 버크<br>(Edmund Burke) |
| 권력 획득과 행사를 목표로 하는 조직된 집단 | 모리스 듀베르제<br>(Maurice Duverger) |
| 선거를 통해 정부의 통제권을 얻기 위해 경쟁하는 집단 | 조지프 슘페터<br>(Joseph Schumpeter) |
| 사회적 계층이나 이익집단의 정치적 표현이며, 지도자와 추종자의 관계로 조직 | 막스 베버<br>(Max Weber) |
| 선거를 통해 공직 후보를 내세울 수 있는 공식적 지위를 가진 정치 조직 | 조반니 사르토리<br>(Giovanni Sartori) |
| 사회의 갈등을 정치적 투쟁으로 전환하는 매개체 | 립셋과 로칸<br>(S.M.Lipset and S. Rokkan) |

정당을 '중앙선거관리위원회에 등록한 정치 단체'로 협소하게 정의할 수 있다면 간단하지만, 정당의 폭은 그보다 훨씬 넓고 다양합니다. 그리고 정당이라고 해서 이념과 정책이 일치하는 사람들만 모여 있는 것도 아닙니다. 어떤 정당은 국회의원을 중심으로 주로 의회에서 활동하지만, 어떤 정당은 사회운동단체와 거의 유사하게 활동하기도 합니다.

이 외에도 정당은 정권 획득을 목적으로 하는 사람들의 모임이라거나, 정당한 수단으로 목적을 이루려는 사람들의 모임, 좁은 이익을 넘어 국가 전체의 대표성을 추구하는 결사체, 사회적 갈등을 정치적 투쟁으로 전환하는 매개체라는 식의 정의가 시도되어 왔습니다. 그러나 모든 정의에는 예외 사례가 있습니다. 정권 획득보다 전복을 목표로 하는 정당도 있고, 합법적인 방법만이 아니라 법적으로 허용된 범위를 넘어서 활동하는 정당도 목격됩니다. 좁은 이익이 아니라 국가 전체의 대표성을 추구한다는 것도 현실적으로는 너무 모호합니다. 또한, 사회적 갈등을 정치적 투쟁으로 전환하는 것이 정당만의 역할은 아니며, 정당이 오히려 새로운 사회적 갈등을 만들어 내기도 합니다.

지금까지 여러 정의를 조금 삐딱하게 살펴본 이유는 정당을 잘 정의하기 위해서가 아니라 그만큼 정당은 한마디로 정의하기 어렵다는 것을 이해하기 위해서입니다. 정당이 특정한 성격과 형태를 갖는 것이 아니라면, 어떤 정당이 필요한지, 지금의 정당이 어떻게 나아가야 하는지, 더 많은 상상력을 발휘할 수 있습니다.

그래도 정당을 좀 더 이해해 보려면, 근대 정당이 어떻게 만들어졌는지부터 살펴보면 어떨까요?

## 근대 정당의 탄생

정당이 꼭 선거에 후보를 내는 것은 아니지만, 근대적 의미의 정당은 선거와 매우 관련이 깊습니다. 이에 대해 탁월한 연구를 남긴 사람은 듀베르제Maurice Duverger라는 프랑스 정치학자인데요, 그는 정당이 선거에 더 잘 대응하기 위해 만들어졌다고 보고 있습니다.

예전에는 유권자도 얼마 되지 않았고, 출마하는 사람도 재산이 많은 일부에 불과했습니다. 그런데 선거권이 점차 확대되고 유권자가 늘어날수록 돈 많은 명망가들도 계속 당선되는 것이 쉽지 않았죠. 그래서 의원들은 마음에 맞는 사람끼리 뭉쳐서 선거에 공동 대응하기 시작합니다. 또 각 선거구에 있는 유지들과 명사들을 '위원회' 형태로 조직하기도 했습니다. 물론 이런 위원회에서는 이미 의원이 된 사람들이 큰 영향력을 행사할 수 있었죠. 다만, 위원회를 아우르는 중앙 조직은 있었지만, 지방 위원회의 독립성과 영향력이 압도적이었습니다. 결국 선거가 치러지는 곳은 지방 위원회가 있는 곳이었으니까요. 듀베르제는 이런 식으로 형성된 정당을 간부 정당 cader parties이라고 불렀습니다. 대부분 중요한 역할을 맡고 있거나 맡을 사람을 중심으로 정당을 만들었기 때문입니다.

그러나 모든 정당이 이런 식의 기원을 갖는 것은 아닙니다. 간부 정당을 구성하는 사람들 정도의 재산은 없지만, 조직은 있는 사람들이 있었죠. 예를 들어 급진적인 사회운동이나 노동운동을 하던 사람들이 그랬습니다. 이 사람들도 선거에 참여하기로 한 이상, 막대한 선거자금과 당선을 위해 함께 활동할 운동원이 필요했습니다. 이들에게는 무엇보다 열정과 헌신으로 똘똘 뭉친 '지지자'들이 많았습니다. 간부 정당에는 기껏해야 수천 명 정도의 당원이 있었지만, 초기 독일 사회민주당의 당원은 백만 명이 넘었습니다. 듀베르제는 간부 정당과 대비되는 이런 정당을 '대중정당'으로 불렀습니다.

이런 유형의 정당은 대부분 강한 이데올로기와 열성적인 당원을 보유했기 때문에, 선거 때만이 아니라 일상에서도 다양한 정치 활동을 활발하게 펼쳤습니다. 선거구마다 위원회를 만들어 당원을 모집하고 교육했으며, 일상적으로도 여러 의제에 대해 적극적으로 활동했습니다. 게다가 선거에 이겨서 의원을 배출하더라도, 이 의원은 의회 밖에 존재하는 당 지도부의 결정에 따라야 했습니다. 의원은 의회 안팎에 공존하는 정당에서 의회로 파견한 사람일 뿐이었으니까요. 물론 운동보다 원내 정치가 훨씬 더 위력을 발휘하면서 의원의 힘은 계속 커졌지만요. 우리나라에서 '진보정당'으로 불리는 흐름은 대부분 이와 같은 '대중정당 모델'을 벤치마킹해 만들어졌습니다.

## 한국 정당정치의 기형적 시작

그렇다면 우리나라의 정당은 어땠을까요? 일제강점기에는 선거 출마가 불가능했기 때문에 꼭 선거에 참여하기 위해 정당을 조직했다고 보기는 어렵습니다. 예를 들어 일제강점기에 창당되었다가 해산과 재건을 반복했던 조선공산당은 독립을 추구하면서 국가권력을 획득하려 했으나, 선거에 참여하려고 당을 만든 건 아니었습니다.

1945년 광복 이후에는 순식간에 정당이 엄청나게 많이 만들어집니다. 억눌려왔던 정치 욕구가 한껏 분출되었다고 볼 수도 있지만, 직접적인 원인은 다른 데 있었습니다. 우선, 해방 후 남한으로 들어온 미 군정이 대화의 파트너로 정당 대표를 요청하면서 정당이 폭발적으로 늘게 됩니다. 미군이 진주하기 전에는 10개 정당이 있었지만, 미 군정이 정당 신고를 요청하자 54개로 훌쩍 늘었습니다. 1946년 한반도 문제를 해결하기 위한 미·소공동위원회가 열리면서 좌우 갈등이 극심해지자, 우익 세력은 하룻밤 사이에 80개 정당과 사회단체를 급조하기도 했습니다. 1947년 6월에는 미·소공위 참가 청원서를 제출한 정당과 사회단체는 남한이 425개, 북한이 38개에 달했습니다.

후에 초대 대통령이 된 이승만이 1945년 10월 16일 귀국하면서 정당 통일운동을 전개한 것도 수많은 정당이 생겨난 원인을 제공했습니다. 그는 독립촉성중앙협의회를 만들고 우후죽순으로 생겨난 정당을 통합하자고 주장했는데, 하나의 단체마다 대표 2명씩, 표결권을 1표씩 부여했습니다. 물론 참여 단체를 검증하는 과정은 매우 허술했죠. 그러다 보니 정당이나 정치단체를 표방하는 단체가 하루 아침에 크게 늘기도 했습니다. 당시에는 동일한 집단이 정당과 사회단체를 모두 만드는 경우가 많았고, 이 둘의 구분도 명확하지 않았습니다. 그래서 정당 당원과 사회단체 회원은 중첩되는 경우가 많았습니다.

그러나 이때도 모든 정당이 선거에 참여한 것은 아니었습니다. 1948년 5월 10일 제헌의회 의원 선거가 예고되자, 이 선거가 한반도 분단을 인정하는 것이라고 주장한 정치세력이 많았습니다. 그래서 사회주의나 민족주의 성향의 정당은 대부분 선거에 참여하지 않았습니다. 그래서 제헌의원 선거는 무소속이 200석 중 85석으로, 무려 42.5%를 차지하기도 했습니다. 1950년 2대 의원 선거에서 무소속은 126명이 당선돼 60%를 차지했고, 1954년 3대 의원 선거에서는 203명 중 68명이 당선돼 33.5%를 차지했습니다.

이런 점을 고려하면, 한국에서는 해방 직후 '정당 체제'로 불릴 만한 제도적 안정성이 자리 잡지 못했다고 볼 수 있습니다. 이런 불안정한 정당 구도는 정당이 국가 운영의 핵심 주체가 되는 내각책임제로 준비되던 제헌헌법이 갑작스레 대통령제로 바뀌게 된 배경이 되기도 합니다. 그래서 한국 정치구조는 내각제의 요소와 대통령제의 요소가 기묘하게 섞인 형태로 만들어졌고, 오늘날까지 이어지고 있습니다.

제대로 된 정당 체제가 자리 잡지 못한 데는 해방 후 격렬한 좌우 갈등과 한국전쟁을 겪으며 반공 독재체제가 오랫동안 견고하게 자리 잡은 것도 큰 영향을 미쳤습니다. 반공 이데올로기에 동의하지 않는 정치세력은 제도화된 정치 공간으로의 진입이 매우 어려웠습니다. 그래서 한국의 정당 체제는 다양한 이념이나 사회적 갈등을 국회로 반영할 수 없었습니다. 그러다 보니 이념이나 정책 대신 지역과 학연, 혈연이나 가문 같은 전근대적 연결망이 정당의 형성과 선거에 큰 영향을 미치게 되었습니다. 이런 경향은 아직도 우리나라 정당 간 경쟁에서 적지 않은 영향력을 발휘하고 있습니다.

그래서 초기 한국 정당은 원내정당, 간부정당의 성격이 매우 강했습니다. 그러나 1987년 민주화 이후에는 점차 대중정당처럼 당원 모집과 원외 지역 활동도 중시하는 모습을 갖추고 있습니다. 민주화가 진척되고 국민의 정치참여가 늘어날수록 대중정당의 외연을 갖추는 것이 효과적인 선거 전략이 될 수 있다는 것을 깨닫게 된 것이죠.

## 정당, 최소 정의와 최대 정의

이처럼 정당은 하나의 정의로 포괄하기 어려운 다양한 모습을 띠고 있습니다. 우리 역사에서 국정을 책임지거나 유의미한 영향력을 발휘했던 정당들은 국가권력을 획득하기 위해 사람을 모으고 선거에 적극 참여했지만, 보이지 않는 수많은 정당도 다양한 형태로 존재했습니다. 그래서 정당이라는 것을 우리가 알고 있는 몇몇 사례를 통해서만 정의하기가 쉽지 않습니다.

엄청난 연구 업적이 있는 학자들도 제대로 정의하지 못하니, 어렵다 해도 나무랄 일은 아닙니다. 다만 포괄적 의미의 정당은 '직접 국가권력을 획득하거나 국가 통치 기구 전반에 영향력을 행사하려는 목적으로 조직된 정치적 결사체' 정도로 느슨하게 정의할 수 있을 것 같습니다. 정치권력을 획득하려는 의지를 갖는다는 것은 사회운동이나 이익집단과 구별되는 정당만의 특징입니다. 물론 사회운동과 이익집단도 정치적 영향력을 행사할 수 있지만, '직접' 국가권력을 획득하려 하지는 않습니다. 또한, 이익집단은 매우 좁은 자신의 이익을 관철하려 하고, 사회운동은 더 넓은 공익적 의제를 중심으로 활동하지만, 정당처럼 국가 의제를 포괄적으로 다루지는 않습니다.

정당은 이익집단이나 운동단체와 달리, 선거에 참여할수록 더 넓은 범위의 이해관계와 공익을 대변하거나, 적어도 대변하는 것처럼 보여야 한다는 강한 압력을 받습니다. 물론 꼭 선거를 통한 집권을 추구하지 않더라도 국가에 영향력을 행사해 자신의 신념과 가치를 정책으로 만들어 내려는 운동 정당movement party이나 항의 정당 protesting party도 있지만, 이들 역시 국가 통치 기구 전반에 영향력을 행사하려 합니다.

그러나 모든 것을 설명할 수 있는 정의는 아무것도 설명할 수 없습니다. 그래서 범위를 좁혀야 합니다. 우리가 다뤄볼 정당을 '선거 경쟁에 참여해 국민적 지지를 얻어 국가권력을 획득하려고 하는 정치 집단' 정도로 좁혀 봅시다. 물론 여기에도 두 종류가 있습니다. 하나는 선거 경쟁에 참여하지만, 국가가 요구하는 법적 기준을 충족하지 못한 정당이 있을 것이고, 다른 하나는 법적 기준을 충족하여 다양한 제도나 지원을 활용할 수 있는 정당입니다. 법적 기준을 충족하지 못한 정당이 선거에 참여하려면 형식상 무소속이 되거나, 다른 정당과 연합을 통해 일시적으로 다른 정당에 소속되어 활동하는 것이 가능합니다.

좁은 의미의 정당은 선거라는 민주주의 제도에 참여하여 다수 국민의 지지를 얻어 국회에서 최대한 많은 의석을 얻으려 하고, 지방자치단체장 선거나 대통령 선거에서 승리해 행정 권력을 획득하려 합니다. 또한, 강령과 정책을 토대로 공약을 만들고 이를 실현하려고 노력합니다. 물론 현실 정당들이 정말 자신의 정책과 강령을 구현하는 것을 제1의 목표로 삼고 있는지, 아니면 권력 그 자체를 향해 끊임없이 움직이는 생물 같은 것인지에 대해서는 이견이 있을 수 있습니다. 이런 시도가 정당을 통해야만 하는 것은 아니지만, 정당이 이런 활동에 매우 효과적이고 효율적인 기능을 한다는 것은 분명합니다.

우리가 더 구체적으로 살펴볼 정당은 주로 선거 경쟁에 참여하는 정당, 최소한의 법적 기준을 충족한 정당에 관한 것입니다. 그렇더라도 정당이라는 것이 반드시 선거 경쟁에 참여하는 정치단체나 의회

다수당, 또는 행정 권력 획득을 목표로 하는 결사체만을 의미하지 않는다는 점을 기억하는 것이 중요합니다. 선거가 민주주의의 모든 것이 아닌 것처럼, 정당 역시 선거만을 위해 활동하지는 않습니다.

정당을 한마디로 정의하기 어렵고, 매우 다양한 사례가 있다는 것을 인정한다면, 어떤 정당이 필요한지, 정당이 어떻게, 어디로 나아가야 하는지에 대한 질문 역시 크게 열려 있다고 볼 수 있습니다. 현실에서 마주하는 정당의 모습은 천편일률적이라도, 정당에는 우리의 상상력이 들어갈 여지가 매우 많습니다.

이제 정당을 둘러싼 여러 문제를 본격적으로 살펴볼까요?

---

**핵심개념**

**▶ 정당**
직접 국가권력을 획득하거나 국가 통치 기구 전반에 영향력을 행사하려는 목적으로 조직된 정치적 결사체.

**▶ 합법정당**
선거 경쟁에 참여하기 위해 일정 조건을 충족하여 조직된 정치 집단.

---

**더 보기**

우리나라 헌법은 대통령제에 기반하면서도 의원내각제의 성격이 결합해 있습니다. 왜 그럴까요? 원래 제헌헌법 초안은 국가원수의 지위와 권한은 대통령에게 두고, 실질적으로 정부를 이끄는 역할은 국회에서 선출한 총리가 맡게 했습니다. 그런데 당시 초대 대통령으로 유력하게 거론되던 이승만은 더 강한 대통령제를 주장했습니다. 정당 체계가 제대로 자리 잡히지 못한 상황에서, 정당정치를 기반으로 운영되는 내각책임제에 대한 강한 불신이 있었던 데다가, 미국 유학 경험의 영향으로 강한 대통령제에 대한 선호가 강했기 때문입니다. 결국 제헌헌법은 대통령제로 선회하긴 했지만, 초기에는 대통령을 국회에서 선출하는 등 의원내각제 요소가 강했습니다. 이승만 정권이 4·19혁명으로 무너진 후 등장한 제2공화국에서는 완전한 의원내각제가 실시되기도 합니다. 박정희의 5·16쿠데타로 제2공화국이 무너지고 대통령제는 부활했지만, 아직 우리 헌정 체제에는 부통령 대신 국무총리가 있고, 국회의원이 국무위원을 겸임하고, 행정부도 법률안 제출권이 있는 등, 대통령제이면서도 의원내각제의 성격이 결합해 있습니다. 또, 개헌 때마다 대통령이 국가원수와 외교를 맡고, 총리가 실질적인 정부 수반이 되는 이원집정부제나 완전한 내각책임제가 거론되기도 합니다. 최근에는 현직 대통령이 내란을 저지른 2024년 12월 3일 비상계엄을 국회가 막아내면서, 다시 의원내각제에 대한 국민 지지가 높아지기도 했습니다.

어떤가요? 이제 완전한 의원내각제를 도입할 정도로 우리의 정당정치는 자리를 잡았을까요? 아니면 대통령제가 더 적합할까요? 개헌이 논의될 때마다 등장하는 쟁점 중 하나입니다.

**찾아보기**

**▶ 도서자료**

- 김용호(2003). "한국 정당정치의 역사: 정당다원주의의 변천". 심지연 편저. 현대 정당정치의 이해. 백산서당.
- 샤츠슈나이더 E. E. 지음. 현재호·박수형 옮김(2008). 절반의 인민주권. 후마니타스.
- 심지연(2003). "왜 정당인가". 심지연 편저. 현대 정당정치의 이해. 백산서당.
- 심지연(2004). 한국정당정치사: 위기와 통합의 정치. 백산서당.
- Duverger, Maurice. trans by Barbara and Robert North(1967). Political Parties: Their Organization and Activity in The Modern State. New York: Science Editions.
- Lipset, S. M. & Rokkan, S(1967). "Party Systems and Voter Alignments: Cross-National Perspectives". Edited by Lipset and Rokkan, Party Systems and Voter Alignments: Cross-National Perspectives. New York: Free Press.
- Sartori, Giovanni(1987). The Theory of Democracy Revisited. Chatham House Publishers. 이행 옮김. 민주주의 이론의 재조명. 인간사랑.
- Schattschneider, Elmer Eric(1942). Party Government. New York: Rinehart.

**▶ 기타 자료**

- 「정당법」.
- 중앙선거관리위원회(2025). 2024년도 정당의 활동개황 및 회계보고. 중앙선거관리위원회.

# Q.
## 정당은 누구나 쉽게 만들 수 있을까?

민주주의가 잘 작동하려면 정당의 역할이 중요하다는 것은 누구나 알고 있습니다. 그러나 뉴스만 틀면 서로 싸우고, 별로 하는 일도 없어 보이는 정당을 보면서, 우리는 '차라리 내가 정당 하나 만드는 게 낫겠다'라는 생각을 절로 하게 됩니다. 그렇다면 정당은 쉽게 만들 수 있을까요? 정당을 만드는 게 정말 어렵다면, 왜 굳이 정당을 만들려고 할까요? 정당을 만들면 어떤 점이 좋을까요?

### 정당을 만들려면?

2024년 기준으로 선거관리위원회에 등록된 정당만 49개에 달하니, 정당을 만드는 것은 참 쉬워 보입니다. 누구나 정당을 쉽게 만들 수 있으면 우리나라 민주주의가 발전할 것 같은데, 현실은 그렇지 않습니다. 그럼 어떻게 정당을 만들 수 있을까요?

관련 제도를 살펴보면 '아, 이거 만만치 않구나' 하고 느끼게 될 겁니다. 중앙선거관리위원회에 등록해 법적 지위를 가진 정당이 되려면 우선 중앙당을 만들어야 합니다. 중앙당을 창당하기 위해서는 200명 이상의 발기인이 필요합니다. 다음에는 시·도당이 필요합니다. 우리나라에서는 특정 지역에 편중된 정당을 허용하지 않습니다. 5개 이상의 특별시나 광역시, 또는 도에 100명 이상의 발기인으로 시·도당을 설립해야 합니다. 그럼 끝일까요? 아닙니다. 관문이 또 있습니다. 각 시·도당에서는 1,000명 이상의 당원을 모집해야 합니다. 결국 정당을 만들려면 5개 시·도당에서 1,000명 이상씩, 총 5,000명 이상의 당원을 모아야 가능합니다. 등록 정당의 이런 조건은 세계 다른 나라와 비교해도 매우 까다롭고 높은 문턱입니다.

그래서 한국에서는 소시민들이 화가 나서 '우리가 정당 하나 만들자'고 해도, 창당은 쉬운 일이 아닙니다. 청춘을 새로운 정당을 만드는 일에 바쳤던 어떤 사람은, 누가 당을 만들겠다고 하면 "너도 당해 봐라"라는 말을 해준다고 합니다. 그만큼 정당 등록 요건을 채우기가 어려울뿐더러, 다양한 사람들의 이해와 요구를 조정하고 뜻을 모으는 일은 여간 힘든 게 아닙니다. 이런 점 때문에 시민들이 기성 정당에 분노하고 화를 내는 경우는 많아도 참신하고 새로운 정당이 등장하기 어렵고, 선거 경쟁에서 살아남기도 쉽지 않습니다. 물론 매년 많은 정당이 나타났다가 사라지지만, 그나마 어느 정도 지속성을 지닌 정당은 기성 정당에서 떨어져나온 정치인이 주도하거나 전국적 네트워크를 갖춘 운동 조직이 정당을 만드는 경우가 대부분입니다. 유명 정치인이 하루아침에 뚝딱 정당을 만들어 내는 것을 보면, 정당 설립이 쉬워 보였죠? 그러나 전국적인 조직망이 없다면, 정당을 만드는 것은 하늘의 별 따기입니다.

**한국에서는 특정 지역에서만 활동하는 정당이 가능할까?**

이런 사실을 단적으로 보여주는 것이 지역정당local parties이 불가능한 우리의 현실입니다. 지역정당은 특정 지역의 고유한 문제를 해결하거나 지역 주민의 의사를 대변하여 풀뿌리 민주주의를 실현하기 위해 제한된 지역에서만 활동하는 정당을 말합니다. 기성 정당과 연결되지 않은 주민들이 '정당'의 형태 없이 지역 정치에 참여하기란 매우 어렵습니다. 정당은 국가와 시민의 다양한 지원을 받을 수 있고, 각종 혜택이 주어지는 유리한 위치를 점할 수 있기 때문입니다. 그러나 앞서 살펴본 정당의 설립 요건 자체가 특정 지역에 존재하는 정당을 허용하지 않을 뿐 아니라, 정당법상 모든 정당의 중앙당은 서울에 두어야 합니다. 국회의원 선거나 대통령 선거에 참여하는 정당은 전국적인 기반을 갖추어야 한다는 것을 인정하더라도, 풀뿌리 민주주의를 위해 지방선거에 참여하는 정당도 서울에 중앙당을 두고 5개 시·도에서 각 1천 명의 당원을 모집해야 할까요? 이런 제약은 지방정치가 중앙정치에 종속될 수밖에 없는 원인이 되기도 합니다.

이렇게 전국 정당만을 허용하고, 지역정당 설립을 원천 봉쇄하는 나라는 한국이 거의 유일하다시피 합니다. 일본과 독일, 영국, 스페인 등 대부분의 나라에서는 전국 정당만이 아니라 특정 지역에서 활동하는 정당을 자유롭게 만들 수 있습니다. 정당법을 처음 제정한 독일도 정당의 창당과 관련한 법적 조건은 없으며, 우리와 선거 제도가 비슷한 일본은 정당법은 물론, 헌법에도 정당 관련 규정이 없습니다. 그래서 정당만이 아니라 정치단체도 선거에 참여할 수 있습니다. 앞서 살펴봤듯이 1948년 5·10 제헌국회 의원 선거에도 많은 사회단체가 참여했던 것처럼요.

다른 나라에서는 특정 지역에서만 활동하는 지역정당으로 출발했다가, 넓은 지지를 얻게 되면서 전국 정당으로 발돋움하거나, 전국 정당과 긴밀한 연대·연합 관계를 맺는 사례도 많습니다. 예를 들어 독일 바이에른 지역에서 활동하는 기독사회연합CSU은 전국 정당인 기독민주당CDU과 연합해서, 바이에른 지역에서는 기독사회연합으로, 연방 의회에서는 기독민주당으로 활동합니다.

우리나라는 지역정당이 원천 금지되어 있지만, 지역정당을 만들기 위한 노력은 꾸준히 진행되어 왔습니다. 2005년 옥천에서 시도된 '풀뿌리옥천당', 2014년 '마포파티', 2018년 대구의 '새로운 대구를 열자는 사람들(새대열)', 2021년 '직접행동영등포당'과 '과천시민정치당', 2022년 '은평민들레당' 등은 풀뿌리 민주주의 활동을 기반으로 정당을 만들려는 시도였습니다. 물론 현행법상 정당으로 인정받을 수 없었기 때문에, 후보가 출마하더라도 해당 정당의 후보는 될 수 없었습니다. 그래서 지역정당 운동을 펼치는 사람들은 정당의 설립 조항에 대해 헌법 소원을 내기도 했습니다. 2023년 9월 진행된 헌법재판소의 관련 재판에서는 9명 중 5명이 지역정당을 허용하지 않는 정당법에 위헌 소지가 있다고 판결했으나, 위헌 확정에 필요한 6명의 동의 기준에 모자라 합헌 판결이 내려진 적이 있습니다. 즉, 위헌 판결을 내리지는 못했지만, 헌법재판소 판사들의 과반조차 지역정당을 허용해야 한다고 생각하고 있습니다.

지역정당에 반대하는 논리는, 특정 지역에서만 활동하는 정당을 허용하면 지역주의를 더욱 강화할 수 있다는 것입니다. 그러나 지역정당이 존재하지 않는 현실에서도 영남은 국민의힘이, 호남은 더불어민주당이 차지하는 식의 지역주의가 견고합니다. 사실상 단순다수대표제 하에서 양당 체제가 자리 잡으면서, 전국 정당을 표방하는 거대 정당 체제가 지역주의를 고착화하고 있는 것은 아닐까요? 오히려 지역정당이 허용된다면, 영남에서 국민의힘의 패권, 호남에서 민주당의 패권에 도전할 새로운 풀뿌리 정치세력이 만들어질 수 있다는 주장도 강력하게 제기되어 왔습니다.

어떤 주장이 맞을까요? 특정 지역에서만 활동하는 정당의 허용이 지역주의를 더 강화할까요? 아니면 견고한 지역주의를 해체할 돌파구가 될 수 있을까요? 여러분은 어떻게 생각하시나요?

### 까다로운 정당, 왜 만들까?

지역정당은 아예 만드는 것이 불가능하지만, 그렇다고 전국 정당이 만들기 쉬운 것은 아닙니다. 그렇다면, 이렇게 만들기 까다로운 정당 등록을 왜 할까요? 선거에는 그냥 무소속으로 출마하면 될 텐데 말입니다.

그건 그런 번거로움을 감수할 정도로 정당의 혜택이 크기 때문입니다. 공식적으로 등록해 법적 지위를 얻은 정당은 등록되지 않은 정당이나 무소속 정치인에 비해 여러모로 유리합니다. 정당의 규모에 따라 다르긴 하지만, 가장 중요한 것은 막대한 재정적인 지원을 받을 수 있다는 점입니다. 정당을 운영하거나 선거에 참여할 때, 얼마나 많은 돈을 쓸 수 있느냐는 당선에 결정적인 영향을 미칩니다. 선거가 다가오면 후보자들의 사진이 걸린 유세차가 거리를 돌아다니고, 후보자들이 내건 현수막을 못 보는 게 더 어렵습니다. 게다가 집마다 배송되는 공보물은 또 어떤가요? 어떤 후보는 천연색으로 여러 쪽에 걸쳐 공약과 비전을 담은 공보물을 보내지만, 어떤 후보는 사진도 없이 손바닥 크기의 종이에 아주 작은 글씨로 최소한의 정보를 실어 보내기도 합니다. 공보물 제작 비용은 각 정당이나 후보가 직접 부담하므로 가난한 정당이나 무소속의 경우 막대한 비용을 감당하기 어렵기 때문입니다.

우리나라 헌법 제8조 3항에는 "정당은 법률이 정하는 바에 의하여 국가의 보호를 받으며, 국가는 법률이 정하는 바에 의하여 정당 운영에 필요한 자금을 보조할 수 있다"라고 되어 있습니다. 이에 따라 법적 지위를 획득한 정당은 국가로부터 각종 지원을 받게 됩니다. 또한, 정당은 기부도 받을 수 있는데, 기부금에 대해서는 세액공제와 소득공제 등의 혜택을 누릴 수 있습니다. 물론 당원으로부터 당비도 걷을 수 있습니다.

정당은 민주주의 발전에 기여하니까, 나라에서 운영과 선거에 필요한 자금을 지원하는 것은 필요한 일입니다. 그런데 문제는 이 지원이 큰 정당에 더 많은 지원을, 작은 정당에 더 적은 지원을 하거나 지원이 아예 없어서 부익부 빈익빈이 심각한 수준이라는 점입니다. 물론 국민적 지지도에 따라, 지지가 많은 정당에 더 많은 지원을 하는 것은 합리적으로 보입니다. 그러나 이것이 기성 정당에 절대적으로 유리해, 새로운 정당이 경쟁력을 갖추기 어려울 정도라면 문제가 있습니다. 한번 살펴볼까요?

### 정당의 자금은 어떻게 만들어질까?

우리나라는 선거 관리와 운영에 필요한 비용을 개인에게 부담시키지 않고 국가나 지방자치단체가 부담하는 선거공영제를 도입하고 있습니다. 그렇지 않으면 선거란 재산이 많은 사람에게 절대적으로 유리하기 때문입니다. 선거라는 제도가 처음 도입되었을 때는 이런 비용은 물론, 유권자를 투표소까지 데려오고, 그들을 투표 날까지 먹이고 재우는 비용을 모두 출마자가 부담했습니다. 그러다 보니 재산이 없는 사람은 선거 출마를 생각조차 할 수 없었죠. 앞서 살펴봤듯이, 이런 문제로 대중정당이 만들어져 당원들의 '티끌 모아 태산' 정신을 발휘하기도 했습니다.

그런데, 이런 선거공영제도 차별이 있습니다. 즉, 부자정당이 있고 가난한 정당이 있는 거죠. 이 불균형은 양당 체제를 떠받치는 요인

[ 그림 4-1 ] **정당의 수입 총괄(2024년)**

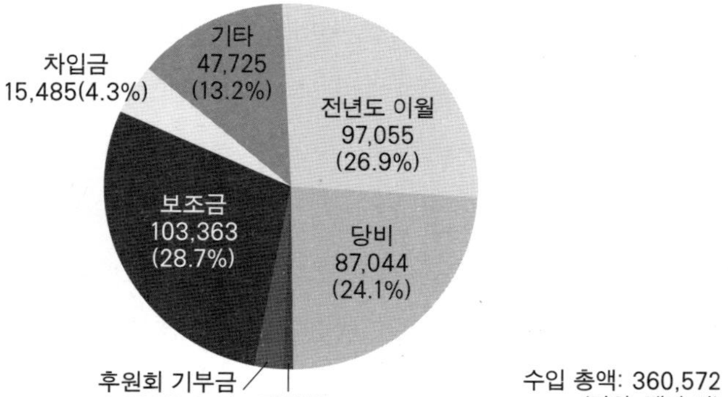


*출처: 중앙선거관리위원회

이 되기도 합니다. 2024년 기준, 우리나라 정당의 수입 중 가장 비중이 큰 것은 보조금(28.7%), 전년도 이월금(26.9%), 그리고 당비(24.1%)입니다. 이 외에도 기탁금과 차입금, 후원회 기부금이 있지만, 그 비율은 크지 않습니다. 예전에는 진보적 성격의 정당을 제외하면 정당의 수입에서 당비 비중이 그리 크지 않았지만, 몇 년 전부터 당비 비중이 대폭 늘어나고 있습니다.

가장 큰 수입원이 되는 국가보조금은 매년 큰 폭의 차이를 보입니다. 선거가 있는 해에는 나라에서 받는 보조금이 대폭 늘기 때문입니다. 예를 들어 특별한 선거가 없었던 2023년 더불어민주당의 수입은 842억 6,400만 원, 국민의힘은 614억 5,000만 원 정도였지만, 큰 선거가 두 차례나 있었던 2022년에는 더불어민주당은 2,016억 8,400만 원, 국민의힘은 1,740억 4,900만 원의 수입이 생겼습니다. 어마어마하지요?

왜 선거가 있는 해에 정당의 수입이 확 느는 것일까요? 물론 선거가 있으면 당원도 늘고 후원금도 많이 모을 수 있으니, 정당의 수입이 느는 것은 당연합니다. 그러나 이렇게 엄청난 차이가 나는 것은 나라에서 그만큼 보조금을 더 많이 지급하기 때문이기도 합니다.

선거가 있으면 정당은 국고에서 선거보조금과 선거보전금이라는 두 종류의 자금을 지원받습니다. 선거보조금은 '선거 전'에 나라에서 선거를 지원하기 위해 주는 돈이고, 선거보전금은 '선거 후'에 선거에 든 비용을 돌려주는 것입니다. 조금 이상하지요? 선거 전에는 선거에 쓰라고 돈을 주고, 선거가 끝나면 그 돈을 썼다고 돌려주다니요? 자세히 살펴봐야겠죠?

2024년에는 총선이 있었습니다. 당시 의석수가 제일 많은 더불어민주당은 선거보조금으로 220억을 받았고, 다음으로 의석수가 많은 국민의힘은 208억 원을 받았습니다. 각 정당은 이런 선거보조금에 당비, 후원금을 합해 막대한 선거자금을 마련할 수 있습니다. 요즘에는 후보가 펀드를 만들어 돈을 모으고, 선거 후 선거보전금을 받아서 돌려주는 경우가 많습니다.

[ 표 4-2 ] **더불어민주당·국민의힘 선거 보전 차액(2020~2024)**

|  | 2020년 총선 | | 2022년 총선 | | 2024년 총선 | |
|---|---|---|---|---|---|---|
|  | 더불어민주당 | 국민의힘 | 더불어민주당 | 국민의힘 | 더불어민주당 | 국민의힘 |
| 선거보조금 | 147억 | 176억 | 224억 | 194억 | 220억 | 208억 |
| 선거비용 | 402억 | 365억 | 438억 | 409억 | 468억 | 449억 |
| 선거보전금 | 364억 | 321억 | 431억 | 394억 | 439억 | 412억 |
| 차액<br>(정당수익) | 109억 | 132억 | 217억 | 179억 | 191억 | 170억 |

*출처: 중앙선거관리위원회 자료 조합

이렇게 마련한 선거비용은 선거 후 득표율에 따라 돌려받을 수 있습니다. 우리나라에서는 선거에 출마한 후보가 15% 이상 지지를 얻으면 선거비용을 모두 돌려줍니다. 10%를 넘으면 50%의 선거비용을 돌려주죠. 2024년에는 더불어민주당이 선거비용으로 총 468억 원을 썼고, 15%가 넘어 돌려받은 돈은 모두 436억 원입니다. 국민의힘은 449억 원을 썼고, 412억 원을 돌려받았습니다.

그런데 이상합니다. 선거 때 쓰라고 미리 받은 더불어민주당의 220억 원과 국민의힘의 208억 원은 빼고 돌려줘야 하는 것 아닌가요? 그런데 그렇게 하지 않습니다. 선거 전에 준 보조금과 선거 후 돌려받은 보전액을 합친 액수에 선거비용을 뺀 나머지는 모두 정당의 수익이 됩니다. 이런 식으로 2024년 더불어민주당은 191억 원을 남겼고, 국민의힘은 170억 원을 남겼습니다. 부자정당이 괜히 부자정당이 아닙니다. 법은 국회의원이 만드니까 자신들에게 유리한 법을 만들어 놓은 것일까요?

이것이 국민이 더 쉽게 정치에 참여할 수 있도록 보장하여, 정당

민주주의의 발전에 도움이 된다면 납득할 수 있습니다. 그런데, 이런 혜택을 누릴 수 있는 건 주로 거대 정당입니다. 소수정당은 거대 정당에 비해 지원받는 돈이 매우 적거나, 아예 받을 수 없는 경우도 많습니다. 소수정당은 국고보조금의 지급 방식 때문에 선거 전에도 돈을 많이 받지 못하거나 아예 못 받고, 선거에서 지지율이 10~15%를 넘는 경우가 많지 않으니, 보전금도 받기 어렵습니다.

국고보조금 계산 방식을 살펴봅시다. 국고보조금은 선거를 위해 지급하는 선거보조금과 평상시 정당 운영을 지원하는 경상보조금으로 나뉘지만, 계산 방식은 거의 비슷합니다. 우선 모든 정당이 국고보조금을 받을 수 있는 것은 아닙니다. 국회의원이 5명 이상 있는 정당이거나 최근 실시한 총선에서 득표율 2% 이상 얻은 정당이 대상입니다. 총선에서 2% 이상 득표하지 못했다면 직전 지방선거에서 0.5% 이상 얻어야 하고, 총선에 참여하지 않은 정당은 직전 지방선거에서 2% 이상 지지를 얻은 정당이어야 합니다.

[ 표 4-3 ] **정당에 대한 국고보조금 지급 대상과 방법**

| | | |
|---|---|---|
| 국고보조금<br>지급 대상 | • 직전 총선 참여 정당: 2% 이상 득표<br>• 직전 총선 2% 미만 득표 정당: 직전 지방선거 0.5% 이상 득표<br>• 직전 총선 미참여 정당: 직전 지방선거 2% 이상 득표 | |
| 보조금<br>배분 | 1차 | • 원내교섭단체(20석 이상): 총액 50% 정당별 균등 분배<br>• 5석 이상 20석 미만 정당: 총액 5%<br>• 원외정당 및 5석 미만 정당: 총액 2% |
| | 2차 | • 남은 액수의 50%: 의석수에 따라 분배<br>• 남은 액수의 50%: 직전 총선 득표율에 따라 분배 |

이 기준을 넘는다고 모두가 똑같은 보조금을 받을 수 있는 것은 아닙니다. 우선 국고보조금 총액은 유권자 수에 매년 물가인상률에 따라 변동되는 1인당 계상 단가를 곱하는데, 2025년에는 1인당 계상 단가가 1,183원입니다. 여기에 유권자 수를 곱해서 나오는 돈을 정당에 지급합니다. 그런데 이렇게 만들어진 총액의 50%는 20명 이

상의 의원이 있는 정당, 즉 원내교섭단체를 구성한 정당끼리 나눠 갖습니다. 그리고 5석 이상의 의원이 있지만 교섭단체는 만들지 못한 정당에 5%를 지급합니다. 의원이 5석 미만이거나 원외 정당 중 최근 선거에서 득표율 기준을 충족한 정당은 총액의 2%를 갖습니다. 그럼 돈이 좀 남겠죠? 남은 돈의 50%는 국회 의석수에 따라 배분하고, 나머지는 직전 총선 득표수 비율에 따라 분배합니다. 이런 방식은 큰 정당에 절대적으로 유리합니다.

예상치 못한 12·3 비상계엄으로 조기 대선이 열린 2025년에도 막대한 선거보조금이 지급되었습니다. 선거보조금 총액은 523억여 원이었고, 이를 앞에서 살펴본 배분 방식에 따라 나눕니다. 그래서 더불어민주당은 50.65%인 265억 3,100만 원을 받았고, 국민의힘은 46.36%인 242억 8,600만 원을 받았습니다. 개혁신당은 15억 6,500만 원을 받았습니다. 그런데 국회의원이 한 명도 없는 민주노동당은 단 한 푼도 받지 못했습니다. 그리고 대선에서 각 후보는 총 588억 5,300만 원을 쓸 수 있습니다. 득표율 15%만 넘으면 돌려받을 수 있죠. 물론 선거에서 쓰라고 미리 받은 돈은 빼고 주지 않습니다. 대선이 끝난 후, 큰 정당들은 얼마나 많은 돈을 남겼을까요?

## 양당 체제는 정말 국민의 선택일까?

왜 굳이 그토록 까다로운 방법을 통해 정당을 만들까요? 물론 정당을 만드는 것이 다 돈을 많이 받을 수 있기 때문은 아닙니다. 그럼에도 정당을 만드는 것이 엄청나게 유리합니다. 한국에서 정당은 의회 고유의 활동만이 아니라 정당의 수입에 대한 소득공제와 세액공제 혜택을 누릴 수 있고, 언론과 방송에서 자신의 주장을 펼칠 기회를 갖습니다. 또한 정당이 없는 정치인이나 사회운동단체에 비해 자유로운 정치활동을 보장받을 수도 있습니다. 무소속에 비해 정당

소속 후보가 상당히 유리한 이점이 있는 것은 부인할 수 없습니다.

여러분은 앞에서 살펴본 정당의 까다로운 설립 조건이나 국고보조금 지급 방식에 대해 어떻게 생각하시나요? 정당 국고보조금은 1980년에 도입되었는데, 명분은 정당의 기본적인 운영을 국가가 지원함으로써, 이익단체에 휘둘리지 않게 하기 위해서였습니다. 이 말도 일리는 있습니다. 또한, 작은 정당까지 모두 비슷비슷한 보조금을 지급하면 세금이 남아나지 않을 겁니다. 그래서 일정한 기준이 필요한 것도 사실입니다. 그런데 현행 방식이, 정말 합리적으로 국가의 세금을 배분하는 방식일까요? 큰 정당에 지나치게 많은 지원을, 작은 정당에 지나치게 적은 지원을 하는 것이 아닐까요?

한국 정치는 양당 체제가 견고하다고 하지만, 다당제의 욕구가 늘 분출되기도 합니다. 그러나 결국 두 정당이 오랫동안 한국 정당 체제를 거의 독점하다시피 해왔습니다. 그런데 이것을 국민의 의사가 이렇게 표현된 것이라고만 치부할 수 있을까요? 힘 있는 정당에 더 큰 힘을 부여해, 새로운 정당, 기성 정당과 차별화된 정당이 성장하지 못하게 막고 있는 것은 아닐까요? 작은 정당은 당비와 후원금으로 선거비용도 온전히 마련하기 어려운데, 힘 있는 큰 정당들은 선거 전에도, 선거 후에도 이중적인 보조금과 보전금을 주는 것이 합리적일까요? 이런 과도한 재정적 격차가 정말 공정한 경쟁을 보장하는 것일까요? 정당에 대한 불평등한 지원과 혜택이 견고한 한국 양당 체제를 유지하게 만드는 토대가 아닐까요? 토론해 볼 이야기가 참 많습니다.

**핵심개념**

**▶ 정당 국고보조금**

1980년 도입된 것으로, 정당 운영을 지원하는 경상보조금과 선거비용을 지원하는 선거보조금으로 구성.

**찾아보기**

▶ **도서자료**
- 윤현식(2024). 지역정당: 거대 양당에서 벗어나 지역에서 세상을 바꾸는 정치. 산지니.
- 지병근·유성진·손정욱·차현진(2024). "민주적 정당정치 발전을 위한 정당 운영 개선방안 연구". 중앙선거관리위원회.

▶ **기타 자료**
- 「정당법」.
- 「정치자금법」.
- 중앙선거관리위원회(2025). 2024년도 정당의 활동개황 및 회계보고. 중앙선거관리위원회.

# Q.

## 정당들은 서로 무엇이 다를까? 아니면 비슷한 것이 더 많을까?

요즘이나 예전이나 뉴스만 틀면 더불어민주당과 국민의힘이 싸우는 장면이 나옵니다. 그뿐인가요? 여러 작은 정당들도 서로 편을 나눠 싸우느라 바쁩니다. 그래서 많은 사람은 '정치' 하면 국회의원들이 서로 싸우는 장면부터 떠올립니다. 국회에 대한 국민의 신뢰도는 다른 국가기관에 비해 항상 꼴찌입니다. 그런데, 매일 싸우기만 하는 것 같은 정당들은 정말 근본적인 차이가 있을까요? 서로 싸우는 모습만 걷어내면, 정책적 차이가 별로 없는 것은 아닐까요? 서로 사이가 좋지 않다는 것은 알겠는데, 조용히 넘어가는 더 많은 의제에 대해서는 각자의 이해관계가 그리 달라 보이지 않습니다. 또 새로운 정당을 표방하는 사람들은 두 거대 정당이 사실은 한통속이라고 비판하기도 합니다. 어느 말이 맞을까요? 정당, 정말 서로 다른가요, 아니면 비슷한가요?

## 정당은 사회적 갈등의 편향적인 반영?

미국 민주주의의 기틀을 놓은 제임스 매디슨James Madison은 미국 정치제도를 구상하면서 파벌faction 문제를 심각하게 고민했습니다. 그래서 그는 파벌의 폭정에 취약한 순수 민주주의pure democracy를 보완하기 위해 소수 대표자들이 시민의 이익을 대변하고 다양한 이익을 조정하는 대의제에 기초한 공화국republic을 주장했습니다. 이 공화국은 규모가 클수록 파벌의 이익을 조정하고 통제하는 데 유리하다고 봤기 때문에 연방제를 옹호하는 논리가 되지만, 정당의 역할에 대한 그의 생각도 엿볼 수 있습니다.

샤츠슈나이더라는 정치학자는 정당이 편향성bias을 동원한다고 설명합니다. 예를 들어 이익집단은 모두의 이익이 아니라 그들의 이익만을 위해 활동하는 특정한 조직입니다. 이익집단은 협소한 이익을 중심으로 협소한 범위의 사람들만 참여하는 반면, 정당은 이익집단을 넘어선 다수의 지지를 받아야 생존할 수 있습니다. 그래서 이익집단과 정당정치를 종합하는 방법은 갈등을 사회화해 복잡한 갈등을 단순화하고 특정한 쟁점을 부각하는 방식으로 편향성을 동원하고 유권자를 조직하는 것입니다. 정당은 수많은 이익집단의 갈등을 다양한 방식으로 조정해, 유권자가 선택할 수 있는 대안을 극단적으로 단순화합니다. 또한, 수많은 갈등 중에서 하나를 선택하거나, 완전히 새로운 갈등으로 기존 갈등을 대체하기도 합니다. 이와 유사하게 립셋S. M. Lipset과 로칸S. Rokkan이라는 학자는 정당을 "사회적 갈등을 정치적 투쟁으로 전환하는 매개체"라고 정의하기도 했습니다.

기성 정당들이 동원한 갈등에 반대하거나, 새로운 갈등을 정치의 중심에 올려두려는 사람들은 사회운동의 방식으로 새로운 요구를 제시하거나, 새로운 정당을 만들려고 합니다. 우리가 앞서 살펴본 대중정당 모델 역시, 기성 정당이 외면한 갈등(예를 들어 노동자와 자본가의 갈등)을 사회화하여 정치 무대로 옮겨오려는 시도에서 등장했습니다.

결국 정당정치, 정당 간 경쟁은 수많은 갈등 중 어느 것을 중심 갈등으로 만들 것이냐를 두고 벌이는 각축전입니다. 때로는 노동자의 이익, 성소수자의 권리, 장애인의 권리를 둘러싼 갈등이 정치의 중심에 들어서는 대신, '어느 지역 출신인가'가 그 자리를 대체하기도 합니다. 그동안 배제된 요구를 실현하려는 운동이 정당을 만들 수는 있지만, 정당이 되는 순간 더 넓은 갈등과 요구, 이해관계를 적절하게 조정해서 적절한 갈등을 제시해야 하는 상황에 처합니다.

이렇게 보면 정당들의 경쟁은 저마다 중요하다고 생각하는 갈등 축을 따라 다양하게 조정된 이익을 대표하는 역할을 분담하는 것이 필요합니다. 예를 들어 어떤 정당이 자본가를 더 많이 대변한다면, 어떤 정당은 중소상인을, 어떤 정당은 노동자를, 어떤 정당은 여성을, 어떤 정당은 장애인을 대변하려 하고, 이를 중심으로 정당 간 경쟁이 일어나는 것이 자연스러워 보입니다. 그러나 현실은 좀 다릅니다. 예를 들어 국민의힘은 노동자보다 기업의 이익을 더 많이 대변한다고 알려져 있지만, 더불어민주당 역시 기업의 이익보다 노동자의 이익을 더 분명하게 대변한다고 보기는 어렵습니다. 두 정당 모두 중소상인을 위한다고도 하고, 노동자와 서민의 이익도 대변하겠다고 합니다. 겉으로 드러나는 이미지는 확실히 다른 것 같지만, 정책이나 내용은 약간의 차이만 보이거나, 실제로는 거의 비슷한 내용도 많습니다.

그런가 하면 처음에는 완전히 다른 성격의 정당으로 출발했지만, 어느 순간 다른 정당과 차이점을 발견하기 어려운 현상도 나타납니다. 학자들은 이런 변화를 '정당의 유형 변화'로 설명하는 경향이 있습니다. 한번 살펴볼까요?

## 정당은 어떻게 변화하고 있을까?

정당이 처음 만들어졌을 때는 비슷비슷한 사람들이 모여서 정치적 집단을 이루지만, 선거 경쟁에 참여하면서 점차 정당의 성격이 달라지고 있다는 분석은 사람들의 관심을 끌었습니다. 특히 정당의 변화는 특별한 계기에 따라 일어나는 특수한 경우가 아니라, 보편적이고 일반적인 경향으로 나타나고 있다는 주장은 눈여겨볼 필요가 있습니다.

정당의 유형 변화에 대한 가장 대표적인 주장은 키르크하이머 Otto Kirchheimer라는 사람이 주장한 '포괄정당catch-all party' 모델입니다. 그는 정치체계가 안정화한 2차 대전 이후의 유럽 정치 상황을 쭉 관찰하다가 중요한 변화를 포착했습니다. 예전에는 노동자 정당, 자본가 정당, 농민 정당 등 특정한 사회적 범주의 이해와 요구를 대표하는 것에 치중했던 정당이 점차 비슷해지는 현상을 발견한 겁니다. 더 정확히는 정당이 특정한 지지 기반이나 사회적 범주만을 대변하려는 것이 아니라 유권자 전체에게 지지를 호소하는 경향이 강해지고 있다는 겁니다. 노동자 정당이라도 농민의 표, 중소상인의 표, 중산층의 표를 얻기 위해 활동하는 경향이 있다는 것이죠. 포괄정당의 영어 명칭에서도 모두의 지지를 얻으려catch-all 한다는 의미가 있습니다.

쉐보르스키Adam Przeworski라는 학자도 유사한 현상을 포착했습니다. 아주 급진적인 이념을 중심으로 정당을 만들기로 한 정치세력이 있다면, 이 이념을 바탕으로 노동자들의 이해와 요구를 철저하게 대변하기 위한 활동을 펼칠 것입니다. 그러나 대부분의 사회에서는 노동자의 비율이 선거 승리를 보장해 줄 정도로 압도적이지 않습니다. 여기에 선거 제도가 단순다수대표제라면, 선거에 출마한 노동자는 노동자들의 표만으로는 절대 승리할 수 없다는 계산이 나옵니다. 최소한 과반을 넘겨줄 중산층의 지지가 필요합니다. 또한, 중산층의 지지를 얻어서 선거에서 승리해 정권을 잡는다 해도, 노동자들의 요구를 너무 급진적으로 반영하면 자본가의 반발로 경제 위기가 촉발되는 상황이 벌어질 수 있습니다. 그래서 중산층의 지지를 위해 정책을 바꾸고, 자본가들을 적절한 수준에서 관리하려 하지만, 이렇게 하면 정당의 지지 기반인 노동자들의 반발을 불러올 수 있습니다. 노동자 정당은 선거에 참여하는 순간 이런 딜레마를 피하기 어렵습니다. 이런 딜레마가 반복될수록 초기의 이념은 계속 약화하고, 정책은 폭이 넓어지는 현상이 나타납니다.

선거는 '누구의 표냐'가 중요한 것이 아니라, '얼마나 많은 표냐'가 중요한 경쟁입니다. 그래서 유권자 전체의 지지를 얻으려는 포괄정당으로 변화하려는 강력한 유인을 갖게 됩니다. 포괄정당은 대체로 다섯 가지 특징을 보입니다. 우선 정당의 이데올로기가 급격히 약화하고, 둘째, 최고 지도그룹의 권한이 강화되며, 셋째, 당원의 역할이 줄어들고, 넷째, 특정 사회계급이나 전통적 지지자들보다는 더 넓은 범위의 신규 유권자를 선호하며, 다섯째, 재정 확보나 선거운동에 유리한 이익집단들과 가까워집니다. 이런 현상은 하나같이 초기의 정치적 이상보다 선거 승리가 더 중요한 목표로 바뀌면서 정당이 효율화, 관료화되는 과정을 보여줍니다.

정당의 유형 변화를 추적해 온 사람들은 대체로 키르크하이머가 말한 포괄정당와 유사한 방향으로 대부분의 정당이 변화하고 있다는 것을 발견했습니다. 파네비안코라는 학자는 포괄정당과 유사한 현상을 보이면서도 선거 전문가들의 역할이 높아지는 변화를 선거 전문가 정당electoral-professional party으로 불렀고, 카츠Ricard S. Katz와 마이어Pteter Mair라는 학자는 기성 정당들이 국고보조금을 독점하고 국가와 결탁하는 현상을 카르텔 정당cartel party으로 불렀습니다. 또한, 듀베르제의 대중정당 유형과 반대되는 성격의 '원내정당', 즉 의원 활동을 중심에 둔 정당 역시 포괄정당, 전문가 정당, 카르텔 정당과 거의 유사한 특성을 보입니다. 이런 주장들은 대부분 샤츠슈나이더가 말한 '사회적 갈등의 편향적 반영'이라는 정당의 기능보다, 이데올로기나 이념적 중심성을 약화하고 선거 승리와 권력 획득 또는 유지를 위해 자원을 독점하는 현상이 나타나고 있음을 말해줍니다.

우리나라 정당은 어떨까요? 더불어민주당과 국민의힘만 보면 포괄정당의 현상도 보이고, 카르텔 정당의 모습도 나타납니다. 두 정당 모두 중도층을 확보하기 위해 이념적 중심성을 약화하고, 기존 이미지와 다른 혁신적인 정책을 내놓기도 했습니다. 두 정당 모두에서 비상대책위원장을 역임하고 선거를 진두지휘해 여러 중요한 선거에서 승리한 경험이 있는 김종인이라는 사람의 선거 전략은 뜯어보면 단순합니다. 국민의힘에서는 진보적 정책을, 더불어민주당에서는 보수적 정책을 내세우고, 당내 반발을 특유의 몽니로 억누르는 것입니다. 요약하면 기존 이미지를 벗어나 중간층의 지지를 얻어 선거에서 승리하려는 전략이었습니다.

그런데 거대 정당이라 할지라도, 최근에는 이런 유형이 꼭 들어맞지는 않습니다. 한국 거대 정당은 당원 수가 급격히 늘고 있고, 당원의 권한도 강화되는 추세입니다. 또한, 2024년 12·3 비상계엄 이후, 국민의힘은 이념적 중심성을 더욱 강화하면서 거리의 극우세력과 손잡고 윤석열의 내란에 동조했습니다. 이런 경향은 포괄정당의 특징과는 반대의 성격을 보입니다. 그러나 달리 해석하면 국민의힘의 이런 변화는 중도층에 호소해 지지를 확대하려는 의도보다, 전통적 지지 세력의 견고한 단결에 호소하면서 정치적 기반의 최저선을 지키려 했던, 수세적 방어를 위한 전략적 선택으로도 볼 수도 있습니다.

모든 정당이 모호한 이념성으로 다수 유권자의 지지만 얻으려 한다면, 정말 정당은 서로 구별되지 않는 것일까요? 그렇더라도, 큰 정당이 모두 같다고 주장하는 것은 지나친 것 아닐까요? 한국 정당은 어떤 유형으로 볼 수 있을까요?

### 한국 정당, 어떻게 구별할까?

어떤 대상을 구별하는 것은 항상 '무엇을 기준으로'라는 문제를 먼저 해결해야 합니다. 또한, 정당들이 서로 비슷하거나 서로 다르다고 보는 것도 평가 기준에 따라 달라질 수 있는 문제입니다. 그렇다면 정당은 어떻게 구별할까요?

다른 나라에서 정당은 흔히 좌파 정당, 우파 정당, 중도 정당이라는 식으로 구분합니다. 여기에 극좌, 극우 정당이라는 이름을 붙이기도 하지요. 물론 좌파나 우파 등 정당의 성격을 구분하는 것은 대체로 상대적인 개념이기에 어느 정도 모호함은 피하기 어렵습니다. 이탈리아 정치학자 보비오Norberto Bobbio는 좌파와 우파를 평등에 대한 태도로 구분할 수 있다고 주장했습니다. 좌파는 평등 지향적인 성격을 띠고, 우파는 불평등을 당연하게 받아들인다는 점에서 근본적 차이가 있다는 거죠. 그러나 이런 구분도 시대 상황에 따라 가변적이라는 것을 기억해야 합니다.

반면, 우리나라에서는 정당의 성격을 구분할 때, 좌파와 우파라는 말보다 '진보와 보수'라는 말을 더 자주 사용합니다. 역사적으로 한국 정당은 이념적 지향을 분명하게 드러내지 않았을 뿐 아니라, 좌파나 우파의 구분법을 쓸 수 없을 정도로 한국 정당 체제가 매우 협소하게 구성되어 있었기 때문입니다. 우리의 오랜 반공 독재체제의 역사는 좌파 정당을 모두 제거하고 보수 정당만 제도로의 진입을 허용했습니다. 그나마 조금 다른 성격의 정당이 등장하면 국가권력의 엄청난 탄압을 견뎌야 했습니다. 완전하지는 않지만, 조금이라도 숨통이 트인 것은 1987년 민주화 이후라고 볼 수 있습니다.

그런데, 이 진보와 보수라는 말도 다양하게 사용됩니다. '시간'과 '변화'에 계몽주의적 관점을 넣어서 역사의 발전을 추구하려는 흐름을 진보로, 옛것이나 현재의 가치를 지키려는 것을 보수로 보기도 하지만, 이를 현실 정당에 맞춰 설명하려면 여러 어려움에 부딪힙니다. 한국에서 진보와 보수는 대립하는 주류 정치세력 간 힘의 양상을 표현하는 의미에다, 약간의 좌·우파 개념을 가미해 사용하는 경향이 있습니다. 그렇더라도, 무엇이 진보정당이며 그 범위는 어디까지인지, 누가 보수이며 또 그 범위는 어디까지인지의 질문은 꼬리를 물고 나타납니다.

언론에서는 흔히 더불어민주당을 '진보정당'으로 부르고, 국민의힘을 '보수정당'으로 부르지만, 진보정치를 표방하는 정당에서는 더불어민주당을 '보수정당', 좀 더 호의적으로는 '개혁정당'으로 규정합니다. 민주당 역시 과거에는 스스로 중도정당 또는 중도보수 정당으로 부르는 것을 선호했지만, 한동안 진보정당을 자임하다 최근에는 다시 중도, 중도보수 정당을 표방합니다. 더불어민주당은 해방 후 한국민주당을 뿌리로 삼고 있는데, 초기에는 지주와 자본가 중심으로 결성된, 보수의 원조 격인 정당이었습니다. 그러나 독재정권 시절 야당으로 활동하고, 새로운 인물들이 정당에 들어오면서, 중도 또는 진보적 성격이 가미되어 왔다고 볼 수 있습니다. 한국 정당을 이념적 성격으로 구분하기 어려운 것은 오랜 반공 독재체제의 흔적이 남아 있기 때문입니다.

그렇다면 더불어민주당과 국민의힘은 정말 대립적인 정치 성향을 보일까요? 늘 싸우는 모습만 본다면, 극단적으로 대조적인 정치 성향을 보일 것 같습니다. 그러나 극단적으로 대립하는 몇몇 정책을 제외하면, 포괄정당의 성격처럼 큰 정책적 차이를 발견하기 어렵다는 해석도 많습니다. 다만, 남북 관계처럼 이데올로기적 사안에 대해서는 의미 있는 차이를 보여 왔습니다. 이처럼 사회적 갈등이 정당 체제에 제대로 반영되지 않는 것은 기성 정당과 차별화된 목소리가 아직 의회에 많이 진입하지 못한 결과입니다. 즉, 경제·사회적 의제에 대해 차별화된 목소리가 의회에 충분하지 않으니, 두 정당은 주로 남북 관계에 대한 입장 차이가 두드러져 보이게 됩니다.

이런 구분은 어떨까요? 민주화 이후 정치·운동 세력의 균열 중, 가장 중요한 변수인 경제적 입장과 남북 관계를 중심으로 세력을 구분해 보는 것입니다. 한 축은 경제적 입장에 따라 좌파와 우파로, 다른 축은 북한 정권에 대한 입장을 중심으로 친북과 반북을 나누면 총 4가지 세력 범주를 구분할 수 있습니다.

이렇게 보면 국민의힘은 4번 영역의 자리를 차지합니다. 더불어민주당은 2번 영역을 중심으로 넓게 분포되어 있습니다. 진보, 또는 좌파정당 중 민족주의 성향이 강한 세력은 1번 영역을, 북한에 비판적이지만 노동계급 중심의 정치를 주장하는 세력은 3번 영역을 차지합니다. 물론 하나의 정치조직이나 집단은 내부에 다양한 변이를 갖기 때문에 한 지점이 아니라 넓게 분포된 점들의 군락을 이루는 경우가 흔합니다.

　전통적으로 민주화 운동은 4번 영역을 적대적 대상으로 삼아 저항적 연대를 형성해 왔고, 이런 연대를 '민주대연합'으로 불렀습니다. 그리고 2번 영역의 세력과 4번 영역의 세력 간 동맹이나 연대는 보수 연합을 상징했습니다. 또한, 한국 정당 체제는 2번과 4번 영역의 독점 구조로 볼 수 있습니다. 한편, 민주화 이후 한국 진보정당 운동을 이끈 과거의 민주노동당(2000년 창당)은 1번 영역과 3번 영역의 연합체로 볼 수 있습니다. 민주화 이후 (운동을 포함한) 한국 정치는 이 범주 간 연대 또는 갈등 구도로 작동해 왔습니다. 재미있는 것은 수평이나 수직적 범주에 있는 세력 간에는 연대도, 적대도 가능하지만, 대각선 범주에 있는 세력 간에는 적대만이 가능했다는 사실입니다.

　[그림 4-2]를 중심으로 보면, 최근에는 새로운 균열, 즉 Z축이 등

[ 그림 4-2 ] **한국 사회 정치적 세력 균열**

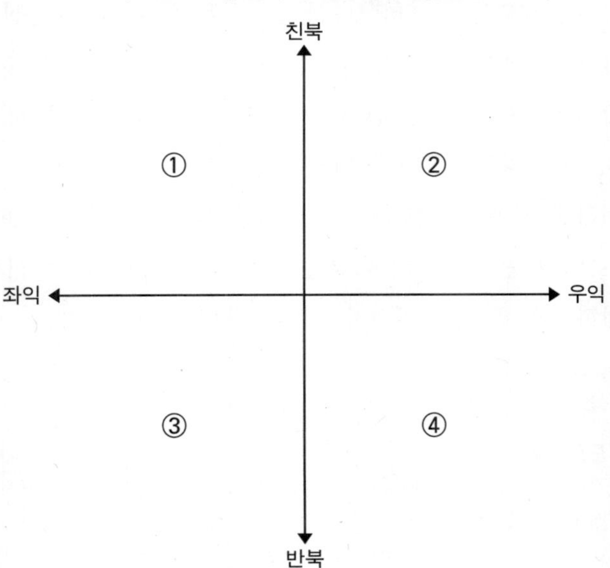

장하면서 각 범주 내부의 균열과 갈등을 촉발하고 있습니다. 새로운 Z축은 젠더와 세대 등 여러 문화적 균열을 의미합니다. 우리가 87년 체제로 부르는 세력 간 균열과 갈등은 이제 새로운 단계로 접어들고 있습니다.

물론 정당의 균열과 갈등 혹은 연대와 협력의 축은 고정되어 있지 않고, 항상 더 넓은 전략적 선택지가 있습니다. 보수정당은 반북 공세를 강화하면서도 남북기본합의서나 전향적인 통일방안을 내놓기도 했으니까요. 그래서 한국 정당의 성격은 단순하게 좌파와 우파, 진보와 보수로 구분하기 어렵습니다. 이런 어려움은 한국 정당 체제가 우리 사회의 다양한 갈등을 온전히 반영하지 못하기 때문이기도 합니다. 그래서 거대 정당에는 다양한 정치적 성격이 혼재된 경우가 많고, 새로운 가치를 표방하는 정당은 아직은 의미 있는 영향력을 발휘하지 못하고 있습니다.

우리 정당 체제가 지금보다는 더 사회적 갈등을 온전히 반영하게 된다면, 정치세력을 구분하는 기준도 지금과는 사뭇 달라질 것입니다. 그렇게 된다면 우리나라 정당을 어떻게 구분할 수 있을까요? 새로운 Z축의 갈등이 세력 관계를 구분하는 새로운 기준이 될까요? 포괄정당의 설명처럼, 대부분의 정당이 점점 더 유사해지는 방향으로 발전하게 될까요? 아니면 12·3 내란 이후 국민의힘의 흐름처럼, 이데올로기적 중심성을 더욱 강화해 지지 기반을 다지는 식으로 갈등이 격화하게 될까요? 여전히 현재진행형인 질문입니다.

**핵심개념**

**▶ 포괄정당**

선거에서 지지를 얻기 위해 특정 계급·계층보다 유권자들의 이해를 더 넓게 대변하는 정당.

▶ 카르텔 정당

국가와 거대 정당들 또는 이익집단이 결탁해 새로운 정치세력의 진입을 가로막는 정당.

## 찾아보기

▶ 도서자료

- 보비오, 노르베르토(1998). 박순열 옮김. 제3의 길은 가능한가: 좌파나 우파냐. 새물결.
- 샤츠슈나이더 E. E. 지음. 현재호·박수형 옮김(2008). 절반의 인민주권. 후마니타스.
- 쉐보르스키, 아담(1992). "사회민주주의: 동의의 물적 토대와 그 한계". 한국정치연구회 사상분과 편저. 현대민주주의이론 II. 창작과비평사.
- 안철현(2012). "대중정당론과 원내정당론 논쟁에 대한 비판적 고찰", 사회과학연구. 제28집 4호.
- Katz, Richard S. and Mair, Peter(2009). "The Cartel party Thesis: A Restatement". Perspectives on Politics. Vol 7, No. 4(Dec., 2009). pp. 753-766.
- Kirchheimer, Otto(1966). "The Transformation of Western European Party System", in J. LaPalombara and M. Weiner (eds.), Political Parties and Political Development, New Jersey: Princeton University Press.
- Krouwel, André(2003). "Otto Kirchheimer and catch-all party", West European Politics, 26: 2, 23-40.
- Przeworski, Adam(1985). Capitalism and social Democracy. Great Britain at the University Press, Cambridge. [국역] 최형익 옮김(1995). 자본주의와 사회민주주의. 백산서당.
- Sartori, Giovanni(1987). The Theory of Democracy Revisited. Chatham House Publishers. 이행 옮김. 민주주의 이론의 재조명. 인간사랑.
- Schattschneider, Elmer Eric(1942). Party Government, New York: Rinehart.

▶ 기타 자료

- Madison, James(1787). "Federalist No. 10". https://guides.loc.gov/federalist-papers/text-1-10#s-lg-box-wrapper-25493273

# Q.
## 정당은 민주적으로 운영될까?

정당이 현대 민주주의의 근간을 이룬다면, 또 하나의 질문이 떠오릅니다. 그런 정당은 민주적으로 운영되고 있을까요? 예전에는 '보스' 같은 최고 지도자가 정당의 방향이나 정책은 물론, 누가 선거에 나갈지도 결정했습니다. 정당 운영은 점차 민주적인 방향으로 변화해 왔지만, 여전히 과거의 잔재가 남아 있습니다. 특히 선거에 나가는 후보를 추천하는 '공천'은 정당 내에서의 권력을 가늠하는 매우 중요한 권한입니다. 이른바 '명태균 게이트'로 알려진 문제도, 누가 선거에 나갈지에 대해 윤석열과 김건희가 개입했기 때문에 불거진 사건입니다. 과연 한국 정당은 어떻게 운영되고 있을까요?

### 정당 내부의 민주주의는 필요할까?

정당은 현대 민주주의에서 필수적인 요소지만, 정당 안의 민주주의에 대해서는 논란이 다분합니다. 이를 정당 내부 민주주의Intra-Party Democracy라고 하는데요, 정치학자들 사이에서도 '정당의 위기'와 관련해 관심이 많습니다. 한국은 좀 예외적으로 당원이 계속 늘고 있지만, 세계적으로는 당원 수가 줄어드는 추세거든요. 1980년대 이후 유럽 정당의 당원 수 변화를 추적한 연구에 따르면, 민주화가 늦은 몇몇 나라를 제외하면 당원 수는 계속 감소하고 있고, 그나마 당비를 내는 당원도 더 이상 정당에서 의미 있는 역할을 하지 않는 것으로 나타나고 있습니다. 앞서 살펴봤듯이 포괄정당이나 카르텔정당, 선거 전문가 정당 등 정당의 유형 변화는 정당이 당원의 당비보다 국고보조금에 의존하는 경향이 커지고 당원의 중요성이 점점 작아지는 현상을 보여줍니다. 과거 대중정당 모델에서 당원이 하던 역할을 당적이 없는 유권자나 지지자가 하는 경우도 늘고 있습니다. 그래서 많은 학자는 정당에 다시 활력을 불어넣을 방법으로 정당 내부의 민주주의를 강화할 것을 주문하기도 합니다.

그런데 이 문제가 그리 간단하지 않습니다. 우선 민주주의가 무엇인지에 대해서도 여러 이견이 있는 만큼, 무엇이 내부 민주주의인지에 대해서도 쉽게 합의가 이루어지지 못하고 있습니다. 당원에게 1인 1표를 주고 당내 문제를 결정하는 것이 민주적일까요, 아니면 지역이나 젠더, 소수자, 장애인 등의 균형을 고려해 선발한 대의원들이 결정하는 것이 더 민주적일까요? 쉽게 답하기 어렵습니다. 민주주의가 하나의 모습이 아닌 것처럼, 정당 내부 민주주의도 다양하게 존재할 수 있습니다.

이런 질문도 가능합니다. 정당 내부를 민주화하는 것이 중요할까요, 아니면 정당들 간의 관계, 즉 정당 체제를 민주화하는 것이 더 중요할까요? 물론 둘 다 중요하다고 하시겠지만, 이 둘은 대립할 수도 있습니다. 하나의 정당에서 완벽하게 민주성을 갖춘 결정이 내려지면, 다른 정당과의 타협이나 합의를 통해 기존 결정을 번복하기가 매우 어려워지기 때문이죠. 이는 정당 간 관계의 경직성으로 이어지기 쉽습니다. 그래서 사르토리라는 정당 연구자는 "큰 규모의 민주주의는 수많은 작은 민주주의의 합이 아니다"라는 유명한 말을 남기기도 했습니다.

그래서 이제는 당원보다 유권자, 즉 잠재적 지지자들이 당원 역할을 대신하는 것이 나쁘지 않다는 주장도 있습니다. 혹시 해적당이나 오성운동, 포데모스 같은 정당 이름을 들어본 적이 있나요? 유럽에서 관료화되고 침체해 있는 기성 정당을 비판하면서 정치에 상당한 활력을 불어넣은, 비교적 새로운 정당들입니다. 이 정당들은 전통적인 대중정당 모델에서 벗어나 유권자들에게 당원 역할을 대신

해줄 것을 호소하면서 매우 짧은 시간에 수많은 지지자를 모았습니다. 당원이 아니라 유권자라면 누구나 참여할 수 있는 경선 방식으로 공직 후보를 선출할 뿐 아니라 정당 집행부 선출과 주요 정책을 결정할 때도 일반 유권자의 참여를 온전히 보장했습니다. 이른바 '크라우드소싱crowdsourcing' 방식을 정당 운영에도 적용한 사례들입니다. IT 기술의 발달을 최대한 활용해, 온라인에서 당의 정강 정책을 함께 만드는 식이죠.

당원의 역할을 축소하거나 없앴다 해서 이런 형식의 정당이 포괄 정당이나 카르텔 정당처럼 관료화되고 보수화된 형태를 갖추는 것은 아닙니다. 당원의 역할보다 유권자의 역할을 강조하는 점에서는 동일하지만, 이런 정당은 기성 정당의 관료화, 카르텔화의 반감과 대안으로 나타났거든요. 다만, 이런 방식이 일시적으로는 정당에 활력을 불어넣을 수 있지만, 과연 지속 가능한지는 좀 더 지켜봐야 합니다. 새로운 방식의 정당이 출현하면서 대중의 관심과 지지가 일시적으로 높아지면 열성적 지지자들이 나타나 당이 관료화되지 않도록 활력을 불어넣을 수 있습니다. 그러나 시간이 지날수록 이런 방식의 '책임 없는 참여'는 줄어들기 마련이고, 결국 당은 소수의 결정권자에게 권한이 집중될 수밖에 없습니다. 유럽의 신생 정당들도 이런 과정을 밟아 갈까요? 일찍이 이런 경향을 피할 수 없는 철칙으로 본 사람이 있습니다.

## 조직의 민주주의는 불가능할까?

포괄정당이나 카르텔 정당의 개념이 등장하기 훨씬 전부터, 시간이 지날수록 정당은 소수의 지도부에 권한이 집중된다고 주장한 사람은 로베르트 미헬스Robert Michels입니다. 그는 정치학과 사회학을 연구한 학자이지만, 1900년 이탈리아 사민당에, 1903년에는 독일 사민당에 입당해 현실 정치에도 적극 참여했습니다. 그는 가장 민주주의를 옹호한다고 주장하는 혁명적 노동조합과 사회주의 정당의 내부 민주주의를 연구하면서 다음과 같은 냉정하면서도 명확한 결론에 이르렀습니다.

> 선출된 자가 선출한 자들을 지배하고, 위임받은 자가 위임한 자들을 지배하며, 대의원이 유권자들을 지배한다. 다양한 형태의 민주주의의 품안에서 과두정이 발전하는 것은, 사회주의 조직이건 아나키즘 조직이건 조직에는 필연적으로 나타나는 유기적 경향이다.

미헬스는 조직의 기술적·관리적 특징과 지도자에 대한 대중의 심리적 의존성, 그리고 지도자의 우월적 자질이 소수 인물에게 권력이 집중되는 과두제를 만든다고 분석했습니다. 게다가 한번 지도자가 되면 지도자로서의 이점을 계속 누릴 수 있기에, 과두제가 더욱 강화된다고 봤습니다. 언뜻 단순한 것 같지만, 대부분 조직에 적용해 보면 꽤 그럴듯한 설명입니다.

미헬스는 조직 자체의 내적 생리가 '과두제의 철칙'을 만든다고 주장했지만, 외부 환경의 변화도 정당의 과두제를 강화한 요인입니다. 다양한 기술혁신은 전통적인 계급 구조를 모호하게 만들었고, 노동자들의 소득이 증대되면서 노동계급이라는 정체성도 다양화, 파편화되고 있습니다. 또한, 국고보조금에 대한 의존도가 높아지면서, 내부 민주주의의 주체라 할 수 있는 당원의 역할도 줄어들었습니다. 선거를 거부하고 혁명을 통해 집권을 꾀하는 정당이 점차 사라지면서, 혁명 과정에 꼭 필요한 당원보다는 선거에서 꼭 필요한 정치 컨설턴트, 정책 전문가, 홍보 전문가에 대한 의존도가 높아졌습니다. 이런 변화는 당의 권력을 당원이 아니라 소수에게 집중시켜 버립니다. 그렇다면 결과적으로 미헬스의 예언이 맞는 것일까요?

정당 내부 민주주의에 대한 미헬스의 시선은 상당히 비관적입니다. 그러나 그의 연구 마지막에는 희망의 단초가 남겨져 있습니다. 말을 잘 안 듣는 세 아들을 두고 숨을 거두기 직전의 아버지가, 아들들에게 밭에 보물을 숨겨 놨다고 거짓말하는 우화죠. 실제 밭에는 보물이 없지만, 아들들은 보물을 찾기 위해 밭을 헤집으면서 토양을 비옥하게 만들게 된다는 것입니다. 민주주의도 이와 같죠. 미헬스가 기준점으로 삼은 이상적 민주주의는 결코 도달할 수 없는 목표일 수 있어도, 그것이 가능하다고 믿으며 계속 노력하면 현실의 민주주의는 더 좋아지지 않을까요?

이런 희망을 가지고, 한국 정당에서는 민주주의가 어떻게 작동하고 있는지 살펴봅시다.


## 늘고 있는 당원

한국 정당은 여러모로 세계 정당과 조금은 다른 흐름을 보이고 있습니다. 가장 큰 차이는 유럽 정당들과 달리 당원 수가 꾸준히, 대폭 늘고 있고, 당원의 역할도 점점 강화되는 추세라는 점입니다.

유럽 정당에 관한 연구들은 유럽 정당의 당원 수가 지속적으로 줄고 있다는 것을 말해줍니다. 영국에서 가장 당원이 많은 정당인 노동당의 당원 수는 30만 9천 명(2025년 2월 기준)이고, 한때 백만 명을 훌쩍 넘었던 독일 사회민주당의 당원은 36만 5천 명(2023년 9월 기준)입니다. 스웨덴의 가장 오래된 정당이자 1914년 총선 이후 항상 원내 제1당을 차지하는 사회민주노동자당의 당원 수는 7만 5천 명(2021년 기준)에 불과합니다. 약간의 변동은 있지만, 유럽 정당의 당원 수는 계속 대폭 줄고 있습니다. 물론 중국공산당과 인도국민당(바라티야 자나타당, BJP)의 당원 수는 1억 명 안팎이고, 정치가 불안정한 남미에서는 당원 수가 크게 느는 경우가 있지만, 극히 예외적인 사례입니다.

그런데 우리나라 유권자 대비 당원 비율은 계속 높아지고 있습니다. 2013년 기준 유권자 대비 당원 비율은 12.6%로 유럽에 비해서도 상당히 높은 수준이었지만, 2024년 기준 유권자 대비 당원 비율은 무려 25.4%에 이릅니다. 쉽게 말해 유권자 4명 중 1명은 당적이 있다는 의미입니다. 당원으로 가입한 사람 수는 2013년 519만 8,389명에서 2024년 1,128만 4,730명으로 거의 두 배 가까이 늘었습니다. 거대 양당의 당원 수는 이제 5백만 명에 근접합니다. 유권자가 아니라 전체 인구로 비교해도, 당원 수는 2024년 기준 22%에 달합니다.

**[ 그림 4-3 ] 한국 정당의 당원 수 증가 추이(2005~2024)**

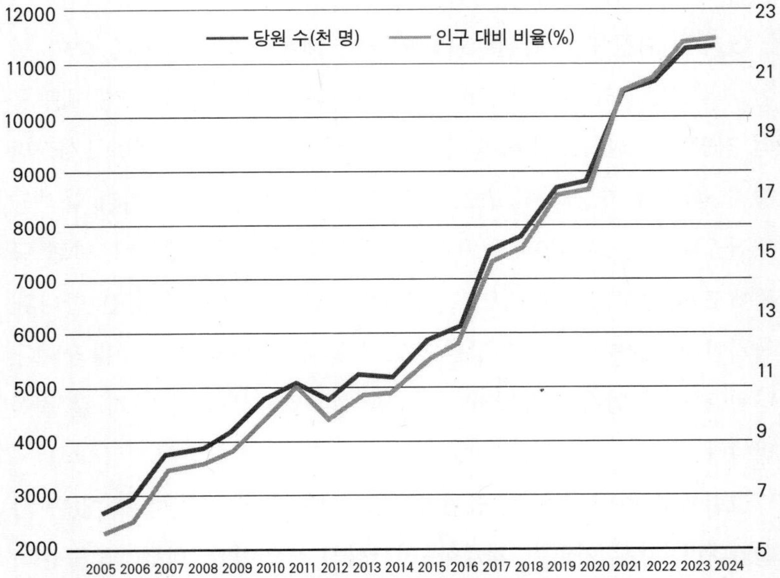

*출처: 중앙선거관리위원회, 「정당의 활동 개황 및 회계보고」 자료 조합

　물론 당원이 폭발적으로 늘고 있다고 해서 당원 중심의 정당 민주주의가 뿌리내리고 있다고 결론짓는 것은 성급합니다. 우리나라 정당의 당원은 꾸준히 늘고 있는데, 이 시기는 각 정당이 공천 과정에 당원의 투표권을 적극적으로 보장해 가기 시작한 시기와 겹칩니다. 그래서 상당한 비율의 당원은 공천 경쟁에만 동원되는 허수입니다. 혹시 '박스 당원', '종이 당원'이라는 말 들어보셨나요? 당내 경선을 앞두고 무차별하게 당원 수를 늘리면서, 종이로 만든 입당 서류를 박스째로 등록하던 현상을 표현한 것입니다. 예전에 어떤 지역에서 당원 명부 중 일부를 선별해서 조사해 보니, 많게는 95%가 실체가 없는 유령 당원이었다는 발표도 있었습니다. 게다가 복수당적을 엄격하게 금지하는 유럽과 달리, 우리나라에서는 여러 정당에 당원으로 가입하는 경우도 적지 않습니다. '관계'가 중요한 지역 사회의 특성 상 복수의 정당에 가입했거나, 지지할 정당이 바뀌어도 탈당 등의 절차를 엄밀하게 진행하지 않았기 때문입니다.

　그러나 최근에는 당원 관리 기술이 체계화하면서 이런 종이 당원, 박스 당원의 대규모 입당이 어려워진 것은 사실입니다. 대부분의 정당은 전산시스템을 통해 실명을 확인하고, 당원 1인별 1계좌만 당비 출금이 가능해 대규모 대리 가입과 당비 대납이 거의 불가능해졌습니다. 물론 이런 시스템이 도입되기 전에 가입했거나, 관련 규정에도 불구하고 관행적으로 당비를 대납하는 경우가 있긴 합니다. 심지어 사망자가 그대로 당원으로 등록되어 있는 경우도 많습니다. 당원 관리에 엄격한 유럽과 달리, 한국의 당원 관리는 아직 갈 길이 멉니다.

　그럼에도 한국 정당의 당원이 늘고 있는 것은 부인할 수 없는 사실입니다. 당원 가입이 체계화·전산화하고 있지만, 당원 중 꾸준히 당비를 납부하는 권리당원(또는 책임·주권 당원)의 수도 확실히 늘고 있기 때문입니다. 원래 우리나라에서는 대중정당 모델을 추구하는 진보정당의 당비 납부율이 높고, 거대 기성 정당의 당비 납부율은 매우 낮았습니다. 그러나 더불어민주당의 당비 납부율은 2013년 15.4%(당시 민주당)에서 2024년 26.2%로 크게 늘었고, 국민의힘의 당비 납부율은 2013년 7.3%(당시 새누리당)에서 2024년 19.1%로 역시 크게 늘었습니다. 당비를 납부하는 당원은 2024년 기준 더불어민주당은 131만 766명, 국민의힘은 84만 7,953명입니다. 유령 당원을 걸러내는 작업에 엄격한 유럽을 기준으로 보면, 이 숫자를 실제 당원 수로 추정하는 것이 합리적일 것입니다. 이 기준으로 보면, 2024년 기준, 유권자(44,340,891명) 대비 모든 정당의 당비 납부 당원(2,516,506명) 비율은 5.7%입니다. 이는 정당정치의 역사가 긴 유럽보다 높은 비율일 뿐만 아니라, 그 추세도 꾸준히 증가하고 있습니다.

## 당원이 늘어나는 이유는?

한국 정당의 당원 수가 늘어나는 것은 세 가지 이유 때문입니다. 첫째는 정당에서 당원의 역할이 점차 강조되고 있기 때문입니다. 우리나라 정당 공천의 역사를 한마디로 요약하면, 정당 보스 중심의 하향식 공천에서 당원과 국민이 참여하는 상향식 공천으로 변화해 왔습니다. 예전에는 정당 내 계파 수장들이 밀실 협상을 통해 후보를 공천하는 사례가 많았습니다. 그러나 2002년 대선을 앞두고 새천년민주당이 약 7만 명 규모의 선거인단이 참여하는 국민참여경선제를 도입하면서 분위기가 바뀌기 시작했습니다. 이때는 대의원 선거인단 20%, 일반 당원 30%, 일반 국민 선거인단 50%를 적용했습니다. 이 국민참여경선에서 극적으로 승리한 노무현 후보와 국민통합21 정몽준 후보가 다시 여론조사를 통해 단일화를 이루면서 상향식 공천 바람은 더욱 거세졌습니다. 이보다 앞선 2000년에 창당한 민주노동당이 당원의 직접 투표로 모든 당직·공직 후보를 선출하는 상향식 공천을 전면 도입하면서 정치권 전반에 큰 영향을 미친 것도 기성 정당이 공천 혁신을 서두른 배경이 되었습니다.

이후에도 진보정당은 당원 직접 민주주의에 기초한 공천이, 기성 거대 정당은 유권자까지 참여하는 국민참여경선제가 유행처럼 퍼져 나갔습니다. 지금은 계량화된 평가 기준으로 후보자를 심사하고, 당원과 대의원이 일정 비율의 투표권을 가지며, 일반 유권자가 참여할 수 있는 선거인단이나 여론조사를 통해 국민의 의사를 묻는 방식이 거의 일반화되어 있습니다. 비율과 방식은 매번 조금씩 다르지만, 과거처럼 하향식 공천은 '전략 공천'이라는 이름으로 일정 비율만 시행하고 있습니다. 이런 상황에서 경선에 참여한 후보자는 적극적으로 당원을 모으려 하고, 지지자들은 당원으로 가입할 동기가 계속 부여되었습니다. 이런 변화는 결국 당원 수의 증가로 이어졌습니다.

둘째, 실제로 당비를 납부하는 당원의 증가는 국가보조금 등 당비 외의 자원 확보 여부와 밀접한 관련이 있습니다. 앞서 살펴본 것처럼 거대 정당은 막대한 국고보조금을 받지만, 그렇지 못한 소수정당은 당원의 당비에 의존할 수밖에 없습니다. 그래서 전통적으로 우리나라에서는 진보 성향이나 극우 성향의 정당처럼 당원의 충성도는 높지만, 소수정당에 머무르고 있는 정당의 당비 납부율이 높습니다. 2024년 기준, 우리나라 정당 중 당비 납부율이 가장 높은 정당 1위는 2024년 창당한 신생정당인 새미래민주당(62%)이었고, 2위는 극우 정당인 자유통일당(44.6%), 3위는 진보당(41.1%), 4위는 정의당(36.9%)으로 나타났습니다. 국고보조금을 받기 어려운 소수정당이나 열의에 찬 신생정당, 그리고 이데올로기적 성격이 강한 정당이 상대적으로 당비 납부율이 높다는 것을 알 수 있습니다.

셋째, 소수정당만이 아니라 국고보조금을 많이 받는 거대 양당 역시 당비 납부율이 높아진 이유는 당의 공천 방식 변화 외에도 팬덤 정치와 포퓰리즘의 부상과 관련이 깊습니다. 정치적 장이 불안정해지면 적대적 진영 정치가 과열되고, 카리스마적 지도자를 열정적으로 지지하는 팬덤이 형성되게 됩니다. 또한 탄핵이나 내란처럼 통치구조 전반이 흔들리는 상황이 등장하면, 정치 지도자들은 대중과 직접적인 관계를 맺으려 합니다. 이런 상황은 적극적이고 열정적인 지지자들이 당원으로 가입해 당비도 꼬박꼬박 납부하는 열성 당원을 양산했습니다. 포퓰리즘과 팬덤정치에 대해서는 뒤에서 자세히 살펴보겠습니다.

이 외에도 최근 조금씩 실체가 드러나는 것처럼, 종교단체 등 특정 집단이 정치적 영향력을 확대하기 위해 조직적인 당원 가입 운동을 펼친 것도 당원 수 증가의 이유가 될 수 있습니다. 이런 현상은 정당 운영에서 당원의 역할이 점차 중요해지고 있다는 것을 말해줍니다. 그렇다면 한국 정당은 온전한 내부 민주주의를 구현하고 있을까요?

### 한국 정치, 정말 보스 정치에서 벗어나고 있을까?

정당의 내부 민주주의는 정당의 운영 전반에 구현될 수 있지만, 핵심은 정당의 공천에 관한 것입니다. 정당법에도 정당의 중요한 개념 요소로 제2조에 "공직선거의 후보자를 추천 또는 지지"한다는 것을 명시하고 있습니다. 우리나라 정당에서 상향식으로 공직 후보 선출을 시도한 것은 1954년 3대 국회의원 선거를 앞둔 자유당이지만, 이는 이승만의 3선 개헌에 걸림돌이 될 반대파의 재선을 막기 위한 것으로, 사실상 하향식에 가까웠습니다. 이후 박정희, 전두환 시대에는 폐쇄적이고 비민주적인 밀실 공천, 당 보스 중심의 하향식 공천에서 벗어나지 못했습니다.

그러나 민주화가 진전되면서 한국 정당은 보스 중심의 하향 공천, 밀실 공천에서 벗어나 당비를 내는 당원에게 중요한 결정권을 부여하고, 때로는 유권자에게도 선택권을 부여하는 방향으로 발전해 왔습니다. 게다가 더 많은 국민의 의사를 공천에 반영하기 위해 여론조사가 활용되기도 합니다. 이런 방식이 정말 민주적이냐는 문제는 둘째 치더라도, 보다 개방적이고 투명한 절차를 통해 정당 후보를 선출하려는 공천 개혁이 꾸준하게 진행되어 온 것은 사실입니다.

그러나 이런 제도의 도입이 실제 당 내부의 민주주의를 확립하고 있는지는 살펴봐야 합니다. 당원은 폭발적으로 늘고 있지만, 유령 당원을 걸러내고 당원을 관리할 지구당은 2004년 폐지된 채, 당원협의회나 지역위원회가 대체하고 있습니다. 그래서 지역구에 국회의원이 있으면 후원회로 예산을 만들어 사무실을 운영할 수 있지만, 국회의원이 없으면 사무실이나 유급 직원을 둘 수 없습니다. 이는 의원이 없는 정당에 매우 불리하고, 정당이 풀뿌리 활동을 펼치는 데도 한계를 만듭니다. 현재로서는 정당의 지역 활동을 시스템화하지 못하고, 지역위원장이나 국회의원의 개인 역량에 의존할 수밖에 없습니다. 과거 지구당이 폐지된 이유가 회계 부정이나 높은 운영 비용 등의 문제였다는 점을 고려하면, 지구당의 부패를 막으면서도 정당의 지역 활동을 촉진할 수 있는 대안이 필요한 상황입니다. 일각에서는 앞서 살펴본 지역정당 허용을 대안으로 제시하기도 합니다.

더 심각한 문제는 형식적으로는 당원 민주주의가 발전한 것처럼 보이지만, 실제로는 정당의 자의적인 권력 행사가 여전히 작동하고 있다는 점입니다. 2024년 12·3 내란 이후 치러진 2025년 21대 대통령 선거에서 국민의힘 대선후보 선출 과정은 정당에서 민주주의가 얼마나 멀리 있는지를 상징적으로 보여줬습니다. 경선에 나선 후보는 당 외부 인사와 단일화를 공약하며 당선되었지만, 당선되고 나서는 약속을 번복하고, 당 지도부는 당원의 투표와 여론조사로 결정된 후보를 마음대로 교체하려다 결국 당원 투표에서 반대에 부딪히며 실패했습니다. 이 과정에서 아무도 없는 새벽 3시에 출입이 자유롭지 않은 국회 사무실에서 대선후보 추가 신청을 접수받는 등, 웃지 못할 촌극이 벌어지기도 했습니다. 게다가 은밀한 거래로 특정 종교단체 교인들이 당원으로 집단 가입해, 자신들과 이해가 맞는 후보를 지지했다는 의혹도 사실로 확인되고 있습니다.

또한, 공식 절차에 따른 경선이 자리 잡고 있더라도, 지도부의 입김이 크게 작용할 수밖에 없는 공천관리위원회(이하 '공관위')의 권한이 여전히 매우 큽니다. 공관위는 공천을 신청한 후보들이 자격이 있는지를 심사하는 권한이 있고, 경선을 할지 특정 후보만 공천할지를 결정합니다. 때로는 '전략 공천'이라는 이름으로 당내 경선 없이 후보를 결정할 수도 있습니다. 물론 계량화된 평가 지표를 도입해 객관성과 엄정성을 기하려는 노력도 있지만, 사람이 하는 일이다 보니 자의적인 판단을 피하기 어렵고, 이 틈을 비집고 다양한 비리가 발생하기도 합니다. 명태균 게이트에서 드러나듯이 윤석열 대통령은 공관위를 통해 정당의 공천 과정에 마음껏 개입할 수 있었고, 공천 헌금이라는 명목으로 은밀하게 돈을 주고 받는 일이 지금도 벌어지고 있습니다.

## 여전히 정당에 남아 있는 위계 구조

지방선거에서는 이 문제가 더 심각합니다. 통상 광역단체장은 중앙당이, 기초단체장은 시·도당이 공천을 맡고, 광역의원과 기초의원 후보의 공천은 지역 당원협의회에서 담당하는데, 이 때문에 지방 정치가 중앙정치에 완전히 종속됩니다. 풀뿌리 민주주의와 지역 정치가 사라지고 중앙정치의 갈등 구조가 지역에 그대로 옮겨오는 것이죠. 게다가 당협위원장은 주로 지역구 국회의원이 맡기 때문에 지방정치는 국회의원을 정점으로 한 위계적 권력관계에서 벗어나기 어렵습니다. 광역의원, 기초의원은 다음 선거의 공천권을 실질적으로 소유한 지역 국회의원에게 잘 보이기 위해 사실상 수족처럼 움직이는 경우가 매우 많습니다. '주민을 위하는 정치'를, 자신을 공천해 준 '국회의원을 위한 정치'로 대체하고 있는 겁니다.

이런 위계적 권력관계는 선거구 문제를 통해 더욱 강화됩니다. 우리 지방선거에서 기초의원 선거는 더 다양한 풀뿌리 정치세력이 지방의회에 진출할 수 있도록 2~5인의 의원을 선출하는 중대선거구제를 도입하고 있습니다. 그러나 거대 양당은 3~5인 선거구를 잘게 쪼개 2인 선거구로 만들어, 지방의회를 독식하고 있습니다. 영호남 등 특정 정당의 압도적 독주가 보장된 곳을 제외하면, 2인을 뽑는 지역구에서는 거대 양당 후보들의 당선이 거의 보장되기 때문에, 소수정당은 아예 출마를 시도하기조차 어렵습니다.

이런 상황에서 양산되는 것이 '무투표 당선자'입니다. 2022년 치러진 제8회 지방선거에서 기초의원 중 무투표 당선자는 무려 294명에 달합니다. 선거구로 치면, 모두 143곳에서 무투표 당선이 이뤄졌는데, 이중 137개는 2인 선거구였으며, 3인 선거구는 6개에 불과합니다. 4인이나 5인 선거구에서 무투표 당선자는 한 명도 없었습니다. 당연하게도, 무투표 당선 의원들의 소속은 모두 더불어민주당이나 국민의힘이었습니다.

2인 선거구에서 선거도 치르지 않고 당선되는 기초의원들이 유권자에게 잘 보일 필요가 있을까요? 자기 지역 국회의원에게 잘 보여서 공천만 받으면 당선이 보장되니, 충성 경쟁이 벌어지거나 은밀하게 거액의 돈다발이 오가는 일도 벌어집니다.

3인 이상의 선거구에서도 거대 양당은 복수 공천, 즉 선출 인원

만큼의 후보를 공천해 소수정당이나 신생정당의 진출을 가로막기도 합니다. 제8회 지방선거에서 거대 양당은 지방의회 의석의 90% 이상을 차지했습니다. 그래서 특정 정당이 지역 패권을 독식하고 있는 영남과 호남의 무소속을 제외하면, 거대 양당 외의 정당이나 후보가 당선되기가 매우 어렵습니다.

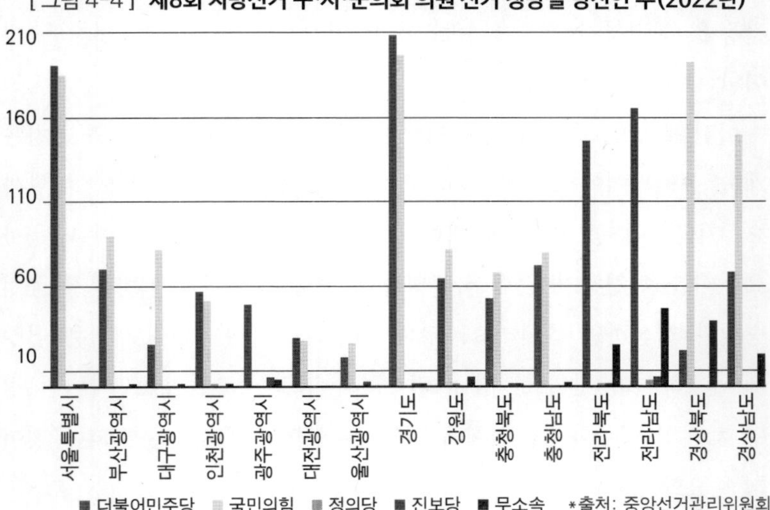

[ 그림 4-4 ] **제8회 지방선거 구·시·군의회 의원 선거 정당별 당선인 수(2022년)**



이렇듯 문제의 핵심을 건드리지 못하는 당원 민주주의는 위계 권력을 사후적으로 정당화하는 수단으로 전락하기 쉽습니다. 그래서 차라리 지방선거에서 정당 공천을 없애거나, 앞서 살펴본 것처럼 지역정당을 허용하라는 목소리도 날로 높아지고 있습니다. 전체 선거 제도 개혁도 필요하고, 당내 공천 방식의 개혁도 필요합니다.

이제까지 살펴본 것처럼 정당 운영을 민주화하려는 노력은 계속되고 있습니다. 정당이 민주주의에서 필수적인 요소라면, 정당 운영 또한 민주성이 반영되어야 합니다. 대한민국헌법 제8조에도 "정당은 그 목적·조직과 활동이 민주적이어야 하며, 국민의 정치적 의사 형성에 참여하는 데 필요한 조직을 가져야 한다"라고 명시되어 있습니다.

정당을 더욱 민주적으로 만드는 방법은 무엇일까요? 정당을 민주적으로 운영하는 것과, 정당 간의 관계를 민주적으로 구성하는 것 중, 무엇이 더 중요할까요? 왜 가장 민주주의를 옹호하며 정당의 운영 원리로 도입했던 진보정당들은, 그 민주적 제도로 격렬한 내부 갈등을 해결하지 못했을까요? 정말 미헬스의 '과두제의 철칙'은 벗어날 수 없는 것일까요?

이런 질문도 가능합니다. 지방선거에서 정당 공천과 복수 공천은 계속 유지되어야 할까요? 지방정치는 중앙정치와 구별되어야 할까요, 지금처럼 중앙정치에 대한 중간평가 성격을 띠는 것이 나을까요? 이를 해결하기 위해 국회의원과 중앙당 중심의 지방선거 공천 방식만 개선하면 족할까요? 당내 민주화를 위한 공천 개혁은 어떻게 진행되어야 할까요? 당내 민주화가 정말 중요할까요? 아니면 정당 체제의 민주화, 즉 의회에 다양한 세력이 고르게 분포되는 것이 더 중요할까요?

민주주의가 고정된 명사가 아니라 사실상 동사에 가까운 것처럼, 우리의 정당 민주주의도 끊임없이 수많은 질문을 되물어야 할 것 같습니다.

**핵심개념**

**▶ 정당 내부 민주주의**
정당의 공직·당직자 선출, 당의 주요 결정 등 정당 운영에 당원의 의사가 민주적으로 반영될 수 있도록 보장하는 것.

**▶ 과두제의 철칙**
로베르트 미헬스가 제시한 개념으로, 어떤 조직이라도 시간이 지날수록 소수의 지도 그룹에 권력이 집중되는 현상이 나타날 수밖에 없다는 개념.

## 찾아보기

### ▶ 도서자료

- 강원택(2003). "정당의 공직후보 선출과 당내민주화". 심지연 편저. 현대 정당정치의 이해. 백산서당.
- 미헬스·로베르트 지음. 김학이 옮김(2002). 정당사회학: 근대 민주주의의 과두적 경향에 관한 연구. 한길사.

- 박상훈·정순영·김승미(2023). "만들어진 당원: 우리는 어떻게 1천만 당원을 가진 나라가 되었나". 국회미래연구원. 국가미래전략 insight 67호.
- 윤현식(2024). 지역정당 : 거대 양당에서 벗어나 지역에서 세상을 바꾸는 정치. 산지니.
- 지병근·유성진·손정욱·차현진(2024). "민주적 정당정치 발전을 위한 정당 운영 개선방안 연구". 중앙선거관리위원회.
- Biezen, Ingrid van. & Poguntke, Thomas(2014). "The decline of membership-based politics", Party Politics 20.
- Smelser, Neil J.(1976). "Robert Michels' Theory of Organizational Structure", Neil J. smelser and R. Stephen Warner, Sociological Theory: Historical and Formal, General Learning Press.

# Q.
## 팬덤 정치는 정당 정치의 위기일까, 기회일까?

세계 곳곳의 정치가 불안정합니다. 미국에서 트럼프는 'MAGA(Make America Great Again, 미국을 다시 위대하게)'라는 슬로건을 앞세우고 다시 대통령이 되면서 기존 정치 질서를 뒤흔들고 있습니다. 게다가 막강한 힘을 바탕으로 관세를 무기로 삼거나, 일국의 대통령을 납치하는 일까지 자행했습니다. 유럽에서는 극우 정당과 극좌 정당이 동시에 부상하고 있습니다. 남미에서는 2000년대 남미 전역을 뒤흔들던 핑크타이드(Pink Tide, 좌파 정부의 연쇄 등장)가 어느새 블루타이드(Blue Tide, 우파 정부의 연쇄 등장)로 바뀌더니, 다시 2차 핑크타이드가 몰아닥친 후 우파 정권이 또 들어서고 있습니다. 민주주의와 선거 지원을 위한 국제기구IDEA의 세계 민주주의 상태 보고서에 따르면, 2010년 즈음부터 민주주의가 후퇴한 나라가 꾸준히 늘고, 선진 민주주의 국가가 계속 줄어들다 결국 역전되어 버렸습니다. 세계 곳곳의 민주주의가 점점 더 불안정해지는 상황에서 가장 극적인 사례가 나타난 곳은 바로 대한민국이었습니다. 역사책에서나 볼 수 있었던 불법 비상계엄이 민주화 이후 처음으로 선포되고, 무장 군인이 국회와 선관위를 점거하는 모습을 생중계로 지켜봐야 했습니다.

흔히 불안정한 정치 상황에 자주 등장하는 개념이 이른바 '팬덤 정치', 또는 '포퓰리즘'입니다. 팬덤fandom은 열정적인 지지자를 의미하는 팬fan과 영역이나 세계를 의미하는 접미사 돔dom이 합친 말로, 어떤 인물에게 열정적이며 헌신적인 애착을 가진 사람들의 집단을 말합니다. 팬덤 정치는 이런 현상이 정치 영역으로 확장해 특정 정치인을 열정적으로 지지하는 것에 머물지 않고, 적극적인 정치 참여를 실천하는 현상으로 나타납니다.

이와 비슷한 표현으로는 포퓰리즘populism이라는 말이 있습니다. 언론에서는 흔히 포퓰리즘을 인기영합주의와 비슷한 의미로 사용하지만, 사실 정의하기가 매우 어려운 용어입니다. 포퓰리즘의 기원은 1870년대 러시아에서 전개된 '인민 속으로' 운동에서 찾기도 하고, 1892년 미국의 인민당에서 구체적 사례를 발견하기도 합니다. 포퓰리즘이라는 용어의 사용도 제각각입니다. 정치 지도자가 대중을 현혹하기 위한 정치활동을 비판적으로 묘사할 때 사용하기도 하고, 정치에 관심을 갖게 된 대중의 적극적인 정치 참여를 묘사하기도 합니다. 부정과 긍정의 의미가 모두 투영되는 포퓰리즘이라는 개념은 합의된 정의가 없을 정도로, 아니 불가능하다고 평가될 정도로 다양하게 사용됩니다.

포퓰리즘을 연구해 온 카스 무데Cas Mudde라는 학자는 최근 이 용어가 '순수한 대중'과 '부패한 엘리트' 사이의 근본적 대립에 초점을 맞춘 이데올로기적 접근에 합의가 높아지고 있다고 주장합니다. 포퓰리즘의 단순한 대립 관계는 구체적 목표나 지향 없이 기존 여러 이데올로기 중 하나를 숙주로 삼아서만 존재하고, 자유 민주주의의 여러 제도와 가치에 도전합니다. 그래서 극단주의보다는 낫지만, 기존 정치 시스템, 다원성의 가치에 대한 공격의 의미를 내포한다고 주장합니다.

반면, 라클라우E. Laclau라는 학자는 기존 엘리트에 대항하는 민중운동의 담론적 원리가 포퓰리즘이며, 새로운 질서를 위한 새로운 정치 주체를 형성하는 방식으로 이해해야 한다고 주장합니다. 이와 유사하게 샹탈 무페Chantal Mouffe라는 학자는 새로운 정치를 구성하기 위해서는 기존 질서가 불안정해진 순간 활성화되는 포퓰리즘의 계기를 적극 활용해야 한다고 주장하기도 합니다.

이처럼 포퓰리즘은 해석도, 평가도 다양합니다. 물론 예전에도 특정 정치 리더에 대한 강력한 지지그룹이 존재했지만, 팬덤 정치, 포퓰리즘이라는 말은 비교적 최근에 자주 사용되고 있습니다. 이런 현상을 어떻게 봐야 할까요? 이런 현상은 정당정치에 부정적일까요? 아니면 민주주의 사회에서 자연스럽게 나타나는 현상일까요?

## 정당 정치의 위기와 팬덤 정치의 부상

팬덤 정치의 초점이 '지지자'에게 맞춰 있다면, 포퓰리즘의 초점은 정치 리더에게 맞춰지는 경향이 있습니다. 두 가지가 비슷한 현상을 의미하더라도, 지지자들의 활동을 묘사할 때는 팬덤 정치로, 이들의 활동을 촉발하는 정치 리더의 활동을 묘사할 때는 포퓰리즘으로 부르고는 합니다. 또한, 팬덤 정치는 지도자의 의사와 무관하게 열정적이며 헌신적인 활동을 펼치는 지지자들을 가리키지만, 포퓰리즘은 지도자의 의도적인 정치 행위의 결과로 묘사합니다. 이런 약간의 차이점에도 불구하고 팬덤 정치는 포퓰리즘과 매우 유사하고 밀접하게 관련된 현상입니다.

팬덤 정치와 포퓰리즘이 지도자와 열정적 지지자가 직접 연결되는 현상을 의미한다면 한 가지 의문이 떠오릅니다. 원래 이 둘 사이는 '정당'이라는 조직이 매개하는 것 아니었나요? 흔히 삼권분립이라고 부르는 통치 구조에서는 리더십을 상징하는 권력인 정부, 사회적 갈등을 최종적으로 중재하는 사법부와 함께 국민의 의사를 대변하는 의회를 두고 있습니다. 그래서 국민의 의사는 의회를 통해 최고 통치권자에게 전달됩니다. 그 의회를 구성하는 것이 주로 정당이고, 정당은 국민 의사를 의회와 국가기구에 반영하는 역할을 합니다.

그런데 포퓰리즘이나 팬덤 정치는 이런 대의 체계를 건너뛰고, 대중과 지도자가 직접 연결됩니다. 왜 그럴까요? 다양한 이유가 있겠지만 정당이나 정당체계가 자신의 요구를 잘 대변하지 못한다고 느낄 때, 자신의 요구나 열망을 직접 대변할 수 있다고 생각되는 특정 지도자와 직접적인 연결을 추구하려는 현상이 나타납니다.

그래서 팬덤 정치나 포퓰리즘은 카르텔화 하는 기존 정당 체제와 정치 엘리트에 대한 불만과 불신의 징후이기도 합니다. 팬덤 정치와 포퓰리즘 현상이 나타나는 이유를 잘 살펴보면, 많은 사람이 정상적인 기존 제도와 절차, 시스템으로는 자신의 불만을 해결할 수 없다는 정서가 팽배해져 있음을 말해주기도 합니다. 매번 서로 싸우기는 하지만, 근본적인 변화는 아무것도 기대할 수 없는 현실 정치에 대한 불신이, 자신이 신뢰하는 지도자가 일거에 모든 문제를 해결해 줄 수 있으리라는 기대감으로 대체되는 것이죠. 결국 팬덤 정치와 포퓰리즘이 활성화되는 것은 정당정치의 실패 또는 위기와 관련되어 있다는 주장에 힘이 실립니다.

그런데, 팬덤의 등장을 꼭 그렇게만 볼 수 있을까요? 팬덤과 포퓰리즘은 단순히 정치 리더에 대한 지지를 넘어 정당을 혁신하고 새로운 시스템을 구축하는 결과로 이어질 수도 있습니다. 앞서 살펴본 것처럼, 우리 정당이 세계적인 추세와 다르게 당원 수가 급격히 늘고 있는 것도 팬덤 정치나 포퓰리즘이 활발하게 일어나는 현상과 무관하지 않습니다. 그렇다면 단순히 이런 현상을 '정당정치의 위기'로만 치부할 수 있을까요? 오히려 정당이 강화되는 다른 측면이 아닐까요? 그만큼 이 현상은 단순하지 않은 쟁점을 제기합니다.

### 팬덤은 민주주의의 해악이다 vs 아니다

우리 사회에서 팬덤 정치라고 부를 수 있는 현상은 언제부터 나타났을까요? 대중 정치인이 존재할 때부터 팬덤은 늘 함께했다고 해도 크게 무리가 없을 것 같습니다. 다만, 예전에는 팬덤이라는 용어를 정치인을 열성으로 지지하는 유권자를 묘사하는 데 사용했다면, 최근의 팬덤정치라는 용어는 일정한 자율성과 독자성을 갖고 적극적으로 활동하는 지지층을 묘사하는 데 사용하는 경향이 있습니다.

이런 성격에 맞는 팬덤 정치는 2002년 대선을 앞둔 시점에 등장한 이른바 '노사모'(노무현을 사랑하는 사람들의 모임)에서 발견할 수 있습니다. 노사모는 정치인에 대한 단순한 지지를 넘어 체계적이고 조직적인 틀을 갖추고, 이를 '운동화'한 점에서 차이가 있습니다. 2010년 이후에는 '안철수 현상'이 나타났습니다. 안철수 현상은 단순히 정치인 안철수 개인을 지지하는 것을 넘어, 현실의 다양한 불만과 추상적 대안에 대한 요구가 안철수라는 이름으로 투영되어 나타난 현상입니다. 이후 문재인 대통령에 대한 문빠 정치, 이재명 대통령에 대한 개딸(개혁의 딸) 정치가 언론의 주목을 끌었습니다.

언론에서는 흔히 팬덤 정치를 이른바 '좌표 찍기'처럼, 대중이 자신이 응원하는 지도자에게 걸림돌이 될 만한 경쟁자나 상대 정당을 공격하는 데 치중하는 모습으로 묘사합니다. 이와 유사하게 포퓰리 즘은 합리적이고 정당한 근거 없이, 오로지 자신을 지지하는 대중을 동원하기 위해 이런 저런 허구적 주장을 남발하는 현상을 묘사할 때 사용합니다. 또한, 팬덤과 포퓰리즘에 결합하는 대중의 요구와 현실의 불만이라는 것이 대개는 매우 추상적이라, 어떤 내용과 방향을 담기보다 '지도자의 이름'과 동일시되는 경향도 있습니다. 지도자가 이랬다 저랬다 말을 바꾸어도 지지를 철회하지 않는 것이죠. 팬덤 정치와 포퓰리즘의 가장 부정적이며 극단적인 결과는 전체주의와 파시즘으로 귀결되는 것일 수 있습니다.

물론 여기에는 중요한 함정이 있다는 것도 잊어서는 안됩니다. 문자 폭탄이나 인터넷 댓글 등을 통해 특정 정치인을 공격하는 현상이 나타나면 이를 모두 특정 팬덤의 문제로 환원하는 경향이 있지만, 실제로는 전혀 상관없는 경우도 많습니다. 20대 여성을 주축으로 형성되었다고 알려진 이른바 '개딸'의 경우, 정치적 반대파에 대한 무차별한 문자공세로 많은 정치인과 언론의 비판을 받았지만, 실제로 문제가 된 사안에 참여한 계층은 20대 여성, 민주당 당원과 무관한 경우가 많았습니다. 즉, 실제 문자 폭탄이나 욕설 등으로 강한 비판과 비난을 쏟아부은 사람이 누구냐와 무관하게, 모든 것을 특정 팬덤 탓으로 돌리는 경향도 분명히 있고, 그런 낙인 효과 역시 어떤 정치적 의도에 따른 결과라고 볼 수 있습니다.

그럼에도 팬덤 정치와 포퓰리즘에 대한 비판은 점차 높아지고 있습니다. 그런데 이 문제를 이렇게 간단히 비판하고 넘겨도 좋을까요? 이 현상에 대한 비판 중에는 거친 정치 공세에 대한 자제를 요청하는 것을 넘어 완고한 대의 민주주의의 시각에 근거한 비판도 발견할 수 있습니다. 즉, 대중은 선거 때 자신이 원하는 정치인을 선택하면 될 뿐, 일상적인 정치는 의회에 맡기고 지나친 간섭은 삼가야 한다는 발상입니다. 그래야 사회적 갈등이 통제할 수 없을 정도로 폭발하거나 지속적인 갈등으로 이어지지 않고 합리적인 논쟁과 토론, 합의를 통해 해결할 수 있다고 보는 것이죠.

좀 극단적이기는 하지만, 이런 입장을 가장 분명하게 대변하는 사람은 '혁신'이라는 개념으로 유명한 조지프 슘페터J. A. Schumpeter입니다. 그는 "유권자들은 자신들의 대표에게 무엇을 해야 할지에 대해 지시하려는 시도를 삼가야 할 뿐만 아니라 대표들의 판단에 영향을 미치려는 어떤 시도도 삼가야 한다. 예컨대, 대표에게 편지나 전보 공세를 퍼붓는 행위도 마찬가지로 금지되어야 한다"고 주장하기도 했습니다. 우리가 선출한 대표자는 누구보다 많은 정보를 가지고 합리적으로 판단할 수 있으며, 의견이 다른 정치인과 타협과 합의도 필요하기 때문에, 이들의 결정에 대중이 개입해서는 안 된다고 본 것입니다.

그런데, 이런 견고한 대의제가 민주주의라고 할 수 있을까요? 민주주의의 본질적 의미가 인민의 자기 지배라고 한다면, 대중이 현실 정치에 다양한 형태로 참여하는 것을 민주주의에 반하는 것이라고 쉽게 결론 내릴 수 있을까요?

물론 포퓰리즘은 대중 영합적이고 선동적인 성격을 띠기 때문에 현재의 민주주의 시스템을 교란하고 정상적인 작동을 방해하는 것으로 비판할 수 있습니다. 대중의 지지를 위해 현실성이 없는 정책을 약속하거나, 정치 반대파에 대해 비제도적 공격을 노골적으로 요청하기도 하기 때문입니다. 그러나 언론 등에서 포퓰리즘으로 비판하는 다양한 현상을 살펴보면, 현실 가능성을 꼼꼼하게 따진 비판이라기보다 단순한 정책적 반대를 포퓰리즘으로 포장하여 공격하는 경우도 쉽게 발견할 수 있습니다. 정확한 개념과 기준을 바탕으로 어떤 주장을 평가하기보다 비판이나 비난을 위한 용어로 쉽게 선택되는 것이죠.

　팬덤 정치의 경우도 정치적 반대파에 대한 과도한 공격이 문제가되지만, 그것이 팬덤 자체의 문제라고 단정하기는 어렵습니다. 모든팬클럽이 경쟁 연예인에게 악플을 쏟아내거나 무작정 공격하는 것이 아니듯, 모든 정치 팬덤이 막무가내의 공세를 펴는 것도 아닙니다. 과도하게 연예인을 괴롭히거나 경쟁 연예인을 공격하는 팬도 있지만, 봉사활동을 하거나 사회정의를 위해 나서는 팬클럽도 있는 것처럼요. 어떤 현상을 팬덤 정치의 내재적 속성으로 보기보다 문제가되는 행태, 그 자체에 대한 비판으로 족하지 않을까요? 어쩌면 정치에 대한 시민참여가 늘어갈수록, 팬덤 정치나 포퓰리즘은 피할 수없는 현상일지도 모릅니다. 결국 민주주의가 그렇듯, 팬덤 정치나 포퓰리즘이 어떤 형태와 효과가 있느냐는 해당 정치공동체의 문화나관습의 측면에서 원인을 찾는 것이 더 현명할 수 있습니다. 그렇다면 우리의 해법 역시, 팬덤이나 포퓰리즘을 없애는 것이 아닌, 그것이 현명한 민주주의로 자리 잡을 방법을 궁리하는 것이 더 낫지 않을까요?

## 정치적 불안정성과 포퓰리즘의 등장

　포퓰리즘에 대한 호불호를 걷어내고 건조하게 정의하면, 대의제의제도화된 절차를 우회해 대중에게 직접 호소하여 특정한 정치적 방향에 대한 동의와 행동을 끌어내려는 정치적 실천이라 할 수 있을겁니다. 포퓰리즘이 좋은 것이냐, 나쁜 것이냐의 문제를 잠시 떠나,왜 이런 형태의 정치가 세계 곳곳에서 활발하게 일어나느냐를 생각해 보는 것도 의미 있을 것입니다.

　이런 현상이 늘어나는 것은 그만큼 기존 제도와 시스템이 상당히 불안정해지고 있음을 말해줍니다. 샹탈 무페라는 정치학자는 포퓰리즘이 일어나는 계기는 불만족스러운 요구들이 빠르게 증가하고, 지배 헤게모니가 정치적이고 사회경제적인 전환에 대한 압박에 처하면서 불안정해진 때라고 설명합니다. 즉, 기존 시스템과 상식, 규범에 대한 대중적 지지가 철회되고 정당성이 허물어지면서, 그것이 과거로의 회귀이든, 미래로의 전환이든 뭔가 급격하고 근본적인 변화를 촉구하는 대중적 흐름이 생겨날 때 포퓰리즘이 등장한다는 것입니다.

현재 시스템에 문제가 있다면, 그 시스템만으로 새로운 시스템을 만드는 것은 쉽지 않은 일입니다. 설령 그것이 가능하더라도, 변화를 추동하기 위해서는 강한 압력이 필요합니다. 그렇다면 포퓰리즘 역시 전체주의나 파시즘으로 기울 위험이 있지만, 개혁을 위한 동력으로도 작동할 수 있습니다.

결국 포퓰리즘이 옳으냐 그르냐의 논점에서 벗어나, 어떤 포퓰리즘이냐를 묻는 것이 더 현명하지 않을까요? 중요한 것은 팬덤과 포퓰리즘 그 자체가 아니라, 그런 현상을 타고 움직이는 정치의 내용과 방향입니다. 바우만Zygmunt Bauman이라는 사회학자가 말했듯, 우리가 살고 있는 시대는 과거의 향수에 기대어 어떤 지점으로 회귀하려는 레트로토피아retrotopia적 흐름과, 한 번도 경험해 보지 않았지만 새로운 세상을 그려볼 수 있는 낙관적 미래로 가려는 유토피아utopia적 흐름이 끊임없이 각축하는 시대입니다. 미국 트럼프 대통령이 상징적으로 보여주는 레트로토피아적 흐름이 한국에서 가장 극단적으로 폭발한 것이 윤석열의 비상계엄입니다. 한편, 새로운 정당을 통해 소위 87년 체제 이후를 모색했던 진보정당 운동은 유토피아를 향한 노력이었습니다. 두 흐름 모두 정당 정치의 전형화된 시스템을 넘어 역동적으로 활성화된 대중정치와 결합해 있습니다.

이 결합이 커지고 뜨거워질수록 팬덤과 포퓰리즘이 활성화합니다.

정당정치도 마찬가지입니다. 대중정치, 운동정치가 활성화되는 것은 정당정치의 위기와 한계를 보여주는 것이기도 하지만, 이 과정을 거치며 정당정치가 새롭게 거듭나거나 혁신의 계기가 되기도 합니다. 노사모 열풍은 공천 혁명으로 이어졌고, 보스 중심의 밀실 공천 관행을 없애는 데 큰 역할을 했습니다. 물론 정치적 경쟁자를 공격하기 위해 대중을 동원하거나 합리적 토론과 검증 없이 대중의 압력으로 정치적 목적을 달성하려는 정치행태가 있음을 부정할 수 없습니다. 그러나 이런 문제점은 대중의 적극적인 정치참여를 제약하는 것으로 해결하지 못합니다. 시민의 정치참여와 대중 민주주의에 대한 새로운 정치 문화, 이를 제도화할 시스템을 만드는 것도 정당의 역할입니다. 정당의 가장 중요한 기능 중 하나가 시민사회와 국가를 매개하는 것이기 때문입니다. 또한 정당의 가장 큰 위기는 대중의 적극적인 참여에서 비롯되는 것이 아니라 대중과의 괴리에서 나타난다는 점도 잊어서는 안 될 것입니다.

**핵심개념**

**▶ 팬덤 정치**

특정 정치인에 대한 열정적인 애착을 가진 이들이 세력화해 적극적으로 현실 정치에 참여하는 현상.

**▶ 포퓰리즘**

대의제의 제도화된 절차를 우회해 대중에게 직접 호소하여 특정한 정치적 방향에 대한 동의와 행동을 이끌어 내려는 정치적 실천.

**찾아보기**

**▶ 도서자료**

- 김찬우(2024). 근거이론을 통해 본 한국 팬덤정치 연구 동향 분석: 한국과 영어권 학술 논문 분석을 중심으로. 국제정치연구 제27권 3호. pp. 207-242.

- 서병훈(2008). 포퓰리즘. 책세상.
- 무데, 카스. & 칼트바서, C. R.(2019). 포퓰리즘. 교유서가.
- Bauman, Zygmunt(2017). RETROTOPIA. Cambridge. 바우만, 지그문트 지음. 정일준 옮김(2018). 레트로토피아: 실패한 낙원의 귀환. arte.
- Laclau, E(2005). On Populist Reason, London. Verson.
- Mouffe, Chantal(2018). For a left Populism, NY: Verso. 이승원 옮김. 2019. 좌파 포퓰리즘을 위해. 문학과 세계사.
- Mudde, Cas(2025). "Populism in the Twenty-First Century: An Illiberal Democratic Response to Undemocratic Liberalism". https://amc.sas.upenn.edu/cas-mudde-populism-twenty-first-century
- Schumpeter, J. A.(1966). Capitalism, Socialism and Democracy, Unwin University Books.

# Q.
## 세상을 바꾸려는 이들에게 정당은 꼭 필요할까?

지금까지 정당에 대해 살펴봤습니다. 다 아는 이야기라고요? 그럴 수도 있습니다. 우리가 '정당'을 생각할 때, 법이나 제도적 틀에 갇혀 있을 필요는 없습니다. 정당을 어떻게 이해하고 받아들여야 하는지, 또 그것을 어떻게 활용해야 하는지에 대한 정답은 없습니다. 여러 선택지 중 하나를 선택하거나 새로운 길을 만들고, 여기에 뜻을 함께하는 사람들을 모으는 과정이 정치라고 할 수도 있겠습니다.

그렇다면 이런 질문은 어떤가요? 여러분이 세상을 바꾸는 꿈을 꾸고 있다면, 우리에게 정당은 꼭 필요할까요? 정당을 우회해, 오로지 운동의 힘으로 세상을 바꿀 수 있을까요? 물론 이 질문에 대한 정답도 없지만, 정당 이야기를 끝맺기 전에 한번 생각해 봅시다.

## 세 번의 촛불 그리고 정당

우리는 얼마 전, 상상하기도 쉽지 않았던 '내란'을 마주해야 했습니다. 2014년 헌법재판소에 의해 통합진보당이 내란을 선동했다며 해산되는 어이없는 일이 벌어지긴 했지만, 대통령이 앞장서 친위 쿠데타를 일으킬 줄은 정말 몰랐습니다. 결국 내란의 수괴는 파면되고 법의 심판을 받고 있습니다. 친위 쿠데타가 실패한 데는 여러 이유가 있지만, 주저하지 않고 내란을 막고 내란 수괴의 탄핵과 처벌을 요구한 시민의 힘이 결정적이었습니다.

물론 국가 통치 전반에 걸쳐 대규모 시민 저항이 일어난 것이 처음은 아닙니다. 촛불시위라는 새로운 양식이 사회운동에 본격화한 것은 2002년 미군 장갑차에 의해 억울하게 희생된 두 여중생 사건이 시작이었습니다. 그 후 2004년 노무현 대통령 탄핵 반대 시위, 2008년 미국산 광우병 우려 쇠고기 수입을 계기로 한 시위, 2016~2017년 박근혜 대통령 탄핵 촉구 집회, 그리고 2024년 말부터 2025년까지 이어진 내란 심판을 위한 시위는 평범한 시민이 촛불이나 응원봉 등을 상징으로 삼아 정치 무대의 주인공으로 등장한 사건입니다.

이 중 다시 살펴보고 싶은 사례는 2008년 촛불시위입니다. 이 시위는 유일하게 명백한 실패로 귀결되었으나, 가장 격렬하고 뜨겁게, 그리고 가장 급진적인 성격으로 진행된 시위였습니다. 2008년의 촛불은 왜 실패했을까요? 이 이유를 생각해 보면, 정당이 우리에게 어떤 의미를 주는지 토론해 볼 수 있습니다.

2008년 촛불시위는 이명박 정부의 광우병 우려가 있는 미국산 쇠고기 수입을 계기로 촉발되었지만, 시위의 이유가 광우병에 대한 공포 때문만은 아니었습니다. 당시 여론조사 기관에서 촛불시위의 가장 큰 의미를 묻는 질문에 가장 많은 답변을 얻은 것은 '국민 주권의식의 변화'였고, 두 번째가 '시민의 직접적인 정치참여', 세 번째가 '권력이나 정치를 견제할 새로운 세력의 등장'이었습니다. 광우병에 대한 공포는 포함되지도 못했습니다.

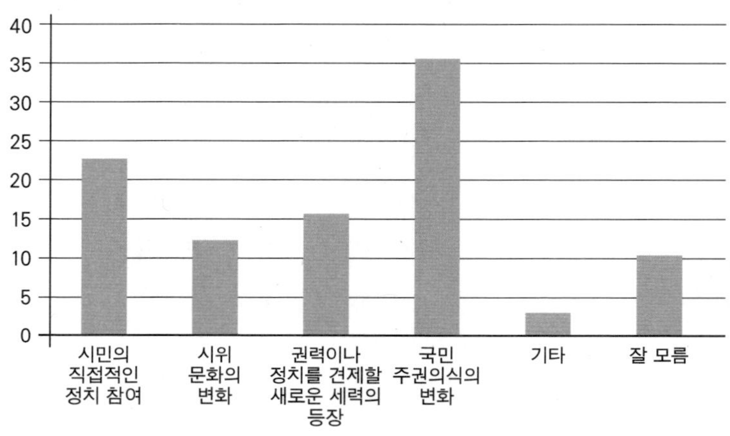

[ 그림 4-5 ] **촛불집회의 사회적 의미(2008년)**



*출처: 한길리서치연구소(2008.07: 47)
*질문: "귀하는 촛불집회의 가장 큰 의미가 무엇이라 생각하십니까?"
*조사기간: 2008.07.19.~20./ 표본 크기: 710명/ 지역·성·연령별 할당 무작위 추출/ 구조화된 질문지를 이용한 전화면접/ 표본오차: 95% 신뢰수준에 ±3.7%P

이것은 당시의 시위가 단지 광우병에 대한 공포 때문이 아니라, 국민 다수의 의견을 무시한 통치 권력에 대한 반감이 핵심에 있었음을 말해줍니다. 그런 점에서 2008년 촛불시위는 87년 체제로 부르는 지금의 시스템에 결합해 있는 대의제의 제한적 성격을 확인하고 폭로한 최초의 대중 시위라고 할 수 있습니다.

## 명박산성과 촛불의 한계

중요하게 살펴봐야 할 것은 이 시위가 일어난 당시의 정치적 맥락입니다. 2008년 촛불시위는 인터넷 중심으로 광우병 우려 쇠고기 수입 반대 여론이 일어나다가 5월 2일 10대 여중고생들이 자발적으로 시위에 참여하면서 시작되었습니다. 이후 거의 매일 새벽까지 시위가 열렸고, 자유발언대를 중심으로 수많은 시민이 참여해 다양한 불만과 요구, 각자의 생각을 나누는 공론장이 되었습니다.

그런데 그로부터 불과 반년 전으로 돌아가면, 이런 상황은 상상도 못할 일이었습니다. 2007년 12월에는 17대 대선이 있었죠. 당시 이명박 후보는 48.7%의 득표로 당선되었고, 대통합민주신당의 정동영 후보는 26.1%를 득표하여 민주화 이후 민주당 계열 후보 중 최저 득표율을 기록했습니다. 촛불시위가 일어나기 직전인 4월에 치른 총선은 어땠나요? 당시 집권 여당인 한나라당이 153석을, 보수 정당이었던 자유선진당이 18석, 박근혜를 중심으로 만들어진 친박연대가 14석을 얻었습니다. 보수 정당을 모두 합치면 185석으로 2024년 22대 총선에서 당시 야권이 얻은 전체 의석수와 비슷합니다. 반면, 당시 통합민주당은 81석, 민주노동당 5석, 창조한국당 3석으로 모두 합쳐 89석에 불과했습니다. 원내 유일 진보정당이던 민주노동당이 총선 직전 분당했고, 18대 총선에서 당선된 25명의 무소속 의원들도 사실상 보수 성향인 점을 고려하면 당시 국회는 보수가 압도하는 상황이었습니다.

그러나 이런 여건에서 일어난 촛불시위의 급진성과 적극성은 이번 탄핵 촉구 집회를 넘어서는 수준이었습니다. 거의 매일 수많은 시민이 참여해 다음 날 새벽까지 시위를 이어 갔고, 중·고등학생들과 유모차부대를 비롯해 성형수술 커뮤니티 등 정치와 무관했던 각종 온라인 커뮤니티 회원들이 주축에 섰습니다. 경찰은 계속 배후를 찾았지만, '리더십 없는 운동'의 현실태를 보여줬고, 시위 현장 곳곳에서는 평범한 시민이 자유롭게 자기 생각을 함께 어울려 말하는 정치적 공론장이 만들어졌습니다. 2008년 5월 말 이후 정부가 경찰특공대를 동원한 강제 해산을 본격화하자, 물리적 충돌이 일상화하기도 했습니다. 이 시위는 6월 10일, 가장 많은 시민이 참여했지만 광화문 사거리를 컨테이너 박스로 막아 둔 이른바 '명박산성'을 넘는 데 실패하면서 점차 소강상태에 빠지게 됩니다. 당시 명박산성 앞에서 다음 날 날이 밝을 때까지 진행된 현장 토론은 '리더십 없는 운동'의 성과와 한계를 고스란히 드러냈습니다.

## 운동 정치와 정당 정치

2008년 평범한 시민들의 저항은 정당을 비롯한 정치권력에 매우 큰 영향력을 행사했지만, 한계가 분명했습니다. 권력을 쥔 정당과 통치자가 끝까지 국민의 목소리를 듣기 거부한다면, '명박산성'을 넘을지 돌아설지를 정해야 했죠. 2008년에 수 시간의 민주적 토론으로 명박산성을 넘기로 했다면 결과가 어땠을까요? 과연 정말, 당시 시위대의 주장처럼 청와대까지 나아갈 수 있었을까요?

만일 우리나라에도 국민이 국가 중대사를 국민투표에 부칠 부의권이 있었다면, 2008년의 결과는 달라졌을 수도 있습니다. 그러나 국민이 직접 국가 중대사에 참여할 수 있는 경로가 마련되지 않은 여건에서 명박산성을 넘지 못하는 한, 어쩔 수 없이 정당의 힘이 필요합니다. 그렇다고 해서 운동의 힘이 아무런 의미가 없었던 것은 아닙니다. 2007년 대선과 2008년 총선에서 완전히 무너진 진보·개혁적 정치세력은 2008년 촛불시위로 인해 복원된 대중 지형을 바탕 삼아 차근차근 성장해 왔습니다. 진보·개혁적 성향의 정당을 다시 세운 건 결국 운동의 힘이죠. 2004년 노무현 대통령 탄핵 반대 시위와 2016년 박근혜 탄핵 운동이 없었다면 헌법재판소의 탄핵 판결의 결과가 달라졌거나 탄핵안 자체가 통과되지 않았을 수도 있었습니다.

2008년 금융 위기 이후, 세계는 대규모 시위가 붐을 이뤘습니다.

월스트리트를 점거한 아큐파이 운동부터 스페인의 인디그나도스, 칠레의 사회대폭발, 그리고 아랍 전역을 휩쓴 아랍의 봄이 일어났고, 홍콩 등에서는 새로운 시대의 열망을 담은 거센 저항이 일어났습니다. 2010년부터 10년 동안 세계 곳곳에서 일어난 대규모 시위를 기록하고 분석한 저널리스트 베빈스는 리더십 없는 수평적이며 예시적인 운동이 시위를 이끌었지만, 이는 사실상 이데올로기에 불과하다고 결론 내립니다. 대부분의 대규모 시위는 실패했을 뿐만 아니라 상황이 더 나빠지기까지 했다는 것이죠. 결국 열망을 가득 담은 운동이 최대한의 목표를 달성하기는 어렵더라도, 현실에서 성과를 만들기 위해서는 다양한 형태의 리더십이 꼭 필요하며, 현실의 정확한 판단으로 사람들을 이끌어야 합니다. 그리고 우리가 제일 앞에서 살펴본 정당의 정의에 따르면, 이 역할은 (정당으로 부르지 않더라도) 정당의 성격을 지닌 조직이 맡을 수밖에 없습니다.

물론 모든 사람이 정당에 참여할 필요는 없고, 몇 가지 제도적 개선이 있다면 운동만으로 목표를 달성할 길도 열릴 수 있습니다. 그러나 그것이 자발적인 운동의 형태로 출발한 것이라도, 궁극적으로 운동과 정당은 어떤 형태로든 역할 분담이 필요합니다. 결국 우리에게 '제대로 된 정당을 만드는 것'은 선택이 아니라 피할 수 없는 과제입니다.

현실의 정당에 여러 불만이 있다면, 이 문제를 해결하기 위해 크게 세 가지 선택을 할 수 있습니다. 첫째는 여러 사회운동에 참여해 정당의 캠페인을 주의 깊게 살펴보면서 정당이 제대로 된 활동을 펼칠 수 있도록 영향력을 행사하거나 적극적인 투표를 조직하는 것입니다. 둘째는 가장 마음에 드는 정당에 들어가, 자신과 뜻이 같은 사람을 모아 내고, 내부에서부터 정당의 변화를 이루기 위해 노력하는 것입니다. 마지막은 아예 새로운 정당을 만드는 것입니다.

여러분은 어떤 선택이 가장 마음에 드십니까? 이 세 가지 선택지
는 이미 다양한 사람들이, 다양한 방식으로 시도하고 있는 길입니
다. 물론 이 모든 방법은 성공 가능성이 높거나 수월하지 않습니다.
그러나 중요한 것은, 정치가 마음에 안 들고, 마음에 드는 정당도 없
다고 해서 그냥 외면한다면, 아무것도 바뀌는 것이 없다는 자명한
사실 아닐까요?

**찾아보기**

**▶ 도서자료**
- Bevins, Vincent(2023). *If we burn: The mass protest decade and the missing revolution*. Public Affairs(New York).

조철민

# 5장

# 시민정치

조철민

　민주적인 사회에서 주권자인 '시민'과 그들의 공적인 일을 다루는 활동인 '정치'가 결합된 말인 '시민정치'는 곰곰이 생각해 보면 너무나 당연한 조합일 것 같지만, 현실에서는 매우 낯설게 느껴지는 말입니다. 정치는 특별한 사람들이 하는 것, 그래서 내 일상과는 멀리 떨어져 있는 것이라는, 많은 사람이 공유하는 생각 때문인 듯합니다. 이런 상황에서 많은 사람이 지닌 정치에 대한 무관심이나 부정적인 느낌은 그런 생각을 강화합니다. 이 장에서는 '시민'과 '정치'가 멀리 떨어져 있다는 일반적인 생각에 도전하고자 합니다. 민주주의의 관점에서 '시민'과 '정치'는 가까운 것이어야 함을 살펴보고자 합니다. 아울러 '시민'과 '정치'가 가까워야 한다는 말이 맞다고 여기면서도 너무 이상적이어서 현실적이지 않다는 생각에도 도전하고자 합니다. 우리가 모르는 사이에 시민정치를 실천하려는 크고 작은 시도들을 통해 '시민'과 '정치'가 충분히 가까워질 수 있다는 점도 확인하고자 합니다.

　시민정치를 이해하고 그 가능성을 모색하기 위해 중요한 7가지 주제에 관해 차례로 논의하려고 합니다. 먼저 시민정치 실천의 주체가 되는 시민의 정체성을 재확인하고, 이어서 시민들이 주도적으로 실천할 수 있는 시민정치 이야기로 나아갑니다. 그리고 시민정치에 관한 논의를 심화하기 위해 시민들이 제도적 정치과정에 관여하는 '정치참여'의 의미와 실천방법에 관해 알아봅니다. 한편 시민들이 동료 시민들과 무언가 도모하는 활동의 기반이 되는 '시민사회'에 관해 살펴보고, 제도적 정치과정 바깥 시민사회에서 이루어지는 '사회참여' 활동을 논의합니다. 정치가 잘못돼 갈 때 시민들이 이를 바로잡는 '직접민주주의'도 살펴보고, 마지막으로 이 모든 실천의 출발점이 되는 시민들이 민주주의를 배우고 익히는 '민주시민교육'에 관한 주제로 시민정치에 관한 이야기의 여정을 마무리할까 합니다.

# Q.
## 지금 여기, 시민은 누구일까?

시민이 누구일까 하는 질문은 어떤 특성을 지닌 사람을 시민이라고 하는가, 즉 시민의 속성에 관한 논의로 풀어 볼 수 있겠습니다. 시민이 지닌 속성을 이야기하는 방식에는 여러 가지가 있지만, 여기서는 민주주의에 관한 유명한 격언인 '시민의, 시민에 의한, 시민을 위한of the people, by the people, for the people'이라는 세 가지 주제에 기대어 생각해 보겠습니다.

> **더 보기**
>
> 영어로 'people'은 학술적으로는 '인민'으로 번역하지만, 여기서는 더 친숙한 '시민'으로 표현했습니다. 사람 즉 '민(民)'을 부르는 여러 가지 용어가 있는데, 의미가 조금씩 다릅니다. 이에 관한 학술적인 설명을 소개합니다.
> "'시민(市民)'에도 '민'이 들어가지만 시민(civilian)이라는 말은 서구사

## 시민의 첫 번째 속성: '시민의', 주인으로 살아가기

'시민의'는 내 삶이, 우리 사회가, 그리고 나라가 시민의 것이라는 말로, 시민이 주인이라는 것을 뜻합니다. 이를 권리의 관점에서 시민권市民權, civil rights으로, 이를 누리는 이를 주권자 시민主權者, sovereign citizen이라고 부릅니다. 요즘은 시민이 주권자라는 사실이 당연한 것으로 여겨집니다. 하지만 인류 역사 중 많은 부분은 봉건 귀족이나 왕이 주권자였던 영주領主나 군주君主의 시대를 거쳤습니다. 처음 보통 사람들이 주권자가 되는 민주民主는 당시 사람들에게는 매우 큰 변화였습니다. 사실 이런 낯선 느낌은 오늘을 살아가는 우리에게도 남아 있는 듯합니다.

유구한 역사와 전통에 빛나는 우리 대한국민은 3·1운동으로 건립된 대한민국임시정부의 법통과 불의에 항거한 4·19민주이념을 계승하고, 조국의 민주개혁과 평화적 통일의 사명에 입각하여…

이 선언은 대한민국 헌법 전문의 도입부로, 시민이 주인이라는 점을 밝히고 있습니다. 그런데 많은 사람이 전문 첫 문장을 "유구한 역사와 전통에 빛나는 우리 대한민국은…"으로 기억하고 있음을 보게 됩니다. 하지만 자세히 보면 대한민'국'이 아니라 대한국'민'임을 알 수 있습니다. 즉 이 선언의 주어는 나라國가 아니라 사람民이라는 점이 의미심장합니다.

시민이 주인이라고 내세우는 시대를 살고 있지만 그것이 허울 좋은 선언에 그치지 않고 실제 그렇게 되기 위해서는 주인이 된다는 것의 의미를 생각하고, 주인으로 살아가기 위해 무언가 하는 것이 필요합니다. 주인이 된다는 것의 의미는 주인과 반대말을 떠올려 보면 좀 더 명확히 이해할 수 있습니다. 먼저 떠오르는 주인의 반대말은 노예가 있습니다. 이 둘의 차이를 가르는 것은 자유가 있고 없음입니다. 자유는 또 무엇일까요? 자유는 '자기自 이유由'로 풀이할 수 있습니다. 즉 내가 진로를 정하거나 투표에서 선택할 때 그 이유가 내 안에서 나온다는 것을 의미합니다. 즉 그냥 대세를 따르거나, 다른 사람의 의사에 의해서가 아니라 자신이 원하는, 혹은 자신의 이해관계나 신념에 기반해 결정하는 것입니다. 그리고 이런 측면은 '나'에서 '우리'로 확장됩니다. 내가 다른 동료 시민들과 공동 의사결정을 할 때 서로가 충분히 의견을 내고 논의하는 과정을 거쳐 모두가 공감할 수 있는 의견에 다다르기 위해 노력하는 것입니다.

주인의 또 다른 반대말에는 손님이 있습니다. 식당의 예를 들어보면 손님은 대접받는 존재이지만, 식당에 어떤 문제가 생겼을 때 여기에 관심을 갖고 적극적으로 대응하는 것은 주인입니다. 이 대목에서 중요한 주제는 책임입니다. 책임responsibility의 근본적인 의미는 내가 반응response해야 할 일에 반응할 줄 아는 능력ability입니다. 여기에는 나에게 영향을 미치는 결정이 이뤄지는 과정에 관심을 갖

고 참여하거나, 더 나은 사회를 위해 동료 시민들과 뭔가 도모해 보
는 일들이 포함됩니다.

### 시민의 두 번째 속성: '시민에 의한', 정치에 참여하기

'시민에 의한'은 국가와 사회의 운영이 다른 누가 아닌 시민에
의해 이뤄진다는 것을 의미하며, 권리의 관점에서는 이를 참정권
Political Rights이라 부릅니다. 앞서 살펴본 시민권이 민주주의, 그리
고 '시민되기'의 시작이라면 참정권은 그 완성이라 할 수 있습니다.
흔히 참정권 하면 자신의 정치적 대표자를 뽑는 투표를 떠올리는
데, '시민에 의한' 정치를 실현하기 위해 우리는 다양한 방법을 고안
하고 실천해 왔습니다. 그 어떤 것이든 '시민에 의한' 정치는 정치에
대한 관심과 관여하고자 하는 마음가짐에서 시작됩니다. 민주주의
의 원형을 실험한 바 있는 고대 그리스의 정치인 페리클레스Perikles
의 연설 중 한 대목은 이런 사실을 잘 드러내 줍니다.

> 아테네에서 각 개인은 자신의 일뿐만 아니라 국가의 일에
> 도 관심을 가집니다. 대체로 자신의 일에만 전념하는 사람
> 들도 정치 일반에 대해 아주 잘 알고 있습니다. … 우리는
> 정치에 관심 없는 사람을 … 아테네에서 전혀 하는 일이
> 없는 사람이라고 말합니다.

'시민에 의한' 정치를 실현하는 다양한 길에 대해서는 차차 살펴
보기로 하고, 여기서는 그 본질을 이해하는 데 요긴한 주제를 다루
고 넘어가겠습니다. 앞서 '시민의', 즉 시민권에 관한 논의에서는 주
로 국가나 사회의 관계에서 개별 시민이 지닌 권리에 초점을 맞춘
논의가 이뤄졌습니다. 반면 참정권에 관한 논의에서는 물론 개인의

권리와 실천도 중요하지만, 정치라는 것은 본질적으로 두 사람 이상의 시민의 관계에서 형성되는 삶의 양식인 것입니다. 무인도에서 혼자 살아가는 사람에게 정치라는 것이 성립될 수는 없겠지요. 정치란 주권자인 시민이 동료 시민과 민주적으로 관계 맺는 과정이라 할 수 있겠습니다. 한 사회의 한정된 자원을 어떻게 분배하고 어디에 먼저 할애할지, 서로 다른 욕구들이 교차하는 가운데 공동의 의사결정은 어떻게 내릴지, 그리고 상호 갈등이 발생했을 때 이를 어떻게 조율하면서 공존해 갈지 등이 모두 정치의 문제입니다.

### 대한민국 헌법

제1조 대한민국은 민주공화국이다. 대한민국의 주권은 국민에게 있고, 모든 권력은 국민으로부터 나온다.

우리 헌법은 시민들의 공동의 삶을 담아내는 그릇인 대한민국의 정체성을 '민주'와 '공화'라는 두 가지 가치로 제시합니다. '민주'에 관한 이야기는 앞서 논의했는데, '공화'라는 가치는 의외로 소홀히 다뤄지는 경향이 있는 듯합니다. 공동체共와 조화和를 의미하는 공화는 참정권에 관한 논의의 기반을 이룹니다. 서로가 주권자인 동료 시민들이 정치적 관계를 맺다 보면 공존을 위한 관용tolerance이나, 시민의 책임이 확장돼 함께 도모하고 책임지는 연대solidarity와 같은 원리들이 필요한데, 이들이 공화의 맥락을 형성합니다.

여기서 정치적 관계 맺기의 범위에 포함되는 '우리'의 개념을 생각해 볼 필요가 있습니다. 현대의 시민권이나 참정권 개념은 주로 국가와 그것이 구축한 제도를 기반으로 이뤄집니다. 우리 나라의 경우 대한민국 국적인 부모님으로부터 태어나면 자동적으로 '우리'에 포함됩니다. 하지만 최근 들어 인류의 이동이 활발해지면서 우리 사회에 이주민, 다국적기업 등 다양한 구성원들이 상호작용하게 됐습니다. 이들은 법적으로 정치적 '우리'에 포함되지 않지만, 실질적으로 우리와 상호작용하면서 정치적인 관계가 나타나기도 합니다. 이들에게 우리의 민주적 정치를 적용하는 것과 관련해 풍부한 논의와 경험을 축적해 갈 필요가 있습니다. 최근에는 동물권을 중심으로 '비인간 자연'의 목소리도 인간의 정치과정에 반영돼야 한다는 논의도 활기를 띠고 있습니다.

이와 함께 이미 법적인 의미에서 '우리'로 연결돼 있지만 서로에게 무관심하거나 공존의 대상으로 보지 않고, 나아가 혐오의 대상으로 삼는 현상을 목격하게 됩니다. 신념이나 정체성 혹은 이해관계가 다른 집단 사이에 갈등이 나타나는 것은 자연스러운 현상입니다. 그리고 이를 평화적으로 다루기 위해 존재하는 것이 민주적 정치입니다. 여기에는 서로의 목소리를 경청하고, 그 입장을 이해하려 하고, 안전하고 충분한 토론을 통해 공감대를 형성하는 과정이 필수적입니다. 하지만 상대방을 공존해야 할 존재, 민주적 공동체를 함께 이루는 '우리'의 구성원으로 여기지 않는 한 민주주의도, 정치도 가능하지 않음을 기억해야겠습니다. 2014년 내려진 헌법재판소 결정문의 한 대목은 이런 사실을 호소력 있게 설명합니다.

> 민주주의는 … 대등한 동료시민들 간의 존중과 박애에 기초한 자율적이고 협력적인 공적 의사결정을 본질로 한다 … 민주국가의 국민 각자는 서로를 공동체의 대등한 동료로 존중하고 자신의 의견이 옳다고 믿는 만큼 타인의 의견에도 동등한 가치가 부여될 수 있음을 인정해야 한다.

## 시민의 세 번째 속성: '시민을 위한', 존엄과 행복

> 인민을 위해 민주주의가 만들어졌지, 민주주의를 위해 인
> 민이 만들어진 것은 아니다. 민주주의는 평범한 사람들을
> 위한 것이다.

미국의 한 정치학자가 한 이 말은 민주주의의 궁극적인 존재 이유를 다시 생각하게 합니다. 모든 사회에서 민주주의는 숭고한 것이며, 이를 실현하고 지키는 과정에는 시민들의 헌신과 희생이 따르기도 합니다. 그런데 많은 비용이 드는 민주주의를 왜 실현하고 지켜야 할까요? 결국 민주주의는 평범한 시민들을 위한 것이기 때문일 것입니다. 민주주의도 이런저런 결함과 한계가 있지만, 그래도 인류가 개발해 온 다양한 정치형태 중 더 많은 사람이 함께 유익을 누림에 민주주의만 한 것이 없다는 뜻입니다. 그리고 민주주의를 지키기 위해 시민들이 노력해야 하지만, 궁극적으로 '사람'이 목적이고 '민주주의'는 그를 위해 존재하는 수단의 성격을 지닌다는 점을 기억할 필요가 있습니다.

민주주의를 통해 시민이 누릴 수 있는 유익을 권리의 관점에서 '사회권social rights'이라 부릅니다. 여기에는 기본적인 생계를 유지할 수 있는 생존권으로부터, 쾌적한 환경에서 살 수 있는 환경권, 자아실현을 위해 충분한 배움의 기회를 가질 수 있는 교육권 등이 포함됩니다. 이 밖에도 사회권에는 다양한 내용들이 포함되는데, 우리 사회가 어느 권리까지 보장할 것인가는 시민에 의한 정치과정을 통해 결정될 일입니다. 민주주의의 이름으로 지켜내고자 하는 '시민을 위한' 가치들은 다양하고 시대가 변하면서 확장되고 있지만, 그 근본에는 우리 헌법이 천명하는 '존엄'과 '행복'이 놓여 있습니다. 존엄

은 그 존재 자체로 존중받는다는 것을 의미합니다. 여기에는 조건이 없습니다. 그의 지위, 인종, 성별, 학력 등과 상관없이 동료 시민으로서 존중한다는 것을 의미합니다. 아울러 행복은 누구와 비교하지 않고 각자 자신의 신념이나 욕구에 따라 자아를 실현하고 공동체에 기여하는 삶을 영위하는 것을 의미합니다. 그런데 언제부터인가 우리 사회에서 "먹고 살기 위해 물불을 가리지 않겠다"는 '생존'과 "남 부럽지 않게, 비참하지 않기 위해 돈을 벌어야 한다"는 식의 '성공'의 논리가 '존엄'과 '행복'의 가치를 대신하는 듯합니다. 민주주의는 더 많은 시민이, 궁극적으로 모든 시민이 존엄하고 행복할 수 있게 하기 위해 존재합니다. 그리고 존엄과 행복의 가치 위에서 사람답게 살기 위한 다양한 조건을 누리는 것은 시민이 지닌 세 번째 속성이라 할 수 있습니다.

### 대한민국 헌법

제10조 모든 국민은 인간으로서의 존엄과 가치를 가지며, 행복을 추구할 권리를 가진다. 국가는 개인이 가지는 불가침의 기본적 인권을 확인하고 이를 보장할 의무를 진다.

**핵심개념**

**▶ 시민(市民, Citizen)**
민주 사회의 구성원으로 권력 창출의 주체로서 권리와 의무를 가지며, 자발적이고 주체적으로 공공 정책 결정에 참여하는 사람이다. 고대 사회에서는 일종의 특권 계급으로 존재했고, 근대에는 부를 축적한 부르주아 계급으로 시민 혁명을 주도한 계층을, 현대 사회에서는 대다수의 사회 구성원 전체를 의미한다. 자발성과 보편성을 지니며, 비판적 사고와 합리적 의사결정 능력이 있다는 점에서 대중과는 대비되는 개념으로 사용한다.

**찾아보기**

**▶ 도서자료**
- 데이비드 보이드 지음. 이지원 옮김(2020). 자연의 권리. 교유서가.
- 방정환(2014). 나의 주인으로 살아가는 법. 현북스.
- 신영복(2015). 담론: 신영복의 마지막 강의. 돌베개.
- 이국운(2017). 헌법의 주어는 무엇인가: 헌법 묵상, 제1조. 김영사.
- 정세근(2022). 사람의 뜻(3): 국민, 시민, 민중, 인민 등의 개념과 용례. 동서철학연구. 103(0). 381-402.
- 투퀴디데스 지음. 천병희 옮김(2011). 펠로폰네소스 전쟁사. 숲.
- E. E. 샤츠슈나이더 지음. 현재호·박수형 옮김(2008). 절반의 인민주권. 후마니타스.

**▶ 기타 자료**
- 헌법재판소 결정문(헌재 2014.12.19. 2013헌다1).
- '시민': 네이버 지식백과(https://terms.naver.com/entry.naver?docId=941491&cid=47336&categoryId=47336).

# Q.

## 정치는 정치인만 하는 것일까?

흔히 정치는 정치인, 즉 특별한 사람들이 하는 일이라고 생각하는 경우가 많습니다. 그리고 이런 생각은 평범한 시민들은 정치와 관련해 할 수 있는 것이 없으며, '정치인들이 알아서 하겠지' 하는 소극적 태도로 이어집니다. 하지만 미국의 정치인 존 가드너John, W. Gardner의 말은 이런 생각과 태도에 경종을 울립니다.

민주주의는 지도자들이 특별한 일을 하는 것으로 평가되는 것이기보다는, 시민들이 무언가를 특별히 잘해 내는 것으로 평가된다.

여기서는 정치는 정치인뿐 아니라 우리 모두가 할 수 있고 해야 하는 일이라는 자명하지만 자주 잊게 되는 사실을 살펴보고자 합니다. 사실 민주주의는 하나의 믿음에 기반합니다. 그것은 평범한 사람들도 적절한 조건과 연습이 전제되면, 공적인 일을 잘 다룰 수 있다는 신념입니다. 이 신념에서 멀어지는 순간 대다수 사람은 능력이 부족하니 똑똑한 사람들이 대신 다스려야 한다고 생각하게 됩니다.

### 우리 삶과 정치적인 것: '시민정치'

이미 알고 있지만, 누군가 그 뜻을 물어보면 선뜻 대답하기 어려운 개념들이 있습니다. 그리고 이런 개념들은 우리 삶에서 중요한 경우가 많습니다. 사랑, 평과, 행복 같은 개념들이 그렇습니다. 정치도 그러합니다. 정치의 본질적 의미에 접근하기 위해 우선 백과사전을 살펴보겠습니다.

> ① 국가라고 하는 공동생활의 틀 속에서 단순히 개개인의 풍습이나 도덕 등의 자율적인 규범만으로 유지되지 않는 질서를 국가권력을 배경으로 법과 그 밖의 방법을 동원하여 유지시키는 작용을 정치라고 보는 견해이다. … 여기서는 국가를 중심으로 정치를 파악하는 점이 특색이라 할 수 있다.
> ② 이에 반하여 정치는 국가만으로 한정되는 인간활동뿐만 아니라 모든 인간생활의 제諸형태, 이를테면 회사, 노동조합, 교회, 학교, 가정 등 어디에서나 발생되는 이해관계의 대립이나 의견의 차이를 조정해 가는 통제 작용도 모두 포함한다는 견해가 있다.

흥미롭게도, 정치에 관해 구별되는 두 가지 개념이 공존한다는 것을 알 수 있습니다. 첫 번째 개념은 우리가 흔히 알고 있는 정치에 관해 설명하고 있습니다. 즉 우리 공동 삶의 질서 유지를 위해 국가권력이 작용하는 과정입니다. 고대 그리스를 비롯해 많은 나라의 역사에는 구성원들이 공적인 일을 함께 논의해 결정하던 시절이 있었습니다. 하지만 그 후로는 시민들이 대표를 선출하고, 그들에게 권력을 위임해 공적인 일을 돌보게 하는 '대의민주주의representative democracy'가 현대 민주정치의 일반적인 형태로 자리 잡았다는 것은 우리의 일반적인 이해입니다. 그런데 이런 '국가 중심'의 관점만 견지할 경우 정치는 정치인들이 하는 것이고, 시민들은 주기적으로 정치인을 선출하는 것 외에 특별히 하는 일이 없는 것처럼 느껴집니다.

반면 정치에 관한 두 번째 개념에서는 사뭇 다른 이야기가 등장합니다. 즉 정치는 국가만의 작용이 아니라 "모든 인간생활의 제 형태"에서 발생하며, 그 핵심적인 기능은 "이해관계의 대립이나 의견의 차이를 조정해 가는" 것으로 그려집니다. 모두가 주권자인, 그러나 서로 생각이 다른 동료 시민들이 모여 사는 사회에서 어쩌면 당연한 이야기라 할 수 있겠습니다. 정치에 관한 이런 개념은 '시민 중심'의 관점에 서 있으며, 이에 따르면 정치과정에서 시민이 관여할 수 있는 일이 많아집니다.

'정치적 중립'이라는 말이 있습니다. 정치를 풀어나갈 때 정치적 입장 차이를 넘어서야 할 때가 있는데, 이때 필요한 기술이 정치적 중립이라 할 수 있습니다. 그런데 문제는 '정치적 중립'이라는 말이 "학교에서는 정치적으로 예민한 이야기는 가르치지 말아야 한다"거나, "경제 문제는 정치와 분리해서 생각해야 한다"는 등, 우리 삶의 중요한 문제이지만 정치와 연관 짓지 말라는 압력의 언어로 사용될 때입니다. 하지만 정치의 두 번째 사전적 개념에 따르면 우리 삶에서 정치와 관련되지 않은 일은 없습니다. 사실은 정치와 깊이 관련된 문제인데, 이를 정치와 관련 없다고 하는 주장이야말로 역설적으로 매우 정치적인 주장일 수 있습니다.

정치에 관한 두 가지 서로 다른 개념을 '엘리트Elite정치'와 '시민정치'로 부를 수 있겠습니다. 이를 체육 영역에 비유하자면 '엘리트체육'과 '생활체육'과 유사합니다. 국제대회에 출전해 메달을 획득하기 위해 전문적인 선수를 육성하는 체육과 시민들의 건강과 자아실현을 위한 생활체육은 모두 중요합니다. 그리고 이 둘은 서로 연관돼 있습니다. 생활체육의 저변이 튼튼한 종목이 엘리트체육에서도 지속적으로 좋은 성적을 거두며, 엘리트체육의 선전은 해당 종목 생활체육의 활성화를 이끌기도 합니다. 엘리트정치와 시민정치 역시 마찬가지입니다. 시민들의 일상적인 정치참여의 저변이 튼튼할 때 엘리트정치도 건강해질 것입니다. 아직은 시민정치가 낯설게 느껴질 수 있지만, 사실 시민정치는 한국 정치의 역사에서도 존재해 왔고, 지금도 이어지고 있습니다.

> '시민주도의 참여지향적 정치'는 한국 정치의 중요한 전통이자 특징이라 할 수 있을 것이다. 한국 정치의 국가-사회 관계를 강한 국가 투쟁적인 시민사회의 역사적 전통에서 찾기도 하고, 한국의 민주화 경험을 시민사회에 의한 밑으로부터의 민주화로 규명하기도 한다. "민주화 이후 중요한 정치적 행위자로 부상한 NGO를 중심으로 시민정치를 논하거나 … 시민정치의 이름으로 IT 기술 기반 온라인 정치 참여, 대안적인 시민네트워크정당, 촛불집회를 위시한 각종 직접행동 등 다양한 정치 현상에 주목한다. 시민정치 현상

의 부상을 배경으로 등장한 정치모델로 거버넌스의 정치
를 논하기도 한다.

## 삶의 터전에서의 민주주의

정치의 두 번째 개념에 따르면 그것은 "회사, 노동조합, 교회, 학교, 가정 등 어디에서"나 있는 것이고, 삶의 터전에서 이뤄지는 정치를 위한 민주주의에 대해서도 이야기할 필요가 있습니다. 먼저 과거에는 사적인 공간으로 공공성을 띠는 민주주의와 관련 없는 영역으로 여겨졌던 가정에서의 민주주의에 대한 논의와 실천이 이뤄지고 있습니다. 여기에는 가족 구성원 사이의 상호존중에 기반한 관계 형성, 가정의 유지와 운영을 위해 필요한 가사노동의 공정한 분배, 가정의 중요한 일에 대한 대화와 공동결정 등이 포함될 수 있겠습니다. 최근 들어 가족의 생계를 책임지는 구성원의 긴 노동시간, 소위 '독박육아'로 불리는 돌봄노동의 편중, 여전히 자녀를 자기 소유물로 여기는 인식, 청소년들의 입시로 인한 중압감과 여가시간 부족 등으로 인한 가족 갈등이나 해체가 사회문제가 되고 있는데, 가족간 민주적인 관계와 문화의 형성이 해결의 실마리가 될 수 있다는 주장도 힘을 얻고 있습니다.

지역사회 역시 민주주의에서 중요한 공간이라 할 수 있습니다. 최근 마을에서 주민들이 자발적으로 모임을 결성하고 지역사회 문제를 스스로 해결해 가는 자치활동이 '마을민주주의'의 관점에서 시도되고 있습니다. 특히 전국적으로 일반적인 주거형태로 자리 잡은 아파트의 경우 많은 주민이 공유공간에 모여 살면서 입주자대표회의나 동대표 등 공동 결정의 기제와 다양한 입주민 모임과 단체들의 자치활동이 교차하면서 생활 속 민주주의의 현장으로 주목받고 있습니다.

시민들이 매일 일과 시간을 보내는 학업과 직업의 공간에서도 민주주의에 관한 논의가 활발합니다. 대부분의 청소년이 많은 시간을 보내는 학교는 어떤 민주주의를 어느 만큼 적용해야 하는지 많은 토론과 변화가 나타나고 있습니다. 여기에는 학교운영위원회, 교장공모제 등 학부모와 지역 주민의 참여, 교사와 학생 사이의 교권과 학생인권의 조화, 교육과정에서 교사의 자율성, 교사나 학생의 정치활동 참여 등 과거 정치와 거리가 먼 것으로 느꼈던 학교가 민주주의 논의가 활발한 공간으로 바뀌었습니다. 직장 역시 민주주의 논의와 연결되고 있습니다. 이와 관련해 직장 내 갑질, 세대간 존중이 있는 의사소통, 직장에서 민주적인 의사결정 과정, 일과 생활 간 균형 등 많은 주제가 제기되고 있고, 직장 내 민주적인 문화를 연구하는 직장인 동호회도 생겨나고 있습니다.

## 삶의 문화와 민주주의

인간의 마음은 민주주의의 첫 번째 보금자리입니다. 바로 그곳에서 우리는 우리의 질문을 받아들입니다. 우리는 공평할 수 있을까요? 관대할 수 있을까요? 머리로만 듣는 것이 아니라 온 존재로 경청하고, 의견이 아닌 주의를 기울일 수 있을까요? 그리고 우리는 살아있는 민주주의를 향한 단호한 추구에 동료 시민들이 함께할 것을 믿으며, 결코 포기하지 않고 용감하고 끈기 있게 행동할 것을 결의하고 있을까요?

시민정치와 관련해서 짚고 넘어가야 하는 또 다른 주제는 정치 문화에 관한 것입니다. "인간의 마음은 민주주의의 첫 번째 보금자리"라는 말은 민주주의가 하나의 제도이기도 하지만 삶의 양식이기도 하다는 것을 의미합니다. 민주적 정치문화는 우리 시민들이 공유하는 전통이나 질서, 관습으로 드러납니다. 정치문화에 관한 고전에 따르면 역사적 발전과정에서 세 가지 형태로 진화해 왔다고 합니다. 첫째, 전통적 국가체제에서는 대부분의 사람들이 자신이 속한 향촌의 일에만 관심을 갖는 향촌형parochial 정치문화가 주류를 이룹니다. 둘째, 근대에 들어섰지만 권위주의적 국가체제에서 사람들은 국가의 보호를 받거나 복종하는 것이 강조되는 신민형subject 정치문화가 나타납니다. 마지막으로, 민주화된 국가체제에서는 시민들이 정치와 사회에 적극적으로 참여하는 참여형paticipant 정치문화가 힘을 얻는다고 합니다. 그런데 문제는 참여형 정치문화가 주류화되는 민주사회에서도 여전히 향촌형, 신민형 정치문화가 상충되기도 한다는 점입니다. 때로는 정치제도의 발전 속도보다 정치문화의 발전 속도가 더뎌서 민주주의가 먼 이야기로 느껴지기도 합니다.

정치문화와 관련해 다양한 이야기가 가능하지만, 여기서는 우리 대부분의 삶에 깊숙이 들어와 있는 유교문화와 종교, 그리고 돌봄에 관한 주제를 살펴보겠습니다. 먼저 유교문화는 조선시대부터 이어져 오늘날에는 영향력이 많이 줄어들었지만, 여전히 우리의 의식과 관습의 저변을 형성하고 있습니다. 한때 유교문화에 내포된 가족주의, 나이와 성별에 따른 서열의식, 국가중심주의적 경향이 민주주의와 상충된다는 논의가 많았습니다. 하지만 민주주의의 발전에 따라 '호주제도 폐지'와 같은 제도적 변화와 제례祭禮 간소화 등 변화가 나타나기도 했습니다. 다른 한편 유교에 기반한 도덕정치 의식이 정치개혁에 기여했다거나, 일제에 의해 왜곡되지 않은 '대동大同'사상에 기반한 우리 고유의 유교로부터 민주주의의 이념적 뿌리를 찾을 수 있다는 논의도 있습니다.

우리 시민 중 절반가량은 종교가 있는 것으로 파악됩니다. 종교는 삶 전반에 영향을 미치는데, 정치문화도 예외는 아닙니다. 예전부터 정치와 종교는 분리돼야 한다는 정교분리政教分離의 사고방식이 주류를 이뤘지만, 한국 민주화의 역사에서 종교계는 중요한 역할을 하기도 했습니다. 최근에는 정치와 종교를 분리하는 사고방식이 흐려지는 것을 넘어, 종교가 정치과정에 깊숙이 개입하고, 거리에서의 정치집회를 종교집단이 주도하는 것도 일상화되고 있습니다. 물론 종교인들의 정치참여는 정당한 일이지만, 일부 민주주의의 기본 가치를 벗어나는 주장을 하기도 하면서 사회적 우려와 불신을 초래하기도 합니다. 아울러 종교적 계율에 따른 전통적 질서가 지배하는 종교집단 내부의 문화에도 민주적 변화를 요구하는 흐름이 나타나고 있습니다. 여기에는 성직자와 평신도간 수평적 관계, 종교집단 내 부당한 성별 역할 구분, 종교기관의 투명한 운영과 민주적 의사결정 등이 포함됩니다.

정치문화는 지극히 사적인 일로 여겨지는 우리 삶의 많은 부분과도 접목되고 있습니다. 대표적인 예로 '돌봄'에 관한 논의를 들 수 있습니다. 돌봄은 가정이나 당사자 개인에게 맡겨진 사적인 일로 여겨졌지만, 최근 들어 동료 시민들이 함께 사회적으로 풀어가야 할 일로 인식이 바뀌고 있습니다. 이에 따라 가정에서뿐 아니라 지역사회나 국가적으로도 돌봄이 중요한 의제로 다뤄지고, 기업들 역시 돌봄 친화적인 직장문화를 형성하려는 사례들이 늘고 있습니다. 여기서 더 나아가 "돌봄을 민주적인 삶에 포함"시키고, "돌봄의 책임을" 사회 구성원들이 분담하고, "돌봄에 관여하는 사람들의 목소리"가 정치과정에 반영되게 하는 적극적인 '돌봄민주주의' 논의도 이뤄지고 있습니다.

찾아보기

▶ 도서자료
- 김의영·이현정(2019). 시민정치의 문화기술지. 푸른길.
- 나종석(2017). 대동민주 유학과 21세기 실학: 한국 민주주의론 재정립. 도서출판 b.
- 남기업(2020). 아파트민주주의: 슬기로운 아파트 회장 분투기. 이상북스.
- 조안 C. 트론토. 나상원 옮김(2023). 돌봄민주주의. 박영사.
- Almond, G. A., Verba, S.(1965). The Civic Culture: Political Attitudes and Democracy in Five Nations, an Analytic Study. Princeton University Press.
- Williams, T. T.(1970). engagement. Orion. 1970. 1.(https://orion magazine.org/article/engagement).

▶ 뉴스 보도
- [2024 종교인식조사] "종교인구 현황과 종교 활동"(https://hrc opinion.co.kr/archives/31599).
- "가정의 달 5월, 가정 내 민주주의에 대해 생각한다". 헤드라인제주. 2023.5.23.(https://www.headlinejeju.co.kr/news/articleView.

html?idxno=515601).

**▶ 기타 자료**
- 미국 시민교육센터(CCE) 홈페이지(https://www.civiced.org/
  quotations-about-democracy).
- '시민정치': 네이버 국어사전(https://ko.dict.naver.com/#/search?ra
  nge=all&query=%EC%8B%9C%EB%AF%BC%EC%A0%95%EC%
  B9%98&from=nsearch).
- '정치': 네이버 백과사전(https://terms.naver.com/entry.nhn?docId
  =1140869&cid=40942&categoryId=31645).

# Q.
## 우리 삶과 가깝게 느껴지는 정치는 없을까?

오늘날 많은 사람이 민주주의 하면 선거를 통해 정치인을 선출하고, 생계로 인해 분주한 보통 시민들을 대신해 공적인 일을 다루게 하는 '대의민주주의representative democracy'를 떠올립니다. 한편 공교육 과정에서 배우는 고대 그리스의 직접민주주의, 즉 시민들이 때로 모여 공적인 일을 논의하고 결정하는 민주주의의 원형에 대해 배운 적이 있습니다. 그런데 시민들이 선출한 정치인들이 시민들의 뜻에 어긋나거나 반하는 정치를 하는 경우가 나타났습니다. 이런 경향이 커지면 민주주의 자체에 대한 불만족과 불신으로 이어지기도 합니다. 이를 극복하기 위해 좀 더 좋은 정치인을 뽑을 방법을 생각해 볼 수 있습니다. 좀 더 적극적으로는 대의민주주의와 직접민주주의의 중간에서 양쪽의 장점을 융합한 참여민주주의participatory democracy의 길을 개척하기도 합니다. 참여민주주의는 기본적으로 시민이 선출한 정치인들의 권한은 인정하면서도, 시민들의 적극적 정치과정 참여를 결합함으로써 대리인인 정치인과 주권자인 시민사이의 간극과 소외를 줄이려는 시도입니다.

## 공론과 숙의: 숙의민주주의

> 자유주의 이론과 민주주의 사상의 공통된 시각을 근본적
> 으로 바꿀 필요가 있다. 정통성의 근원은, 이미 결정된 개
> 인들의 의사가 아니라 오히려 그것의 형성과정, 즉 숙의 그
> 자체다.

한 정치학자의 이 말은 민주주의에 관한 우리의 상식을 다시 생각하게 합니다. 우리 사회에서 민주주의에 관한 주류적 시각인 자유주의적 견지에서 보면, 유권자들은 이미 자신의 의사를 잘 결정해 두고 있고, 투표를 통해 전체의 의사가 드러나며, 이에 부합하는 정당이나 정치인이 선택되는 과정을 거칩니다. 하지만 가만히 생각해 보면 우리는 내가 무엇을 원하는지 정확히 알지 못하고, 때에 따라 생각이 바뀌기도 합니다. 즉 우리의 정치적 의사는 이미 결정돼 있다기보다 동료 시민들과의 상호작용 속에 형성돼 가는 것이 더 현실에 가까운 듯합니다. 이런 관점에서 보면 동료 시민들 사이에 서로의 의사를 확인하고, 이 가운데 자신의 의사가 더 분명해지고, 좀 더 노력하면 상대방을 이해하는 가운데 공감대나 합의를 형성할 수도 있습니다. 이런 관점에서 보면 동료 시민들이 함께 "깊이 생각하여 충분히 의논"하는 숙의가 중요합니다. 이런 숙의 과정을 중시하는 지향을 숙의민주주의deliverative democracy라고 부르기도 합니다. 보통 이 숙의는 "결정에 의해 영향받는 모든 이들 혹은 그 대표자들이 참여하여 만드는 집합적인 의사결정" 과정을 거치며, 이 과정에 참여한 시민들은 그들에게 "제시되는 논증을 통해 의사결정"

을 공동으로 내리게 됩니다. 즉 주권자의 규모가 작은 경우 전체 구성원이 모이거나, 규모가 큰 경우 주권자의 다양한 계층적 특성(성별, 직업, 연령, 지역 등)이 고루 포함되도록 구성한 대표자 집단이 충분한 숙의를 거쳐 공동의 의사결정을 내리면 이를 적절한 방식으로 정치과정에 반영하는 과정을 거치게 됩니다. 이를 통해 주권자인 시민들의 의사와 대리인인 정치인들의 의사 사이의 괴리나 격차를 줄일 수 있게 되며, 이는 민주적 정당성을 지닙니다.

이런 구상이 낯설게 느껴질 수 있지만 이미 우리 사회에서도 관련된 시도들이 이뤄진 바 있고, 지금도 숙의민주주의에 관한 연구와 실험들이 계속되고 있습니다. 여기서는 대표적인 몇 가지 사례들을 살펴보겠습니다. '주민참여회의Town hall meeting'는 초창기 미국에서 유래한 방식으로 알려져 있습니다. 당시 신대륙에 정착한 이주민들은 아직 정부가 없는 상태에서 마을의 중대한 사안에 대해 마을회관 같은 장소에 모든 주민이 모여 논의하고 결정하던 경험에서 출발했습니다. 현재는 중앙·지방 정치인이 지역구 주민들과 만나 정치적 주체들에 대해 의견을 듣거나 토론하는 방식으로 진행됩니다. 우리 사회에서는 대통령이 각계각층 시민들을 대표하는 참가자들과 자유로운 대화를 이어나가는 '국민과의 대화'가 이뤄진 바 있습니다. 좀 더 가깝게는 최근 들어 여러 지방자치단체에서 '찾아가는 구청장실', '주민원탁회의' 같은 이름으로 주민참여회의가 널리 활용되고 있습니다.

'합의회의Consensus Conference'는 선발된 시민들이 사회적 쟁점이 되는 과학적·기술적 주제에 관해 전문가에게 질문하고 답변을 들은 후 시민 간의 대화를 통해 의견을 통일하여 최종 견해를 발표하는 방식입니다. 이는 전문가의 영역으로 여겨져 보통 시민들은 무관심하거나 관심이 있어도 관여할 방법이 없는 과학기술 분야 사안에 관해 숙의할 수 있도록 마련된 것으로, 1980년대 덴마크에서 최초로 시도한 이래 다른 나라들에도 전파된 것으로 알려져 있습니다. 우리 나라에서는 1998~1999년에 최초로 '유전자조작 식품의 안전과 생명윤리'를 주제로 합의회의가 개최된 바 있습니다.

'공론조사Deliverative Opinion Poll'는 미국의 한 정치학자가 대통령 선거 시기 시민들의 생생한 목소리를 모으고 전달하기 위해 고안한 방식으로 알려져 있습니다. 시민들의 단순 선호를 파악하는 형식적인 설문조사를 보완하기 위해 해당 사안에 관해 1차 설문조사를 하고, 이중 2~3백 명의 표본집단을 선정해 해당 사안에 관해 심층적인 학습과 토론을 거친 후 이들을 대상으로 2차 설문조사를 하는 방식입니다. 국내에서는 2017년 신고리 원자력발전소 5·6호기 건설에 관한 여론을 모으기 위해 공사를 중단한 후 공사 재개 여부를 결정하기 위한 공론조사를 한 바 있습니다.

시민배심원제Citizens' Jury는 찬반 의견이 갈리는 갈등적 사안에 관해 대표성을 띤 평범한 시민들로 구성된 시민배심원단이 양측의 전문적인 견해를 학습하고, 상호 숙의과정을 통해 최종 결정하는 방식입니다. 서구 국가들 중에는 사법부의 재판과정에 시민들이 배심원으로 참여해 판결에 관한 의견을 제시하는 제도를 운영하는 사례가 있고, 우리나라도 이를 참조해 국민참여재판 제도를 운영하고 있습니다. 시민배심원제는 이런 배심원 방식을 사회적 갈등사안에 대한 의사결정 과정에 적용한 것이라 할 수 있습니다. 우리 나라에서는 2004년 울산광역시 북구청에서 음식물 자원화 시설 설치 문제에 관한 지역사회 갈등해결을 위한 시민배심원제가 이뤄진 바 있습니다.

## 스스로 다스리는 자치: 풀뿌리민주주의

풀뿌리민주주의는 단순히 민주주의를 지역 차원으로 확대하는 것을 뜻하지 않는다. … 민주주의를 근본에서 되짚어 보려는 노력이고, 좌와 우라는 이념 스펙트럼을 뛰어넘는 개념이다. … 민초가 결정권을 행사할 수 있게 하는 것이 민주주의다.

풀뿌리민주주의grassroot democracy는 "국가 수준에서 작동하는 보다 공식적이고 입법화된 민주적 시스템"과 달리 주로 시민들의 삶과 가까이 있는 "지역 수준에서만 경험"할 수 있습니다. 지역에서는 더 많은 시민이 정치과정에 참여할 수 있는 폭이 넓습니다. 풀뿌리민주주의는 "본질상 규범, 가치, 사회적 과정과 보통 사람들의 헌신과 능력에 의해 촉진되는 제도적 장치들"을 통해 실현됩니다. 과거 지방정부들은 공무원들의 주도 아래 정책을 추진하고, 추진 과정과 결과에서 나타나는 불만이나 문제들이 있을 경우 시민들이 민원을 제기하면 공무원들은 그 민원에 대응하는 방식이 일반적이었습니다. 그런데 최근 들어 정책 추진 과정에 시민들의 참여를 촉진하는 흐름이 활성화되고 있습니다. 이는 민주주의의 관점에서 당위적으로 옳기도 하지만, 시민들의 참여욕구가 높아진 이유도 있습니다. 아울러 지방정부가 독자적으로 해결하기에 복잡하고 까다로운 사회문제들이 많아지면서, 당사자이자 관료조직에 비해 유연하고 창의적인 시민들과의 협업을 통해 문제해결에 접근할 필요도 있습니다. 이미 오래 전부터 행정정보공개나 주민여론조사, 시민들의 각종 자문위원회 참여, 시민들이 정책과정을 감시하는 시민감사관제 등 기본적인 주민참여 제도들이 활용되고 있는데, 여기서는 좀 더 적극적인 주민참여제도들을 살펴보겠습니다.

참여예산제Participatory Budgeting는 인도 캐랄라주나 브라질 포르투알레그레시 등에서 실험된 제도가 전 세계적으로 확산된 것으로 알려져 있습니다. 본래 공공예산은 행정부가 예산안을 짜고, 이를 의회에 보내면 심의를 통해 의결한 후 이듬해 행정부가 예산을 집행하는 과정을 거칩니다. 여기서 예산의 일부, 특히 시민들의 삶과 직결된 정책 영역의 예산을 주민들이 세우게 하는 제도입니다. 우리나라의 경우 몇몇 지역에서 참여예산제 실험이 이뤄지다가, 2011년 지방재정법 개정을 통해 법적 근거를 갖추고 전국에 확산된 바 있습니다. 일반적으로 30~50인 규모의 시민들을 선발해 참여예산위원회를 구성합니다. 그리고 예산 수립에 필요한 지식과 기술에 대한 교육이 이뤄지고, 이후 참여예산위원 간 숙의와 지방정부의 정책담당자와 협의를 거쳐 예산안을 편성하게 됩니다.

주민자치회는 행정동 단위 정책 추진 과정에 주민들이 숙의 과정을 거쳐 공적 의사결정을 내리는 제도입니다. 1998년 동단위 행정기관인 동사무소가 주민자치센터로 전환되면서, 주민자치 기능을 부여하기 위해 주민자치위원회가 설치되고 운영돼왔습니다. 그간 주민자치위원회가 주민들의 동 단위 정책과정 참여와 주민자치센터의 주민 서비스 개선에 기여해 온 가운데 그 권한과 참여 기능을 강화한 구상이 추진됐는데, 바로 주민자치회입니다. 기존 주민자치위원회에 비해 참여 규모를 키우고, 권한도 심의·자문에서 의결로 강화됩니다. 주민자치회는 주민자치센터 운영과 동 단위 지역사회 문제해결을 위해 필요한 사업계획을 세우게 됩니다. 아울러 사업 추진과정에 주민들의 활발한 참여도 권장됩니다. 주민 누구나 소정의 선발과 교육과정을 거쳐 주민자치회 구성원이 될 수 있습니다. 아울러 주민자치회가 의결한 사업계획의 최종 결정은 주민총회라는 단위에서 이뤄지는데, 여기에는 주민자치회 구성원뿐 아니라 모든 주민이 참여해 의견을 제시할 수 있습니다.

주민참여예산제와 주민자치회의 경험을 바탕으로 행정주체와 시민들이 좀 더 적극적으로 협력하고, 공적 의사결정의 권한을 시민들에게 개방하는 제도를 지방정부의 모든 정책 영역으로 확장하기 위한 협치governance정책을 추진하는 지역들도 나타나고 있습니다. 협치정책은 지방자치단체장과 민간에서 선출된 사람이 공동 의장을 맡고, 민관民官의 다양한 주체들이 포함되는 협치기구를 중심으로 추진됩니다. 이 협치기구는 정책 전반에 협치가 활성화되고, 민관협력에 기반해 지역사회 문제해결과 발전을 위한 공동사업 추진을 촉진하는 역할을 하게 됩니다. 협치정책을 도입한 지방자치단체 중 하나인 경기도의 관련 조례가 규정하는 협치에 관한 개념 정의는 정부가 민주주의의 핵심요소인 '자기결정'의 권한을 시민과 나눈다는 점을 잘 보여줍니다.

**경기도 민관협치 활성화를 위한 기본 조례**

제2조(정의) 이 조례에서 사용하는 용어의 뜻은 다음 각 호와 같다.

1. "민관협치"란 사회문제를 해결하고 지속가능한 사회를 위해 민간과 경기도(이하 "도"라 한다)가 공동으로 정책을 결정하고 집행·평가하는 경기도정 운영 방식 및 체계 등을 말한다.

## 정치에 개입하고 새롭게 하기

앞서 대의민주주의에서 정치인과 시민 간 의사의 괴리를 좁히기 위한 사회적 요청, 그리고 시민들의 참여의식과 역량이 높아짐에 따라 정치과정에 시민들이 참여할 수 있는 여지를 넓히는 참여민주주의의 흐름이 나타났음을 살펴봤습니다. 그리고 정부가 참여민주주의와 관련한 사회적 요청을 수용해 시민들이 참여할 수 있는 다양한 제도들을 마련함으로써 시민들의 정치참여가 이뤄집니다. 그런데 정부가 마련한 참여통로 외에 자발적인 방식으로 정치과정 참여를 넘어 정치과정 자체에 개입하고 이를 새롭게 하려는 노력들도 이뤄져 왔습니다.

먼저 정치인들에게 비판과 요구만 하는 것이 아니라 이들이 좀 더 민주주의의 가치에 신념을 강화하고, 민주적 정치를 위한 지식과 역량강화를 지원하고, 이를 위해 노력하는 정치인들이 서로 연결되고 북돋울 수 있도록 지원하는 활동을 볼 수 있습니다. 사단법인 한국거버넌스센터는 민주주의와 민관협력의 가치와 정책의 확산을 목적으로 활동하는 단체로, 지방정치인을 위한 거버넌스 교육과 컨설팅, 지방정치인의 네트워크 모임인 지방정치연구회 운영 지원, 거버넌스 기반 지방정치 우수사례 발굴을 위한 지방정치대상, 거버넌스 지방정치 관련 담론형성을 위한 다양한 토론회 등을 추진하고 있습니다.

시민들이 지방정치인을 내세움으로써 헌법에 명시된 피선거권을 적극적으로 행사한 경우도 있습니다. 경기도 과천 지역에서 활동하는 다양한 풀뿌리단체, 협동조합, 시민모임 등의 연합체인 '과천풀뿌리'는 일상적인 다양한 활동과 함께, 지방선거 시기 자신들이 정치인을 세우고 그의 당선을 위한 선거운동을 했습니다. 정당을 통해서가 아니다 보니 무소속으로 출마했지만, 시민들의 헌신적인 노력으로 2006년과 2010년에 모두 5명의 시의원을 당선시키기도 했습니다. 당선된 시의원들은 지역 시민사회와 관계를 유지하면서 지방의회에 새로운 바람을 불어 넣기도 했습니다.

기성 정치인들 중에 마음에 드는 후보가 없다는 문제의식에 대해 과천풀뿌리가 자신들이 후보로 출마하는 방식으로 풀어냈다면, 사단법인 뉴웨이즈는 지방정치인이 되고 싶은 시민들을 지원하고 있습니다. 뉴웨이즈는 최근 활성화되는 참신한 아이디어를 바탕으로 공익성을 띤 사업과 수익모델을 병행하는 소셜벤처Social venture인데, 특이하게 정치를 주제로 하고 있습니다. 뉴웨이즈는 특히 승자독식의 양당 체제에서 정치인 경력에 진입이 어려운 젊은 정치인에 관심을 두고 있는데, 이들을 '젊치인'이라 부르면서 지원합니다. 뉴웨이즈는 스포츠 에이전트 모델을 차용해 정치에 뜻을 둔 청년들을 발굴하고 이들이 정치계에 진입할 수 있도록 교육, 컨설팅, 네트워크 구축 등의 지원을 합니다. 아울러 젊은 정치인을 '키우는' 데 관심 있는 시민들에게 발굴된 정치지망생들을 소개하고, 시민들이 이들을 지지하고 후원하도록 연결함으로써 정치인과 유권자 간 관계망 형성도 시도하고 있습니다.

**핵심개념**

▶ **숙의민주주의(熟議民主主義, Deliverative Democracy)**
여러 사람이 모여 어떤 문제를 깊이 생각하고 의논하는 숙의가 의사결정에 중심이 되는 민주주의 형식. 단순히 투표가 아닌 실제적 숙의가 입법 과정의 적법성에 대한 매우 중요한 원천이라는 점에서 전통적 민주주의 이론과 다름.

▶ **풀뿌리민주주의(Grassroot Democracy)**
민중의 의사를 직접 반영하고 민중의 지지를 받는, 대중적 민주주의. 대의제에 기초한 간접 민주주의와 달리 시민 운동, 주민 운동 등의 방식을 통하여 주민들이 정치 행위에 직접 참여.

**찾아보기**

▶ **도서자료**
- James S. Fishkin. 박정원 옮김(2020). 숙의민주주의. 한국문화사.

- Jon Elster; Adam Przeworski(1998). Deliberative Democracy. Cambridge University Press.
- Manin, B(1987). On Legitimacy and Political deliberation. Political Theory. 15(3). 338-368.
- Rajesh Tandon(1996). Grassroots Democracy: Governance as If Citizens Mattered. PRIA.
- 하승우(2014). 풀뿌리민주주의와 아나키즘: 삶의 정치 그리고 살림살이의 재구성을 향해. 이매진.

**▶ 뉴스 보도**

- "독일·일본 벤치마킹한 '신고리 5·6호기 공론화위'". 연합뉴스. 2017.6.28. https://www.yna.co.kr/view/AKR20170628101900003).
- "생활과 정치는 하나다: 과천풀뿌리를 둘러보다"(http://theconnect.or.kr/b/gr_case/145944).
- "시민배심원제는 아직도 실험 중". 오마이뉴스. 2006.7.4.(https://www.ohmynews.com/NWS_Web/View/at_pg.aspx?CNTN_CD=A0000342275).
- "역대 대통령 '국민과의 대화'는…열린 형식 호평 속 돌발상황도". 연합뉴스. 2019.11.18.(https://www.yna.co.kr/view/AKR20191118070751001).

**▶ 기타 자료**

- 뉴웨이즈 홈페이지(https://newways.kr).
- '소셜벤처': 네이버 백과사전(https://terms.naver.com/entry.naver?docId=2065990&cid=50305&categoryId=50305).
- '숙의민주주의': 네이버 국어사전(https://ko.dict.naver.com/#/entry/koko/083bba306d8d4fd9b0c847299a083487).
- '풀뿌리민주주의': 네이버 국어사전(https://ko.dict.naver.com/#/entry/koko/d97ca6897a044e0db87d3260e51a81b5).
- "합의회의(Consensus Conference)"(https://www.peoplepower21.org/solidarity/%ec%8b%9c%eb%af%bc%ea%b3%bc%ed%95%99%ec%84%bc%ed%84%b0-%ec%a2%85%eb%a3%8c/728701).
- 한국거버넌스센터 홈페이지(http://www.governancecenter.net/hp/center/center03.html).

# Q.
## 시민정치는 어디에 뿌리내리고 있을까?

앞서 정치는 정치인만이 아니라 시민들도 하는 것임을, 그리고 그 것이 정치의 뿌리가 됨을 살펴봤습니다. 한 그루의 나무가 건강하게 살아가기 위해서는 좋은 토양에 뿌리내리는 것이 중요할 것입니다. 그러면 민주적인 정치라는 나무 역시 시민정치라는 뿌리가 터 잡을 좋은 토양이 필요할 것입니다. 우리는 그 토양을 시민사회Civil Society라고 부릅니다. 인류는 사회적 동물로 대부분 다른 사람들과 사회를 이루고 살아갑니다. 인간사회는 여러 가지 기능을 수행하고 여러 가지 모습을 나타내는데, 시민사회는 주권자로서 시민들이 동료 시민과 상호작용하고, 정치과정을 통해 공동의 문제를 해결해 가는 측면을 설명하기 위한 용어라 할 수 있습니다. 시민사회라는 토양이 튼튼할 때 시민정치라는 뿌리도 튼튼하고, 이는 다시 건강한 민주적 정치라는 나무로 이어질 것입니다. 여기서는 시민정치의 토양이 되는 시민사회에 관해 살펴보겠습니다.

> 시민사회는 인간 본성의 핵심이다. 우리 인류는 다른 사람들과 함께 모여 더 나은 삶을 만들기 위해 집단적으로 행동하기를 원한다. 그리고 악과 불의에 직면할 때, 우리는 함께 모여 정의와 평화를 위해 싸운다. 시민사회는 그러한 집단적 행동의 표현이다. 강력한 시민사회를 통해 결사 및 집회의 자유를 누리면서 우리는 사회를 형성하고 공동 관심사를 해결하도록 서로 격려하고 역량을 강화한다.

## 시민사회의 기본원리: 호혜

시민사회에 대한 일반적인 이해는 주로 사회의 다른 핵심적인 영역인 국가(정부)와 시장(기업)과의 차이 혹은 상호 관계에 기반합니다. 물론 인류 역사에서 국가나 시장보다 사회(원시공동체나 부족사회 등)가 먼저 생겨났고 언제나 존재해 왔지만, 현대 사회에서 국가나 시장영역의 중요성이 부각되면서 시민사회의 의미와 가치가 잊혀진 경향이 있었습니다. 그러다가 시민사회의 중요성이 재조명됐는데, 이 과정에서 시민사회의 존재를 설명하기 위해 국가와 시장 영역의 관계에 기반한 설명이 이뤄졌습니다. 국가, 시장, 시민사회라는 3가지 영역의 차이를 설명하는 방식에는 여러 가지가 있지만, 각 영역은 작동되는 기본원리가 서로 다르다는 설명은 시민사회를 이해하는 데 도움이 됩니다. 먼저 시장은 '교환'의 원리가 작동되는 영역입니다. 오늘날 대부분의 국가에서 자본주의 시장경제체제가 운영되고 있습니다. 각 체제의 구체적인 형태는 조금씩 다르지만, 근본적으로 시민들이 자유로운 거래와 계약에 의해 입고, 먹고, 거주하는 일을 해결하고 살아갑니다. 즉 일상에 필요한 재화들을 돈과 교환하는 것입니다. 이를 위해 시장 영역에서는 사업을 일으키고, 매일 출근해서 일하는 기업과 같은 경제조직들이 활동하고 있습니다. 한편 모든 국가에서 공통적으로 나타나는 현상 중 하나가 돈을 많이 버는 사람과 적게 버는 사람 간의 격차가 벌어지는 것입니다. 국가는 이런 격차를 조정하는 역할을 하는데, 이를 '재분배'의 원리가 작동한다고 합니다. 주된 수단은 세금으로, 많이 버는 사람이 세금을 많이 내게 하는 누진제의 원칙이 적용되며, 이렇게 거둔 세금을 통한 정책의 수혜는 시민들에게 고루 돌아가게 합니다.

그렇다면 시민사회는 어떤 원리가 작동할까요? 바로 "사회의 중심점을 공리주의적 자기 이익의 요소로부터 서로 경의를 표하는 이웃과의 접촉에서 생기는 훈훈한 경험과 만족감으로 옮기"는 '호혜 reciprocity'의 원리입니다. 호혜는 어려움에 처한 공동체의 구성원을 돕거나, 공동으로 직면한 문제에 대응하기 위해 힘을 모으는 것처럼 인류가 발달시켜 온 생활양식이라 할 수 있습니다. 이런 호혜의 원리가 사회적으로 안착하면 자유와 평등과 함께 프랑스 혁명 당시 주창된 정신인 박애fraternity나, 코로나19의 위기를 함께 극복할 때 많이 회자되던 사회적 '연대solidarity'로 진화해 갑니다. 호혜의 원리는 자본이나 권력같이 소유할 수 있는 것이기보다 한 사회의 시민들의 습관이나 문화로 존재합니다. 그리고 호혜의 정신이 얼마나 두터운가 하는 것은 시민사회라는 토양이 비옥한가 혹은 황폐한가를 결정하게 됩니다. 이미 말씀드린 것처럼 시민사회라는 토양이 건강하지 않으면 여기 자리 잡은 시민정치라는 뿌리 역시 건강할 수 없고, 이는 민주적 정치라는 나무의 건강에도 영향을 미칩니다.

## 호혜의 실현방식: 자발적인 결사, 가치, 공론

시민사회의 기본원리인 호혜는 그 자체로는 눈으로 볼 수 없습니다. 그 원리와 정신에 동의하고 그것을 실천하는 사람들을 통해서만 우리는 호혜의 존재를 확인할 수 있습니다. 이런 실천은 사회적으로 권장되는 것이지만, 하지 않는다고 해서 처벌받는 성질의 것은 아닙니다. 즉 시민들이 '자발'적으로 실천하는 것입니다. 하지만 그것을 실천하는 사람들이 많지 않은 사회는 호혜의 원리가 부족해질 것이고, 이는 시민사회라는 토양이 황폐해지는 결과를 낳습니다. 시민사회는 시민들이 서로 돕고, 더 나은 사회를 만들기 위한 자발적 활동을 펼치는 공간으로 이해할 수 있습니다. 시민들이 호혜의 원리에 기반해 펼치는 자발적 활동에는 다양한 형태들이 있는데, 시민사회가 어떤 역할을 수행하는지에 대한 관점에서 크게 세 가지 맥락으로 이해할 수 있습니다. 바로 결사적 삶으로서 시민사회, 좋은 사회로서 시민사회, 그리고 공론장으로서의 시민사회입니다.

시민사회에서 이뤄지는 시민들의 자발적 활동들은 일반적으로 법인, 비영리단체, 주민모임 같은 결사체Associations를 통해 이뤄집니다. 시민들이 서로 돕고 무언가를 도모할 때 힘과 뜻을 모으는 것이 필요한데, 결사체는 인류가 역사적으로 활용해온 자연스러운 수단입니다. 흔히 결사체들을 정치적으로 불온한 것으로 바라보는 오해와 편견이 우리 사회에 있습니다. 이로 인해 결사체에 대한 정부의 부정적인 정책이나 시민들의 낮은 인식과 참여 경향이 나타나기도 합니다. 하지만 결사체들은 시민들의 사회참여 통로가 되고, 시민들 사이의 연결과 협력을 북돋우는 효과가 있어 대부분의 국가에서는 '결사의 자유'를 헌법상 기본적 권리로 명시하고 있습니다.

> 결사체들과 국가 사이에는 '정치사회Political Society'—이것은 정당, 정치단체들 그리고 의회들을 의미한다—라고 하는 회색지대가 존재한다. … 시민집단들이 민주적 결사체들의 생활방식과 공공영역에서 비제약적인 논의를 통해 정치에 대한 영향력을 창출하기 때문이다. 장기적 안목에서 민주적 정치사회들의 건강 상태는 독립적인 선先정치적 결사체들 및 공중 속에 그들이 얼마나 깊숙이 뿌리내리고 있는가에 좌우된다.

시민사회를 이야기할 때 흔히 정부나 시장의 영역이 아닌 영역으로 단순히 정의되기도 하지만, 대부분의 경우 '좋은 사회', 그것을 위한 공익적 활동에 관한 의미가 결부돼 있음을 발견합니다. 민주주의를 비롯해 인권, 공동체, 평화, 지속가능성, 포용, 돌봄과 같이 지금

은 당연하게 여겨지는 더 나은 사회를 향한 사회적 가치social value
들이 원래부터 존재했던 것이 아닙니다. 이런 가치들은 국가나 시장
의 영역보다는 시민사회의 영역에서 이에 관심을 가진 시민들의 주
창과 부단한 노력, 때로는 헌신을 통해 사회 구성원들의 공감대를
형성하고 법이나 제도로 보장되기도 합니다.

> 바람직한 사회질서 혹은 근대성의 자기 이미지처럼 규범적
> 용어로 정의된 시민사회 이미지를 공유하고 있다. … 자유
> 및 민주주의와 더불어 관용, 평등, 비폭력, 신뢰 그리고 협
> 동을 공통분모로 하고 있다. … 이런 의미에서 시민사회는
> 세계 속에 있는 각기 다르게 인식된 존재 방식과 생활방식
> 으로서 '시민성'의 제도화를 표상하거나, 아니면 모든 기관
> 이 실증적 사회규범들을 강화하는 방식으로 작동되는 유
> 형의 사회, 한마디로 모종의 '문명화된' 사회를 표상한다.

마지막으로 시민사회는 공론장의 역할을 지닙니다. 대의민주주의
체계가 복잡해지면서 우리 삶에 많은 영향을 미치는 정치적 결정과
이를 실행하는 정책과정은 직업적 정치인과 관련된 전문가들에 의
해 이뤄지는 듯 느껴집니다. 하지만 시민들은 생계로 분주하기도 하
지만, 또 한편으로는 이런 저런 모임에서의 대화로, 길거리에서의 투
쟁으로, 삶에서 느끼는 고통으로 인한 신음으로 자신들의 목소리를
냅니다. 그리고 저마다 다른 입장의 목소리들이 모이고, 공개되고,
토론 과정을 거치면서 어느 정도 합의된 목소리, 즉 공론을 형성합
니다. 그리고 이 공론은 정치과정에 영향을 미치고, 공론을 잘 수렴
하지 못하는 정치는 여론과 투표와 같은 수단들을 통해 평가받기도
합니다.

시민사회는 '공공영역'으로서 시민사회의 역할 속에서 결사와 제도적 조율의 장은 물론 논쟁과 심의의 장이 된다. (공공영역은) 사회적 차이들, 사회문제들, 문화적 정체성, 공공정책, 정부의 결정과 공동체의 업무들이 개발되고 심의되는 비입법적, 초사법적, 공적 공간이다. 그러한 공간들의 융성은 민주주의의 건강에 매우 중요하다. 만일 특정한 진리들만 대표되고, 배제와 제압에 의해 대안적 관점들이 함구되고, 일군의 목소리가 다른 목소리들보다 더 많이 청취된다면 '공적' 이익이 낭패를 보게 될 것이기 때문이다.

## 국가와 시민사회의 관계

한 사회의 시민사회가 어떤 성격을 지니는지, 건강한지는 그 구성원인 시민들의 인식과 실천도 중요하지만, 보다 근본적으로는 해당 시민사회가 국가나 시장과 같은 다른 영역과 어떤 관계를 맺고 있는지가 중요한 배경이 됩니다. 시민사회는 국가나 시장과의 관계에서 그들을 감시·견제하는 갈등적 관계(정치개혁운동이나 소비자 운동 같은)를 맺기도 하고, 협력적 관계(민관협력이나 사회공헌 활동 같은)를 맺기도 합니다. 여기서는 시민정치와 관련해 중요한 의미를 지니는 국가와 시민사회의 관계에 관해 간략히 살펴보고자 합니다.

한국의 시민사회의 기원은 동학농민운동이나 구한말·일제강점기에 결성돼 활동하던 단체들의 활동을 거슬러 올라갈 수 있습니다. 이중 대한적십자사나 YMCA 같은 단체들은 현재도 명맥을 이어가고 있습니다. 하지만 일제강점기, 전쟁과 분단, 군사정권 같은 현대사의 굴곡을 거치는 과정에서 시민사회와 국가의 관계는 순탄치 않았습니다. 일제강점기 때 시민사회에 대한 정책은 시민들의 자발적인 활동을 철저히 통제하는 방향으로 이루어졌습니다. 다른 한편으로 정부가 정책적으로 필요한 경우에는 어용단체나 관변단체 같은 형태로 시민사회를 선택적으로 동원하는 정책이 병행됐습니다. 불행히도 해방 후에도 이 같은 정책적 경향은 크게 달라지지 않았습니다. 예를 들어 시민사회가 자발적으로 필요한 자원을 모으는 대표적인 활동인 기부와 모금에 관한 법이 '기부금품금지법'[1951], '기부금품규제법'[1996]에서 2006년에야 '기부금품 모집에 관한 법률'로 변화한 것이 대표적인 사례입니다.

이후 1980년대 민주화의 진전과 1990년대 지방자치 부활을 계기로 우리 시민사회도 본격적으로 형성되고 성장하기 시작합니다. 이 시기는 우리 사회뿐 아니라 전 세계적으로 시민사회의 의미가 재조명된 시기입니다. 국가와 시장의 힘만으로 해결하기 어려운 복잡 다양한 사회적 문제와 요구를 해결하는 데 시민사회의 역할이 주목받았습니다. 하지만 많은 나라에서 시민사회는 늘어나는 역할에 비해 그 여건은 충분치 않은 경우가 많았습니다. 이에 따라 국가가 시민사회를 지원하고, 사회문제 해결을 위한 협력을 강화하는 정책이 활성화됐습니다. 여기에는 다른 나라들에 비해 일찍이 민주주의와 시민사회를 형성한 국가들뿐 아니라, 동유럽이나 아시아 등 후발주자 국가들에서도 시민사회를 지원하는 적극적인 정책들이 나타났습니다.

우리 사회에서도 비영리민간단체지원법[1999], 자원봉사활동기본법[2005], 사회적기업육성법[2007] 등 정부의 정책적 변화가 나타나기 시작했습니다. 특히 2010년대 들어 여러 지방자치단체에서 그간 시민사회에서 주창된 의제와 실천들을 공공정책에 적극적으로 반영하는 흐름이 형성되기도 했습니다. 여기에는 마을공동체, 사회적경제, 주민자치, 민주시민교육, 협치, 주민참여형 도시재생, 마을교육공동체, 주민참여예산 등이 포함됩니다.

물론 시민사회에 대한 국가의 지원이 시민사회의 자생력이나, 정부에 대한 감시·견제 기능을 약화시킬 거라는 우려도 있습니다. 정부의 지원이 이뤄질 때, 시민사회단체들의 활동 능력이나 공적자금의 투명한 운영 능력에 관한 불신도 있습니다. 그럼에도 시민사회 활성화를 위한 지원정책은 전 세계적인 추세로 자리 잡은 것으로 보입니다. 아울러 이미 많은 영역에서 시민사회는 정부나 기업이 소홀하거나 잘 해결하지 못하는 사회문제 해결에 많은 성과를 나타내고 있습니다. 이에 따라 국가와 시민사회 간 지원과 협력관계를 지속해가되 이를 건강하게 발전시켜가려는 노력도 필요합니다. 먼저 시민사회 지원은 일종의 '시혜'가 아니라, 주권자인 시민이 납부한 세금으로 조성된 공공재정을 주권자인 시민들의 공익적 활동에 투자하는 것으로 관점을 전환해야 합니다. 또한 시민사회는 특정 정당이나 정파의 전유물이 아니라, 자연유산과 같이 모든 시민이 지키고 누리는 공공영역이라 할 수 있습니다. 우리 사회의 경우 정권의 성향에 따라 시민사회 관련 정책이 크게 요동치는 경향을 보이는데, 시민사회는 모두의 것이며 더 나은 사회를 만들어 가는 데 필수적인 영역으로 이해해야 합니다.

**핵심개념**

**▶ 시민사회(Civil Society)**
신분적 구속에 지배되지 않으며, 자유롭고 평등한 개인의 이성적 결합으로 이루어진 사회. 시민 혁명을 계기로 이룩되었고, 자유 경제 체제를 경제적 토대로 하며, 자유·평등·박애를 도덕적 이상으로 내세움.

**찾아보기**

**▶ 도서자료**
- 칼 폴라니. 이병천·나익주 옮김(2017). 인간의 살림살이. 후마니타스.
- 마이클 에드워즈. 서유경 옮김(2004). 시민사회: 이론과 역사, 그리

고 대안적 재구성. 동아시아.

▶ **기타 자료**

- WMD. 2012. Defending Civil Society Report(https://movedemocracy.org/wp-content/uploads/2017/09/English-Defending-Civil-Society-Report-2nd-Edition.pdf).
- '시민사회': 네이버 국어사전(https://ko.dict.naver.com/#/entry/koko/dc08dec8735c462e8127952109468ae3).

# Q.
## 시민사회에서 이뤄지는 시민정치의 실천은 어떤 모습일까?

앞서 '우리의 삶과 가깝게 느껴지는 정치는 없을까?'라는 질문을 다루는 부분에서 시민들이 정치과정에 개입하는 다양한 참여활동을 살펴보았습니다. 그런데 시민사회에서는 이와 결이 다른 참여활동의 갈래가 형성돼 있습니다. 물론 이 두 갈래의 참여가 서로 명확하게 구분되는 것은 아니지만, 정치과정에 직접 참여하는 성격이 강한 갈래는 '정치참여', 시민사회라는 공간에서 동료 시민들이 정치라는 수단을 활용해 공동의 문제를 다루는 갈래는 '사회참여'라고 부르기도 합니다. 여기서는 주로 사회참여에 관해 이야기해 보고자 합니다. 시민사회라는 공간에서 동료 시민들이 함께 만들어 가는 정치의 모습은 다양하지만 여기서는 '정치에 영향 미치기', '함께 나서기', 그리고 '정책에 접목하기' 등 3가지 주제로 나누어 살펴보겠습니다.

정의로운 사회는 모든 인간이 자유와 평등을 누리고 기본

적인 생존을 보장받으며 자기 잠재력을 실현할 기회를 가
지면서 모든 사람이 행복한 삶을 누리는 데 필요한 물질적
수단과 사회적 수단에 관련해 대체로 동등한 접근권을 지
녀야 한다. … 또한 온전히 민주적인 사회에서 모든 사람은
자기 삶에 영향을 미치는 일들에 관한 결정에 충분히 의미
있게 참여해야 한다.

## 정치에 영향 미치기

시민들이 우리 정치가 더 나은 정치로 변화할 수 있도록 영향을
미치는 것은 오래전부터 이어져 왔습니다. 여기에는 정부 당국에 무
언가 바로잡을 것을 요청하는 '민원'이나 상황의 심각함을 좀 더 힘
주어 호소하는 '탄원', 특정 사안에 대한 대다수 시민들의 의사를
모으고 드러내 보이는 '여론' 같은 전통적인 통로들이 활용되고 있
습니다. 이런 활동들은 주로 정치의 제도적 과정 바깥에서 영향을
미치는 방식으로 이루어지는 정치의 성격을 띠어 '영향력의 정치
Politics of Influence'라 부르기도 합니다. 시민들이 정치에 영향을 미
치는 활동은 크게 '감시하기'와 '제안하기'로 나눠볼 수 있습니다.

감시하기는 시민들이 선거를 통해 자신이 선출한 대표에게 공적
인 일을 위임하고 한동안 무관심해지는 것을 넘어 정치과정을 지
켜보고 무언가 잘못되어갈 때 문제를 제기함으로써 정치가 시민들
의 뜻에 좀 더 부합하게 작동하도록 영향을 미치는 활동을 의미합
니다. 우리는 시민들에 의한 공적인 감시와 견제가 활성화된 시대를
살고 있으며, 이를 통해 의회가 정부 감시를 도맡아 하는 대의민주
주의에서 시민들에 의한 광범위한 사회적 감시와 견제를 통해 통치
하는 자들을 겸손하게 만드는 '파수꾼 민주주의Monitory democracy'
로 전환이 이루어지고 있으며, 이는 가장 발달한 형태의 민주주의라

고 주장하는 이도 있습니다.

시민들의 파수꾼 역할은 예부터 있었지만, 그것이 활성화한 것은 민주화의 진전과 시민운동의 발달과 맥을 같이 합니다. 민주화 이후 시민들의 직접선거로 치러진 1987년 대통령 선거가 공정하고 투명하게 치러지도록 전국적으로 시민들이 감시에 나선 '공명선거운동'이나 2000년 국회의원 선거 때 부도덕하고 무능한 정치인들을 시민들이 분별하고 퇴출시킬 것을 촉구하는 유권자 운동인 '총선시민연대' 활동이 대표적인 사례입니다. 이후 정부나 국회, 그리고 지역 차원에서는 지방정부와 의회의 일상적인 정치과정을 지켜보기 위한 '국정감사모니터링', '행정·의정감시활동' 등이 나타나고, 시민들의 감시·견제를 돕기 위한 제도적 장치들인 '정보공개청구제도', '주민소송·감사청구제도', '시민감사관제도' 등이 마련되기도 했습니다. 최근에는 정치개혁을 위한 감시활동 외에도 기업, 언론, 종교, 과학기술 등 다양한 영역에서 시민들의 감시와 의견 개진 활동이 활성화되고 있습니다. 여기에는 정치과정에 대한 시민들의 정보와 지식이 늘어난 것과 시민들의 일상적 소통을 가능케 한 정보통신 기술 발달이 한몫하고 있습니다.

감시하기가 정치인들이 시민들의 뜻에 부합하게 정치과정을 풀어나가는지 지켜보는 것이라면, 제안하기는 한 걸음 나아가 정치인들이 시민들의 뜻을 잘 수용하도록 구체적인 제안을 정리해 제시하는 활동입니다. 제안하기 역시 시민들이 일상에서 겪는 어려움을 해결하기 위한 정책의 필요성을 호소하는 '민원'이나 국회·지방의원을 통해 기존 법을 개정하거나 새로운 법을 만드는 일을 요청하는 '청원'과 같은 전통적인 통로들이 운영되고 있습니다. 여기에 민주화의 진전과 시민사회의 활성화와 함께 좀 더 적극적인 형태의 활동도 나타났습니다. 정치자금, 공직선거, 정당 등 민주적 정치의 근간이 되는 제도들의 개선방안을 적극적으로 제안하는 '정치개혁운동'이 대표적인 예입니다. 특히 시민운동과 변호사 같은 전문가들이 힘을 모으면서 추상적인 제안을 넘어 구체적인 법률안을 만들어 제시하는 '시민입법' 활동도 폭넓게 이루어지고 있습니다. 이전까지는 주로 정책에 관한 정보가 부족한 시민들을 대신해 시민단체나 전문가들이 정책제안 활동을 폈다면, 최근에는 다양한 당사자 집단이 자신들을 위한 정책을 요구하는 활동이 활성화되고 있습니다. 여기에는 '정치하는 엄마들'이나 '청년 정치크루'같이 주부나 청년층의 정책적 요구를 모으고 구체적인 정책을 구성해 제안하는 활동, 그리고 청소년들이 모의의회의 형태로 국회와 지방의회의 의정을 체험하는 한편, 이를 통해 청소년을 위한 정책을 제안하는 '청소년의회' 같은 활동들이 포함됩니다.

## 함께 나서기

앞서 정치는 우리가 권력을 위임한 정치인들이 하는 것이기도 하지만, 시민들이 동료 시민들과 관계를 맺으며 하는 일상의 정치도 있음을 살펴봤습니다. 이런 일상의 정치는 특히 지역사회같이 작은 규모에서 더 잘 이루어지는 경향이 있습니다. 시민들이 함께 나서는 활동에는 크게 공동 문제를 해결하기 위해 힘과 지혜를 모으는 '문제해결'과 동료 시민들 간에 의견이 엇갈릴 때 이를 평화롭게 조율하는 '갈등해결'로 나눠볼 수 있습니다.

공동의 사회문제는 주로 정부가 시민들의 의견을 수렴하여 해결해 가는데, 시민들이 힘과 지혜를 모아 해결해 가기도 합니다. 해당 사회문제 해결이 더 절실하고 지역사회의 구체적인 사정을 잘 알고 있어서 시민들이 스스로 나설 때 문제해결이 더 잘 되기도 합니다. 보통 문제해결을 위한 직접 나서기는 다수 시민이 겪는 공동 문제에 직면할 때 시도됩니다. 공동 문제는 "지역의 핵심기업 이전으로 침체된 지역경제를 살려보자", "인구소멸 위기를 극복해보자", "낙후된 주거환경을 개선해보자", 혹은 "기후위기에서 벗어날 수 있는 새로운 삶의 방식을 실험해 보자" 같은 문제해결 활동의 동기로 이어집니다. 서울 동작구의 성대골 마을은 시민들이 주도하여 에너지 절약과 신재생 에너지 활동을 펼친 사례로 회자됩니다. 일본의 경우, 2011년 동일본 지진으로 인한 원자력발전소 사고로부터 문제의식이 생긴 시민들이 모여 마을에서 뭔가 해보자는 공감대를 형성하면서 활동이 시작됐습니다. 여기에 인연이 닿은 환경운동단체의 도움도 큰 몫을 했습니다. 시민들은 자체적인 학습과 현장탐방, 그리고 꾸준한 토의를 거쳐 지방자치단체의 지원을 연결한 주택 단열 개선 사업, 에너지 자립마을 캠페인, 에너지 카페 운영 등 다양한 활동을 하고 있습니다. 시민들이 함께 모여 논의하고 나서는 것은 정치에도 영향을 미치지만, 시민들 스스로의 변화로도 이어집니다.

> 공공정책 문제라는 것은 전문가나 공무원들끼리 모여 쑥덕쑥덕 결정하는 것보다 배경이 다양한 일반 시민이 함께 모여 토론하는 것이 훨씬 가치 있다. … 더욱이 시민토론은 법이나 국가정책 등에 중요한 영향을 미치지만, 가끔은 대중의 지식, 태도, 행동, 혹은 문화적 습관에까지 영향을 미치기도 한다.

함께 나서기의 또 다른 측면은 시민들 사이의 의견 차이와 그로 인한 갈등을 스스로 조율하는 활동입니다. 민주적인 사회에서 구성원들 간의 의견 차이는 자연스러운 것이며, 이로 인해 나타나는 갈등 역시 피할 수 없는 현상입니다. 이렇게 갈등의 발생은 우리가 선택할 수 없는 문제이지만, 갈등에 대처하는 방법은 선택할 수 있습니다. 물론 건설, 환경, 경제 같은 문제가 개입된 공공갈등은 정부나 갈등 해결 전문가들의 역할이 중요합니다. 그러나 이 과정에서도 더 많은 주민들의 의견을 충분히 듣는 '공론'과 충분한 토론을 통해 서로의 입장을 이해하는 '숙의'는 시간이 걸리더라도 갈등의 평화로운 해결에 기여합니다. 아울러 지역사회에서 벌어지는 생활 속 갈등은 시민들이 스스로 해결해 갈 수도 있습니다. 최근 서울, 경기도 평택시, 광주광역시 등지에서 시민들이 소정의 교육·훈련과정을 거쳐 중재자가 되어 지역사회의 다양한 생활상 갈등 해결을 촉진하는 '주민자율조정활동' 혹은 '이웃분쟁조정활동'이 좋은 사례입니다.

## 정책에 접목하기

시민사회라는 공간에서 동료 시민들이 정치라는 수단을 활용해 공동 문제를 다루는 사회참여가 정부의 공공정책과 접목되는 경향도 나타나고 있습니다. 시민들의 실천이 사회문제 해결이나 사회발전을 위해 지니는 잠재력에 주목하면서 그 실천이 확산되기를 바라는 시민사회의 뜻과 이를 공공정책에 접목함으로써 정책의 효과를 높이려는 정치인의 의지가 만날 때 일어나는 일이라 할 수 있습니다. 이런 흐름은 멀리는 본래 시민사회의 활동영역인 사회복지 사업의 체계적 추진을 위해 1970년 제정된 '사회복지사업법'으로부터, 민주화 진전 이후 비영리민간단체들의 공익활동을 지원하는 '비영리민간단체지원법'1999년 제정, 시민들의 자발적인 공익활동을 정책적으로 활성화하기 위한 '자원봉사활동기본법'2005년 제정이 대표적인 사례입니다. 아울러 '소비자기본법'에서 소비자단체, '양성평등기본법'에서 여성단체같이 사회적 가치에 기반한 정책 추진에서 시민사회 주체들의 정책적 역할을 부여하기도 합니다.

　이런 시도는 2010년대 들어 지방자치단체 차원에서 훨씬 활발하게 이루어지고 있습니다. 여기에는 지방정부와 시민사회가 협력해 정책을 추진하는 '민관협치民官協治', 시민들이 지역사회 공동체 회복을 위한 활동을 전개하는 '마을공동체', 시민들이 경제적 필요를 스스로 해결하는 '사회적 경제', 시민들이 다양한 자원과 활동을 연결해 노인, 장애인, 어린이 등 도움이 필요한 사람들을 돕는 공동체를 만들어 가는 '지역사회 돌봄' 등이 포함됩니다. 이들의 공통점은 시민들이 공동 문제를 해결하기 위해 함께 나서는 활동들이 정책적·사회적 필요에 따라 정책과 접목되면서 제도로 자리 잡는 과정을 거친다는 점입니다. 정책추진 방식에서는 정부와 시민사회 주체 간 협력이 강조되고, 시민들의 자발적 실천이 정책추진에서 중요한 역할을 합니다. 이런 경향을 두고 정부가 기존 공공서비스를 시민들에게 일방적으로 전달하는 모습Service Delivery에서 점차 시민들과 함께 무언가를 도모하는 '관계정부'의 모습Relational State으로 변화해 간다는 논의도 있습니다. 이에 발맞춰 시민사회 역시 최근 들어 민관협력과 사회문제 해결에서의 역할이 강조되고 있습니다.

**사회참여로부터 정책과 접목된 활동 사례들**

- **자원봉사활동**　개인 또는 단체가 지역사회·국가 및 인류 사회를 위해 대가 없이 자발적으로 시간과 노력을 제공하는 행위
- **마을공동체 만들기**　주민의 자발적 참여와 소통을 바탕으로 지역의 전통과 특성·자원 등을 고려한 육아, 교육, 복지, 문화, 생활환경, 일자리 등 다양한 영역에서 삶의 질을 높이는 활동
- **사회적 경제**　삶의 질 증진, 빈곤, 소외극복 등 공공의 이

익이라는 사회적 가치 실현을 위해 협력과 호혜를 바탕으로 사회적 경제 조직들의 생산, 교환, 분배, 소비가 이루어지는 경제 시스템

• **마을교육공동체** 마을 내 학생, 교직원, 학부모, 마을주민 등이 함께 학생의 교육활동 지원을 위해 자발적으로 참여하는 공동체

• **(주민참여형) 도시재생 주민협의체** 도시재생 계획 수립 및 사업 시행 과정에 참여하고 적극적으로 의견을 제시하기 위해 구성한 자발적인 주민 협력조직

• **아파트 공동체활성화단체** 공동주택 입주자들의 소통 및 화합 증진을 위해 필요한 활동을 자율적으로 할 수 있고, 이를 위한 조직을 구성할 수 있음

---

**핵심개념**

▶ **정치참여(政治參與, Political Participation)**
집단적 혹은 개인적인 방식으로 국민이 정치에 참여하는 것.

▶ **사회참여(社會參與, Social Participation)**
사회 일반, 정치·사회 문제에 관심을 가지고 그 일에 의견을 내거나 그와 관련된 행위를 하는 것.

---

**찾아보기**

▶ **도서자료**
- 에릭 올린 라이트. 유강은 옮김(2020). 21세기를 살아가는 반자본주의자를 위한 안내서. 이매진.
- 존 개스틸·피터 레빈(2018). 시민의 이야기에 답이 있다: 더 섬세하고 아름다운 민주주의를 위한 숙의의 힘. 시그니처.
- 존 킨. 양현수 옮김(2017). 민주주의의 삶과 죽음: 대의 민주주의에서 파수꾼 민주주의로. 교양인.
- 진 L. 코헨·앤드루 아라토. 박형식·이혜경 옮김(2013). 시민사회와 정치이론. 한길사.

- 홍일표(2007). 기로에 선 시민입법: 한국 시민입법운동의 역사·구
조·동학. 후마니타스.

▶ **기타 자료**
- 김봉철(2021). 주민자율조정을 통한 이웃분쟁 해결에 관한 연구. 사
법정책연구원.
- 이윤혜(2015), "에너지 자립마을 협력네트워크 활성화 요인: 서울시
성대골을 중심으로". 서울대학교 석사학위논문. p. 47-48.
- 대한민국청소년의회 홈페이지(https://www.youthassembly.or.kr).
- '사회참여': 네이버 국어사전(https://ko.dict.naver.com/#/entry/
koko/fb64bd140bbe44eea18e0e30f1fe4a30).
- '정치참여': 네이버 국어사전(https://ko.dict.naver.com/#/entry/
koko/c6a4181f1c884d0ca0b2c995fcf39b65).
- 정치하는엄마들 홈페이지(https://www.politicalmamas.kr)
- 청년 정치크루 홈페이지(https://policrew.kr)
- Mulgan, G. STEARS, M.(2012). THE RELATIONAL STATE.
Institute for Public Policy Research(https://ippr-org.files.svdcdn.
com/production/Downloads/relational-state_Nov2012_9888.pdf).

# Q.

## 시민이 정치를 바로잡을 수 있을까?

2025년 4월 4일, 헌법재판소는 대통령 탄핵을 결정하는 선고를
내렸습니다. 당시 대통령은 2024년 12월 3일 일으킨 계엄 사태가 정
치권과 사회에 던지는 경고 성격의 행위로 실제 아무 사태도 일어나
지 않았다는 주장을 폈습니다. 이에 대해 재판부는 다음과 같이 응
답했습니다.

국회가 신속하게 비상계엄해제요구 결의안을 가결시킬 수
있었던 것은 시민들의 저항과 군경의 소극적인 임무 수행
덕분이었으므로…

탄핵 선고문의 이 문장은 민주주의를 지킨 근본적인 힘은 시민, 즉 계엄 소식을 접하자마자 거리로 나와 불의에 맞선 시민, 그리고 자기 자리에서 양심의 판단에 따라 행동한 시민들로부터 나왔다는 사실을 명확히 하고 있습니다. 우리는 민주주의 하면 정치의 많은 부분을 선출된 정치인들이 시민을 대신해 담당하는 대의민주주의를 떠올리지만, 시민이 나서고 결정하는 직접민주주의는 민주주의의 뿌리입니다. 민주주의가 제대로 작동하지 않을 때 시민들이 이를 바로 잡는 직접민주주의는 시민정치를 만드는 중요한 요소입니다.

## 직접민주주의 제도들

먼저 직접민주주의를 위해 도입돼 있는 제도들을 살펴봐야겠습니다. 직접민주주의는 모든 시민이 광장에 모여 공적인 일을 함께 논의하고 결정하던 고대 그리스 민주정치에 뿌리를 둡니다. 현대에 들어서도 스위스 일부 지역에서는 주민들이 모여 공적인 일을 토론하고 투표로 의사결정을 내리는 '란츠게마인데Landsgemeinde' 제도가 운영되기도 합니다. 우리나라의 경우 국가 차원에서는 국민투표제를 도입하고 있습니다. 우리 헌법은 국가 안위에 관한 중요한 사항을 대통령이 국민투표에 부칠 수 있고, 헌법을 개정할 때는 반드시 국민투표를 거치게 하며, 국민투표의 구체적인 추진 방식은 국민투표법에서 다루고 있습니다.

### 대한민국 헌법

제72조 대통령은 필요하다고 인정할 때에는 외교·국방·통일 기타 국가안위에 관한 중요정책을 국민투표에 부칠 수 있다.

제130조 ① 국회는 헌법개정안이 공고된 날로부터 60일

이내에 의결하여야 하며, 국회의 의결은 재적의원 3분의 2 이상의 찬성을 얻어야 한다.

② 헌법개정안은 국회가 의결한 후 30일 이내에 국민투표에 부쳐 국회의원선거권자 과반수의 투표와 투표자 과반수의 찬성을 얻어야 한다.

③ 헌법개정안이 제2항의 찬성을 얻은 때에는 헌법개정은 확정되며, 대통령은 즉시 이를 공포하여야 한다.

정치의 또 다른 차원인 지방자치에서는 좀 더 다양한 직접민주주의 제도를 받아들이고 있습니다. 우리 지방자치법은 국민투표와 마찬가지로 지역의 중대한 문제의 결정을 위해 지방자치단체장이 직접 투표에 부치는 '주민투표제', 지방의회의 권한인 조례를 만들거나 고치는 것을 청구할 수 있는 간접적인 '주민발안제', 그리고 주민의 의사에 심각하게 반하는 지방정치인을 임기 중이라도 해임할 수 있는 '주민소환제'를 제시하고 있습니다.

**지방자치법**

제18조(주민투표) ① 지방자치단체의 장은 주민에게 과도한 부담을 주거나 중대한 영향을 미치는 지방자치단체의 주요 결정사항 등에 대하여 주민투표에 부칠 수 있다.

제19조(조례의 제정과 개정·폐지 청구) ① 주민은 지방자치단체의 조례를 제정하거나 개정하거나 폐지할 것을 청구할 수 있다.

제25조(주민소환) ① 주민은 그 지방자치단체의 장 및 지방의회의원(비례대표 지방의회의원은 제외한다)을 소환할 권리를 가진다.

최근 정보통신기술이 발달하고 온라인 공간에서 시민들의 활동이 활발해지면서, 이른바 '전자민주주의Electronic Democracy'에 관한 시도들이 활발하게 나타나고 있습니다. 여기에는 시민들이 온라인 공간에서 상호 토론을 통해 정치적 직접행동에 나서고, 시민들과 정치인 사이의 일상적이고 직접적인 소통 기회를 갖는 한편, 정보통신기술을 바탕으로 시민들의 신원을 확인하고 시·공의 제약 없이 직접투표로 의사결정을 내리는 것이 포함됩니다. 우리 사회에서도 국민들이 대통령에게 피해구제나 제도개선을 요청하고 답변을 받는 '온라인 국민청원'이나, 지방자치단체들이 다양한 정책사안들에 대해 시민들의 온라인 투표를 통해 의견을 수렴하거나 의사결정을 내리는 '전자투표' 등이 시도되고 있습니다.

## 시민의 직접행동

일상적인 상황에서는 시민들이 제도적 장치를 통해 민주주의를 바로잡는 일에 나설 수 있습니다. 하지만 앞서 살펴본 2024년 계엄사태 직후 시민들이 민주주의를 지키기 위해 직접 거리로 나선 것처럼 시민들의 직접행동Direct Action이 필요할 때가 있습니다. 이와 관련해 우리 헌법은 일제의 지배에 저항한 '3·1운동'과 '4·19혁명'의 정신을 계승한다고 밝히고 있습니다. 아울러 직접행동의 일반적인 수단인 '집회'와 '결사'의 자유를 국민의 기본적 권리로 인정하고 있습니다. 사실 대부분의 나라에서 왕이나 귀족이 다스리던 시대에서 보통 사람들이 주인이 되는 현재의 민주주의로 이행하는 과정이 순탄치 않았습니다. 민주주의를 바로잡기 위한 시민의 직접행동이 극한 갈등과 정치체제의 근본적인 변화를 동반하는 경우 이를 혁명revolution이라 부릅니다. 우리가 교과서에서 배운 '프랑스혁명'이나 '미국독립혁명'의 예처럼 폭력이 동반된 갈등과 수많은 시민의 희생이 따르기도 합니다. 민주주의는 저절로 주어지는 것이 아니기 때문입니다. 직접행동은 시민들이 민주주의를 바로잡기 위해 제도적인 제약을 넘어 함께 나서는 것을 의미하는데, 최근에는 직접행동도 민주적이고 평화적인 방식으로 전개해야 한다는 인식이 확산하면서 '비폭력 직접행동'을 위한 논의와 실천도 활성화되고 있습니다.

대부분의 나라들이 정치체제로 민주주의를 내세우고 있어 이제 민주주의는 일반적이고 당연한 흐름으로 여겨지곤 합니다. 하지만 많은 나라에서 아직 완성되지 않은 민주주의의 진전을 위해, 혹은 정치환경 변화에 따라 무너진 민주주의를 다시 세우기 위해 많은 시민이 행동에 나서고 있습니다. 2000년대 말부터 2010년대에 걸쳐 일어난 조지아 '장미혁명'2003, 우크라이나 '오렌지혁명'2004 같은 동유럽의 이른바 '색깔혁명'이나 튀니지 '재스민혁명'2010, 내전으로 이어진 '시리아 혁명', 이란의 '히잡시위'2022 등 '아랍의 봄'이라 불리는 흐름, 그리고 홍콩 '우산혁명'2014, 대만 '해바라기혁명' 등 아시아의 민주화 운동 등이 시민 직접행동의 물결을 이어오고 있습니다.

우리 사회 역시 1960년 독재와 부정선거에 저항한 4·19혁명을 비롯한 수많은 저항과 군부독재로부터 민주주의를 지켜내기 위한 민주화운동의 과정을 거쳐 왔습니다. 그리고 1987년 6월 민주화운동과 헌법개정을 통해 현재의 민주주의 체제를 구축한 바 있습니다. 그럼에도 민주주의는 늘 흔들리고 때로 위기에 처하기도 합니다. 그럴 때마다 시민들은 촛불을 들고 거리로 나왔고, 이제 세월이 흘러 응원봉을 들고 나오기도 합니다. 사람들은 시민들이 민주주의를 바로잡기 위해 촛불을 들고 거리로 나선 경험이 시민들의 인식과 정치에 미친 큰 영향에 주목해 '촛불혁명'으로 부르기도 합니다. 나아가 1919년 3·1운동으로부터 최근 '촛불시위'까지 한국의 민주주의 혁명은 100년에 걸쳐 끈질기게 이어져 오는 것인지도 모르겠습니다.

우리나라에서도 시민의 직접행동은 늘 민주주의라는 나무의 든든한 토양이었습니다.

한국 민주주의 100년 역사를 살펴보면, 해방 후 서구식 민주주의 제도가 도입되기 전에 민주공화국을 실현하기 위한 고민과 실천을 발견할 수 있습니다. 그리고 독재에 대한 저항만이 아니라 민주공화국을 실현하고자 하는 적극적이고 자발적인 실천들의 연속이 민주주의를 발전시켜 왔음을 알 수 있습니다. 3·1운동에서 시작한 민주공화국 수립과 민주주의의 발전을 위한 실천은 4·19혁명과 5·18항쟁, 6월항쟁을 거쳐 촛불로 이어졌습니다.

## 시민의회, 시민들의 '자기결정'

시민이 주인이 되는 민주주의의 특징은 여러 가지로 설명할 수 있지만, 본질적인 측면 중 하나는 자신에게 중요한 일을 자신이 결정하는 '자기결정'입니다. 복수의 시민이 중요한 공동의 자기결정을 내리려면 당연히 충분한 논의가 필요합니다. 이런 점에서 앞서 참여민주주의에 관해 이야기한 부분에서 언급한 '숙의민주주의'가 떠오릅니다. 그런데 여기서 이야기하려는 '시민의회Citizen Assembly'는 '숙의' 과정은 비슷하지만, 그 효과가 다릅니다. 숙의민주주의의 방법들이 대체로 대의민주주의의 한계를 보완하기 위해 사용된다면, 시민의회는 대의민주주의, 특히 제도적 의회(국회나 지방의회)가 제 기능을 못할 때 그것을 바로잡는 직접민주주의의 한 방법이라 할 수 있습니다. 제도적 의회가 중대한 사안에 대한 시민의견 수렴과 공적 의사결정에 어려움을 겪을 때, 시민들이 의회를 구성하여 결정하는 것입니다. 여기서 모든 시민이 결정에 참여하긴 어려우므로 시민들의 대표를 선정하는데, 전체 시민의 성별, 연령, 지역, 직업 등의 비례를 고려하는 가운데 추첨을 통해 시민의회를 구성합니다. 제도적 의회가 '선거'를 통해 대표성을 확보한다면, 시민의회는 '추첨'을 통해 대표성을 확보합니다.

시민의회의 구상이 낯설게 느껴질 수 있지만, 이미 그 실험이 이루어진 바 있습니다. 선거법 개정과 헌법 개정에 관한 시민의회가 대표적인 사례입니다. 먼저 선거법 개정과 관련해 캐나다, 네덜란드, 호주 등에서 시민의회를 경험한 바 있습니다. 잘 알려진 사례는 캐나다 브리티시컬럼비아주 시민의회BBCA입니다. 당시 선거법이 문제가 있다는 여론이 높았지만, 선거제도의 당사자인 의회가 소극적으로 반응하면서 시민들이 의회의 공정한 선거법 개정을 기대할 수 없다고 판단했습니다. 이에 브리티시컬럼비아 주정부의 제안으로 79개 선거구 남·녀 한 명씩, 그리고 원주민 대표와 의장 등 총 161명이 학습과 숙의 과정을 거쳐 선거법 개정안을 만들고 법안에 대한 찬반을 묻는 주민투표를 했습니다. 헌법 개정과 관련해서는 아일랜드, 아이슬란드가 경험한 바 있습니다. 아일랜드의 경우 헌법 개정을 위해 국회 산하에 임시로 '헌법의회'라는 시민의회를 설치했습니다. 헌법의회는 성별, 연령, 지역, 사회·경제적 지위의 다양성을 고려하는 가운데 추첨을 통해 99명의 시민을 선정해 구성했습니다. 이를 통해 동성결혼 합법화, 선거연령, 대통령 임기, 선거제도 개혁, 비거주 시민의 대통령 선거권 등 8가지 주제를 설정하여 권고안을 도출한 바 있습니다. 헌법의회는 이후로도 유지되면서 낙태, 성평등, 생물다양성, 마약 등 중요한 사안들이 있을 때마다 열리고 있습니다.

시민의회라는 말은 낯설지만, 우리 사회에도 이에 관한 경험과 논의가 있었습니다. 멀리는 1898년 독립협회가 자주독립 수호와 자유민권 신장에 관해 대중적으로 토론하기 위해 주도한 만민공동회萬民共同會가 있는데, 이는 시민의회의 원형적 형태일 것입니다. 이후 민주화운동이나 촛불시위 같은 시민들의 대규모 저항 공간인 광장은 투쟁의 장이기도 했지만, 사람들이 둘러앉아 나라를 걱정하고, 우리 사회가 나아갈 길을 토론하는 장으로 기능했습니다. 이후 2000년 대 들어 해외의 시민의회 사례를 우리 사회의 다양한 갈등적 사안 해결에도 적용해 보자는 논의의 흐름이 형성됐습니다. 이후 2017년 과 2025년 두 차례 촛불시위와 대통령 탄핵을 거치면서, 시민들이 잘못된 정권을 교체하고 일상으로 돌아가는 데 그치기보다는, 같 은 시행착오를 반복하지 않기 위해 사회개혁을 위한 과제와 필요한 법·제도를 논의하는 시민의회를 열자는 제안과 노력들이 활발합니 다. 나아가 시민의회를 시민사회 차원의 사회운동에 머물지 않고 공 식적인 제도로 도입하자는 제안도 있습니다.

---

**핵심개념**

**▶ 직접민주주의(直接民主主義, Direct Democracy)**
국민들의 직접적인 투표를 통해, 개개 법률에 대한 승인과 거부, 즉 정 부 정책을 결정하는 정치 체제를 말한다. 즉 중간매개자나 대표자 없 이, 개별 국민들이 의사결정을 하는 권력을 직접 행사하기 때문에 직 접민주주의로 불린다.

---

**찾아보기**

**▶ 도서자료**
- 김동택 외, 민주화운동기념사업회 한국민주주의연구소 펴냄(2019). 한국 민주주의, 100년의 혁명 1919~2019. 한울.
- 김상준(2025). 시민의회로 가는 길. 경희대학교출판문화원.
- 로버트 달. 이안 사피로. 김왕식·장동진·정상화·이기호 옮김(2018). 민주주의. 동명사.

**▶ 기타 자료**
- 김상준(2017). 시민의회, 왜 필요한가: 녹색평론. 152호(http://green review.co.kr/greenreview_article/1294).
- 대한민국 정부 청원24 홈페이지(https://www.cheongwon.go.kr/ portal).
- 서울특별시 엠보팅 홈페이지(https://mvoting.seoul.go.kr).

– '직접민주주의': 네이버 지식백과(https://terms.naver.com/entry.naver?docId=77992&cid=42155&categoryId=42155).
– 헌법재판소 선고문, 헌재 2025.4.4.(2024헌나8).

# Q.
## 민주주의는 어떻게 배울 수 있을까?

민주주의는 모든 세대마다 새로 태어나야 하며, 교육은 이를 위한 산파다.

미국의 사상가 존 듀이Dewey, J.의 이 말은 민주주의와 시민들이 무언가를 배우는 교육의 관계를 잘 나타냅니다. 인류 역사의 과정에서 민주주의가 등장하고, 많은 나라에서 민주주의를 만들어 왔습니다. 이 과정에서 왕이 주인이던[君主] 것에서 시민이 주인[民主]이 된 점은 공통적이지만, 그 내용에서는 저마다 차이가 있습니다. 같은 나라의 민주주의라도 예전의 그것과 지금의 그것이 다른 양상을 띱니다. 민주주의라는 것은 "모든 세대"의 시민들에 의해 "새로 태어나"기 때문입니다. 민주주의가 시민을 위해 존재하는 것이라면 당연한 과정이겠습니다. 그런데 그 과정을 '출산'에 비유하는 걸 보면 결코 쉬운 일은 아닌 듯합니다. 그럼에도 모든 세대는 자신들의 문제를 해결하고 더 나은 사회를 위한 민주주의를 만들어 가야 합니다. 다행히도 출산과도 같은 그 과정을 돕는 산파가 있으니, 바로 교육입니다. 여기서는 우리보다 앞서 시민들이 민주주의를 배우고 익힐 수 있는 교육을 발달시켜 온 나라들의 동향을 살펴보고, 우리 사회에서는 '민주시민교육'이라 부르는 흐름이 어떻게 전개돼 왔는지 살펴보려 합니다.

## 민주주의를 위한 교육의 세계적 흐름

민주주의를 위한 교육을 부르는 이름은 나라마다 조금씩 다릅니다. 그리고 이름만큼이나 그것을 만들어 온 역사와 핵심적인 내용도 다릅니다. 각 나라 시민들이 세대를 거쳐 민주주의를 만들어온 역사적 경험이 달랐기 때문일 것입니다.

독일은 민주주의를 위한 교육을 '정치교육Politische Buildung'이라 부릅니다. 독일은 정치교육의 제도적 기반이 가장 잘 갖춰진 나라로 평가되는데, 그 중심에 정치교육 지원 국가기구인 '연방정치교육원'이 있습니다. 연방정치교육원은 "시민들이 정치 및 사회 문제를 비판적으로 다루고 정치 생활에 적극 참여할 수 있도록 동기를 부여하고 권한을 부여"하는 것을 정치교육의 취지라고 말합니다. 여기서 '비판적'이라는 말이 눈에 띕니다. 독일에서는 시민들이 어깨에 '두 개의 역사적 짐', 즉 서독의 나치와 동독의 공산주의라는 두 개의 전체주의를 만든 적이 있고, 이를 반복하지 않기 위한 수단으로 정치교육을 채택하는 사회적 합의가 있습니다. 이에 따라 정치교육의 핵심적 내용은 시민들이 정치적 선택과 행동에서 '비판적' 관점을 지니는 것을 중시합니다.

스웨덴의 경우 '대중교육Folkbildning'의 전통이 형성되어 있는데, 이는 민주주의를 위한 교육과 평생교육이 결합된, 더 정확히는 이 둘이 본래 하나인 특징을 지닙니다. 스웨덴에서도 시민들의 대중교육 활동은 국가가 지원하는 제도를 운용하는데, 중심 역할을 하는 기구가 '대중교육위원회'입니다. 대중교육위원회는 대중교육을 국가가 지원하는 목적을 제시하는데, 첫 번째가 대중교육은 민주주의를 북돋운다는 것입니다. 그리고 두 번째가 인상적인데, 시민들이 "자신의 삶에 영향을 미치고 사회발전에 참여하도록" 하는 것입니다. 스웨덴 사람들은 자신에게 영향을 미치는 정책이나 사회현상에 자신도 영향을 미칠 수 있는 것을 민주주의라 생각하는 것 같습니다.

프랑스는 '공화'의 가치를 강조합니다. 프랑스 공교육 과정에서 '시민교육'의 전체 과정 이름이 '공화국의 가치를 향한 시민의 여정'이기도 합니다. 서로 다른 시민들이 공존할 수 있는 '관용'이나, 시민들이 함께 공동 문제에 대응하고 책임지는 '연대' 등이 프랑스 시민교육이 중요하게 생각하는 공화의 가치라 할 수 있습니다.

영국에서는 '시민성 교육Citizenship Education'이 자리 잡았습니다. 영국에서 시민성 교육이 발전하게 된 중요한 계기가 있는데, 1990년대 말 공교육 과정에 시민성 교육이 바로 세워져야 한다는 사회적 공감대가 있었고, 이를 위한 기초 연구가 진행됩니다. 연구단을 이끈 책임자의 이름을 따 '크릭 보고서Crick Report'라 불리는 연구 결과는 영국 시민성 교육의 초석이 됩니다. 이 보고서에서는 '적극적 시민성active citizenship'을 시민성 교육이 전적으로 지향하는 바라고 밝히고 있습니다. 이를 위해 학생들이 "책임감을 발휘하고 자발적 참여를 해볼 기회를 얻는 것"이 중요하다고 말합니다. 적극적 시민Citizen은 과거 국가의 보호를 받는 소극적 존재인 신민Subject, 臣民, 즉 왕이 주인인 나라에서의 백성과 달리 더 나은 사회를 만들어가는 존재를 의미합니다.

마지막으로 미국의 경우를 살펴보겠습니다. 미국에서는 '시민교육Civic Education'이 발달해 왔습니다. 미국의 경우 시민교육은 지역별로 자율적으로 이뤄지고, 교육 주체들도 주로 시민사회의 다양한 기관·단체들이 담당하는 전통이 있습니다. 가장 유력한 시민교육단체인 '시민교육센터Center for Civic Education'가 천명하는 사명은 다음과 같습니다. "미국과 다른 나라들에서 민주주의의 원리에 열의를 갖고 민주주의의 실천에 적극적으로 관여하는 계몽되고 책임 있는 시민들을 키우는 일에 전념한다." 여기서 '관여engagement'라는 말이 눈에 띕니다. 우리에게는 조금 낯선 이 말은 조금 더 익숙한 참여participation라는 말과 다소 결이 다릅니다. 관여는 본디 나의 일을 내가 한다는 개념입니다. 이는 미국 초창기, 정부가 없는 상태에서 공적인 일은 시민들이 모여 결정하는 전통에서 출발합니다. 그리고 그 전통으로부터 '시민적 관여civic engagement', '관여적 시민성engaged citizenship'을 시민교육의 핵심내용으로 삼고 있습니다. 즉 공적인 일을 내 일처럼 여기고 관여하는 시민상을 지향하는 것입니다.

## 우리 사회의 민주시민교육

앞서 다른 나라들의 민주주의를 위한 교육에 관한 동향을 살펴보았는데, 눈여겨봐야 할 것은 사회적으로 공유하는 시민의 모습 혹은 교육의 핵심내용입니다. 이 핵심내용은 어느 날 누군가 갑자기 정해준 것이 아니라, 그 나라 시민들이 오랜 시간 공동의 역사적 경험에서 형성한 것이라 할 수 있습니다.

이제 시선을 우리 사회로 옮겨보겠습니다. 우리 사회에서 민주주의를 위한 교육을 가리키는 가장 일반적인 이름은 '민주시민교육'입니다. 우리 사회에서도 민주시민교육이 필요하다는 것을 부르짖고, 민주시민교육을 시도하는 노력이 꾸준히 이어져 왔지만, 아쉽게도 민주시민교육이 보편적으로 이루어져야 한다는 인식과 교육 내용에 대한 뚜렷한 사회적 합의는 아직 없는 상태입니다. 하지만 우리 시민들도 다른 나라의 경우처럼 민주주의에 관한 공동의 역사적 경험이 있습니다. 그 공동 경험에서 핵심적인 내용을 길어 올리기 위한 토론이 부족했을 따름입니다. 향후 우리 사회에서도 민주시민교육을 통해 실현하고 싶은 합의된 시민의 모습에 관한 토론이 활발하게 일어나길 바라면서, 우리 민주시민교육이 지나온 길을 돌아보겠습니다.

우리 사회에서 민주시민교육은 해방 이후 미 군정 시기부터 제도적 논의가 시작된 흔적을 발견할 수 있습니다. 하지만 이어진 전쟁과 남북분단, 그리고 오랜 시간 이어진 군사정권 시기를 거치면서 제도적 차원에서의 민주시민교육은 주로 '반공'이나 '도덕' 교육을 의미했습니다. 반면 시민사회에서는 민주주의를 위한 자발적인 교육 활동이 시대를 넘어 지속적으로 전개됐습니다. 여기에는 다양한 민간단체나 교육기관들이 시민들로 하여금 민주주의의 가치에 관해 이해하고, 공동 문제를 함께 해결해 가는 의지와 힘을 북돋우기 위한 교육운동들이 포함됩니다. 이후 1980년대 들어 우리 사회에서도 민주시민교육이 필요하다는 학계와 시민사회의 논의가 일었습니다. 이후 민주화의 진전과 함께 1999년 제정된 교육기본법에는 모든 교육의 기본적인 이념으로 '민주시민으로서 필요한 자질'이 명시되기도 했습니다.

**교육기본법**

제2조(교육이념) 교육은 홍익인간弘益人間의 이념 아래 모든 국민으로 하여금 인격을 도야陶冶하고 자주적 생활능력과 민주시민으로서 필요한 자질을 갖추게 함으로써 인간다운 삶을 영위하게 하고 민주국가의 발전과 인류공영人類共榮의 이상을 실현하는 데 이바지하게 함을 목적으로 한다.

아울러 같은 해에 국회에서는 최초로 시민들이 보편적으로 민주시민교육의 기회를 누릴 수 있도록 지원하는 법안이 발의되기도 했습니다. 이후로도 30여 년간 민주시민교육 활성화를 지원할 법·제도 도입을 위한 시도가 이어졌지만 아직 결실을 보지 못했습니다. 한편 국가 수준에서의 민주시민교육 제도 도입이 활로를 찾지 못하는 사이, 지역으로부터 의미 있는 흐름이 형성되기도 했습니다. 2014년 서울특별시를 시작으로, 여러 지역에서 민주시민교육에 관한 조례를 제정하고, 관련된 정책을 추진하고 있기도 합니다. 이에 힘입어 2017년, 2025년 출범한 정부의 국정과제에 민주시민교육 법제도 도입이 포함되기도 했습니다.

하지만 여전히 우리 사회에서 민주시민교육은 충분하지 않습니다. '민주공화국'에서 시민들이 민주주의를 배우고 익히는 것은 당연한 일이지만, 경쟁과 입시 위주의 공교육 풍토, 민주시민교육에 대한 시민들의 부족한 인식, 그리고 민주시민교육을 정치적 진영의 관점에서 바라보는 편견은 민주시민교육의 발전을 가로막는 걸림돌이 되고 있습니다. 그럼에도 현장에서 이루어지는 민주시민교육 활동, 민주시민교육의 필요성을 일깨우는 목소리는 희망의 근거라 할 수 있습니다.

## '시민'이 '정치'로 한 걸음 더 나아갈 결심

민주시민교육은 민주주의에 관한 지식을 얻는 것도 중요하지만, 궁극적으로는 시민들이 이를 통해 민주주의의 실천으로 나아가는 것을 목적으로 합니다. '시민정치'에 관한 이 장 역시 읽는 분들이 무관심이나 주저함을 넘어 자신에게 맞는 정치실천으로 나아가길 바라는 마음이 담겨있습니다. 물론 시민정치를 실천하는 분들도 있지만, 아직은 많은 시민이 정치는 특별한 사람들이 하는 것, 평범한 사람들이 어떻게 할 수 없는 분야라고 생각하는 듯합니다. 하지만 함께 살펴본 시민정치에 관해 다양한 이야기들을 통해 '시민'이 '정치'와 만날 수 있음을, 또 그래야 함을 느낄 수 있길 바랍니다. 여

전히 정치가 낯설다면 해볼 만한 단계의 실천에서 시작하여 조금
씩 더 나아가 보길 권합니다. 마치 바닷물을 무서워하는 사람이 해
변 백사장으로부터 발목을 담그고, 손을 담그고, 몸통을 담그고, 자
기 키 높이 정도로 깊은 곳까지 조금씩 나아가 헤엄칠 수 있게 되
는 과정에 비유할 수 있습니다.

정치에 아직 무관심한 상태를 의미하는 백사장에서 점차 깊은 바
다로 나아가는 단계는 여러 가지로 생각해 볼 수 있지만, 여기서는
'관심과 학습'으로부터 '정치인 되기'까지 5단계로 나눠보겠습니다.

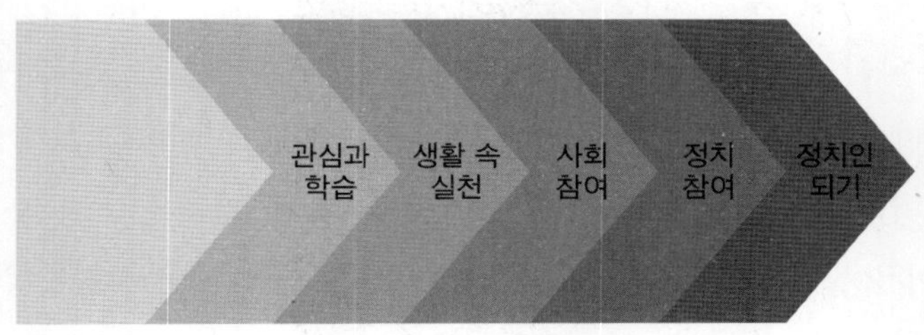


첫째, '관심과 학습'은 정치에 관심을 가져보는 단계입니다. 이는
주로 인상적인 사건을 접하거나 자신이 겪은 일이 정치와 관련이 있
다는 느낌을 갖는 것에서 출발합니다. 정치 자체에 흥미를 느끼기도
하지만, 많은 경우 자기 삶과 연관된 문제에서 관심이 시작됩니다.
여기서 중요한 것은 "세상이 원래 그렇지" 하는 체념보다는 "왜 그렇
지?", "어떤 이유와 과정을 거쳐 이렇게 됐지?" 같은 질문을 하는 것
입니다. 흔히 이런 생각을 '비판적 사고'라 부릅니다. 그리고 이런 생
각은 자연스럽게 무언가를 알아보고 배우는 학습과 연결됩니다. 이
단계에서는 민주시민교육 프로그램과 같은 기회들을 알아보는 것도
좋겠습니다.

둘째, '생활 속 실천' 단계입니다. 사실 우리 삶의 모든 부분은 정
치와 관련돼 있습니다. 그러다 보니 작지만 생활 속에서도 해볼 수

있는 실천들이 있습니다. 뭔가 의견을 제시하거나, 우리 지역 정치인을 만나 대화하거나, 주변 사람들과 여론을 형성해 갈 수도 있습니다. 이 단계에서 중요한 것은 누군가와 함께하는 것입니다. 물론 홀로 정치에 관심을 갖고 뭔가 실천하는 사람도 있지만, 많은 경우 동료 시민들과 함께 도모할 때 실천이 지속적이고 풍성하게 됩니다. 물론 누군가와 함께하다 보면 갈등도 있을 수 있지만, 본디 정치라는 것이 둘 이상의 사람 사이의 상호작용임을 생각하면 그리 두려워할 필요는 없습니다.

셋째, 생활 속 실천 경험이 쌓이다 보면 본격적인 '사회참여'의 단계로 나아가게 됩니다. 앞서 살펴본 것처럼 사회참여는 제도적인 정치과정 바깥에서 시민들이 자발적으로 활동하고, 여럿이 함께 활동하기 위해 모임이나 단체 만드는 과정을 통해 정치에 영향을 미치고, 이를 통해 더 나은 사회를 만들어 가는 일에 기여하게 됩니다.

다섯째, 나아가 제도적인 정치과정에 관여하는 정치참여도 도전해 볼 수 있습니다. 앞서 살펴본 주민자치회, 참여예산제 같은 다양한 참여민주주의의 통로들을 통해 공적인 의사결정과 사회문제 해결을 위한 과정에 참여하게 됩니다. 본디 민주주의는 시민이면 누구나 적절한 여건이 마련되면 공적인 일을 진지하게 다룰 수 있다는 믿음에 기반해 있음을 기억하기 바랍니다.

마지막으로, 정치인이 되어 보는 것도 시민정치 실천의 한 단계입니다. 우리 헌법은 시민 누구나 공적인 일을 담당할 수 있는 '공무담임권'을 보장하고 있기도 합니다. 이를 위해 평소 자신의 정치적 신념과 가까운 정당에 가입해 당원으로 활동하고, 기회가 되면 출마나 채용, 선임 등의 과정을 거쳐 행정부나 입법부의 공직자로 활동할 수도 있습니다. 이 같은 결심의 출발점은 '관심과 학습', 즉 정치는 특별한 사람들만 하는 것이 아니라는 생각의 변화입니다.

찾아보기

▶ 기타 자료
- 독일 연방정치교육원 홈페이지(https://www.bpb.de).
- 미국 시민교육센터 홈페이지(https://www.civiced.org).
- '민주시민교육': 네이버 어학사전(https://ko.dict.naver.com/#/entry/koko/2c4d659288844c96a1344a334da6ece1).
- 스웨덴 대중교육위원회(https://www.folkbildningsradet.se).
- 프랑스 교육부 홈페이지(https://www.education.gouv.fr).
- Advisory Group on Citizenship. 1998. Education for citizenship and the teaching of democracy in schools. Qualifications and Curriculum Authority(https://dera.ioe.ac.uk/id/eprint/4385/1/crickreport1998.pdf).

더 보기

'시민정치'에 관한 장에서 다루는 7가지 질문은 각각 다음과 같은 주제들로 표현할 수 있습니다. 7가지 주제별로 더 많은 내용을 어렵지 않게 접할 수 있는 자료들을 소개합니다.

▶ 시민
신진욱(2019). 시민. 책세상.

▶ 시민정치
박정원(2024). 처음 시작하는 정치 공부: 풍요로운 삶을 위한 정치-시민 되기. 지노.

▶ 참여민주주의
이진순·와글(2016). 듣도 보도 못한 정치: 더 나은 민주주의를 위한 시민의 유쾌한 실험. 문학동네.

▶ 시민사회
이한솔(2025). 활동가는 처음이라: 계엄 광장에서 비건 요거트까지,

청년 활동가의 시민사회 안내서. 유월서가.

### ▶ 정치참여·사회참여

엘리스 존스·브렛 존스·로스 핸플러. 장상미 옮김(2012). 더 나은 세상을 위한 꼼꼼한 안내서: 참여하고 행동해서 우리가 세상 만들기. 동녘.

### ▶ 직접민주주의

토마스 베네딕토. 성연숙 옮김(2019). 더 많은 권력을 시민에게: 시민주권 시대, 직접 민주주의를 말하다. 다른백년.

### ▶민주시민교육

에릭 리우(2017). 민주주의의 정원: 좌우를 넘어 새 시대를 여는 시민 교과서. 웅진지식하우스.

## | 참고문헌

김동택 외. 민주화운동기념사업회 한국민주주의연구소 편(2019). 한국 민주주의, 100년의 혁명 1919~2019. 한울.

김봉철(2021). 주민자율조정을 통한 이웃분쟁 해결에 관한 연구. 사법정책연구원

김상준(2017). 시민의회, 왜 필요한가: 녹색평론 152호(http://greenreview.co.kr/greenreview_article/1294).

김상준(2025). 시민의회로 가는 길. 경희대학교출판문화원.

김의영·이현정(2019). 시민정치의 문화기술지. 푸른길.

나종석(2017). 대동민주 유학과 21세기 실학: 한국 민주주의론 재정립. 도서출판 b.

남기업(2020). 아파트민주주의: 슬기로운 아파트 회장 분투기. 이상북스.

데이비드 보이드. 이지원 역(2020). 자연의 권리. 교유서가.

로버트 달. 이안 샤피로. 김왕식·장동진·정상화·이기호 역(2018). 민주주의. 동명사.

마이클 에드워즈. 서유경 역(2004). 시민사회: 이론과 역사, 그리고 대안적 재구성. 동아시아.

방정환(2014). 나의 주인으로 살아가는 법. 현북스.

신영복(2015). 담론: 신영복의 마지막 강의. 돌베개.

에릭 올린 라이트. 유강은 역(2020). 21세기를 살아가는 반자본주의자를 위한 안내서. 이매진.

이국운(2017). 헌법의 주어는 무엇인가: 헌법 묵상, 제1조. 김영사.

이윤혜(2015), 에너지 자립마을 협력네트워크 활성화 요인: 서울시 성대골을 중심으로. 서울대학교 석사학위논문. p.47-48.

정세근(2022). 사람의 뜻(3): 국민, 시민, 민중, 인민 등의 개념과 용례. 동서철학연구. 103(0). 381-402.

조안 C. 트론토. 나상원 역(2023). 돌봄민주주의. 박영사.

존 개스틸·피터 레빈(2018). 시민의 이야기에 답이 있다:더 섬세하고 아름다운 민주주의를 위한 숙의의 힘. 시그니처.

진 L. 코헨·앤드루 아라토. 박형식·이혜경 역(2013). 시민사회와 정치이론. 한길사.

칼 폴라니. 이병천·나익주 역(2017). 인간의 살림살이. 후마니타스.

투퀴디데스. 천병희 역(2011). 펠로폰네소스 전쟁사. 숲.

하승우(2014). 풀뿌리민주주의와 아나키즘: 삶의 정치 그리고 살림살이의 재

구성을 향해. 이매진.

홍일표(2007). 기로에 선 시민입법: 한국 시민입법운동의 역사·구조·동학. 후
마니타스

E. E. 샤츠슈나이더. 현재호·박수형 역((2008). 절반의 인민주권. 후마니타스.

James S. Fishkin. 박정원 역(2020). 숙의민주주의. 한국문화사.

Advisory Group on Citizenship(1998). *Education for citizenship and
the teaching of democracy in schools.* Qualifications and Curriculum
Authority(https://dera.ioe.ac.uk/id/eprint/4385/1/crickreport1998.pdf).

Almond, G. A., Verba, S.(1965). *The Civic Culture: Political Attitudes and
Democracy in Five Nations, an Analytic Study.* Princeton University
Press.

Elster, J.; Przeworski, A.(1998). *Deliberative Democracy.* Cambridge
University Press.

Manin, B. (1987). On legitimacy and Political deliberation. *Political
Theory.* 15(3). 338-368.

Mulgan, G. STEARS, M.(2012). *THE RELATIONAL STATE.* Institute for
Public Policy Research(https://ippr-org.files.svdcdn.com/production/
Downloads/relational-state_Nov2012_9888.pdf).

Rajesh Tandon. (1996). *Grassroots Democracy: Governance as If
Citizens Mattered.* PRIA.Report(https://movedemocracy.org/wp-
content/uploads/2017/09/English-Defending-Civil-Society-Report-
2nd-Edition.pdf).

Williams, T. T.(1970). engagement. *Orion.* 1970. 1.(https://orionmagazine.
org/article/engagement).

WMD(2012). *Defending Civil Society Report*(https://movedemocracy.
org/wp-content/uploads/2017/09/English-Defending-Civil-Society-
Report-2nd-Edition.pdf).

# 삶의 행복을 꿈꾸는 교육은
## 어디에서 오는가?

● **교육혁명을 앞당기는 배움책 이야기** 혁신교육의 철학과 잉걸진 미래를 만나다!

## 한국교육연구네트워크 총서

01 핀란드 교육혁명 　한국교육연구네트워크 엮음 | 320쪽 | 값 18,000원

02 일제고사를 넘어서 　한국교육연구네트워크 엮음 | 284쪽 | 값 13,000원

03 새로운 사회를 여는 교육혁명 　한국교육연구네트워크 엮음 | 380쪽 | 값 17,000원

04 교장제도 혁명 　한국교육연구네트워크 엮음 | 268쪽 | 값 14,000원

05 새로운 사회를 여는 교육자치 혁명 　한국교육연구네트워크 엮음 | 312쪽 | 값 15,000원

06 혁신학교에 대한 교육학적 성찰 　한국교육연구네트워크 엮음 | 308쪽 | 값 15,000원

07 진보주의 교육의 세계적 동향 　한국교육연구네트워크 엮음 | 324쪽 | 값 17,000원

08 더 나은 세상을 위한 학교혁명 　한국교육연구네트워크 엮음 | 404쪽 | 값 21,000원

09 비판적 실천을 위한 교육학 　이윤미 외 지음 | 448쪽 | 값 23,000원

10 마을교육공동체운동: 세계적 동향과 전망 　심성보 외 지음 | 376쪽 | 값 18,000원

11 학교 민주시민교육의 세계적 동향과 과제 　심성보 외 지음 | 308쪽 | 값 16,000원

12 학교를 민주주의의 정원으로 가꿀 수 있을까? 　성열관 외 지음 | 272쪽 | 값 16,000원

13 교육사상가의 삶과 사상 -서양 편 1 　심성보 외 지음 | 420쪽 | 값 23,000원

14 교육사상가의 삶과 사상 -서양 편 2 　김누리 외 지음 | 432쪽 | 값 25,000원

15 사교육 해방 국민투표 　이형빈·송경원 지음 | 260쪽 | 값 17,000원

## 한국교육연구네트워크 번역 총서

01 프레이리와 교육 　존 엘리아스 지음 | 한국교육연구네트워크 옮김 | 276쪽 | 값 14,000원

02 교육은 사회를 바꿀 수 있을까? 　마이클 애플 지음 | 강희룡·김선우·박원순·이형빈 옮김 | 356쪽 | 값 16,000원

03 비판적 페다고지는 세상을 변화시킬 수 있는가? 　Seewha Cho 지음 | 심성보·조시화 옮김 | 280쪽 | 값 14,000원

04 마이클 애플의 민주학교 　마이클 애플·제임스 빈 엮음 | 강희룡 옮김 | 276쪽 | 값 14,000원

05 21세기 교육과 민주주의 　넬 나딩스 지음 | 심성보 옮김 | 392쪽 | 값 18,000원

06 세계교육개혁 민영화 우선인가 공적 투자 강화인가? 　린다 달링-해먼드 외 지음 | 심성보 외 옮김 | 408쪽 | 값 25,000원

07 콩도르세, 공교육에 관한 다섯 논문 　니콜라 드 콩도르세 지음 | 이주환 옮김 | 300쪽 | 값 16,000원

08 학교를 변론하다 　얀 마스켈라인·마틴 시몬스 지음 | 윤선인 옮김 | 252쪽 | 값 15,000원

09 존 듀이와 교육 　짐 개리슨 외 지음 | 심성보 외 옮김 | 376쪽 | 값 19,000원

10 진보주의 교육운동사 　윌리엄 헤이스 지음 | 심성보 외 옮김 | 324쪽 | 값 18,000원

11 사랑의 교육학 　안토니아 다더 지음 | 심성보 외 옮김 | 412쪽 | 값 22,000원

12 다시 읽는 민주주의와 교육 　존 듀이 지음 | 심성보 옮김 | 620쪽 | 값 32,000원

13 세계의 대안교육 　넬 나딩스·헬렌 리즈 엮음 | 심성보 외 11인 옮김 | 652쪽 | 값 38,000원

## ● 비고츠키 선집  발달과 협력의 교육학 어떻게 읽을 것인가?

| 혁신학교 | 성열관 · 이순철 지음 | 224쪽 | 값 12,000원 |

| 혁신학교 | 성열관 · 이순철 지음 | 224쪽 | 값 12,000원 |
| 행복한 혁신학교 만들기 | 초등교육과정연구모임 지음 | 264쪽 | 값 13,000원 |
| 서울형 혁신학교 이야기 | 이부영 지음 | 320쪽 | 값 15,000원 |
| 혁신교육, 철학을 만나다 | 윌렌트 데이비스 · 데니스 수마라 지음 | 현인철 · 서용선 옮김 | 304쪽 | 값 15,000 |
| 대한민국 교사, 어떻게 가르칠 것인가? | 윤성관 지음 | 320쪽 | 값 15,000원 |
| 아이들을 어떻게 가르칠 것인가 | 사토 마나부 지음 | 박찬영 옮김 | 232쪽 | 값 13,000원 |
| 국제이해교육은 세계시민교육이다 | 한국국제이해교육학회 지음 | 400쪽 | 값 24,000원 |
| 경쟁을 넘어 발달 교육으로 | 현광일 지음 | 288쪽 | 값 14,000원 |
| 혁신교육 존 듀이에게 묻다 | 서용선 지음 | 292쪽 | 값 16,000원 |
| 다시 읽는 조선교육사 | 이만규 지음 | 750쪽 | 값 37,000원 |
| 교실 속으로 간 이해중심 교육과정(개정판) | 온정덕 외 지음 | 216쪽 | 값 15,000원 |
| 대한민국 교육혁명 | 교육혁명공동행동 연구위원회 지음 | 224쪽 | 값 12,000원 |
| 포스트 코로나 시대의 교육 | 성열관 외 지음 | 224쪽 | 값 15,000원 |
| 내일 수업 어떻게 하지? | 아이함께 지음 | 300쪽 | 값 15,000원 |
| 핀란드 교육의 기적 | 한넬레 니에미 외 엮음 | 장수명 외 옮김 | 456쪽 | 값 23,000원 |
| 한국 교육의 현실과 전망 | 심성보 지음 | 724쪽 | 값 35,000원 |
| 독일의 학교교육 | 정기섭 지음 | 536쪽 | 값 29,000원 |
| 교실 속으로 간 이해중심 통합교육과정 | 온정덕 외 지음 | 224쪽 | 값 15,000원 |
| 초등 백워드 교육과정 설계와 실천 이야기 | 김병일 외 지음 | 352쪽 | 값 19,000원 |
| 학습격차 해소를 위한 새로운 도전 보편적 학습설계 수업 | 조윤정 외 지음 | 240쪽 | 값 15,000원 |

**● 경쟁과 차별을 넘어 평등과 협력으로 미래를 열어가는 교육 대전환!** 혁신교육 현장 필독서

| 학교의 미래, 전문적 학습공동체로 열다 | 새로운학교네트워크 · 오윤주 외 지음 | 276쪽 | 값 16,000원 |
| 마을교육공동체 생태적 의미와 실천 | 김용련 지음 | 256쪽 | 값 15,000원 |
| 학교폭력, 멈춰! | 문재현 외 지음 | 348쪽 | 값 15,000원 |
| 학교를 살리는 회복적 생활교육 | 김민자 · 이순영 · 정선영 지음 | 256쪽 | 값 15,000원 |
| 삶의 시간을 잇는 문화예술교육 | 고영직 지음 | 292쪽 | 값 18,000원 |
| 미래교육을 디자인하는 학교교육과정 | 박승열 외 지음 | 348쪽 | 값 18,000원 |
| 코로나 시대, 마을교육공동체운동과 생태적 교육학 | 심성보 지음 | 280쪽 | 값 17,000원 |
| 혐오, 교실에 들어오다 | 이혜정 외 지음 | 232쪽 | 값 15,000원 |
| 수업, 슬로리딩과 함께 | 박경숙 외 지음 | 268쪽 | 값 15,000원 |
| 물질과의 새로운 만남 | 베로니카 파치니-케처바우 외 지음 | 이연선 외 옮김 | 218쪽 | 값 15,000원 |
| 그림책으로 만나는 인권교육 | 강진미 외 지음 | 272쪽 | 값 18,000원 |

| 수업 고수들 수업·교육과정·평가를 말하다 | 박현숙 외 지음 | 368쪽 | 값 17,000원 |
| 아이들의 배움은 어떻게 깊어지는가 | 이시이 쥰지 지음 | 방지현·이창희 옮김 | 200쪽 | 값 11,000원 |
| 미래, 공생교육 | 김환희 지음 | 244쪽 | 값 15,000원 |
| 들뢰즈와 가타리를 통해 유아교육 읽기 | 리세롯 마리엣 올슨 지음 | 이연선 외 옮김 | 328쪽 | 값 17,000원 |
| 혁신고등학교, 무엇이 다른가? | 김현자 외 지음 | 344쪽 | 값 18,000원 |
| 시민이 만드는 교육 대전환 | 심성보·김태정 지음 | 248쪽 | 값 15,000원 |
| 평화교육 과거, 현재 그리고 미래를 그리다 | 모니샤 바자즈 외 지음 | 권순정 외 옮김 | 268쪽 | 값 18,000원 |
| 마을교육공동체란 무엇인가? | 서용선 외 지음 | 360쪽 | 값 17,000원 |
| 강화도의 기억을 걷다 | 최보길 지음 | 276쪽 | 값 14,000원 |
| 체육 교사, 수업을 말하다 | 전용진 지음 | 304쪽 | 값 15,000원 |
| 평화의 교육과정 섬김의 리더십 | 이준원·이형빈 지음 | 292쪽 | 값 16,000원 |
| 마을로 걸어간 교사들, 마을교육과정을 그리다 | 백윤애 외 지음 | 336쪽 | 값 16,000원 |
| 혁신교육지구와 마을교육공동체는 어떻게 만들어지는가? | 김태정 지음 | 376쪽 | 값 18,000원 |
| 서울대 10개 만들기 | 김종영 지음 | 348쪽 | 값 18,000원 |
| 선생님, 통일이 뭐예요? | 정경호 지음 | 252쪽 | 값 13,000원 |
| 10년 후 통일 | 정동영 지음 | 328쪽 | 값 15,000원 |
| 함께 배움 학생 주도 배움 중심 수업 이렇게 한다 | 니시카와 쥰 지음 | 백경석 옮김 | 280쪽 | 값 15,000원 |
| 다정한 교실에서 20,000시간 | 강정희 지음 | 296쪽 | 값 16,000원 |
| 즐거운 세계사 수업 | 김은석 지음 | 328쪽 | 값 13,000원 |
| 학교를 개선하는 교장 | 마이클 풀란 지음 | 서동연·정효준 옮김 | 216쪽 | 값 13,000원 |
| 선생님, 민주시민교육이 뭐예요? | 염경미 지음 | 244쪽 | 값 15,000원 |
| 교육혁신의 시대 배움의 공간을 상상하다 | 함영기 외 지음 | 264쪽 | 값 17,000원 |
| 도덕 수업, 책으로 묻고 윤리로 답하다 | 울산도덕교사모임 지음 | 320쪽 | 값 15,000원 |
| 교육과 민주주의 | 필라르 오카디즈 외 지음 | 유성상 옮김 | 420쪽 | 값 25,000원 |
| 교육회복과 적극적 시민교육 | 강순원 지음 | 228쪽 | 값 15,000원 |
| 비판적 미디어 리터러시 가이드 | 더글러스 켈너·제프 셰어 지음 | 여은호·원숙경 옮김 | 252쪽 | 값 18,000원 |
| 지속가능한 마을, 교육, 공동체를 위하여 | 강영택 지음 | 328쪽 | 값 18,000원 |
| 대전환 시대 변혁의 교육학 | 진보교육연구소 교육과정연구모임 지음 | 400쪽 | 값 23,000원 |
| 교육의 미래와 학교혁신 | 마크 터커 지음 | 전국교원양성대학교 총장협의회 옮김 | 336쪽 | 값 18,000원 |
| 남도 임진의병의 기억을 걷다 | 김남철 지음 | 288쪽 | 값 18,000원 |
| 프레이리에게 변혁의 길을 묻다 | 심성보 지음 | 672쪽 | 값 33,000원 |
| 다시, 혁신학교! | 성기신 외 지음 | 300쪽 | 값 18,000원 |
| 백워드로 설계하고 피드백으로 완성하는 성장중심평가 | 이형빈·김성수 지음 | 356쪽 | 값 19,000원 |
| 우리 교육, 거장에게 묻다 | 표혜빈 외 지음 | 272쪽 | 값 17,000원 |

| 교사에게 강요된 침묵 | 설진성 지음 | 296쪽 | 값 18,000원 |
| 왜 체 게바라인가 | 송필경 지음 | 320쪽 | 값 19,000원 |
| 풀무의 삶과 배움 | 김현자 지음 | 352쪽 | 값 20,000원 |
| 비고츠키 아동학과 글쓰기 교육 | 한희정 지음 | 300쪽 | 값 18,000원 |
| 교실을 위한 프레이리 | 아이러 쇼어 엮음 | 사람대사람 옮김 | 410쪽 | 값 23,000원 |
| 마을, 그 깊은 이야기 샘 | 문재현 외 지음 | 404쪽 | 값 23,000원 |
| 비난받는 교사 | 다이애나 폴레비치 지음 | 유성상 외 옮김 | 404쪽 | 값 23,000원 |
| 한국교육운동의 역사와 전망 | 하성환 지음 | 308쪽 | 값 18,000원 |
| 철학이 있는 교실살이 | 이성우 지음 | 272쪽 | 값 17,000원 |
| 왜 지속가능한 디지털 공동체인가 | 현광일 지음 | 280쪽 | 값 17,000원 |
| 선생님, 우리 영화로 세계시민 만나요! | 변지윤 외 지음 | 328쪽 | 값 19,000원 |
| 아이를 함께 키울 온 마을은 어떻게 만들어야 할까? | 차상진 지음 | 288쪽 | 값 17,000원 |
| 선생님, 제주 4·3이 뭐예요? | 한강범 지음 | 308쪽 | 값 18,000원 |
| 마을배움길 학교 이야기 | 김명신 외 지음 | 300쪽 | 값 18,000원 |
| 다시, 남도의 기억을 걷다 | 노성태 지음 | 332쪽 | 값 19,000원 |
| 세계의 혁신 대학을 찾아서 | 안문석 지음 | 284쪽 | 값 17,000원 |
| 소박한 자율의 사상가, 이반 일리치 | 박홍규 지음 | 328쪽 | 값 19,000원 |
| 선생님, 평가 어떻게 하세요? | 성열관 외 지음 | 220쪽 | 값 15,000원 |
| 남도 한말의병의 기억을 걷다 | 김남철 지음 | 316쪽 | 값 19,000원 |
| 생태전환교육, 학교에서 어떻게 할까? | 심지영 지음 | 236쪽 | 값 15,000원 |
| 어떻게 어린이를 사랑해야 하는가 | 야누쉬 코르착 지음 | 송순재·안미현 옮김 | 408쪽 | 값 23,000원 |
| 북유럽의 교사와 교직 | 예스터 에크하트 라르센 외 엮음 | 유성상·김민조 옮김 | 412쪽 | 값 24,000원 |
| 산마을 너머 지금 뭐해? | 최보길 외 지음 | 260쪽 | 값 17,000원 |
| 전문적 학습네트워크 | 크리스 브라운 외 엮음 | 성기선·문은경 옮김 | 424쪽 | 값 24,000원 |
| 초등 개념기반 탐구학습 설계와 실천 이야기 | 김병일 외 지음 | 380쪽 | 값 27,000원 |
| 선생님이 왜 노조 해요? | 교사노동조합연맹 기획 | 324쪽 | 값 18,000원 |
| 교실을 광장으로 만들기 | 윤철기 외 지음 | 212쪽 | 값 17,000원 |
| 자율성과 전문성을 지닌 교사 되기 | 린다 달링 해몬드 외 지음 | 전국교원양성대학교총장협의회 옮김 412쪽 | 값 25,000원 |
| 선생님, 완벽하지 않아도 괜찮아요 | 유승재 지음 | 264쪽 | 값 17,000원 |
| 지속가능한 리더십 | 앤디 하그리브스 외 지음 | 정바울 외 옮김 | 352쪽 | 값 21,000원 |
| 남도 명량의 기억을 걷다 | 이돈삼 지음 | 280쪽 | 값 17,000원 |
| 교사가 아프다 | 송원재 지음 | 300쪽 | 값 18,000원 |
| 존 듀이의 생명과 경험의 문화적 전환 | 현광일 지음 | 272쪽 | 값 17,000원 |
| 왜 읽고 쓰고 걸어야 하는가? | 김태정 지음 | 300쪽 | 값 18,000원 |

| 미래 교직 디자인 | 캐럴 G. 베이즐 외 지음 | 정바울 외 옮김 | 192쪽 | 값 17,000원 |
| 타일러 교육과정과 수업 설계의 기본 원리 | 랄프 타일러 지음 | 이형빈 옮김 | 176쪽 | 값 15,000원 |
| 시로 읽는 교육의 풍경 | 강영택 지음 | 212쪽 | 값 17,000원 |
| 부산 교육의 미래 2026 | 이상철 외 지음 | 384쪽 | 값 22,000원 |
| 11권의 그림책으로 만나는 평화통일 수업 | 경기평화교육센터·곽인숙 외 지음 | 304쪽 | 값 19,000원 |
| 명랑 10대 명량 챌린지 | 강정희 지음 | 320쪽 | 값 18,000원 |
| 교장이 바뀌면 학교가 바뀐다 | 홍제남 지음 | 260쪽 | 값 16,000원 |
| 모두 아픈 학교, 공동체로 회복하기 | 김성천 외 지음 | 276쪽 | 값 17,000원 |
| 교육정치학의 이론과 실천 | 김용일 지음 | 296쪽 | 값 18,000원 |
| 마오쩌둥의 국제정치사상 | 정세현 지음 | 332쪽 | 값 19,000원 |
| 교사, 깊이 있는 학습을 말하다 | 황철형 외 지음 | 214쪽 | 값 15,000원 |
| 더 나은 사고를 위한 교육 | 앤 마가렛 샤프 외 지음 | 김혜숙·박상욱 옮김 | 438쪽 | 값 26,000원 |
| 더 좋은 교육과정 더 나은 수업 | 이형빈 지음 | 292쪽 | 값 18,000원 |
| 한나 아렌트와 교육 | 모르데하이 고든 엮음 | 조나영 옮김 | 376쪽 | 값 23,000원 |
| 공동체의 힘, 작은학교 만들기 | 미셸 앤더슨 외 지음 | 권순형 외 옮김 | 264쪽 | 값 18,000원 |
| 토대역량과 사회정의 | 존 알렉산더 지음 | 유성상·이인영 옮김 | 324쪽 | 값 22,000원 |
| 마을교육, 다 함께 가치 | 김미연 외 지음 | 320쪽 | 값 19,000원 |
| 북한 교육과 평화통일 교육 | 이병호 지음 | 336쪽 | 값 22,000원 |
| 나는 어떤 특수교사인가 | 김동인 지음 | 268쪽 | 값 17,000원 |
| 능력주의 시대, 교육과 공정을 사유하다 | 한만중 외 지음 | 252쪽 | 값 17,000원 |
| 교사와 학부모, 어디로 가는가? | 한만중 외 지음 | 252쪽 | 값 17,000원 |
| 프레네, 일하는 인간의 본성과 교육 | 셀레스텡 프레네 지음 | 송순재 엮음 | 김병호 외 옮김 | 564쪽 | 값 33,000원 |
| 지속가능한 마을교육공동체 운동 | 양병찬·한혜정 지음 | 268쪽 | 값 18,000원 |
| 평생학습으로 두 나라를 잇다 | 고바야시 분진 지음 | 양병찬·이정연 편역 | 220쪽 | 값 15,000원 |
| 초등 1학년 교실, 궁금하세요? | 이경숙 지음 | 324쪽 | 값 19,000원 |
| 정의로운 한국사 | 김은석 지음 | 272쪽 | 값 17,000원 |
| 세계의 교사교육 | 린다 달링-해먼드·앤 리버맨 편저 | 전국교원양성대학교총장협의회 번역 332쪽 | 값 21,000원 |
| 남도 항일독립운동가의 기억을 걷다 | 김남철 지음 | 292쪽 | 값 19,000원 |
| '좋아요'와 '싫어요'를 넘어 | 여은호·원숙경 지음 | 268쪽 | 값 18,000원 |
| 독일 정치교육 | 볼프강 잔더·케르스틴 폴 편저 | 김상무·김원태 편역 | 강구섭 외 공역 504쪽 | 값 32,000원 |
| 혁신교육과 마을교육의 도전과 전환 | 윤양수 지음 | 216쪽 | 값 17,000원 |
| 에듀테크, 교육에 좋은가? | 닐 셀윈 지음 | 유성상 외 옮김 | 264쪽 | 값 18,000원 |
| 한국의 교사와 교원노조 | 박정훈 지음 | 344쪽 | 값 21,000원 |
| 교육의 정치적 중립성 | 김용 외 지음 | 416쪽 | 값 25,000원 |

| 다시, 학교의 길을 묻다 | 김영인 지음 | 294쪽 | 값 18,000원 |
| 본능에서 개념적 사고까지 | 비고츠키교육학실천연구모임 지음 | 312쪽 | 값 19,000원 |
| 인공지능시대 인간중심교육 | 한만중 지음 | 324쪽 | 값 20,000원 |
| 질문 8 | 도성훈 지음 | 강순원 진행 및 정리 | 316쪽 | 값 20,000원 |
| 존 듀이의 흥미론과 심리학 | 존 듀이 지음 | 김무길 옮김 | 332쪽 | 값 23,000원 |
| 지역과 삶, 학교교육의 미래 | 김필성 외 지음 | 276쪽 | 값 19,000원 |
| 대전환시대, 교육과 사회의 이해 | 이민경 지음 | 276쪽 | 값 19,000원 |
| 숫자로 읽는 한국의 지방자치 | 유문종 · 유한봄 지음 | 332쪽 | 값 20,000원 |
| 뉴 혁신교육 패러다임 | 조희연 외 지음 | 512쪽 | 값 32,000원 |
| 지켜야 할 민주주의 길러야 할 시민역량 | 김동춘 외 지음 | 388쪽 | 값 24,000원 |

참된 삶과 교육에 관한
생각 줍기